L'ART
DE LA
PRÉHISTOIRE

ENCYCLOPÉDIES D'AUJOURD'HUI

Louis-René Nougier
Professeur d'archéologie préhistorique
Directeur de l'Institut d'Art préhistorique
de l'Université de Toulouse

L'ART DE LA PRÉHISTOIRE

La Pochothèque
LE LIVRE DE POCHE

À mes maîtres, le Doyen André CHOLLEY,
le Professeur Henri FOCILLON,
le Professeur Charles PICARD,
le Professeur Albert MATHIEZ,
Raymond VAUFREY,
l'Abbé Henri BREUIL.

À mon ami, le Professeur Paolo GRAZIOSI.

Élève d'Henri Focillon, de Charles Picard, disciple de l'abbé Breuil, le Professeur Louis-René Nougier soutient en Sorbonne les thèses d'un premier Doctorat d'État de préhistoire. Nommé à la Faculté des Lettres de Toulouse, il devient titulaire de la première chaire d'Archéologie préhistorique créée en France. Auteur de quatre cents articles et d'une quarantaine de volumes traduits en une quinzaine de langues, embrassant l'ensemble de sa discipline, il est le « pédagogue de la préhistoire ». Il donne, ces récentes années, une puissante synthèse en trois volumes : *Premiers Éveils de l'homme, Naissance de la civilisation, Essor de la communication*, tableau complet de *L'Aventure humaine de la préhistoire*... Ses voyages d'études le conduisent du lac Baïkal à la Cordillère des Andes, des Rocheuses aux gorges du Kenya et de Tanzanie, des rochers à gravures rupestres du lac Onéga à ceux d'Upsallata, de la Scandinavie à la Mauritanie ou au Tassili des Ajjers.

« Inventeur » de la grotte de Rouffignac, la grotte aux cent mammouths (150 en réalité), la plus étendue du monde, un train électrique parcourt une partie de ses dix kilomètres de galeries, il a pu, grâce à cette découverte étayer sa thèse du « pluralisme explicatif » de l'art préhistorique et brosser ce panorama mondial de *L'Art de la préhistoire.*

Sommaire

IV. Les prolongements de l'art animalier : les derniers chasseurs

V. L'art des pasteurs et paysans

VI. Bâtisseurs et artisans

Prologue

L'art, l'art préhistorique plus que tout autre, est une forme concrète de communication. Il laisse d'innombrables témoignages, bien avant l'écriture, qu'il annonce et prépare.

Cette communication, où se côtoient, durant de longs millénaires, l'abstraction, confuse à l'origine, explicite et significative plus tard, et le naturalisme, aux images si diverses de la vie, se révèle riche de multiples valeurs.

Des génies exceptionnels, uniques parfois, créateurs d'œuvres impérissables, émergent d'une foule artisane, aimant son œuvre quotidienne. Tous, à leur manière, contribuent à l'art.

Seul un «pluralisme explicatif» permet de tenter de comprendre quelles pouvaient être les motivations profondes de ces artistes anonymes. Le mythe éleusinien pourrait bien en être le prolongement. L'art ne serait-il pas l'expression d'une humanité avide de vivre... et de renaître?

Décor du plafond de la grotte de Pech-Merle de Cabrerets (Lot).

Chapitre premier

LOINTAINES ORIGINES DE L'ART PRÉHISTORIQUE

1. Étendue et limite de l'art préhistorique

La définition de l'art est difficile et dangereuse, complexe et mouvante, pour le préhistorien confronté à des techniques et des expressions inhabituelles, infiniment variées, au sein de milieux écologiques et humains bien différents des milieux contemporains. Dans une chronologie vertigineuse – on peut évoquer cinq millions d'années pour nos expériences humaines – à quel moment apparaît l'objet d'art, l'œuvre d'art ?

Les critères sont nombreux, divers et originaux, pour approcher ce problème originel de l'art et définir ses toutes premières manifestations. N'y a-t-il pas une première approche, dans la nuit des temps, lorsqu'il y a un premier *choix* ? Un choix qui peut être fort divers : choix d'un matériau, d'une pierre, par exemple ; d'une forme et d'une technique de taille, et cela dès les premiers « outils » de l'*Homo faber* ? Une seconde approche, nette dans la chronologie, n'existerait-elle pas lorsqu'il y a *gratuité*, un plaisir plus ou moins sensible, plus ou moins expliqué, s'ajoutant à l'exécution de l'objet ?

Lorsqu'il y a, également, *communication*, lorsque cet objet matériel possède non seulement un usage et une signification qui lui sont propres, mais aussi une signification œcuménique qui a la valeur d'un message, autorisant et permettant la transmission. « L'art survient lorsque se fait sentir le besoin humain de s'exprimer » (S. Giédion). Voici une « amande » de la civilisation acheuléenne (on aurait dit « biface » ou même « coup de poing », voici quelques décennies !), réalisée il y a quelque deux ou trois cent mille ans. N'est-elle pas, déjà, œuvre d'art ? Le matériau est choisi pour ses facilités de taille, peut-être aussi pour sa beauté

1

2

1. Outils en pierre et silex du néolithique, provenant de l'Essex (Colchester, The Colchester and Essex Museum).

2. « Amande » de silex acheuléenne, provenant de Saint-Acheul (Somme).

intrinsèque, fin silex d'eau douce de Picardie, brillante obsidienne du Caucase, jaspe diapré de Fontmore, et non plus quartzite au grain épais de Garonne, choisi également pour la forme du bloc de matériau initial, et ce sens de la forme se révèle très « premier », on n'oserait pas dire primitif.

Le talon, partie préhensive de l'amande, est dégrossi au percuteur de pierre, galet ou autre bloc, mais la pointe, partie active, est finie au percuteur de bois ou d'os, par des retouches nombreuses, serrées, précises. Cette taille minutieuse, au-delà de l'utile, de la nécessité matérielle de l'outil, crée un outil communément répandu. Une véritable jouissance esthétique accompagne cette parfaite finition de l'artisan qui devient par cela même artiste. La gratuité du travail devient plaisir, le plaisir devient art. Selon l'heureuse expression de P.-M. Duval, l'homme acheuléen atteint le haut niveau de « l'artisanat supérieur ». Quant à la forme même de l'amande, si équilibrée et si harmonieuse, si esthétique en un mot et si « moderne », elle se révèle parfaitement efficiente et aérodynamique. Cette forme « en goutte d'eau » se retrouvera au XXe siècle, dans les cellules des voitures et des avions. Voici quelque deux millions d'années, les « sphéroïdes » d'Oldoway, en Tanzanie, taillés dans de durs blocs de quartz, éclatants de blancheur (un double choix ?), offrent également une forme parfaite entre toutes, celle de la sphère. Là aussi, un véritable dépassement, une gratuité, car une pierre brute aux angles simplement écrasés eût certainement suffi pour broyer quelques graines ou couper quelques racines. Dès les origines, l'Australopithèque et l'*Homo habilis* œuvrent au-delà de l'essentiel !

Ces premiers produits de l'artisanat supérieur, amandes ou sphéroïdes, se retrouvent dans tout l'ancien monde, de l'Afrique australe au Kenya, du Ténéré au Chansi chinois de Tingtsouen, dans une étonnante répartition universelle, comme si ce premier « art technique » était indissociable des premières humanités.

Des origines à l'Histoire, nous trouverons souvent les témoignages esthétiques de ces objets utilitaires, travaillés et conduits à une perfection qui leur donne le statut d'œuvres d'art. Il convient donc d'évoquer, ne fût-ce que succinctement, les humbles mais émouvants témoignages de cet artisanat supérieur, depuis les plus lointaines chronologies. Les chefs-d'œuvre du compagnonnage ne font que suivre cette tradition multi-millénaire de la « belle ouvrage ».

1. Outils moustériens : grattoirs, couteau, racloir et pointe (Saint-Germain-en-Laye, Musée des Antiquités Nationales).

2. Outils de silex aurignaciens, provenant de Ksar el-Aquil (Beyrouth, Musée National).

1

Sphéroïde de quartz, provenant d'Oldoway (Kenya).

Pourtant, sous ce merveilleux et tentant vocable d'art, le sens commun n'envisage-t-il pas d'autres manifestations ? Pour beaucoup, l'art est image, évocation ! Sur le sable, la terre ou l'argile d'une grotte, sur la neige, le doigt dessine sur ces surfaces molles ou friables, où s'impriment curieusement les traces du monde animal, quelque trait sans signification. Un geste machinal, de pur désœuvrement. Ce « loisir » ne serait-il pas une attitude pré-artistique ? Le tracé digité s'ajoute au tracé digité, après une longue et morne journée de collecte végétale ou l'harassante poursuite d'un animal traqué. Ce sont là, traces à peine volontaires d'un hasard pur, sans signification.

Mais, « un jour faste » (E. Pittard), voici qu'une courbe au tracé digité acquiert, subitement, un sens. Cette courbe, ne serait-elle point le dos d'un animal, la bosse et l'arrière-train d'un bison ? Du fouillis inextricable des lignes confuses, cette courbe se choisit, s'isole et prend alors une signification vivante, imagée, celle d'une figure naturaliste et animalière. Quelques traits en dents de scie pour constituer les pattes, même s'il y en a trop, eux aussi réalisés au doigt, et voici le bovidé de la grotte de La Clotilde, proche d'Altamira, dans les Cantabres. Un animal est créé, gravé sur l'argile du plafond. Tout chasseur le reconnaît. Ainsi se constitue, vers le 30e millénaire, un art naturaliste animalier où se retrouvent le choix, la gratuité, la communication... L'image est, par excellence, totale communication, message d'universel, porteuse de magie et de religiosité. Cette création magique est fondamentale à l'origine. L'art s'y ajoutera par surcroît !

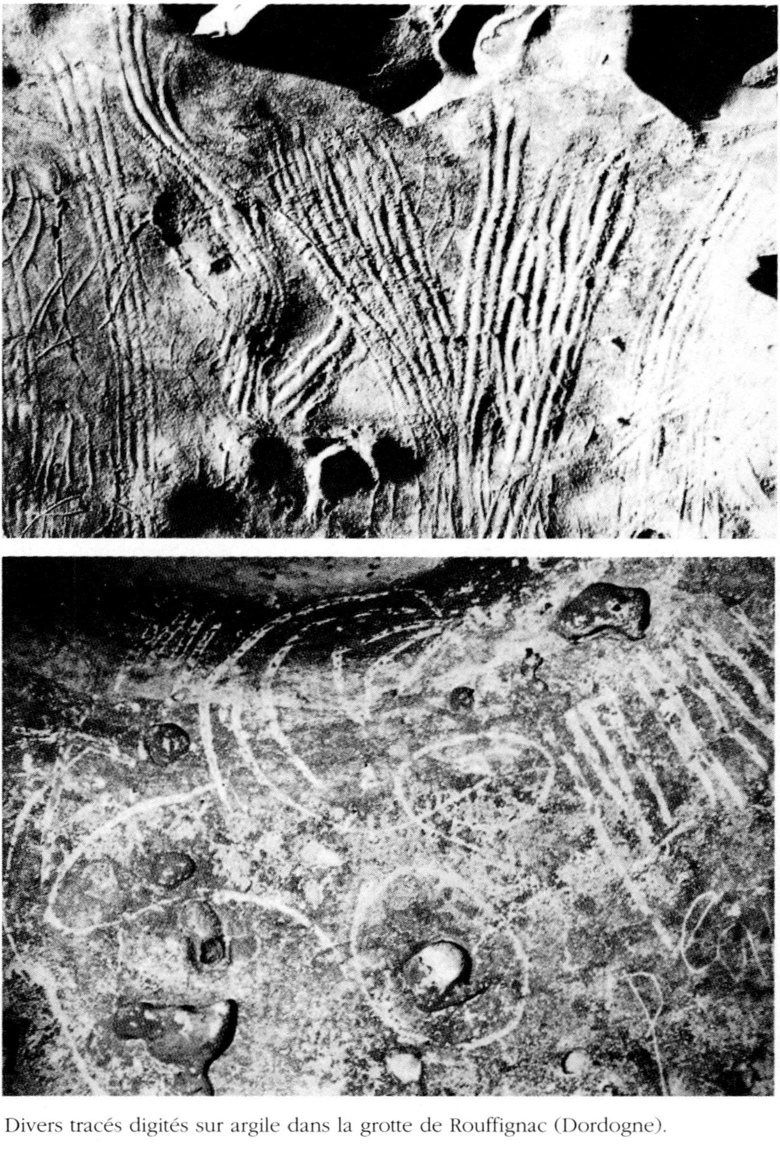

Divers tracés digités sur argile dans la grotte de Rouffignac (Dordogne).

Mais présenter l'art préhistorique ne peut se ramener, étroitement, à n'offrir que les manifestations imagées diverses, gravures, dessins, peintures ou sculptures que nous livrent quelques grottes privilégiées. La chronologie de ces témoignages est d'ailleurs étroite, quelque vingt millénaires seulement. Le ressort géographique de ces œuvres est également fort limité, de l'Oural à l'Atlantique. L'unité profonde de cet art naturaliste animalier, unité particulièrement frappante pour l'observateur, s'explique par l'homogénéité d'une grande civilisation chasseresse où éclateront la splendeur et l'hégémonie de l'Occident. Mais l'art préhistorique dépasse largement le cadre limité des grottes ornées. Contrairement à l'idée de certains auteurs, cet art naturaliste ne disparaît pas. Au-delà du Xe, du IXe millénaire, des formes nouvelles apparaissent, libérées des profondeurs souterraines, intellectuellement libérées des préoccupations magiques ancestrales. Accroché à la vie chasseresse, l'art se déplacera avec celle-ci, gagnant de nouvelles étendues. Mais surtout, ce sera un art de plus grande liberté qui va s'épanouir sur tous les rochers du monde, plus narratif et plus anecdotique que les formes précédentes, un art profondément « laïcisé » où, désormais, les inspirations économiques priment sur les motivations magiques. Cet art « aérien », essentiellement de roches gravées à l'air libre, se révèle propre aux nouvelles économies pastorales qui, désormais, règnent sur le monde.

Vase en argile de la période Jōmon orné d'un décor gravé (Rome, Museo Nazionale d'Arte Orientale).

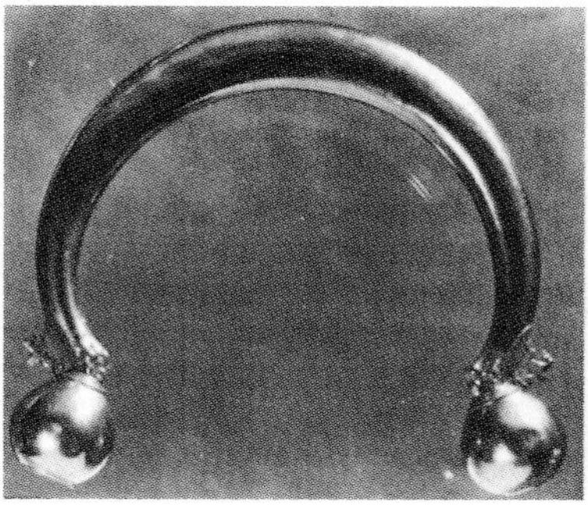

Diadème en or gréco-scythe, provenant de Vix (Châtillon-sur-Seine, Musée du Châtillonnais).

Vers le ve millénaire, date et estimations toutes moyennes en considérant le globe dans son intégralité, les civilisations fondamentalement agricoles élargissent leur éventail artistique vers deux riches directions nouvelles : celle de la construction monumentale d'une part, l'ère du mégalithisme des hypogées, dolmens ou menhirs et, d'autre part, l'ère de l'argile modelée, cuite enfin pour devenir impérissable.

L'architecture sera hautement créatrice et pérenne. La plasticité de l'argile, grand matériau après l'os, la pierre et le bois, sa durée, permettront un merveilleux épanouissement de thèmes et de formes, statuettes humaines ou animalières, des scènes même, des vases nus à la forme pure, des vases aux merveilleux décors, infiniment variés, gravés ou peints sur la gamme étendue des formes céramiques. Les archéologues s'en donneront à cœur joie, pour multiplier leurs classements et leurs chronologies. Les historiens d'art ne devront que retenir les formes majeures de l'inspiration.

L'art est présent dans le galbe simple d'un vase globulaire de la civilisation de Cortaillod comme dans le campaniforme (ou

Points et bâtonnets peints sur une paroi de la grotte de Niaux (Ariège).

caliciforme) de la péninsule Ibérique, écrasé sous la richesse de son décor en lourds bandeaux, obtenus par l'impression répétée des bords d'un coquillage. Peut-être est-il étrange de constater, après l'apogée et le triomphe du naturalisme animalier de nos grottes, pendant vingt millénaires seulement, avec des œuvres de « grands maîtres » s'inspirant de vastes écoles artistiques, le retour à des formes d'art à nouveau justiciables d'un artisanat supérieur ? L'étonnante expansion démographique du monde, passant de deux millions d'habitants lors des civilisations chasseresses, pour atteindre trente millions vers – 5000 et trois cents millions vers – 2000, pourrait expliquer la fin des écoles et le retour vers l'art artisanal, un art de masse.

Tout aussi délicat que le problème de l'apparition de l'art, reste le problème du passage de l'art préhistorique à l'art historique. L'histoire commence à l'écriture. Si ce passage est théoriquement

bien défini, la complexité humaine et la mouvante réalité montrent de larges et souvent insensibles transitions, commodément rangées sous le vocable de « protohistorique ». Chaque pays, chaque région même, possède sa promotion chronologique propre pour entrer dans l'histoire. La chance – ou le génie – d'un déchiffrement peuvent faire basculer toute une civilisation de la préhistoire ou de la protohistoire dans l'histoire.

L'historien d'art pourrait envisager un autre critère, une transition plus concrète.

Aux civilisations lithiques vont succéder les nouvelles civilisations du métal, des métaux plutôt, cuivre, bronze, fer... Or, les deux premiers métaux qui apparaîtront, le cuivre et surtout l'or – on prendra souvent l'un pour l'autre –, sont des métaux natifs, travaillés comme la pierre traditionnelle, par martèlement. Ces premiers objets d'or battu marquent concrètement la fin de la préhistoire. Toute une technique va disparaître pour voir se développer l'ère métallurgique nouvelle, souvent accompagnée de l'écriture.

Tel gobelet d'or de Fritzdorf, telle somptueuse lunule irlandaise du musée de Dublin, ce diadème de Vix aux centaures montés sur filigrane, s'accrochant aux pavots d'or de Déméter annoncent et symbolisent les formes nouvelles de l'art...

Ainsi, de peut-être cinq millions d'années, de deux millions d'années certainement, à cinq cents ans avant notre ère, des plus lointaines et des plus obscures origines à l'aube de l'histoire, s'alignent d'innombrables jalons, méritant d'entrer dans le panthéon de l'art universel. La pointe de lance foliacée en silex, appartenant à la civilisation solutréenne, vers 25000, y a sa place comme les mammouths affrontés de Rouffignac, les grands aurochs de Lascaux ou les bisons bosselés d'Altamira. Comme la panoplie étonnamment variée des pointes de flèches de silex d'Égypte ou d'obsidienne de Teotihuacán, tout comme ces vases peints du néolithique de Cucuteni ou ces vastes récipients aux décors modelés du Jōmon nippon. À se demander, devant cette variété et ce vertige de millénaires, si, en définitive, l'art ne serait pas valable critère d'humanité ? La bipédie, la main libérée, la tête relevée, inspectant l'immense savane arborée, l'augmentation de la capacité crânienne, voilà de bons critères d'humanité ! Excellent aussi, celui de créer le premier outil, d'être *Homo faber*.

Mais l'homme n'est peut-être véritablement homme qu'en ajoutant au galet qu'il façonne, qu'il aménage par quelques éclats détachés, la gratuité et le plaisir d'un outil bien fait. Ce pouvait être voici deux millions d'années !

Pourtant, même dans la préhistoire qui se veut pérenne plus que toute autre période – n'est-elle pas essentiellement « lithique » –, maintes formes, maintes expressions d'art lui échappent à jamais. L'abri du Cap Blanc, dans la vallée de la Beune, offre son esplanade et en fond de scène son admirable frise curviligne de chevaux sculptés, en haut-relief. Chef-d'œuvre ! Certes. Mais jamais nous ne retrouverons, même l'écho des chants, des récits, des danses qui, vraisemblablement, se déroulèrent sur cette première scène du monde, voici vingt-cinq millénaires. Admirons les dessins noirs de Niaux, les digités blancs sur fond rouge du plafond aux Serpents de Rouffignac, les digités rouges sur fond blanc de Baume-Latrone, mais combien d'autres dessins ou gravures tracés sur l'argile, le bois ou l'écorce, sur la peau de l'aurochs ou sur soi-même, autant de supports fugaces ou périssables à jamais disparus !

Détail de la frise « des Cinq mammouths » dans la grotte de Rouffignac (Dordogne).

Passionnante, cette collecte d'œuvres d'art dans la préhistoire ! Mais que représentent ces œuvres ? Le dixième peut-être, si l'on veut bien songer à toutes celles qui restent à découvrir, le centième ou le millième de toutes celles, innombrables, à jamais disparues.

2. Choix et dualisme de l'art préhistorique

Des multiples œuvres d'art préhistorique ne subsiste qu'un faible échantillonnage, miraculeusement préservé de la destruction et non moins miraculeusement découvert. Serait-ce donc raison d'accepter comme œuvres d'art la totalité des documents conservés ? Quelque tracé, fait au doigt, sur l'argile d'une grotte obscure, sans la moindre signification ou valeur artistique, eût-il trente mille ans d'âge, n'est pas œuvre d'art ! Tels points de couleur rouge ou tels bâtonnets noirs, distribués en « nuage » ou sans disposition du tout, sur une roche de la caverne de Niaux, avant le « Salon noir », n'appartiennent pas à l'art. Ce sont peut-être des éléments de la palette du peintre, l'expérimentation de ses tampons, de ses pinceaux ou de ses couleurs, mais ce ne peut être œuvre d'art. En admettant la méthode « sexo-maniaque », dont la faveur s'éteint heureusement, voyant dans les points des symboles sexuels féminins et dans les bâtonnets des symboles masculins, peut-être pourrions-nous interpréter cette roche de Niaux comme la représentation d'un harem ou une esquisse du bûcher de Sardanapale, mais nous sommes fort éloignés de l'art. Tel médiocre bison gravé, telle mauvaise ligne cervico-dorsale d'un mammouth, tel cheval peint à cou de girafe de la grotte du Portel, conçus voici quinze millénaires ne peuvent entrer en compte, malgré leurs millénaires. Sans doute, l'archéologue préhistorien recherche, avec raison semble-t-il, l'exhaustivité dans l'iconographie d'une grotte ornée, du plus minime trait aux meilleurs bisons ou aux rennes exceptionnels. Il pense que tel trait, tel point de couleur, intégrés dans l'ensemble des figures peuvent avoir quelque signification psychologique, sociale, magique ou religieuse. Nos grottes ornées sont certainement des sanctuaires, et une paléo-sociologie s'y découvre. Encore ne faut-il pas trop prendre au sérieux tel graffiti, tel point coloré, exécutés au pur hasard ou voulant simplement indiquer ou souligner un détail topographique : attention, dans toutes les acceptions du terme. L'organisation de nos grottes – si tant est qu'il y en ait une – reflète une certaine liberté, échappe aux cadres rigides de composition, au caporalisme étroit d'exécution. Ici encore, c'est le choix qui prévaut, et l'historien d'art trouve volontiers explication esthétique en ce choix. L'art est, essentiellement, émotion, et une émotion esthétique est tout à fait différente de celle provoquée par le temps. Les deux galets, cassés naturellement mais portant des écaillures d'utilisation, accompagnant la mandibule de Kényapithécus, vieux de vingt millions d'années, sont, certes, profondément émouvants. Ce ne sont pas des œuvres d'art !

Prenons dans nos grottes les thèmes animaliers les plus fréquemment représentés. Une étude statistique précise montre que 88 % des chevaux, 85 % des bisons, 82 % des mammouths sont, en réalité, des figures très médiocres. Dans l'art mobilier des couches magdaléniennes de la caverne du Mas-d'Azil, sur plus de trois cents documents recueillis et considérés comme appartenant à l'« art préhistorique », nous trouvons un coefficient de médiocrité de 81 %. Ces rapprochements sont d'ailleurs significatifs, entre art pariétal et art mobilier. Ils ne sauraient d'ailleurs nous étonner. Ce pourcentage moyen de « médiocrité », de l'ordre de 85 %, est un pourcentage esthétique « moderne », que nous retrouverions aisément dans nos écoles et nos lycées. Dans la grotte pyrénéenne de Gourdan, où les documents osseux portant quelques vagues traits représentent précisément 85 % des 228 documents recueillis,

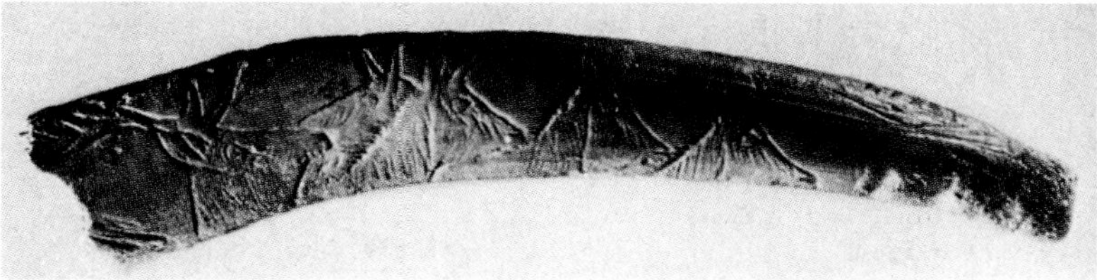

Têtes d'isards gravées sur un andouiller de cerf, provenant de Gourdan (Haute-Garonne, Saint-Germain-en-Laye, Musée des Antiquités Nationales).

10,9 % des objets ont un réel cachet esthétique et sont de véritables chefs-d'œuvre, comme cet andouiller de cerf avec, gravées, quatre magnifiques têtes d'isards sur une face, trois autres avec une tête de cerf sur l'autre !

Ce très fort pourcentage répond excellemment à des préoccupations créatrices plus ou moins sordides, plus ou moins magiques, associées aux nécessités et aux durs problèmes de la chasse, de la création ou de la régénération du monde animal. Les questions de qualité restent secondaires et n'interviendront que tardivement, et par surcroît. La nécessité magique fait loi. Comme pour la fabrication du sphéroïde ou du biface, un exécutant de ces peintures ou de ces gravures, artisan plus ou moins magicien, se laisse prendre au jeu esthétique. Il prend plaisir à aiguiser une corne, parfaire un sabot, comme pour ce bison de Niaux, équilibrer le corps fougueux d'un aurochs, comme à Lascaux, saisir le mouvement d'une patte, faire défiler une longue cohorte de mammouths, comme à Rouffignac, décomposer les attitudes du cerf franchissant la rivière, ou même réduire à une ligne simple, mais combien suggestive, le lourd profil d'un mammouth, sous un plafond de quatre mètres de haut. Cette schématisation volontaire est bien différente de la ligne, esquisse maladroite que l'on ne peut valablement retenir... Richesse et abondance des détails comme simplification et pureté de ligne, traitement des parois d'argile ou des rocs durs, techniques de gravure, de peinture ou de sculpture livrent des chefs-d'œuvre animaliers, dus au talent de véritables « maîtres », des inconnus sans doute, comme l'histoire elle-même nous en offre parfois, « maître de Moulins » ou « maître d'Avignon ». La préhistoire ne nous donne que des artistes anonymes, mais ceux-ci n'en possèdent pas moins leur individualité et leur génie. Ces maîtres – quelque 15 % de ceux qui tinrent le pinceau ou le burin – contribuent à améliorer très sensiblement les coefficients esthétiques des figures animalières de l'ensemble des grottes : pour le bison, les maîtres d'Altamira et de Niaux ; pour les aurochs, le maître de Lascaux ; pour le mammouth et son commensal le rhinocéros, le maître de Rouffignac ; celui de Teyjat pour les rennes...

Ce sont ces grands génies anonymes qui font progresser l'image et l'art tout entier, qui créent, entretiennent, expérimentent et développent des courants esthétiques, sans empêcher latraduction ou l'expression d'idées philosophiques ou religieuses. Dans le merveilleux panneau dit « des Cinq », les cinq mammouths gravés de la Voie sacrée de Rouffignac, deux mammouths centraux, face à face, s'opposent, chacun suivi d'un comparse. Dans l'intervalle des affrontés, sur la ligne de sol, figure un petit mammouth, au long crâne de « bébé mammouth ». L'ensemble forme une superbe composition pyramidale, dite parfois « héraldique », précédant de douze millénaires l'affrontement des lionnes de Mycènes, de part et d'autre de la colonne centrale. Une pensée cosmogonique très profonde s'exprime dans cette composition, sans nuire aux parfaites qualités d'exécution du panneau. Plus même, cette pensée a servi de support intellectuel à l'exécution. Sans elle, l'art prestigieux du graveur n'aurait pas eu commande. La scène représente d'abord un couple de mammouths, les deux grands mammouths de droite, venant de l'entrée de la grotte, cheminant vers les profondeurs. Ils sont symboles d'automne et de mort... Le couple de gauche, avec son enfant, sort de ces profondeurs et gagne l'air libre. Il est symbole de printemps, d'espérance et de vie, s'oppose au précédent.

Transcrit au langage « mammouth » de l'an 12 000, c'est le mythe futur de Déméter et Coré, sur l'esplanade d'Éleusis, devant la grotte conduisant au domaine de Pluton, dans les noires profondeurs terrestres ! Pensée initiale et traitement esthétique sont liés intimement.

La pratique nécessaire, ou même obligatoire, de l'exercice magique conduit volontiers à l'exercice esthétique. L'art vient s'ajouter à l'utile ! Les brillantes individualités qui se forment ainsi deviennent des maîtres et transmettent leur expérience par de véritables « ateliers ». L'accroissement démographique entre le XVe et le Xe millénaire, plus de cinq fois pour l'Europe occidentale, favorise ces échanges et ces communications. Le « grand atelier d'Alliat », accumulant les œuvres mobilières, et le pariétal de Niaux préfigurent, vers 11 000 le « grand atelier florentin » de la Renaissance. Il serait singulièrement étrange et paradoxal de refuser aux chasseurs magdaléniens la possibilité d'écoles et d'ateliers et de créditer tout trait ou toute tache colorée de l'auréole du chef-d'œuvre, parce qu'ils seraient seulement riches de millénaires.

« Amande » lithique, provenant des Abruzzes.

Nous devons apprendre les règles essentielles du dessin, les Magdaléniens ne pouvaient y échapper. Rien n'est complètement inné, même si les dons sont inestimables.

Il s'ensuit l'extrême difficulté pour classer et surtout dater ces œuvres préhistoriques. L'archaïsme d'un trait ou une maladresse récente, une expérience initiale ou un simple – et fréquent – manque de talent offriront volontiers semblable expression.

L'art préhistorique, précédemment défini, offre donc, sur une chronologie nouvelle immense, tous les traits de l'art historique ! Il n'échappe pas davantage à ce dilemme fondamental de l'art qu'est l'opposition ou le combat de l'abstrait et du figuratif. Les premières formes concrètes de l'artisanat supérieur où commence à se discerner un art réel ne sont pas imitées de la nature. Ce sont des formes créées dans l'absolu, même si elles sont suggérées par la technique ou l'efficacité de l'outil. La forme « goutte d'eau » de l'amande acheuléenne ne doit rien à la nature, au fruit de l'amandier et c'est nous, « modernes » qui avons fait le rapprochement imagé entre l'outil et le fruit. D'ailleurs, l'amandier est beaucoup plus limité géographiquement que l'aire de la civilisation acheuléenne couvrant tout l'ancien monde. Le « sphéroïde » est une forme parfaite, équilibrée, qui, lui aussi, ne doit rien à la nature. Ce sont bien des créations « manuelles », issues des boules de terre malaxée plus ou moins instinctivement, ou de galets massifs dont on réduit de plus en plus les aspérités dangereuses à la préhension. Il semblerait peu probable d'évoquer à ce propos des formes globulaires naturelles – lesquelles, d'ailleurs ? – que l'homme aurait alors copiées ou schématisées, jusqu'au volume absolu. Le soleil lui-même n'est pas un globe pour le primitif. La sphère est déjà une abstraction pure magnifiant une forme concrète parfaite. Cela vers un ou deux millions d'années.

Les cupules creusées dans la pierre tombale de la sépulture néandertalienne de La Ferrassie, vers 40 000 ans, sont des demi-sphères.

Dès l'origine, le « plein » et le « creux » s'accompagnent, comme au second millénaire, l'hypogée creusé accompagnera les énormes dolmens construits. Vers la même période que La Ferrassie, nous trouvons au rocher zoomorphe de Toirano, grotte ligurienne, un exemple significatif nous affirmant la puissance de l'image, et, partant, du naturalisme. Là, des empreintes de pas d'hommes de Neandertal, imprimées dans l'argile de la grotte, nous conduisent vers ce rocher, image mystérieuse, sans doute redoutée, de quelque animal étrange. Les Neandertals ont raclé l'argile du sol, façonné des boules d'argile dont ils bombardent le rocher. Celui-ci porte encore, accroché à ses flancs, quelques-uns de ces projectiles. C'est là une des premières images, comme également le rite de destruction magique de cette image. Création, fût-elle imaginative, et destruction marchent de pair. Est-ce là, aussi, un critère distinctif de l'humanité ?

Vers 30 000 ans, davantage encore vers 25 000, les Périgordiens créeront des images plus ou moins semblables au rocher de Toirano, des images meilleures, riches d'une observation naturaliste. Ces images, gravées ou peintes, seront pour eux des images réalités, de véritables créations, des animaux bien vivants. Ce sera le triomphe du naturalisme, entre 15 000 et 10 000. Mais, sous des formes nouvelles, l'art abstrait restera toujours présent dans l'esthétique du monde. Il s'agira toujours d'abstractions qui ne devront rien au naturalisme, qui ne seront nullement des copies

Points, traits et « pied de cheval » gravés, provenant de La Ferrassie (Les Eyzies, Musée National de Préhistoire).

de nature. De traits, de traits parallèles, simples marques de chasse, sur l'arête d'une lame osseuse, on passe à des traits convergents pour obtenir le « chevron »... les chevrons se gravent emboîtés, opposés, formant des décors en X ou en losange... De ces jeux géométriques naît le plus beau et le plus élaboré des décors, la « grecque », gravé sur les bracelets-joyaux de Mézin, en Ukraine, voici vingt-cinq millénaires. Ce merveilleux décor finement gravé sur l'ivoire de mammouth a 25 000 ans d'antériorité sur l'art grec du Dipylon ! Ces bracelets et maints autres documents apparentés, de la Sibérie au Dniepr et à la Moravie, témoignent de l'antagonisme multimillénaire de l'abstrait et du figuratif. À l'aire artistique naturaliste occidentale semble d'ailleurs s'opposer une aire artistique de l'abstrait, marquant d'une très forte empreinte le monde oriental. Mais dans cette vaste écharpe continentale des grandes civilisations chasseresses aux infimes densités humaines, un habitant pour dix kilomètres carrés, les relations n'en sont pas moins constantes. Les écoles s'influencent, les styles s'interpénètrent. Au magdalénien final occidental, les motifs géométriques purs se multiplient, s'associent étroitement aux figurations naturalistes ; comme ce classique « lissoir aux lions » de la grotte de La Vache à Alliat (Ariège). Une frise de dents de loup hachurées surmonte la frise des félins, comme un dais. Des galets du même site portent, tantôt des gravures naturalistes, tantôt des gravures géométriques abstraites. Parfois, chaque face possède son décor différent.

Dans les grandes figures pariétales, de la même époque, sur les bisons de Niaux, l'expressionnisme triomphe. Chaque animal est un chef-d'œuvre en lui-même, avec son individualité, ses caractères propres. Ce n'est pas « le » bison, avec une valeur spécifique, mais le portrait authentique et réel d'un bison précis. Une simplification, une schématisation apparaissent. Deux ramures peintes encadrent un trou d'ombre et dessinent un cervidé. C'est la partie pour le tout. Déjà, à Rouffignac, peu avant, un simple trait est un mammouth à lui seul. Dans l'art postérieur du Levante espagnol, les formes nouvelles dynamiques se multiplient et se simplifient. Les archers deviennent filiformes, prennent la forme d'un T, ou d'une croix. Et ce sont des archers ! L'art des pasteurs, plus tardif, sera aussi simple. Très simplificateur, très schématique. Une paire de cornes enfermée dans un carré représente un bovidé – ou même tout un troupeau – dans son enclos. Les innombrables gravures du Val des Merveilles, bientôt du Val Camonica, passent ainsi à l'abstraction. Il s'agit là d'une abstraction dérivée du naturalisme, davantage chargée de symbolisme et de significations que

Lissoir gravé d'une frise de trois lions, provenant de la grotte de La Vache à Alliat (Saint-Germain-en-Laye, Musée des Antiquités Nationales).

l'abstraction « pure ». Conjointement, l'abstraction pure se charge aussi de sens nouveaux, de nouveaux symbolismes. Le cercle, figure parfaite, se hérisse de rayons et devient soleil et il devient difficile de dire ou de définir la part de l'abstrait et celle du naturalisme.

Ce passage de l'image réaliste à des graphies abstraites de plus en plus simples, annonciatrices de ces écritures, créatrices de l'histoire, sera un événement marquant dans l'évolution intellectuelle de la planète. L'art rupestre tardif, gravé sur d'innombrables rochers répartis sur l'ensemble du globe (le Nouveau Monde est désormais concerné) donne une césure magnifique et logiquement suprême entre l'art de la préhistoire et l'histoire.

L'ultime étape de cet art universel posera un aussi grave problème, mais en l'inversant. Les formes du présent offrent un virage tout aussi fondamental que celui qui, naguère, nous fit basculer de la préhistoire à l'histoire, de l'image naturaliste des chasseurs à l'abstraction pure produisant l'écriture. Désormais, aujourd'hui, par la télévision, par la bande dessinée, par l'image systématique, celle-ci devient, redevient « reine » ! imposant une civilisation nouvelle, rejetant la civilisation de Gutenberg.

Mais qu'importe après tout : le propre de l'homme n'est-il pas, quels que soient les moyens techniques, de se raconter, de s'expliquer, de communiquer, de se transmettre... ?

3. Premiers chefs-d'œuvre : l'artisanat supérieur

L'art-objet, fruit des formes multiples de l'artisanat supérieur, apparaît très tôt dans la vaste aventure humaine. Il semblerait même pouvoir marquer la transition entre des préhominiens, très matérialistes et un homme véritable, capable de connaître, d'apprécier le plaisir esthétique d'un outil bien fait. Dans une série

Sphéroïde de quartz, provenant des couches d'Oldoway (Kenya).

de choppers, ainsi désigne-t-on ces galets éclatés, travaillés, aménagés par l'enlèvement de quelques éclats, outil universel de l'*Homo habilis*, voici deux millions d'années, on reste frappé par leur profonde parenté, par l'identité des formes : des talons conservés bruts, avec leur arrondi naturel pour une bonne préhension, des tranchants à l'opposé du talon réalisé avec, parfois deux, trois, quatre éclats seulement. De cette parenté, fruit de la taille humaine, intentionnelle, naît une certaine présence de l'homme et une série de ces choppers n'est pas sans faire éclater une harmonie des formes.

Le sphéroïde, précédemment évoqué, accompagne très vite ces premiers outils aménagés sur galets, constituant le paléolithique archaïque des archéologues. Certains arrivent à une perfection absolue de forme. Ce sphéroïde de quartz presque pur, inaltérable boule de neige sous l'équateur, provient des couches II d'Oldoway, en Tanzanie. Il accompagnait des restes de Pithécanthropes, successeurs de l'*Homo habilis*. Tant par le choix du matériau, que par la perfection de sa finition et l'absolu de sa forme, ce document n'est-il pas une œuvre d'art, qui pourrait bien dater d'un million d'années ?

Une forme lithique prend ou perd de l'importance, selon les genres de vie qui l'accompagnent, mais ne disparaît pas. Le sphéroïde se retrouve dans le moustérien, vers 50 000, et nombre de percuteurs du néolithique occidental, vers – 5000, seront des boules parfaites. Des broyeurs pour écraser les céréales sauvages ou cultivées auront la même perfection. La forme sphérique est la plus pérenne de toutes !

Rappelons pour mémoire les merveilleuses séries de bifaces et d'amandes de l'acheuléen, civilisation clé du paléolithique ancien, étendu lui aussi à tout le vieux continent, où l'art s'exprime par le choix du matériau, l'élégance et l'efficience de la forme, le fini extrême de l'exécution. La main passe et repasse sur une amande acheuléenne sans que la moindre retouche arrête l'épiderme, une douceur tactile inséparable de l'esthétique. Dans des pointes fines de Fontmore, œuvrées dans un jaspe diapré aux veines d'or et de pourpre, il est évident que l'artisan a choisi son matériau et a été sensible à sa beauté, comme nous le sommes, nous-mêmes.

En Europe centrale et orientale, des civilisations du paléolithique ancien et moyen, aux noms divers, offrent des pointes foliacées bifaces dont l'élégance s'exprime par la forme, la taille précise, la minceur... Vers – 60 000, – 40 000, des racloirs du moustérien possèdent un admirable tranchant courbe, parfois long de plus de 20 cm, où l'esthétique s'ajoute à l'utile.

En Europe occidentale, vers – 20 000, la civilisation solutréenne marque l'apogée de la taille du silex. Les formes foliacées, d'une étonnante minceur, à la merveilleuse taille « en pelure », obtenue par pression, sont particulièrement harmonieuses : feuilles de laurier, feuilles de saule, les plus typiques. Les pointes à cran sont tout aussi élégantes. Une forme toute nouvelle apparaît : la petite pointe de flèche, à fin pédoncule et ailerons symétriques. Cette forme est tellement « moderne », tellement « néolithique » que ses premiers découvreurs n'oseront pas la publier ! Il faudra les fouilles exemplaires du Pr L. Pericot au Parpallo (Gandia, Espagne) pour faire admettre cette forme, 15 000 ans avant le néolithique. L'aiguille d'os à chas perforé, créée à cette époque, n'est peut-être pas une œuvre d'art, et pourtant...

Le magdalénien entre – 15 000 et – 10 000, apogée de l'art naturaliste animalier, tant pariétal (sculpture, gravure, peinture...) que mobilier, offre une véritable orfèvrerie de l'os et de l'ivoire. L'os triomphe mais il ne se conserve pas toujours, et de quels chefs-d'œuvre en matériau périssable, comme le bois, ne sommes-nous pas privés à jamais !

Les baguettes demi-rondes, par exemple, se gravent de thèmes animaliers ou de motifs curvilignes contournés, d'inspiration naturaliste, propres au monde pyrénéen. Les harpons, exigeant habi-

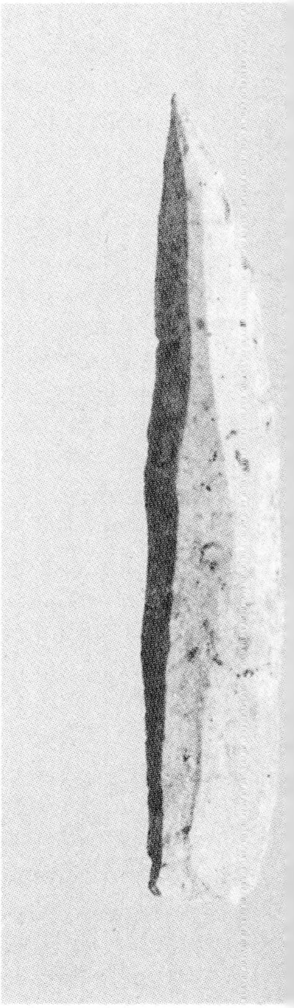

Couteau, pointe à cran, pointe foliacée du solutréen (Saint-Germain-en-Laye, Musée des Antiquités Nationales).

leté technique et long labeur, se surchargent volontiers de décors abstraits, superflus, témoignant encore du plaisir de l'artisan à œuvrer.

Lors du « grand virage » accompagnant le xe millénaire, l'art naturaliste évolue et change d'horizon et les silex du mésolithique ou, plus précisément, de l'épipaléolithique, selon la nouvelle terminologie, se caractérisent par leur petitesse et par leur caractère géométrique.

Ce sont des triangles, des trapèzes, des pointes aux formes les plus diverses, des segments de cercle, des demi-lunes... toute une géométrie de la pierre non naturaliste, en accord avec les nouvelles formes d'art pariétal, devenant de plus en plus schématique.

La « civilisation nouvelle de la pierre » – c'est du néolithique

dont je veux parler – apparaît timidement ou éclate, selon les régions et les chronologies. Plus que des techniques lithiques nouvelles, ce sont des approfondissements ou de nouvelles économies et des genres de vie, adaptés à une démographie déjà galopante. En deux ou trois millénaires, la population du globe passe de 30 à 300 millions. Elle décuple. Le corollaire est le double asservissement du monde animal et végétal. La domestication animale conduit à une nouvelle vie pastorale, où le berger volontiers contemplatif sera sensible au monde des étoiles, au soleil comme à la lune. Les motifs décoratifs solaires fleuriront sur les roches, et les enceintes ou vastes monuments mégalithiques gagneront leurs orientations.

La domestication des plantes, blé européen, riz asiatique, mil

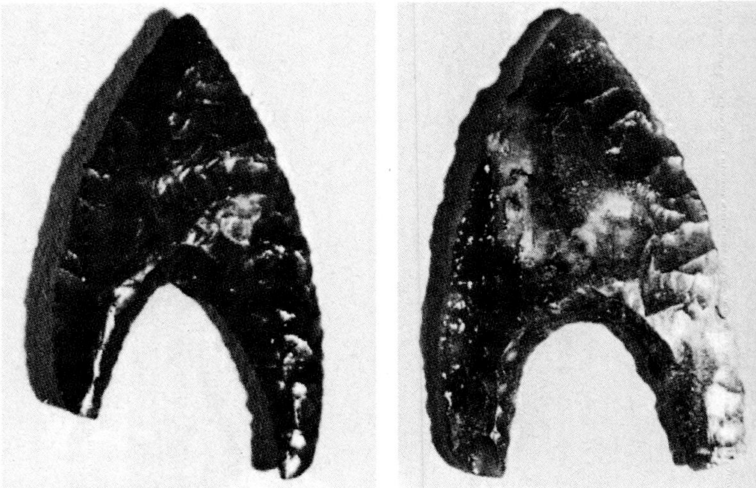

1

africain, maïs américain, le recul forestier et l'érosion des sols, la concentration dans les grandes plaines fluviales, Danube, Nil, Tigre et Euphrate, Indus et Hoang Ho, conduisent à une vie sédentaire, attachée à la glèbe. Ce néolithique sera l'ère des grands bâtisseurs, des constructions mégalithiques et les arts dits « mineurs » vont se multiplier. Les céramiques, la bijouterie de pierre, d'ambre ou de jayet, des arts traditionnels, relègueront à l'arrière-plan les produits de l'artisanat supérieur. Il subsiste pourtant et ne doit pas être oublié. Des haches taillées, de grand format, trente, quarante centimètres, conservent la finition des amandes acheuléennes ou des feuilles solutréennes. Parfois polies, ces haches adoptent des matériaux de choix, des silex au grain fin, des roches rares, néphrites, jadéites, chloromélanites... le précieux de la roche est élément artistique et de valeur. Des imitations artistiques apparaissent et telle veine de silex jaune d'or sera recherchée systématiquement pour donner des haches couleur de cuivre précieux.

Certaines formes de hache, à gorge dans le monde saharien du Ténéré, à étranglement dans le monde caraïbe, à tenon dans le Sud-Est asiatique, auront leur beauté technique. La panoplie des pointes de flèches est étonnante, depuis les formes classiques, foliacées, géométriques ou à pédoncule et barbelures jusqu'aux admirables formes régionales comme les pointes à base concave du monde égyptien que l'on retrouve curieusement sur tous les rivages circumpacifiques, les pointes à coches doubles symétri-

3

4

5

1-3. Pointes de flèches à base concave.

4. Pointe foliacée solutréenne, provenant de Volgu (Saint-Germain-en-Laye, Musée des Antiquités Nationales).

5. Broyeur en pierre pour écraser les céréales (Bruxelles, Musées Royaux d'Art et d'Histoire).

ques du nouveau continent qui s'œuvrent dans de somptueuses obsidiennes, noires ou pourpres, couleur de sang.

L'artisanat supérieur jouera son rôle, poursuivra sa mission, à la fin du IIIe millénaire et au cours du second, lorsque apparaîtront les nouveaux matériaux que sont le cuivre et l'or. Mais les premières haches en cuivre martelé conserveront la forme des haches

Harpons magdaléniens en bois de renne avec décor gravé, provenant de la grotte de La Vache à Alliat (Ariège).

de pierre. L'artisan conserve jalousement ses formes traditionnelles alors qu'il accepte plus volontiers des matériaux nouveaux. La forme est éternelle.

Des haches de métal copieront servilement des haches de pierre. *A contrario*, des haches de silex jaune copieront des haches de cuivre plus précieuses. Les haches du bûcheron moderne ont encore la forme des haches de pierre ! À la fin du règne du silex, véritable « chant du cygne », les artisans tourangeaux de la région du Grand-Pressigny excelleront dans le travail de leur magnifique silex, au grain fin, de couleur jaune cire caractéristique. D'énormes blocs de silex, préparés et soigneusement épannelés, appelés localement « livres de beurre », donnent de longues lames étroites,

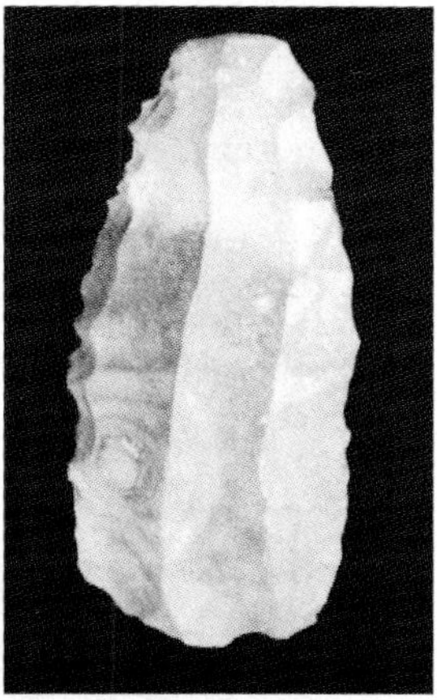

1

1. Nucléus « livre de beurre » du Grand-Pressigny (Indre-et-Loire).

2. Gisement d'outils acheuléens en place.

2

légères, de trente, de quarante centimètres de long. Elles sont alors taillées avec la minutie et la technique solutréennes, puis parfaitement polies sur les rainures d'un polissoir de grès, opération fort longue, exigeant des heures. Finalement, ultime opération, ces lames sont à nouveau taillées, encore plus finement que la première fois et atteignent une minceur véritablement prodigieuse ; quelques millimètres. Plus que le poli, froid et comme impersonnel, l'artisan recherchait le contact chaud et humain des fines retouches par pression, chaque retouche étant témoin d'un travail artisanal de pleine et totale perfection. N'est-il pas étrange, au moment où prend fin le travail du silex, dans ces ateliers du Grand-Pressigny, de retrouver la même recherche de jouissance tactile que pouvaient éprouver les lointains artisans des sphéroïdes et des amandes acheuléennes !

Pendant un million d'années, la joie du travail bien fait est sentiment esthétique profond. Une forme d'art qui en vaut bien d'autres... En est-il de même aujourd'hui ? En sera-t-il ainsi demain ?

4. Archaïsme et datations

Le doigt est moyen universel d'expression, en toute civilisation, en toute époque, à tout âge de l'homme. À condition de disposer d'un support pour recevoir ce tracé digité. Or, tout est support : la terre humide, la boue, l'argile, la neige, le sable, le calcaire marneux décomposé des grottes... Observons le jeune enfant dont l'activité digitée spontanée est significative. Or nous savons que les étapes successives de l'humanité se retrouvent dans les étapes de l'homme. L'homme premier n'a point échappé à ce besoin inné de s'extérioriser et peut-être déjà de communiquer. Les Indiens Pueblo traçaient leurs graphies au doigt, sur le sol même. Est-il traces plus fugaces ? Les grottes peuvent parfois conserver ces tracés digités, comme à Gargas ou Altamira en Occident, comme dans la grotte de Koonalda en Australie du Sud.

Archéologiquement, ces tracés sont très difficilement datables. Plus même, sont-ils à retenir comme témoignages anciens, préhistoriques ? Ils sont en effet « intemporels » et le tracé actuel digité d'un spéléologue ou d'un promeneur inconscient est identique au tracé préhistorique. La prudence s'impose... Les problèmes de patine, d'aspect physique du trait sont à aborder avec la plus longue expérience possible. À propos des tracés digités de La Clotilde de Santa Isabel, Breuil constate « que la surface des traits

Gaine néolithique en bois de cerf, avec sa hache, provenant d'un palafitte en Suisse (Paris, Musée de l'Homme).

digitaux sur argile, qui silhouettent les figures, ont la même surface granulée que le reste du plafond et ne ressemblent en rien au "lissé" des traits discrètement faits par nous pour comparaison ». Les tracés de Rouffignac, de même nature physique que les mammouths réalisés par des tracés identiques, souvent intimement

Tracés digités sur argile dans la grotte de Gargas-Aventignan (Hautes-Pyrénées).

associés à ces derniers, leur sont contemporains. De même ceux de Gargas, dans les Pyrénées, sont à placer avec les bisons, eux aussi, en tracés identiques. La datation est essentiellement comparative : le tracé digité doit s'intégrer dans un ensemble datable. S'il est isolé, à l'état brut, il doit être mis hors chronologie. Souvent, ces tracés se superposent, s'oblitèrent mutuellement. Cette trompe de mammouth oblitère un tracé digité et l'animal est donc « postérieur ». Mais de combien ? de quelques secondes ou de quelques siècles ? L'étude systématique des superpositions permet de retrouver les étapes de genèse, mais hors chronologie. Les dépôts stalagmitiques n'ont qu'une valeur très relative. Ils sont fonction du temps, certes, mais aussi de l'humidité de la grotte et de ses infiltrations, de la teneur en calcaire, en gaz carbonique. Les guides y voient volontiers critère d'authenticité pour un public crédule, mais sachons que les joints des pierres de taille du vestibule de Lascaux ont été scellés par des coulées stalagmitiques, en l'espace de vingt ans !

Malgré ces réserves, de nombreuses grottes offrent des tracés digités dont on peut assurer l'ancienneté de vingt ou dix

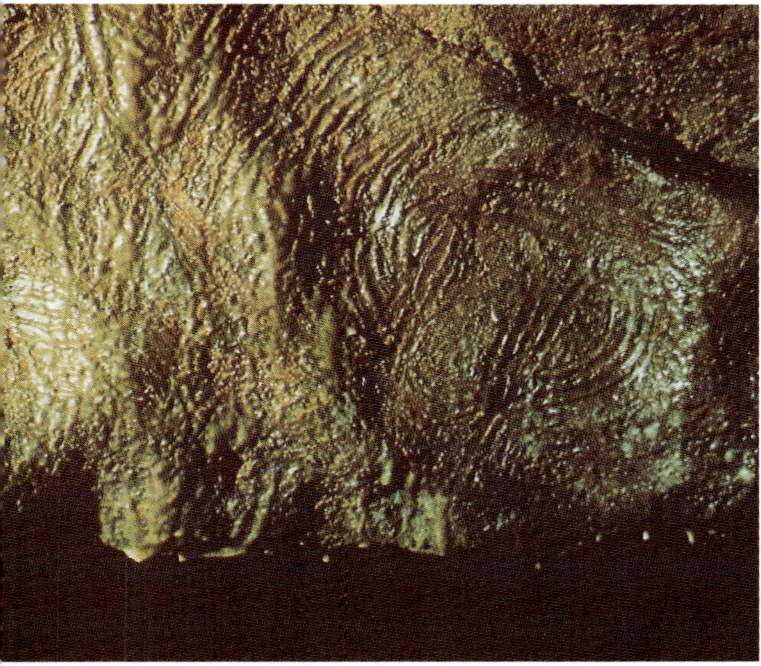

millénaires : La Clotilde, Gargas, Hornos de La Peña, Pech-Merle de Cabrerets, le Tuc-d'Audoubert, Altamira, Rouffignac, Baume-Latrone...

Mais, nous l'avons vu, ces tracés ne sont pas obligatoirement « œuvre d'art » même avec vingt mille ans d'âge. Ils constituent cependant une expérience graphique très intéressante, une étape précieuse. C'est la création d'un trait visible, contenant en germe gravure et dessin. Ces tracés sont souvent plus ou moins rectilignes, volontiers verticaux. La main tout entière est parfois utilisée, avec quatre doigts, trois surtout parfaitement visibles. Légèrement écartés au départ, les doigts se rejoignent en balayant et en descendant la paroi, réflexe toujours actuel. Un seul doigt opérationnel marque l'individualité du trait obtenu et ce choix est annonciateur de graphies plus élaborées. L'imitation de la griffade animale, de l'ours notamment, fût-il des cavernes ou plus banal ours brun, est évidente. Griffades animales et tracés digités humains se recoupent indifféremment. Nombre de tracés sont ondulés, « serpentiformes », sur paroi ou sous plafond. Leur longueur correspond à l'amplitude des bras, sans que le corps ait à se déplacer. Sous le grand plafond aux serpentins de Rouffignac, vers 12 000 ans, certains de ces serpentins sont de vrais serpents, à tête renflée, langue coudée et pendante. Un serpent pénètre dans l'antre chthonien, gravé dans l'axe de l'étroit couloir d'entrée. Le serpentin, schématique, est-il créateur du serpent ? ou n'est-il qu'une schématisation du serpent ? Un intéressant aspect du dualisme entre naturalisme et abstraction.

Adapté au support, variable selon les grottes, le tracé digité prend parfois valeur picturale. Des effets de couleur sont certainement ressentis comme perception esthétique. À Rouffignac, les tracés s'enlèvent, plus clairs, sur un fond argileux plus rubéfié. Il arrive que le doigt enlève la fine pellicule d'argile qui tapisse la voûte, provoquant un tracé blanc sur fond rouge. À Baume-Latrone, dans le Gard, c'est l'effet bicolore inverse. Le doigt englué d'argile détermine des tracés rouges sur le fond blanc de la grotte. Le doigt, d'instrument de gravure est devenu « pinceau » avec un colorant illimité. L'étage profond de Rouffignac offre un chanfrein de cheval, au tracé rouge. À la base de la paroi opposée de l'étroite galerie, les enlèvements d'argile sont encore visibles, les doigts toujours marqués. Si les tracés digités sont fort difficiles à classer dans le temps, les œuvres figuratives, nettement plus représentatives cependant, ne le sont pas moins ! Ce problème chronologique est fondamental pour l'archéologue. C'est la raison d'être de sa discipline. Il l'est beaucoup moins pour l'historien d'art où la valeur esthétique propre de l'œuvre l'emporte sur la chronologie. Celle-ci est délicate, dangereuse. Distinguer des « stades successifs » en art préhistorique, des arts qui peuvent, doivent se chevaucher dans le temps, suppose une logique évolutive que nous ne pouvons présenter ou affirmer. L'art préhistorique offre une continuité réelle, et nulle trappe ne vient engloutir un style, alors qu'une autre libère un style nouveau. Dans l'appréciation des styles, nous nous heurtons toujours au même dilemme : telle figure médiocre de bison ou de cheval est-elle vraiment archaïque ou est-elle œuvre d'un médiocre ? Imaginons quelques secondes que nous ayons à dater un tableau du Douanier Rousseau ou de La Giraudière, à les placer dans l'évolution mondiale de la peinture ?

Deux approches archéologiques autorisent cependant une appréciation chronologique. Lorsque des fragments de roches, peints ou gravés, tombés des parois, sont recouverts par des dépôts archéologiques, ceux-ci, au moins actuellement, peuvent être datés, parfois par le carbone 14. Les débris de l'art pariétal sont au moins antérieurs à la couche archéologique. Mais le laps

Le « plafond aux serpents » de Rouffignac (Dordogne).

de temps entre l'exécution artistique, la chute du fragment et le recouvrement reste difficile à apprécier. Cette méthode est limitée, du fait que les grottes ornées sont des grottes sanctuaires, et très rarement des habitats. Les dépôts archéologiques y sont exceptionnels, car « on n'habite pas dans une cathédrale ». Lorsque quelques strates archéologiques existent dans une grotte, comme la grotte du Portel, en Ariège, il semblerait plutôt qu'il y ait intercalation entre les couches et les différentes phases artistiques que l'on croit pouvoir y déceler. Et non synchronisme !

Une galerie ornée, obstruée par des couches archéologiques, comme la grotte de La Mouthe, peut apporter des indices : les gravures y sont antérieures à la fin du paléolithique supérieur ! La technique de datation par les superpositions, mise au point par Breuil reste, nous l'avons vu pour l'étude des digités, toute relative. Un panneau de Rouffignac, riche en digités, sur la paroi gauche terminale de la Voie sacrée ne comporte pas moins de neuf superpositions. Il est logique de penser qu'elles furent réalisées en quelques secondes, quelques minutes tout au plus.

C'est par la méthode comparative que nous daterons l'art pariétal de Niaux avec beaucoup de précision : entre 10 900 et 10 700 avant notre ère. Niaux est pratiquement la seule grotte dont on puisse être sûr de la chronologie. La grotte sanctuaire, avec les merveilles du « Salon noir » s'ouvre sur le flanc droit du Vicdessos.

Mammouth peint dans la grotte de Choulgan-Tache (Russie).

Sur la rive gauche, légèrement plus bas et en aval, à portée de vue et de son, les deux ouvertures de la grotte de La Vache lui répondent. Cette grotte, sur la commune d'Alliat, correspond à l'habitat des Magdaléniens de Niaux, des grands artistes de Niaux.

Les fouilles menées pendant un quart de siècle dans la couche archéologique épaisse de 80 centimètres, par R. Robert, fondateur de la Société préhistorique de l'Ariège, avec la participation scientifique de l'auteur de cet ouvrage, selon des méthodes rigoureuses et précises, permirent l'étude d'une stratigraphie fine, avec quatre strates, datées par le carbone 14 de 10 590 pour la II, de 10 900 pour la IV, la plus profonde. Par estimation, la strate I se place en 10 435 et la III en 10 745 avant notre ère. Nous verrons ultérieurement l'intérêt considérable de ces recherches ; retenons présentement que l'apogée artistique des nombreux objets d'art mobilier, des galets gravés, se situe dans la couche IV, et plus précisément dans la fourchette chronologique 10 900 – 10 700. Or, les gravures sur os ou bois de renne, depuis les formes et les attitudes générales jusqu'au traitement des détails, cornes ou sabots des bisons, bois des cervidés, cornes « annelées » des bouquetins, jusqu'aux fines hachures expressionnistes se retrouvent, portées à l'échelle monumentale, sur les parois du Salon noir. Les hachures gravées sont

Bison peint dans la galerie des bisons de la grotte du Portel (Ariège).

devenues dessins au pinceau effilé, mais l'identité de style est totale. Ne pouvant dater le monumental pariétal, mais pouvant classer l'art mobilier intégré dans les couches archéologiques datées au carbone 14, le monumental se trouve ainsi placé dans la chronologie absolue du « magdalénien pyrénéen terminal ». Semblable liaison entre grotte sanctuaire et habitat est réalisée dans l'Oural, pour la caverne ornée de Choulgan-Tache, où la représentation des mammouths (63 % de l'ensemble) est prépondérante.

En tenant compte de ces réserves et de ces difficultés inhérentes à la préhistoire elle-même, en restant fidèle à une certaine logique, seules de grandes tendances artistiques peuvent être retenues. N'oublions jamais qu'il s'agit d'un art et que l'art ne peut s'enfermer dans des cadres rigides, s'imaginer sous forme de graphiques. Des écoles, des individualités brillantes ne peuvent qu'impliquer des chevauchements, des retards comme des avances.

Trois grandes écoles peuvent se concevoir. L'école périgordienne avec l'apogée de Lascaux, l'école magdalénienne culminant à Rouffignac, Altamira et Niaux, l'école méditerranéenne avec le fleuron de La Pileta en Andalousie. Recouvrant partiellement ces écoles naturalistes, l'école de l'art abstrait d'Ukraine voit son influence s'étendre avec la chronologie.

Comme repère, nous pourrions retenir entre 25 000 - 20 000 jusque vers 15 000, 14 000 pour l'école périgordienne, entre 15 000 et 10 000 - 9 000 pour la magdalénienne, toutes dates avant notre ère (dites parfois B. C., *before Christus*).

L'art de certaines grottes pourra, parfois, se répartir entre ces deux écoles mais, personnellement, nous serons enclin à adopter une certaine homogénéité dans l'appréciation des styles, à considérer comme retard ou maladresse ce que certains isoleraient en une phase chronologique antérieure.

Dans la galerie des bisons de la grotte du Portel, sur la paroi de droite, nous avons trois bisons peints. L'un, réalisé en un noir profond, filant vers les profondeurs, est classiquement de l'école périgordienne. Les sabots sont peints, de face, selon cette perspective « tordue » définie par Breuil, dont nous verrons l'importance.

Or, sur ces sabots peints à la périgordienne, nous pouvons discerner une fine gravure, se détachant parfaitement sur le noir des sabots, rectifiant avec la plus grande exactitude le tracé des sabots désormais vus de profil. Devons-nous évoquer une peinture périgordienne... Puis ensuite une gravure magdalénienne ? L'élémentaire bon sens exige de considérer comme des contemporains le peintre à la technique picturale quelque peu dépassée et l'artiste graveur saisi du zèle correctif !

5. La couleur et les accidents naturels

La palette des couleurs préhistoriques est très limitée. Jusqu'à la fin du magdalénien, vers 10 000, les corps minéraux retenus sont les ocres des terres colorées, auxquels s'ajoute le noir de manganèse, également très répandu dans la nature. C'est la « crasse des siècles », ces dépôts noirâtres accumulés à la base des parois ou sur les avancées, signalés par Breuil à Rouffignac. La palette est donc réduite à trois couleurs fondamentales, l'ocre jaune, l'ocre rouge plus rubéfié et le noir, avec cependant des nuances étendues, des teintes claires à des teintes plus profondes. Les noirs, notamment, sont très divers.

Dans les peintures du Levante, nous voyons apparaître le blanc, lequel prendra plus d'importance dans les peintures sahariennes et d'Afrique australe. Cette extension progressive du blanc,

Empreinte de main en négatif sur une paroi de la grotte de Pech-Merle de Cabrerets (Lot).

dans les chronologies plus tardives est peut-être un argument intéressant pour une évolution continue des couleurs employées et favorable à une filiation...

L'utilisation du charbon, comme pigment, est rarement prouvée et il semble qu'il aurait pu se désagréger et disparaître en dix ou quinze millénaires, ce qui nous priverait peut-être de nombre de peintures ou dessins. Au IIIe millénaire, nous voyons apparaître un nouveau pigment, le guano de chauve-souris, utilisé pour peindre les délicieuses ballerines de Magoura, en Bulgarie.

Les couleurs sont diversement employées, sous forme solide ou liquide. Au Pech-de-l'Aze, dans des couches moustériennes de 40 000 ans, la découverte d'un bâton d'ocre permet de supposer, chez l'homme de Neandertal, son utilisation pour des peintures

Figures de mammouths peintes au pigment noir dans la grotte de Pech-Merle de Cabrerets (Lot).

corporelles, ou bien encore pour des dessins ou peintures sur des supports périssables, cuir ou écorce. Les Australiens de la Terre d'Arnhem ont conservé jusqu'à nos jours ces techniques, avec les mêmes couleurs, ocre, noir et blanc, et des thèmes à la fois figuratifs et abstraits.

Avec l'adjonction de corps gras, les colorants sont apposés au tampon ou au pinceau. Plus fluide, la peinture peut être soufflée à la bouche et la main servant de pochoir, comme à Gargas (pour des mains mutilées), au Castillo ou à Pech-Merle de Cabrerets.

Chronologiquement, le tampon de fibres végétales ou animales, permettant de poser de gros points de couleur sur la paroi, apparaît le premier. Il est fréquemment utilisé dans l'école périgordienne. Du tampon plus fin, on passe au pinceau, générale-

ment adopté par l'école magdalénienne. C'est le triomphe des fins déliés de Niaux.

Le jaune, très utilisé dans la première école, est le plus souvent antérieur au rouge. Celui-ci est lui-même antérieur au noir, la principale couleur de la seconde école. Prenons le cas concret des bouquetins du monde cantabrique. Nous y recensons 41 bouquetins de l'école périgordienne et 44 de l'école magdalénienne. Dans la première, 58 % des bouquetins sont peints : 3,5 % en jaune, 9,4 % en rouge, 15,2 % en noir, les autres étant gravés.

Dans la seconde école, magdalénienne, aucune figure en jaune ou en rouge mais 37,6 % en noir ! Un bouquetin tracé à l'ocre jaune ou rouge a toutes les chances d'appartenir à la première école et un bouquetin noir a deux fois plus de chances d'être magdalénien que d'être périgordien. Ces observations concrètes permettent une première classification des œuvres que les différences ou les affinités stylistiques permettront de nuancer. Mais la position chronologique affirmée avec force, attribuée à de menues subdivisions des divers horizons archéologiques, est une forme du « bluff scientifique » où chacun des auteurs retrouve son système !

Nous n'avons pas retenu, précédemment, la gamme étendue des points de couleur comme étant des manifestations artistiques. Tout au plus des repères ou des essais de tampon. Dans le Combel de Cabrerets, des points rouges, réalisés au tampon semblent s'ordonner pour former une figure. Toutefois, leurs intervalles sont trop importants, plus grands que les points eux-mêmes, pour qu'on puisse y voir avec assurance un avant-train de bouquetin, avec sa longue corne courbe, sa patte avant... Si les points se multiplient, l'image devient plus lisible. Les exemples abondent dans les grottes de La Pasiega, de Covalanas, de La Haza... Les points deviennent plus serrés, les intervalles plus réduits, inférieurs au diamètre moyen du point. Et, point par point, on atteint une ligne continue, ce « pointillé baveux » de Breuil. Les biches rouges de Covalanas nous approchent de l'art. Certes, la graphie est simple. Le contour de l'animal reste raide, mais le contour est

Tête de bison utilisant un accident de la paroi.

Tête de biche peinte sur une fissure naturelle dans la grotte d'Altamira (Espagne).

essentiel dans l'art primitif. Le fond est utilisé avec un rare bonheur et implique, comme dans l'artisanat supérieur, un *choix*. Ce choix se révèle fondamental pour nous expliquer la genèse d'une œuvre, son exécution et plus encore la position qu'elle occupe. Les emplacements ne sont pas pris au hasard mais choisis. Tous les emplacements possibles ne sont pas élus, mais ceux qui sont élus témoignent de ce choix.

La biche de Covalanas n'est pas dans le vide d'une paroi. Elle suit une fissure naturelle, légèrement montante, qui fournit la ligne de sol. Dans la même grotte, l'arrière-train de ce renne épouse la forme du rocher. Il est mi-dessin au pointillé, mi-sculpture naturelle. Sans doute acquiert-il ainsi force ou magie nouvelles ?

Les observations de ce genre seraient innombrables : l'utilisation systématique des accidents naturels est un fait permanent dans l'art préhistorique. Elle prend cependant des degrés différents. Dans les phases anciennes, la suggestion est surtout physique, représentant un animal. Dans les phases plus récentes, la suggestion sera globale, portant sur des ensembles, comme les bosses du plafond d'Altamira. Elle pourra être intellectuelle ou religieuse, comme à Rouffignac, l'utilisation systématique des « bouches d'ombre », images des gouffres chthoniens où mugissent les eaux souterraines. Les animaux entrant dans la grotte tombent dans les bouches d'ombre, ceux qui en surgissent sortent de la grotte ! Cette hiérarchie des accidents naturels peut servir d'indice chronologique.

Les plus simples utilisations peuvent-elles être considérées comme des œuvres d'art ? Ce sont plutôt des essais naturalistes, des ébauches, comme un carnet de croquis. Cette bosse rocheuse d'une galerie secondaire d'Altamira est, à elle seule, une tête d'animal. Quelques judicieuses traces colorées nous suggèrent un bison fort présentable. Un second bison, non loin, est tout aussi suggéré. Quant à cette délicieuse tête de biche noire, son long cou épouse parfaitement la fissure horizontale et elle y prend tout son relief.

Ces exemples se situent dans les galeries secondaires, hors du secteur du grand plafond classique. Faut-il les placer dans un art antérieur au plafond ? Nous ne le pensons pas et nous verrions volontiers, dans ces exemples, comme des expériences réalisées par les aides du grand maître, responsable du plafond. Les apprentis doivent bien apprendre leur art, et doivent s'exercer, mais loin du célèbre atelier !

Ces utilisations de relief naturel ne prennent force et valeur qu'en fonction de l'éclairage, une lumière frisante, placée pour mettre en relief l'accident. L'art paléolithique est art d'éclairagiste ! La lumière joue un rôle considérable dans l'art des grottes obscures. La découverte de la lampe de La Mouthe a donné toute crédibilité à cet art nouveau. Les lumières nécessaires sont d'ailleurs des lumières vivantes, des flammes changeantes, faisant apparaître ou disparaître l'accident, créant avec les rebords rocheux des ombres gigantesques. Des noirs énormes s'avancent monstrueux vers vous pour s'évanouir après quelques pas. L'art des grottes n'est pas un art figé, que l'on examine une fois pour toutes, même si l'on a découvert le bon angle de vision et la position de la source de lumière. Dans la grotte, bougent à la fois l'homme, la lumière et l'œuvre elle-même. L'animal y est vivant, au sein de la lumière créatrice.

L'éclairage permanent, électrique de surcroît, est destructeur, et des peintures, et de toute vision correcte, intelligente et sensible de cet art. On ne pourrait concevoir un musée d'art préhistorique pariétal, ce serait un non-sens ! Même une copie fidèle comme les fresques de Saint-Savin serait vaine. Une copie intégrale, alors, avec l'éclairage de la lampe à graisse ou de la moderne bougie ? Il manquera toujours l'humidité de la caverne, les « laminoirs » à franchir en rampant, les « glus » des argiles glissantes, les huit cents mètres d'une galerie difficile où il n'y a rien à voir. L'art préhistorique est un art dynamique qui doit se mériter.

1

2

1. Lampe en calcaire de La Mouthe, Dordogne, portant une gravure de bouquetin (Saint-Germain-en-Laye, Musée des Antiquités Nationales).

2. Lampe en grès, provenant de Lascaux (Dordogne).

6. Les thèmes animaliers

Une vie chasseresse active offrira aux « artistes » néophytes, bientôt artistes confirmés, les thèmes et les motivations d'un art profondément animalier et naturaliste. Dix millénaires seront nécessaires, sur une évolution de cinq millions d'années, soit sur 1/500e du temps de l'homme. Cela, entre 20 000 et 10 000, avec un apogée artistique durant les cinq derniers millénaires, entre 15 000 et 10 000.

La vie monotone de collecte de l'*Homo habilis* et de l'*Homo erectus* n'a provoqué que les efforts techniques d'un outillage et le plaisir esthétique d'un travail artisanal bien fait. Le Neandertal de l'ultime phase glaciaire doit chercher refuge dans les grottes au climat plus régulier, relativement tempéré. À Toirano, nous avons vu le premier contact de l'homme avec son nouveau milieu protecteur. Un premier contact aussi avec le monde animal, que lui suggère ce gros rocher zoomorphe, qu'il bombarde de boules de glaise.

Lorsque le moderne que nous sommes visite Padirac ou l'aven d'Orgnac, le guide se complaît à lui montrer la pagode, le minaret ou le voile de la mariée. Le Neandertal, le Cro-Magnon ensuite, dans les mêmes reliefs naturels reconnaîtra ce qui fait son environnement, ce qui lui permet de subsister : l'animal. Les accidents naturels, nous l'avons vu, ne lui suggèrent que du gibier. Une véritable hantise carnée qui explique des formes archaïques artistiques. Même dans les phases évoluées, tardives, cette hantise utilisera toujours ces accidents. Au Castillo, dans la région de Puente Viesgo, proche de bisons identiques aux merveilles d'Altamira, voici une écaille naturelle de roche dressée vers le plafond. Des éléments stalagmitiques semblent suggérer une queue, une patte... Une bosse annoncerait volontiers une croupe de bison. Une peinture noire au modelé savant donne au bison dressé une étonnante présence !

La suggestion est parfois plus discrète. Un rognon, enchâssé dans la paroi, est souvent un œil naturel, tel ce rognon figurant l'œil d'un des deux mammouths de la Découverte à Rouffignac, tel l'œil de cette antilope saïga de la même caverne.

Le chef-d'œuvre de ces utilisations est le « bison aux cupules » de Niaux. Gravé sur argile, non loin du Salon noir, ce bison enferme dans son tracé, trois cupules naturelles, formées par le lent écoulement de gouttes d'eau issues du plafond humide. Ces cupules sont comme des blessures portées à l'animal. Précisément, trois flèches gravées dont les pointes convergent sur les cupules confirment l'hypothèse. L'utilisation de ces accidents « en creux »

Le « bison aux cupules », gravé sur argile dans la grotte de Niaux (Ariège).

est déjà remarquable. Mais il y a beaucoup plus... Examinons l'œil du bison, avec attention. Le globe oculaire de l'animal est, lui aussi, formé d'une cupule naturelle ! Il ne s'agit plus d'enfermer des cupules dans un contour, mais de dessiner le bison tout entier, avec ses formes précises, élégamment traitées, à partir de l'œil, en partant véritablement de la cupule qui devient œil. Posez le problème à quelque artiste contemporain... Matisse et Picasso le résoudront !

Démonstration est faite que le Périgordien, que le Magdalénien ne voient que des animaux, des détails d'animaux dans les accidents souterrains. Ils les compléteront, afin que leurs congénères les voient plus aisément. Ici, quelques traits peints pour souligner une ressemblance. Là, quelques tracés au burin pour préciser un animal. Les exemples seraient légion. Ainsi, l'iconographie quaternaire sera animalière ; elle sera profondément naturaliste pour que la communication s'établisse avec tous les hommes. À l'origine, ces aménagements ne sont pas des œuvres d'art mais essentiellement des créations, des images-réalités. L'art sera présent, de surcroît, lorsqu'un tempérament d'artiste pourra s'épanouir, lorsqu'un maître aura formé une école.

Les galets gravés illustrent cette démarche intellectuelle, reli-

Figuration de bison réalisée à partir d'un accident naturel de roche dans la grotte d'El Castillo (Espagne).

Galet décoré sur les deux faces d'animaux gravés, provenant de La Colombière (Bourg-en-Bresse, Musée de l'Ain).

gieuse et artistique, tels les galets de La Colombière, dans l'Ain. L'auteur – on n'ose encore trancher s'il est plus sorcier qu'artiste ou plus artiste que sorcier – grave quelque cheval... Si la chasse au cheval est heureuse, voici le galet bénéfique ! Et de lui demander un rhinocéros. Le voici finement gravé sur le galet, oblitérant le cheval précédent. Les deux animaux sont même tête-bêche. Aucune importance, car ces gravures sont de véritables « actions de création » ; ce ne sont pas des œuvres faites pour être vues. Ce qui n'empêche pas le cheval ou le rhinocéros d'être des gravures admirables, à condition de débrouiller le lacis de traits et d'isoler chaque animal. Il est vraisemblable que le graveur abolissait les images précédentes par un frottis d'ocre ou de noir de fumée et la gravure nouvelle s'enlevait merveilleusement avec ses traits clairs sur le fond sombre. Le Magdalénien ne voyait donc qu'un animal unique, là où nous nous perdons dans un inextricable lacis de traits. Un « art » bien particulier et difficile à apprécier !

Si la forme première de l'art, ou de ce qu'il en adviendra, est décidément action, on peut regretter une fois de plus d'être privé des formes fugaces d'expression artistique que pouvaient donner chants, pantomimes, danses, processions devant l'esplanade du Cap-Blanc !

Plus qu'un art des grottes, cet art quaternaire est donc animalier. Au nord des Pyrénées, vaste secteur géographique où des recensements et des analyses poussées purent être menés à bien par mes étudiants de l'Institut d'Art préhistorique de l'Université de Toulouse, sur 2 100 figures animalières, on dénombre 740 chevaux, soit 35 %. On constate une véritable « zone à chevaux », de Saint-Cirq à Commarque et au Cap-Blanc, encore lui, dans la vallée de la Beune, avec des pourcentages records de 30 à 50 %. Ces données élevées, pratiquement un cheval sur trois animaux, un cheval pour deux autres animaux, sembleraient correspondre à un gibier vivement recherché, d'une chasse difficile, exigeant la multiplicité de ces « images-réalités ». Sur soixante grottes ornées, 75 % possèdent au moins une représentation chevaline. Chaque grotte de quelque importance possède au moins un cheval, sauf la grotte de Cougnac, dans le Lot ! Le bison vient très près derrière, pour le nombre de ses représentants.

Des recherches de l'Université de Bonn, nous pouvons extraire les chiffres suivants :

Sur 133 grottes françaises, le cheval est présent dans 54 %, le bison dans 43 %, le mammouth dans 21 %, le renne dans 15 %.

Sur 72 grottes espagnoles, le cheval est présent dans 45 %, le bison dans 25 %, le mammouth dans 8 %, le renne dans 4 %.

Pour l'ensemble de l'art dit « franco-hispanique » (expression plus large que celle de franco-cantabrique), nous aurions les pourcentages suivants : 51 % de chevaux, 37 % de bisons, 16 % de mammouths et 11 % de rennes. Ces données susciteraient de longs commentaires... Le climat plus doux, au sud des Pyrénées, explique les baisses de pourcentage chez le mammouth et le renne, animaux plus « froids » que cheval et bison.

Le renne, qui donne son nom à toute la grande expansion artistique du paléolithique supérieur, lequel est « l'âge du Renne »,

Galet gravé d'un rhinocéros, découvert en 1864 dans la grotte inférieure de Massat (Ariège).

le renne abondant dans les débris de cuisine et les foyers archéologiques, n'offre qu'un bien faible pourcentage. Pour l'ensemble de l'art occidental, on recense 123 rennes répartis en 22 grottes. La grande zone du renne est l'Aquitaine avec les 2/3 des figures pariétales, représentant 12,7 % par rapport à la faune totale figurée. Les Pyrénées en comptent fort peu car, animal de plaine, il répugne aux terroirs accidentés : 7,5 % du total. Si la vallée de la Beune est la zone à cheval, la grotte de Teyjat est la « Grotte à Rennes », avec 39,5 % de la faune représentée.

Rouffignac, avec plus de 200 figures, de la plus haute qualité, ignore complètement le renne !

Sur l'ensemble des rennes représentés, 5,6 % seulement sont blessés par des flèches ou des sagaies, ce qui confirme l'opinion de Breuil sur ce « gibier très bête, médiocrement agile », qui n'exigeait nullement les rites destructeurs de la magie animalière. La fréquence ou la rareté des thèmes animaliers s'expliquent par des raisons très diverses, tant économiques que spirituelles. C'est là un des caractères particuliers de l'art préhistorique. C'est un art de « commande » original !

Les mammouths, au nord des Pyrénées, avoisinent les 300, dont 150 pour la seule grotte de Rouffignac, soit 51 %, plus que toutes les autres grottes réunies ! Dans la seule école d'art magdalénienne, les mammouths de Rouffignac comptent pour 70 %. Avant ma découverte de l'art de Rouffignac, en juin 1956, on ne connaissait que 64 mammouths de cette école magdalénienne.

Figure humaine blessée peinte dans la grotte de Cougnac (Lot).

C'est dire la nécessité de s'appuyer sur de vastes ensembles, aussi vastes que possible. Une seule grotte en effet, si elle est suffisamment importante comme Rouffignac, peut modifier toutes les données. C'est dire aussi l'importance exceptionnelle de certaines grottes. Une profonde hiérarchie existe, tant par le nombre des figures que par leur qualité. Nous y reviendrons. L'art des grottes préhistoriques, bien qu'anonyme, retrouve aisément les critères de l'histoire. Chaque grotte possède sa profonde originalité, importante ou mesquine. Son art y est prestigieux ou d'une affligeante médiocrité. Des raisons écologiques expliquent l'abondance du cheval ou la rareté du renne.

Mais les raisons purement humaines sont certainement primordiales : la fantaisie ou le génie d'un grand maître, et cet art lointain devient, par cela même, singulièrement proche de nous, profondément attachant ! Le maître d'Altamira excellera dans les bisons et recherchera les effets picturaux de la bichromie. Le maître de Rouffignac, tant en gravures qu'en dessins affectionnera les mammouths et les rhinocéros. Et le maître de Niaux dessinera les plus beaux chevaux et les plus beaux bisons de l'art animalier.

L'art pariétal paléolithique est donc essentiellement un art animalier, puisant ses origines lointaines dans le monde confus des formes naturelles et dans les suggestions des grottes obscures.

Bas-relief en calcaire de la «femme à la corne», provenant de Laussel (Dordogne) ; haut. 44 cm (Bordeaux, Musée d'Aquitaine).

Chapitre II

L'ART PÉRIGORDIEN

1. Genèse de l'apogée occidental

L'épanouissement de l'art naturaliste animalier, dans le cul-de-sac qu'est l'Europe occidentale, ne s'explique que par de profondes causes écologiques. Dans la zone majeure de l'Eurasie, entre le 45e et le 55e parallèle, du Kamtchatka à l'Atlantique, se développe vers 40 000 un paysage de prairies et de toundras arborées favorable à la formation et à l'épanouissement de grandes civilisations chasseresses. Chevaux et bisons, mammouths et rhinocéros, rennes enfin, profondément attachés à l'écharpe de la toundra, y vivent et y pullulent.

Les thèmes animaliers de l'art sont donc en place !

Mais ces thèmes vivants se déplacent, singulièrement suivis pas à pas par les chasseurs. Les migrations de faune, comme celles de l'homme qui accompagne le gibier, s'effectuent d'ouest en est, ou d'est en ouest, pour conserver leur cadre biologique. Vers le nord, des migrations seraient arrêtées par la dégradation de la toundra et l'obstacle des masses glaciaires de l'Arctique. Vers le sud, les obstacles sont les mêmes : les glaciers de montagne, des Tian Chan au Caucase, des Carpates aux Alpes, forment une barrière infranchissable. Une des grandes chances naturelles de l'Eurasie est précisément la libre circulation, même dans les stades glaciaires les plus rigoureux, toujours possible entre le glacier scandinave et le glacier alpin.

Au Kamtchatka, bout du monde extrême-oriental, le site d'Ouchkovo, avec ses industries des peuples chasseurs, est daté de 20 050 avant notre ère par le C 14. En Périgord, Charente, Cantabres, les sites analogues sont légion, entre 30 000 et 10 000 ans. Leur nombre et leur importance ne sont pas fortuits malgré une prospection plus intense. Il semble bien que les migrations des chasseurs aient été « orientées », qu'elles se soient systématiquement déroulées de l'est vers l'ouest. En quête, déjà, du soleil, lequel disparaissait sur les horizons occidentaux !

Sous des climats tempérés froids et parfois périglaciaires, des climats où la chaleur et la lumière solaires se révélaient bénéfiques (les « bonnes » expositions des grottes élues en témoignent), marcher à leur poursuite était marche d'espoir. La migration vers le soleil est l'antidote des climats froids. Plus tard, dans le dernier millénaire avant notre ère, le monde méditerranéen, au climat tempéré chaud, sera, non moins mystérieusement, attiré vers les régions plus fraîches du monde hyperboréen, ce monde qui était repos et refuge pour le char d'Apollon. Les migrations humaines sont complémentaires de leur climat originel ! Elles se déplacent pour améliorer leur cadre biologique.

La configuration géographique ouest-européenne, vaste triangle aux grandes plaines largement ouvertes à l'est, s'effilant vers l'ouest comme le goulot d'un énorme entonnoir, facilite singulièrement ces migrations. Celles-ci, en bout de course, viennent buter sur l'Atlantique, et elles ne peuvent que se concentrer dans la plaine d'Aquitaine et ses rebords tabulaires offrant les ressources de multiples abris, surplombs et grottes. Le Périgord et, quelque peu à l'écart déjà, le Quercy, les petites Pyrénées calcaires et accueillantes, avant-marche de la haute barrière pyrénéenne, constituent une vaste nasse naturelle où s'engouffrait le gibier, où s'installait et se développait l'Homme de Cro-Magnon. La densité humaine y atteint vraisemblablement des chiffres records, pour ces époques primitives. Pour le territoire qui sera la France dans l'histoire, on peut estimer que sa population passera de 10 000 à 50 000 habitants, entre 30 000 et 10 000 ans. Le maximum d'occupation sera naturellement pour l'Aquitaine et ses marges, de l'ordre de 3 à 4 habitants pour 10 kilomètres carrés, pour cette aire privilégiée. Dans toute l'histoire du monde, c'est la première fois que les hommes sont si nombreux sur un territoire aussi limité ! Chaque petit groupe de chasseurs, chaque « famille » au sens large primitif est à moins d'une heure de son voisin. Pour deux familles qui communiquent, le temps, ou l'espace, se réduit de moitié !

Les conséquences de cette nouvelle démographie des Cro-Magnon vers 30 000 ans seront considérables. Le besoin vital de la chasse, pour cette surpopulation relative de chasseurs par rapport au gibier, rend impérieusement indispensables les recours aux pratiques magiques, la création d'images-réalités, elles-mêmes créatrices de gibier, sur les galets de rivière où elles s'accumulent, sur les supports périssables que nous pouvons supposer, sur les parois des grottes refuges. Ce besoin vital de gibier explique l'obsession qui semble devoir s'emparer de l'homme d'alors. Si le prisonnier de 1940-1945 n'a jamais copié tant de menus gastronomiques dans les camps de la famine, le chasseur périgordien n'a jamais tant vu de bisons ou de chevaux dans les accidents rocheux de ses grottes. Et nous avons vu que, de ces pratiques magiques, de ces utilisations systématiques des reliefs naturels, naît l'image, et l'image nous conduit à l'art véritable, un art animalier et naturaliste comme l'exige l'économie de l'époque. Jamais l'art ne fut aussi pleinement intégré à la vie. Car l'art faisait alors partie de la vie, car l'art était la vie ! La relative forte densité humaine aura d'autres conséquences heureuses. Des contacts humains, d'abord possibles, inéluctables ensuite, naîtront des échanges fructueux ; échanges de techniques de chasse et d'outillage, échanges de techniques artistiques, d'organisation des thèmes animaliers traditionnels... Nulle période, depuis les origines, n'est plus active, plus « progressiste ». Il faudra attendre la révolution néolithique, vers – 5000, pour retrouver un essor total comparable, tant économique que démographique. Mais que de différences profondes pour l'art et ses formes d'expression !

Plus fortes seront les densités humaines de chasseurs aquitains, plus grandes seront les probabilités de voir naître des génies, dans le domaine technique comme dans le domaine artistique. Ces chasseurs ont inventé l'aiguille, le vêtement cousu et le kayak, l'arc et la sagaie... Ils formeront, notamment dans la phase récente, entre 15 000 et 10 000, les premières écoles artistiques du monde.

La communication devient fait majeur, entre hommes de familles ou de tribus voisines, entre générations aussi, même si la longévité (25 à 30 ans)... Le chasseur périgordien, puis magdalénien, est sédentaire, accroché à ses habitats en grottes, voisines de ses sanctuaires, ou à ses campements – même saisonniers – de plein air. Cette communication n'est pas seulement pratique, technique, mais orale. Nul ne peut discerner à quel moment apparut le langage, mais nous pouvons pressentir qu'il joue, désormais, entre 30 000 et 10 000 ans, un rôle décisif. La gutturale syllabe « Cro », toponyme que les linguistes estiment préceltique et pré-indo-européen, est vraisemblablement magdalénienne, formée vers – 20 000 pour, précisément, désigner ces grottes, ces cavernes, ces trous dans la masse calcaire de nos plateaux. Le Cro, qu'il soit de Cro-Magnon ou du Cro-du-Cluzeau (pléonasme de l'ancien nom de la grotte de Rouffignac), baptise les premières habitations pérennes.

La révolution artistique de l'Occident, dont nous venons de décrire les origines profondes, s'accompagne d'une révolution intellectuelle, inspiratrice de la philosophie classique. La femme de Laussel, sculptée en bas-relief sur sa stèle, porte une corne

1 

2 

1. Gravure profonde de pied de cheval sur un bloc de l'abri Cellier.
2. Gravures de pied de cheval sur un bloc de La Ferrassie (Musée des Eyzies).

d'abondance ! Des nécessités magiques chasseresses, les maîtres de Rouffignac, ceux de Tito Bustillo, feront naître des explications du monde, de profondes philosophies dont nous entreverrons la genèse et suivrons le développement, en en laissant l'épanouissement à la période historique.

2. La gravure périgordienne

Les gravures de « vulves féminines », gravées sur des blocs rocheux de La Ferrassie et de l'abri Cellier, en Périgord, semblent volontiers considérées comme les graphies gravées les plus anciennes connues (vers – 30 000 avant notre ère). Ces importants blocs, déposés au Musée national de Préhistoire des Eyzies, posent un problème. Certaines de ces gravures ne sont nullement des représentations, plus ou moins réalistes, du sexe féminin. Ce qui entraîne des spéculations philosophiques précises et simplistes : le culte de la femme, et de son sexe, évident et tout premier symbole de la fécondité humaine.

Les figurations féminines sont nettement triangulaires, la pointe en bas ; avec, profondément incisée, verticalement, la fente vulvaire. Parfois, la partie supérieure du triangle pubien est légèrement incurvée vers la fente vulvaire. Les représentations du sexe féminin dans la gravure sur argile de la grotte ariégeoise de Bédeilhac, sur la statuette de Willendorf, en Autriche, sur la statuette de Dolni Vestonice ou la « femme à la corne » de l'abri de Laussel, dans la vallée de la Beune, sont caractéristiques et « cliniques » en quelque sorte. Certaines de ces graphies se retrouvent sur les blocs de La Ferrassie et de l'abri Cellier. Mais certaines autres gravures, excellentes, profondément gravées, sont très différentes. Ce sont des traits nettement circulaires, profondément ouverts, dont l'ouverture est précisée par un trait vertical profond (qui, pour certains observateurs, pourrait suggérer la fente vulvaire). Ces gravures aux traits circulaires représentent le pied du cheval. En hippologues avertis, nos chasseurs de la préhistoire, grands chasseurs de rennes, de bisons et de chevaux, ne pouvaient méconnaître la morphologie et la figure de l'empreinte de l'animal qu'il chassait. Le cercle gravé représente la paroi externe du pied, et l'intérieur du cercle figure la « sole » du pied. La « fourchette », avec ses deux lacunes latérales et sa fente profonde, pour la lacune centrale, est parfaitement figurée. La comparaison de ces gravures avec le cliché d'un pied de cheval emporte l'adhésion. Les conséquences sont importantes. Aux graphies de vulves féminines, symbole de la femme, de la fécondité, il convient d'ajouter, parfaitement synchrones (on les trouve sur les mêmes rochers, avec les mêmes techniques de gravure), des graphies très figuratives du pied de cheval, avec sa « sole » et sa « fourchette ». Le cheval associé à la femme est estimé la plus noble conquête de l'homme par l'histoire. Or, nous les trouvons ensemble dès le XXXe millénaire... Un « pluralisme explicatif » s'applique volontiers pour toute tentative de compréhension de l'art préhistorique.

1

2

1. Pied de cheval actuel, avec sa « sole » et sa « fourchette » caractéristiques.

2. Gravure de vulve sur bloc de l'abri Cellier. À comparer avec la figure 1, page 76.

Lorsque, dans une grotte, souvent de médiocres dimensions, les techniques du tracé digité ou du pointillé plus ou moins serré aboutissent au « ponctué baveux » de Breuil ; lorsque les ocres jaunes ou rouges sont les pigments dominants et que les noirs de manganèse s'y superposent et restent la couleur minoritaire ; lorsque les figures animalières se bornent à ne présenter que des contours au trait souvent rigide, sans grands détails pouvant donner vivante expression à l'animal représenté ; lorsque celui-ci se réduit volontiers à une seule patte pour chaque train ; lorsque

Bloc gravé de La Ferrassie. A comparer avec la figure 1, page 72.

les extrémités restent inachevées, sans le modelé d'un sabot ; lorsque les détails jugés caractéristiques, tels une encornure, une expression de l'œil, un onglon, sont omis ou traités de façon très simpliste, d'un seul trait par exemple ; lorsque le dessin d'une crinière se limite à un seul trait ; et surtout, lorsque l'attitude de l'animal accuse une profonde déformation générale, le corps vu de profil, vision la plus aisée à « croquer » et aussi la plus normale pour un chasseur surveillant et guettant le gibier lointain, alors que des détails de la tête seule sont vus de face, position plus aisée pour traiter les cornes et les bois, supprimant ainsi les difficultés techniques d'un rendu perspectif, alors, devant tous ces détails typiques d'exécution, ou une majorité d'entre eux, nous avons toutes chances de nous trouver devant une œuvre périgordienne, de la première école d'art.

Ces œuvres, généralement placées entre 30 000 et 20 000, offrent comme une « somme » des divers archaïsmes que présentent gravures et peintures. Mais il est bien entendu que nombre de ces archaïsmes sont pérennes et se retrouveront dans maintes œuvres postérieures. C'est leur addition, corrélativement avec l'absence des acquis artistiques postérieurs, qui rend plausible cette attribution.

Ces caractères, enfin, s'appliqueront volontiers, au départ, sur des volumes naturels, sur des accidents, surtout positifs, dont la valeur suggestive a été reconnue et méritait d'être explicitée. Mais ici encore, n'oublions pas que des esprits peu créatifs auront toujours besoin de ces adjuvants, de ces points de départ, et de grands maîtres, comme celui d'Altamira, ne dédaigneront pas de tels procédés pour donner volume et vie à des compositions picturales.

Quelques exemples de grottes et d'œuvres permettront de préciser et d'illustrer ces caractères de l'art périgordien, et certaines de ces œuvres nous poseront encore le problème initial : sommes-nous réellement en présence d'un art ? L'émotion temporelle qui nous étreint n'est-elle pas supérieure à l'émotion uniquement esthétique qui pourrait être la nôtre ?

La petite grotte de La Clotilde, près de Santa Isabel, à 10 kilomètres à vol d'oiseau d'Altamira – mais combien de kilomètres et de temps pour la retrouver ! – nous offre, ou plutôt nous offrait (le vandalisme de ces dernières décennies a sévi) une petite série animalière de formes très primitives. Un des meilleurs taureaux représentés se limite à une ligne dorsale, exécutée au doigt, alors qu'un trait inférieur digité, en dents de scie, évoque les pattes... Nous avons même cinq indentations successives, régulièrement espacées, sans groupement des pattes en avant-train et arrière-train. D'autres bovidés, parfaitement vus de face, sont affublés, au sommet de la tête, d'un demi-cercle figurant les cornes, déformation typique dans laquelle Breuil a vu un critère fondamental de la graphie périgordienne. La technique de La Clotilde va cependant au-delà du simple contour, et certains bovidés ont le corps rempli de tracés digités verticaux... Un procédé qui sera, lui aussi, pérenne et que nous retrouverons sur les mammouths de la Découverte, à Rouffignac, peut-être quinze ou dix mille ans plus tard.

Des iconoclastes, anonymes comme les auteurs des gravures, ont bariolé certains bovidés de grands traits en croix, eux aussi réalisés au doigt. Ces tracés sont bien lissés, d'un jaune très clair, alors que les traits primitifs gardent la patine sombre de l'argile ambiante et le même aspect granuleux.

Cet exemple lamentable de La Clotilde montre la difficulté de conservation, devant la facilité permanente de balayer du doigt quelque surface d'argile humide !

La grotte pyrénéenne de Gargas, plus complexe, est, elle aussi, hautement significative. Elle peut même servir de référence chronologique, jouer le rôle d'une base de nos connaissances périgordiennes. En effet, à l'intérieur du porche de la grotte, dans un secteur encore éclairé par la lumière du jour, une occupation archéologique livrait deux couches industrielles, épaisses à elles deux de quelque 90 centimètres. Les fouilles anciennes ne pou-

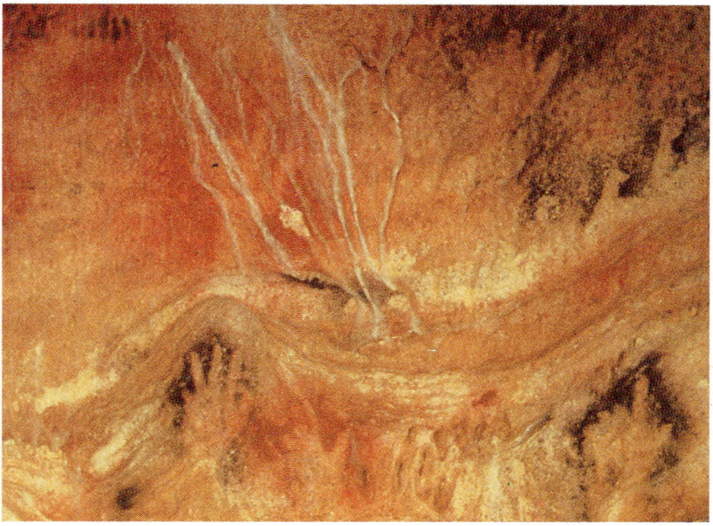

Mains en négatif sur une paroi de la grotte de Gargas (Hautes-Pyrénées).

1

2

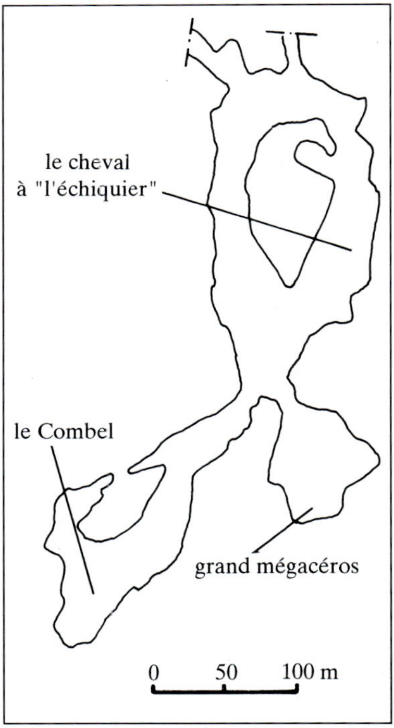

1. Vulve féminine gravée sur argile dans la grotte de Bédeilhac (Ariège).

2. Plan de la grotte de Pech-Merle de Cabrerets (Lot).

vaient nous apporter les précisions que nous souhaiterions aujourd'hui, ce qui est regrettable sans doute mais très fréquent. Une occasion manquée pour donner une date ! Une plaquette, portant le n° 4 des fouilles de Breuil, sans que nous connaissions sa place précise dans les 90 centimètres des couches, est une véritable palette de fines gravures, d'esquisses animalières dont le style est identique aux esquisses pariétales monumentales de la grotte intérieure. Nous disposons là d'un solide point d'ancrage chronologique, entre 30 000 et 20 000. La gamme des techniques comme des thèmes traités est très riche. À des tracés digités nombreux, sans signification et échappant aux critères de l'art, s'ajoutent des tracés « esquissiels » de bisons, de bovidés, de chevaux qui n'en approchent guère, malgré l'émotion que leur ancienneté nous procure. Des traits burinés, non plus tracés au doigt sur argile mais incisés à l'aide d'un silex sur un calcaire dur, nous offrent certainement des profils animaliers plus sûrs et de meilleure qualité. Une difficulté à vaincre – la résistance de la paroi calcaire – semble augmenter la valeur esthétique ! Comme si l'argile, par les facilités de support qu'elle offrait, avait été « réservée » aux novices et aux apprentis, voire aux clandestins, alors que le calcaire, matériau support jugé plus « noble », était réservé aux initiés. Le bouquetin gravé de « la Pierre noire », l'élan de l'antichambre du « Camarin » sont déjà de qualité. Pourtant, même sur le calcaire, les maladresses ne manquent pas. Fréquemment, les animaux sont traités avec les pattes décalées, tel le taureau de La Clotilde avec ses indentations, et les cornes souvent figurées (lorsqu'elles le sont) en perspective tordue... Les esquisses et croquis « valables » ne représentent guère que 5 à 10 % de l'ensemble, selon que l'on est plus ou moins exigeant quant à la valeur esthétique des œuvres. Un des plus faibles pourcentages rencontrés. Dans la salle dite « des crevasses », un accident naturel offre un tortillon noir de manganèse, lequel a été pris comme point de départ d'un groin. Deux traits noirs ajoutés donnent œil et sourcil, un autre trait courbe délimite le relief de la tête !

Le grand nombre des esquisses – une esquisse est d'ailleurs souvent plus révélatrice qu'une œuvre élaborée, et leurs superpositions relatives fréquentes – a permis à Cl. Barrière de déceler à Gargas des évolutions très fines de la graphie, durant trois phases importantes. « Il est probable, dit-il, qu'il faille voir dans ces stades la simple succession d'exercices d'école d'un ou plusieurs artistes apprenant à dessiner des formes animales de mémoire... [pour] développer l'habileté manuelle et créer des techniques. »

Une autre précieuse observation vient confirmer ces expériences individuelles. Les diverses espèces d'animaux figurés apparaissent successivement et les graphies des espèces nouvellement introduites sont plus maladroites, plus inexpérimentées, de caractère plus archaïque par conséquent que les espèces anciennement apparues et figurées ! Ainsi, un « beau » bison est strictement contemporain d'un « médiocre » mammouth, pour la

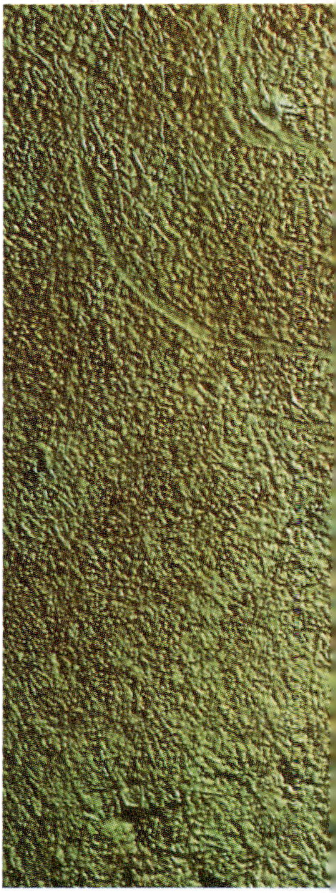

Tracés digités dans la grotte de Pech-Merle de Cabrerets (Lot).

bonne et simple raison que, dans la grotte de Gargas, on grave du bison depuis plus longtemps ; l'apprentissage du mammouth est plus récent. Les superpositions et oblitérations montrent que les deux espèces appartiennent à la même phase. Ce cas précis montre l'erreur d'un diagnostic chronologique qui s'appuierait sur des critères esthétiques de plus ou moins grande qualité.

Aux figures digitées et gravées de Gargas s'ajoutent les mains : des mains posées sur la paroi de la grotte, bien à plat, sur lesquelles on a projeté de la couleur rouge ou noire, très liquide, à la bouche ou par l'intermédiaire d'un os creux. La main ôtée, subsiste sur la paroi son empreinte négative blanche, avec son auréole circulaire, rouge ou noire... Ce n'est pas de l'art, mais l'apparition d'une technique industrielle picturale, l'invention du pochoir ! Ces mains sont souvent atrocement mutilées : un problème de pathologie.

Pourtant, un certain « effet » artistique est décelable dans une frise de pouces, déformés par l'arthritisme. Le pochoir permet une répétition aisée, c'est du dessin industriel ! Les concordances sont intéressantes avec les couches archéologiques, mais sachons que nous trouverons ces mêmes thèmes exceptionnels dans des grottes indiscutablement tardives comme Tito Bustillo ou Bédeilhac. Un thème pérenne dont la signification ne doit pas être exagérée !

Dans les galeries secondaires d'Altamira, des tracés digités abondent, parmi lesquels se devine, parfois, une tête de bovidé. La parenté paraît évidente avec les esquisses de La Clotilde ou de Gargas. Certaines figures médiocres de mammouths – elles sont toutefois exceptionnelles –, perdues dans un lacis de digités à Rouffignac, sont également fort proches. Convient-il de les placer en parallèle avec Gargas, de les estimer justiciables des techniques périgordiennes ? Nous ne le pensons pas. Comme un digité est indatable, il est plus normal et plus logique de le situer avec l'ensemble des œuvres caractéristiques d'Altamira ou de Rouffignac. Il faut condamner irrémédiablement ces anciens raisonnements périmés qui voulaient placer en des phases anciennes, tout ce qui est tracé digité, ce que l'on appelait parfois les « macaronis ». Il y en a de tout âge ! Même du XXe siècle comme à La Clotilde. Au nom de ces vieilles conceptions, que de visites, que de promenades, d'incursions dans nos grottes pour venir tous les deux ou trois siècles, ou même tous les deux ou trois millénaires, pour s'essuyer les doigts sur une paroi argileuse !

Par contre, dans la vaste grotte de Cabrerets, en Quercy, dans une petite annexe excentrique par rapport aux salles principales, nous plaçons volontiers des tracés digités, des points colorés dans les manifestations de l'ancienne école périgordienne, en faisant un petit sanctuaire indépendant. Mais l'argument que nous retiendrions n'est ni celui des points ni celui des digités mais le dessin naïf d'un grand mégaceros, énorme cervidé du quaternaire ancien, ayant subsisté un temps en Irlande, avec une ramure typique, non moins énorme, plus longue que le corps même de l'animal. L'argument s'appuie sur la paléontologie et la durée relative des espèces animales. Le même argument sera utilisé pour considérer les « éléphants » du Castillo et de Pindal non comme des éléphants, depuis longtemps disparus de la scène, mais comme des mammouths... médiocres. En déblayant un épais remplissage archéologique, pour agrandir un porche rocheux déjà utilisé comme remise pour les charrettes de la ferme voisine, fut découverte, au début de ce siècle, la galerie de La Mouthe. Encore une chance perdue d'heureuses et solides connaissances, car les documents archéologiques scellant l'ouverture pouvaient donner la date limite de libre circulation dans la galerie, riche de gravures. Obligatoirement, ces dernières sont antérieures à l'obturation du couloir ! Le grand taureau, le bison « de la Découverte » entre autres, présentent les nets caractères de l'art périgordien : les pattes décalées du taureau, les encornures de face figurées par un grand cintre au-dessus de la tête.

Le bison de La Grèze, profondément gravé dans la concavité d'un petit abri de la vallée de la Beune, en liaison sans doute avec un dépôt du début du paléolithique supérieur (l'aurignacien), possède deux pattes seulement, très raides, une encornure profonde, parfaitement vue de face.

Œuvre simple, schématique même, mais forte, caractéristique, que nous considérerions volontiers comme un chef-d'œuvre typique de la gravure périgordienne !

Figure de mégacéros peinte *(Ibid.)*.

Chevaux et bouquetins de la grotte girondine de Pair-non-Pair possèdent les mêmes caractères stylistiques. Entre autres industries, la grotte a donné également de l'aurignacien, comme La Grèze. Dans cette phase primitive, pouvant aisément se situer vers 30 000, nous constatons des utilisations originales de la topographie de la grotte. Au fond de la cavité, peu importante d'ailleurs, légèrement sur la gauche, existe une source, précédée d'un petit bassin de réception avant une évacuation extérieure des eaux. Une expérience de coloration à la fluorescéine a prouvé une relation entre la source et les eaux rejetées à l'extérieur. Les gravures « ornent » donc une « grotte sanctuaire », possédant une source profonde, évidente et première liaison reconnue entre ces gravures animalières et cette eau qui sourd des profondeurs de la terre.

Cette liaison, datée ici de 30 000, se retrouvera dans l'école magdalénienne, à la base d'une profonde philosophie, à Tito Bustillo, à Ekaïn, à Rouffignac : le mythe des eaux souterraines et des profondeurs chthoniennes, annonciateur des mystères de Delphes et d'Éleusis !

Encore à Pair-non-Pair, deux bisons s'affrontent, de part et d'autre d'un bec rocheux, élément vertical central naturel... un thème qui fera longue carrière. Par ailleurs, plusieurs lignes de cupules semblent préparer des lignes gravées, des gravures qui ne furent jamais exécutées. Également, en cette même période, les lignes de points colorés préparent les lignes en ponctué

Figures de cervidés gravées dans la grotte de Las Chimeneas (Espagne).

baveux : la fragmentation prépare la ligne continue, en gravure comme en peinture.

Le long et étroit couloir du Gabillou, d'une quarantaine de mètres de long, porte, sur toutes ses parois, de nombreuses et fines gravures. Certaines sont « classiques » comme un lièvre profondément gravé, des chevaux au cou mince mais à la tête expressive, aux crinières vivantes, rendues par de petits traits gravés. Une belle tête isolée sort des ombres de la paroi. L'expressionnisme de ces figures marque un progrès technique et un bien meilleur « rendu » esthétique. Si nous restons toujours au Gabillou dans l'école périgordienne de gravure, je penserais volontiers que la parenté est très grande entre les nombreuses gravures inédites de Lascaux et les gravures du Gabillou.

De l'autre côté des Pyrénées, dans les Cantabres, se relèvent des traditions analogues. À Las Chimeneas, dans le massif du Castillo, les figures animales se limitent seulement à la tête, exécutées au doigt ou au burin selon la nature de la paroi. Ce sont des profils simples, têtes de bovidés ou de chevaux, aux cornes et aux oreilles traitées en perspective tordue. La tête vaut pour l'animal entier et apparaît ici un raccourci dans l'expression qui fera fortune. Au IIIe millénaire, dans le Val des Merveilles, le raccourci s'accentuera encore : ce sont trois figurations de cornes seulement qui représenteront trois bovidés. Pour le chasseur comme pour le berger,

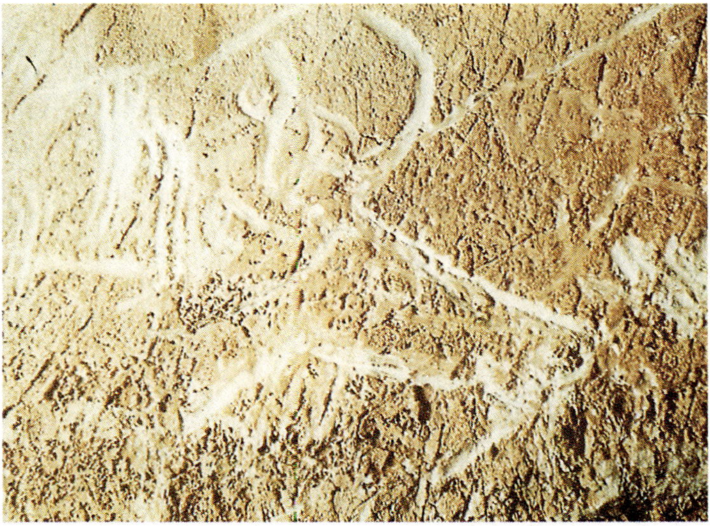

une harde de cinquante têtes est de cinquante animaux. Lentement, de l'image complète au raccourci de plus en plus schématique, nous nous acheminons vers l'écriture.

Hornos de la Peña semble offrir une gamme étendue de gravures où il serait loisible, selon diverses interprétations, de retrouver un échelonnement sur une très longue chronologie. Des gravures y sont comparables à celles de La Clotilde ou de Gargas, d'autres, plus achevées, plus expressionnistes, répondraient aux critères stylistiques de la seconde école magdalénienne.

Un taureau aux traits raides, un bouquetin, guère plus souple, exécutés au doigt avec des complexes de digités, ne sont pas encore création artistique. Sur certains de ces tracés, s'enlève un cheval magnifique, « le plus beau cheval périgordien », selon Breuil. Ce dernier place au magdalénien un bison finement gravé, fort endommagé d'ailleurs. Aurions-nous ici une cohabitation de styles que pourrait confirmer une répartition topographique propre à chacun d'eux ? Dans ce domaine très particulier de l'art préhistorique, la situation d'une œuvre a son importance et aide parfois à préciser le style !

3. La peinture périgordienne

Le problème des points de couleur, généralement rouges, ne nous intéresse que pour tenter de retrouver avec eux un élément de genèse picturale. Il nous est impossible de leur accorder ici une grande valeur, si ce n'est pour jalonner un parcours, comme dans la grotte de Villars. Un aboutissement exemplaire de ces points colorés est certainement la meilleure biche de la grotte de Covalanas, descendant une diaclase naturelle légèrement oblique : 80 à 90 points, exécutés au tampon, évoquent un profil, raide certes, mais suggestif, de l'animal. Certains épaississements de couleur, sous le cou, vers le museau, approchent déjà du modelé. Au-dessus et à droite, une esquisse, de biche également, avec ses taches au tampon très espacées, d'un intervalle valant largement un point coloré, donne valable idée de la phase picturale préparatoire. L'ensemble pourrait constituer un exercice scolaire. Il serait étrange que, dans l'art préhistorique du XXXe millénaire, on pût arriver à peindre des chefs-d'œuvre d'un premier jet, sans le moindre apprentissage.

Étrange d'ailleurs que ce problème n'ait jamais été abordé ; que, bien au contraire, on s'attache étroitement au moindre petit trait, jeté au hasard, sur une paroi...

Dans ce même Covalanas, une autre figure mérite notre attention. C'est la première de la grotte. Un entablement rocheux, très angulaire, presque à 90 degrés, vu sous un certain angle et selon une lumière judicieusement dirigée vers le plafond et vers la droite, suggérerait volontiers une croupe d'animal... une croupe un peu raide, mais nous sommes dans l'école périgordienne. Ce relief a bien été vu ainsi et le voici précisé. C'est bien un cervidé sortant de l'ombre, réalisé au pointillé baveux. Le pointillé est même double. Cette technique « esquissielle » se retrouvera à Lascaux, avec une très riche gamme de variations.

Cervidé peint, « à pointillé baveux », dans la grotte de La Pasiega (Espagne).

Les complexes galeries de la double grotte de La Pasiega, dans le massif du Castillo, abondent en figures animalières archaïques (avec les réserves toujours nécessaires).

La similitude avec les biches de Covalanas est évidente, tant par les techniques d'exécution que par les sujets, telles ces biches rouges, au pointillé baveux. Mais la grotte est plus complexe, plus vaste aussi. Son maître d'œuvre, plus important et mieux qualifié que celui de Covalanas, sait dépasser les simples graphies pour atteindre des symboles. Une profonde diaclase est utilisée pour porter, sur chacune de ses parois, une biche rouge... les deux biches s'enfoncent dans l'épaisse ligne d'ombre. Non loin, une autre biche s'évade des profondeurs. Entrée et sortie des ténèbres forment un dualisme symbolique qui va devenir leitmotiv, prendre profonde signification. C'est aussi un dualisme entre l'ombre et la lumière, la nuit et le jour. N'est-ce pas également l'opposition entre

1

2

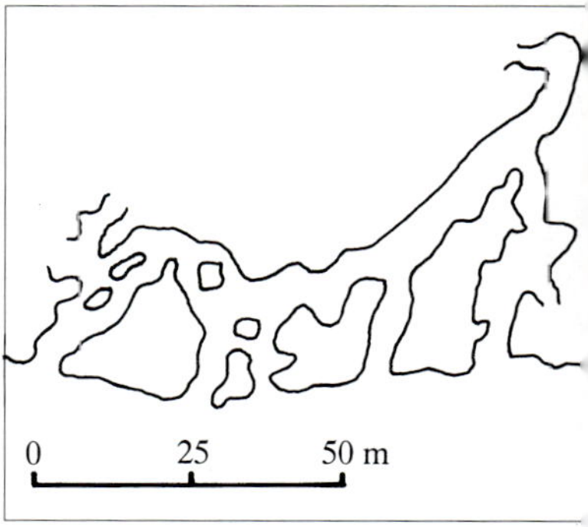

1-3. Profils de biches, peints par points de couleur, dans la grotte de Covalanas (Espagne).

2. Plan de la grotte de La Pasiega (Espagne).

4. Biches peintes de part et d'autre d'une diaclase naturelle dans la grotte de La Pasiega (Espagne).

le monde obscur des grottes elles-mêmes et les paysages lumineux qui s'ouvrent devant leur porche ?

Je reste profondément frappé par une observation géographique : la plupart des grottes ornées s'ouvrent sur de très beaux paysages, sur de vastes étendues de chasse, propices à la reconnaissance et à la surveillance du gibier. Des porches de Gargas, de Covalanas, des grottes du mont Castillo, les vues sont merveilleusement étendues. Montez de quelques dizaines de mètres pour atteindre le sommet de la colline, à Lascaux, et le plus beau, le plus vaste paysage de la vallée de la Vézère se déploie devant vous. Quant à la grotte de Pindal, elle s'ouvre directement sur l'Atlantique : Pindal l'atlantique ! l'ai-je baptisée. Ce dualisme me

3

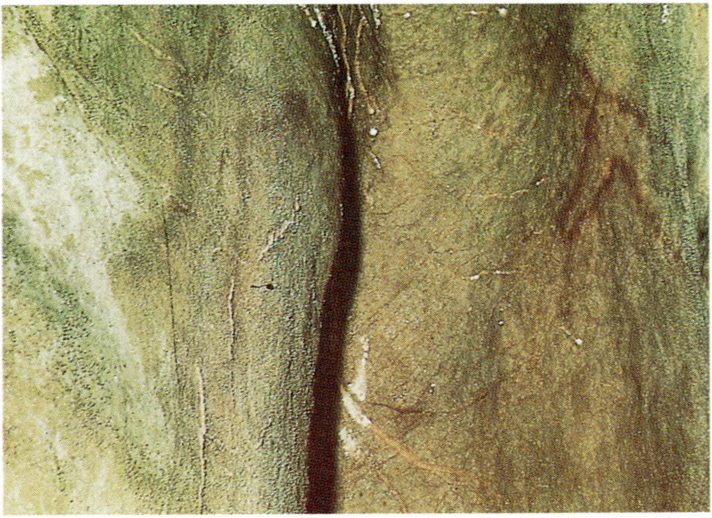

4

semble autrement plus crédible, réel et concret, que l'hypothèse d'un dualisme sexuel émise par A. Leroi-Gourhan.

Revenons aux attachantes figures de La Pasiega. Certaines, désormais sont noires, réalisées au trait fin et continu, selon la technique du pinceau. (Le pinceau n'est qu'un petit tampon emmanché !) Ainsi ce bison tout en courbes, presque composé d'accolades noires, avec des cornes magnifiques, toujours vues de face mais témoignant d'une réelle habileté, d'une interprétation très personnelle. Le stade du croquis est dépassé, la création assurée.

Par contre, dans la grotte toute voisine de Las Monedas, nous retrouvons la raideur « archaïque ». Archaïsme vrai, donc chronologiquement ancien ou maladresse ? Le cheval sans tête, plus étrange à expliquer que les têtes sans corps, est d'une raideur totale, les paires de pattes réduites à de simples traits verticaux. Est-ce là le fruit d'un apprenti laborieux, échappant à l'art ? Pourtant, d'autres figures se révèlent de qualité, tel ce cheval ascendant sur une corniche, dominant une vaste bouche d'ombre. De fines hachures ventrales assurent déjà un premier modelé, remplissant, garnissant un contour, toujours sec. Son museau fin et bien proportionné est d'une autre qualité que les figures précédentes. Ces différences de traitement, dans une même grotte, à quelques mètres seulement de distance, ne sont pas sans poser problème !

Chaque auteur, nous n'osons pas dire artiste, viendrait faire un petit tour, un petit dessin et s'en irait... Parlerons-nous alors d'une

Biche peinte « à pointillé baveux », dans la grotte de Covalanas (Espagne).

Biche peinte dans la galerie A de la grotte de La Pasiega (Espagne).

« composition » et d'une « organisation » de la grotte ? Où, côte à côte, le moins bon et le meilleur exécutent leur œuvre...

Cela semblerait plus logique dans les petites grottes ou les grottes secondaires. Dans les vastes sanctuaires, nous y reviendrons, une forte hiérarchie semble devoir réserver les grands panneaux pour les vastes compositions aux grands maîtres, alors que

1

1-2-3. Figures de chevaux peintes dans la grotte de La Pasiega (Espagne).

les comparses et les aides se distribuent, modestement, secrètement, dans les galeries secondaires.

Dans le même massif du Castillo, la grotte de Las Chimeneas offre nombre de figures noires, d'école périgordienne, des cervidés notamment. On pourrait leur trouver plus de souplesse et de grâce dans les traits, avec une perspective semi-tordue, proche du réel dans les bois. Le problème précédent d'appréciation se retrouve pour ces deux grottes très voisines. Conviendrait-il de les dissocier pour un critère de plus ou moins grande qualité de telle ou telle œuvre ? Ces deux grottes paraissent plus ou moins synchrones, ou séparées peut-être par quelques générations humaines. La réponse, après tout, est assez secondaire.

Une différence d'appréciation de 1 000 ans, sur une durée totale de l'art paléolithique de 200 siècles, représenterait pour une toile moderne ou contemporaine une différence d'appréciation de l'ordre de vingt ans, depuis la Renaissance, si nous étions privés de tout écrit !

Pour la grotte même du Castillo, qui donna son nom à toute la butte dominant Puente Viesgo, le problème est différent. La grotte est importante : grande salle, vaste diverticule en prolongement, deux galeries se rejoignant, long couloir terminé par deux salles... Le porche enfin fut occupé par de nombreuses et riches civilisations successives (dont beaucoup n'ont aucun rapport avec

2

3

les figures animalières) : un acheuléen inférieur, deux moustériens supérieurs, trois aurignaciens-périgordiens, un solutréen, un magdalénien ancien et un autre, supérieur. L'art du Castillo peut donc se situer dans l'un ou plusieurs des six derniers niveaux... à moins qu'il ne doive se loger dans les intervalles, si la fonction de sanctuaire ne répond pas à la fonction d'habitat ! On a distingué dans

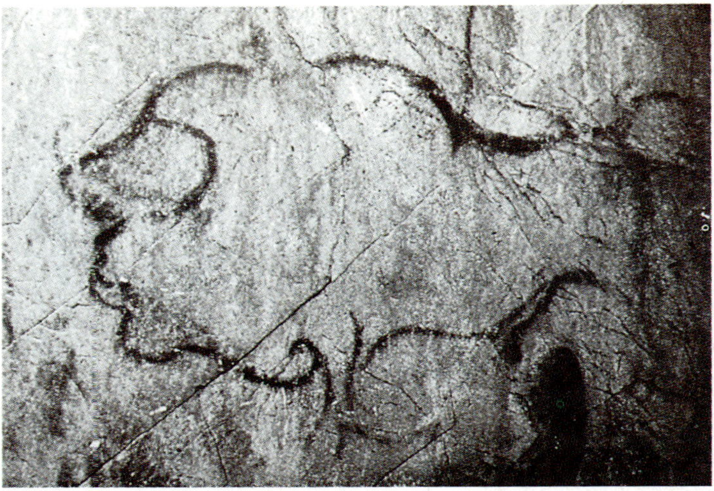

1

2

1. Bison peint dans la grotte de La Pasiega (Espagne).

2. Cheval peint sur une corniche rocheuse ascendante dans la grotte de Las Monedas (*ibid.*).

1-2. Figures de cervidés peintes dans la grotte de Las Chimeneas (Espagne).

l'art du Castillo cinq phases (et parfois six) selon Breuil et Alcade del Rio ; trois selon Leroi-Gourhan. L'école périgordienne serait responsable des mains négatives, indemnes, cernées de rouge ; des bisons linéaires jaunes dont l'un est oblitéré par un bison rouge au tracé plus ou moins baveux, par des silhouettes noires comme ce bison vigoureux, parfaitement équilibré mais d'une sécheresse bien périgordienne. La hiérarchie des couleurs paraît particulièrement nette : jaune oblitéré par le rouge, noir enfin... L'esquisse maladroite de l'« éléphant », qui n'est et ne peut être qu'un mammouth pour des raisons écologiques évidentes (l'éléphant a disparu depuis au moins 100 millénaires, et même davantage), montre l'énorme différence d'école avec tel ou tel mammouth magdalénien de Rouffignac. Le moindre profil cervico-dorsal de Rouffignac, même une simple ligne isolée, peinte ou gravée, même gravée au bâton sous un plafond de quatre mètres de haut est plus vivant, suggère davantage le mammouth que le graphisme complet de l'« éléphant » du Castillo. Par cet exemple éclate la différence fondamentale entre un tracé archaïque d'époque et un tracé, même réduit à une simple ligne, mais qui est le fruit de la simplification profonde et du schématisme de l'école magdalénienne. Ce dépouillement est le résultat d'une expérience millénaire.

Le Castillo permet encore d'évoquer le problème des points ou des divers signes de couleur. On peut noter dans ces signes

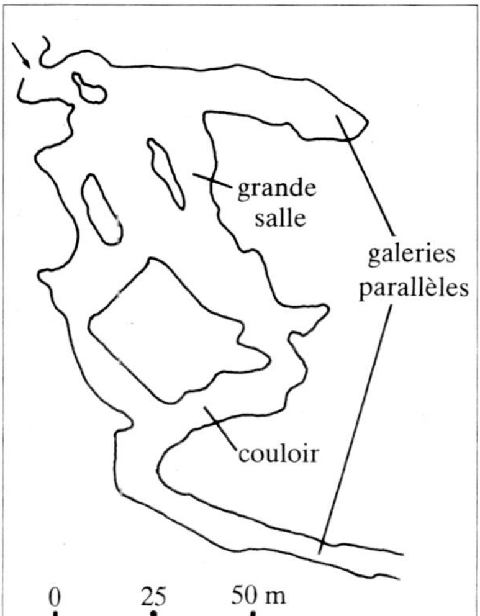

Plan de la grotte d'El Castillo (Espagne).

1

2

1. Bison peint dans la grotte d'El Castillo (Espagne).
2. L'« éléphant » ou mieux, « jeune mammouth » glabre *(Ibid.)*.

une certaine recherche du sens géométrique, avec des formes régulières, le rectangle, la bande, les axes, les médianes, l'emploi de la hachure régulière. Nombre de ces signes noirs pourraient appartenir au magdalénien, où, précisément, le géométrique se développe dans l'art mobilier.

Une harmonie est évidente dans le jaillissement des points

Points et diverses figures géométriques peints dans la grotte d'El Castillo (Espagne).

rouges, avec une création ordonnée de trois faisceaux : le faisceau de points de gauche, sur lequel se greffe le faisceau central, sur lequel s'accroche le troisième.

Faut-il voir en ce motif abstrait quelque production périgordienne, le motif étant traité en rouge ? L'ambiguïté peut subsister, car la hiérarchie des couleurs est moins bien observée sur les signes que sur les animaux.

4. Petites figurines animalières et humaines

Le traitement des volumes tient une très large place dans les diverses formes de l'artisanat supérieur. Nous avons vu l'importance de la sphère, premier volume traité et volume parfait. On peut s'étonner, devant le nombre et la qualité des œuvres gravées ou peintes sur les parois des grottes, de la rareté des sculptures, aussi bien des petites figurines que nous aborderons ici que des vastes frises sculptées que nous envisagerons ultérieurement.

Les difficultés techniques et la longueur de l'exécution peuvent expliquer cette rareté. Il faut atteindre les environs du XXXe millénaire, l'aube de l'école périgordienne, pour rencontrer ces figurines de faibles dimensions, travaillées dans l'ivoire de mammouth ou de petits blocs de calcaire tendre. Leur apparition coïncide d'ailleurs avec la création et la production de burins de types divers, lames de silex dont un enlèvement adroit a permis l'obtention d'un biseau, angle dièdre et incisif utilisé dans la sculpture.

Deux traits caractérisent ces objets mineurs : d'abord le dualisme des thèmes, puis la remarquable extension géographique qu'ils connaissent, du Baïkal à l'Atlantique, tout le long de la vaste écharpe écologique que nous avons reconnue.

Ces sculptures de petit format se divisent en figurines anthropomorphes et figurines animalières, avec l'opposition qui va devenir traditionnelle entre les secondes, généralement de grande qualité, précises et réalistes, et les premières, maladroites, misérables même. Les chefs-d'œuvre seront exceptionnels dans ces thèmes anthropomorphes mais nous toucheront d'autant plus qu'il s'agira d'images de nous-mêmes !

Déjà, dans la grotte cantabrique d'Hornos de la Peña, nous aurions pu admirer « une figure humaine haute de 40 centimètres, à allure de singe, accentuée par la présence d'une queue postiche. Cet étrange personnage, de profil à droite, a le bras levé... son ensellure lombaire absente, les fesses nulles mais la jambe épaisse a le genou saillant et pas de mollets... » (Breuil)

La « Vénus de Willendorf » ; calcaire, haut. 11 cm (Vienne, Naturhistorisches Museum).

Ce misérabilisme de la figuration humaine se poursuivra, dans tous les genres et toute la chronologie. Le nombre des sculptures anthropomorphes, celui des animaux également, reste singulièrement réduit. Ici encore, ne faudrait-il pas envisager la disparition d'œuvres réalisées dans des matériaux périssables, et notamment dans le bois ?

Faut-il, à propos de ces représentations humaines, sur les

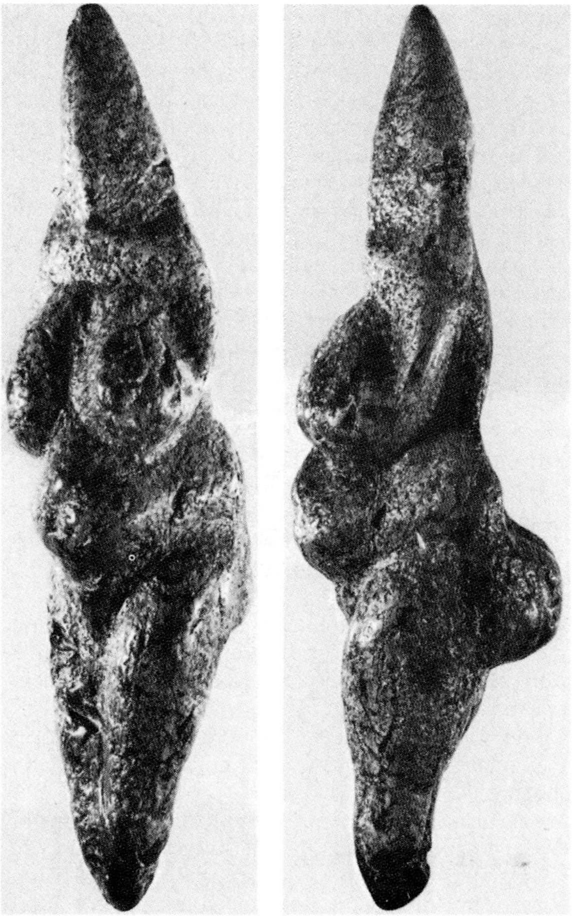

La « Vénus de Savignano », provenant de Savignano, au sud de Panaro (Italie) ; serpentine, haut. 22 cm (Rome, Museo Preistorico Etnografico Luigi Pigorini).

parois des grottes ou sous forme de sculptures, évoquer certains interdits frappant notre espèce ? L'image de l'animal doit se perpétuer, celle de l'homme, et dans le monde périgordien, celle de la femme également, doivent-elles rester en dehors de la figuration ?

Cette étrangeté se marque dans les statuettes. Une des plus célèbres est la « Vénus de Willendorf » sculptée dans un bloc calcaire, une des premières découvertes en Autriche, sur les bords du Danube. Âgée de quelque vingt-cinq mille ans, elle provoque plus un respect profond et émouvant qu'une réelle émotion esthétique. Elle ne représente pas une « Vénus » mais la robuste épouse d'un chasseur, fatiguée par ses longues collectes alimentaires, épuisée par des maternités successives. Sa lourdeur, son corps trapu et court peuvent tenir aussi, pour partie, à l'exiguïté et à la massivité du matériau initial. Son réalisme, son naturalisme à la Zola reste celui de quelques femmes actuelles, proches de la nature, ignorant soins, soucis et contraintes de la vie urbaine moderne et de ses nouveaux « canons ». Dans nombre de campagnes d'Eurasie, les types féminins de Willendorf sont et restent nombreux. Cette statuette représente une étape intéressante dans les conceptions que l'homme a pu se faire de la femme. Pour le chasseur de mammouths, la femme de Willendorf, sans être un idéal de beauté – et pourquoi pas ? – représente la Mère, sa compagne ou quelque déité, mère des hommes ou des animaux. Image domestique et familiale ou représentation cultuelle de fécondité, la Willendorf reste « la Mère ». La petite tête d'ivoire de Brassempouy à la résille emprisonnant sa chevelure, nous émeut par sa beauté qui a traversé les millénaires.

La statuette de Savignano, plus élancée, est acéphale, par contrainte du matériau. Animaux sans tête, têtes sans corps, femmes sans tête ; tête sans corps ou sans bouche, la paléosociologie ne manque pas de thèmes de réflexion !

Mais, sur la centaine de statuettes, entières ou fragmentées, que le monde connaît, peu méritent d'entrer dans le panthéon féminin de la beauté. Ce qui n'implique pas un non-intérêt, mais un intérêt différent, plus social que purement esthétique. Dans les provinces orientales, comme aussi à Sireuil ou dans l'abri du Facteur, certaines statuettes peuvent se porter en pendentif, mais beaucoup, munies d'un long pédoncule, ou suffisamment allongées, doivent être enfoncées dans un sol. Dans le site de Gagarino, sur la rive gauche du Don, une cabane de chasseurs de mammouths contenait six statuettes, trois intactes, deux inachevées, la dernière brisée. C'est bien la preuve d'une fabrication domestique artisanale car un atelier spécialisé en livrerait bien davantage. À Eliseevitchi, précisément, les trois statuettes découvertes sont fichées dans le sol de la cabane, entre la paroi et le foyer. Elles préfigurent l'icône dont elles occupent déjà la place ! Statuettes protectrices du foyer, statuettes-mères de la famille, déesse-mère des gibiers et des hommes, ex-voto du souvenir, ces multiples statuettes peuvent être l'un ou l'autre, ou toutes ces fonctions, tour

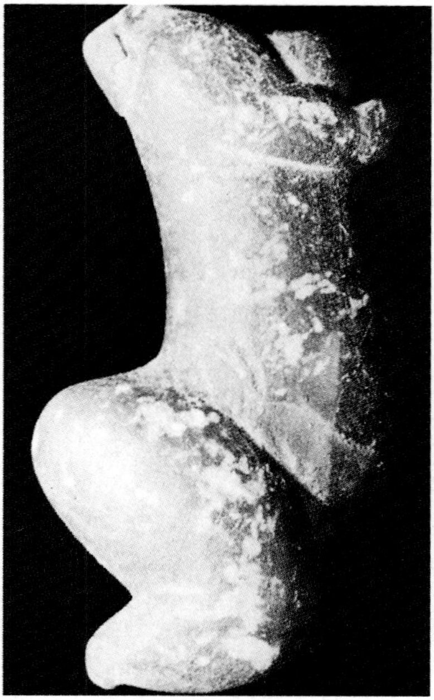

À gauche : Statuette féminine, provenant de Sireuil (Dordogne).
À droite : Tête de femme, provenant de Brassempouy (Landes) ; ivoire, haut. 3,5 cm (Saint-Germain-en-Laye, Musée des Antiquités Nationales).

à tour, ou ensemble. Ici, plus qu'en d'autres domaines, s'impose un « pluralisme explicatif ».

Profondément différente, la statuette de Lespugue, sculptée dans un bloc d'ivoire, est un « défi au bon sens anatomique » avec l'empilement harmonieux de ses masses arrondies et polies s'accrochant sur l'axe d'un long cou à la Modigliani. Seins, fesses, bourrelets, cuisses, on ne sait trop, mais quelle élégance dans ces formes, quelle suprême élégance, d'autant plus suprême qu'elle ne se comprend pas, rebelle à l'anatomie !

La « Vénus de Lespugue » – pourquoi ne pas lui laisser cette fois son nom de baptême ? – est vraiment la Femme, l'Éternel féminin. Tel est aussi le miracle d'une mutation artistique. Elle annonce déjà ces statuettes dépouillées, schématiques, polies dans le marbre de Paros que nous offrira, quelque vingt millénaires plus tard, le monde égéen. Cette réussite exceptionnelle de la statuette de Lespugue n'en fait que davantage ressortir la médiocrité d'autres statuettes féminines. Pour trouver d'indiscutables

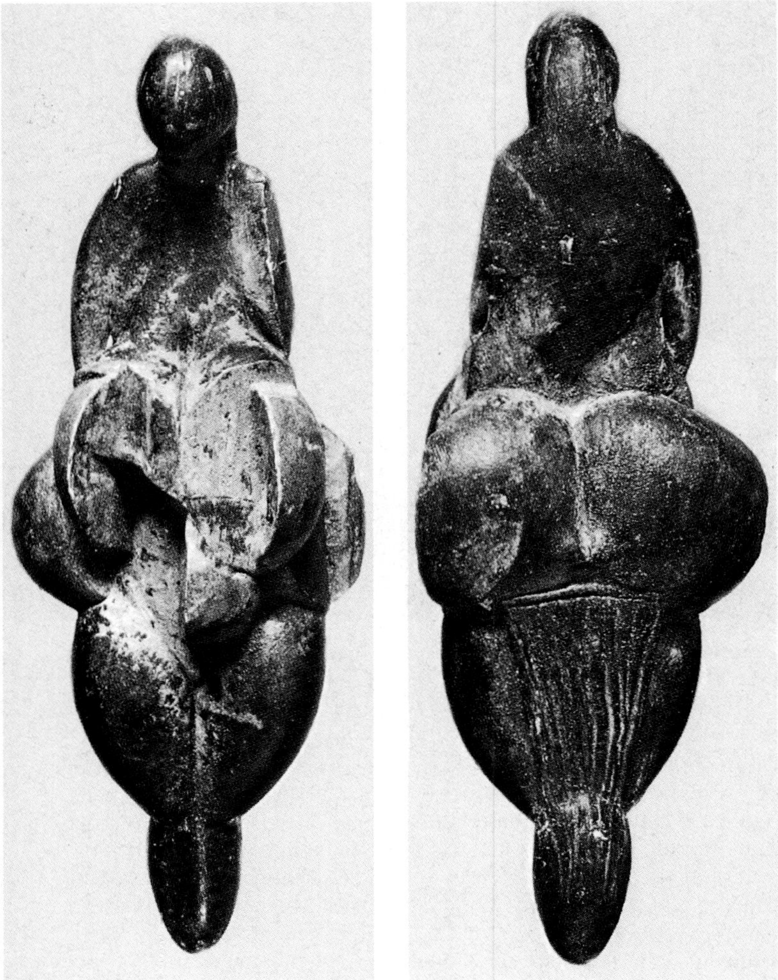

Statuette féminine, provenant de Lespugue (Haute-Garonne) ; ivoire, haut. 14,7 cm (Saint-Germain-en-Laye, Musée des Antiquités Nationales).

figures masculines, il faudra attendre le néolithique d'Ukraine et la céramique de Tripolié où, parmi des centaines de statuettes de céramique, 1 à 2 % sont masculines (sans omettre peut-être une figurine hermaphrodite inédite, dans le néolithique de Suceava, au nord des Carpates !).

Cette écrasante supériorité féminine, durant des millénaires, renforce encore leur signification plus maternelle que féminine. Même dans des matériaux de facile élaboration, dans ces mélanges – involontaires peut-être ? – d'argile, d'os pilés, de charbons et de cendres, remplissant fortuitement leur rôle de dégraissant pour éviter le retrait de l'argile lors de la cuisson, nous retrouvons les mêmes formes généreuses et maternelles. Tel est le cas de la statuette de Predmost en Moravie.

Or, dans cette même période artistique, vers les mêmes millé-

Statuette féminine, provenant de Dolní Vestoniče (Tchéco-Slovaquie) ; terre et cendres cuites, haut. 11,4 cm (Brno, Moraviski Muzeum).

naires, toujours du Baïkal à l'Atlantique, quelques sculptures animalières jalonnent ces huit mille kilomètres. Pour les 9/10e, leur réalisme, leur précision anatomique, leur valeur artistique sont indéniables ! Nombre de ces petites œuvres possèdent les qualités d'un Barye ou parfois d'un Pompon. Tel le félin bondissant de Dolni Vestonice découpé dans un fragment de défense de mammouth, le mammouth de Predmost, de nombreuses et minuscules sculptures, parfois modelages cuits, de Predmost ou de Kostienki,

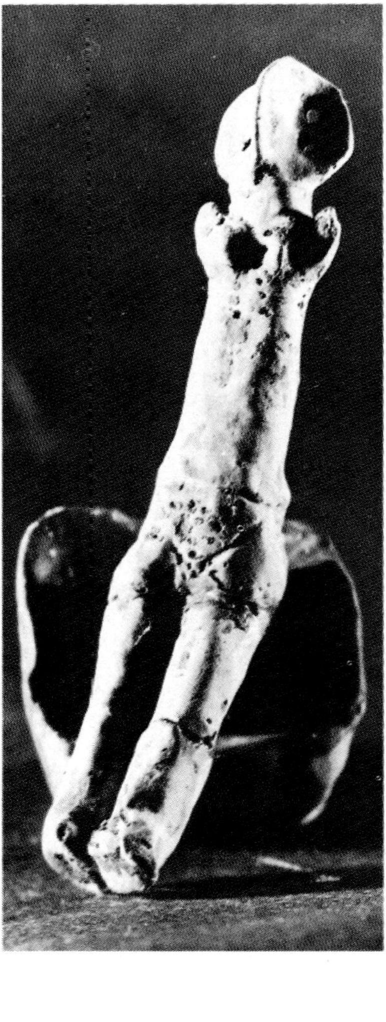

Statuette féminine en argile, provenant de Tripolié (Moscou, Musée d'Histoire de l'État).

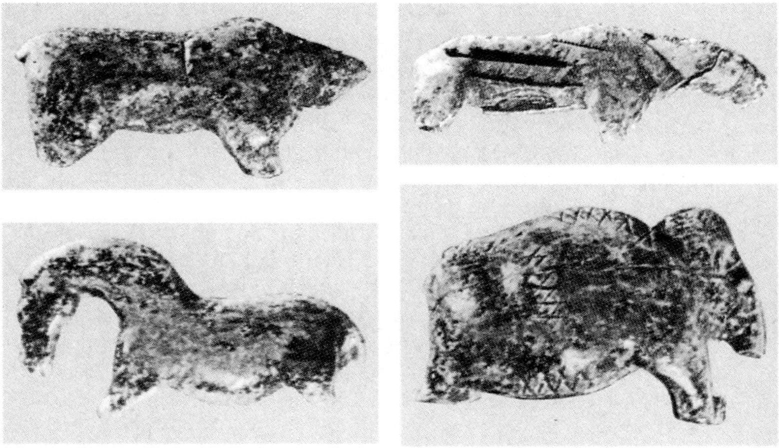

Statuettes d'animaux en ivoire, provenant du Vogelherd (Tübingen, Institut für Vor-und Frügeschichte der Universität).

en Ukraine. Les petites sculptures de Kostienki sont des fétiches ou des pièces de jeu : dans un infime bloc d'ivoire ou de calcaire tendre de 10 à 15 millimètres, vous découvrez, selon la position que vous choisissez deux, trois, quatre mammouths... Chaque position différente laisse découvrir son mammouth !

Géographiquement plus proches, les sculptures du Vogelherd, en Wurtemberg, avec cheval, félin et mammouth d'ivoire, ainsi que le félin de Laugerie-Haute ont une qualité animalière comparable aux « netsuké » d'Extrême-Orient. Alors, comment expliquer ce dualisme de qualité entre figure animalière et figure humaine, dualisme qui se perpétuera dans l'école magdalénienne ? Tout se passe comme si l'animal, gravé, peint ou sculpté, l'était par des artistes, formés dans de véritables écoles, car les représentations d'animaux sont vitales, sacrées, alors que les représentations humaines sont personnelles, intimes et familiales, exécutées dans chaque foyer par des artisans plus ou moins adroits et heureux dans leur travail. Ces statuettes féminines échappent à toute contrainte d'école, à tout « canon » ; d'où ces maladresses et ces inexpériences, car elles sont aussi des statuettes de liberté ! Ce qui n'empêchera nullement un « surdoué » de sculpter la Vénus de Lespugue !

L'art périgordien connaît de rares œuvres à enfantement pénible et à travail laborieux : ce sont les sculptures monumentales, ou plus précisément les grands bas-reliefs. Le travail de la pierre, matériau dur et rebelle, exige la durée et ne se prête pas à la liberté d'un trait sur l'argile ou d'une couleur. Logiquement, il exige, pour sa lente élaboration, la lumière du jour. On ne sculpte pas en grotte ! Plus tardivement, on y réalisera des modelages en argile, technique rapide.

Les résultats obtenus sont souvent médiocres, surtout dans les phases anciennes où les techniques ne sont pas maîtrisées. La « femme à la corne » de Laussel, comme la figure masculine sont-elles œuvres d'art ? Nous les évoquerons cependant, car les difficultés techniques que ces bas-reliefs impliquent leur donnent plus grand intérêt.

Placées face à la haute paroi du surplomb, dans la vallée de la Beune, à quelques mètres de la base, elles délimitaient un espace, une sorte de fond de « scène » théâtral. Plus nette peut-être et quelque peu différente, cette organisation théâtrale se retrouve au Roc-de-Sers, en Charente. Les blocs sculptés sont alignés sur une banquette rocheuse naturelle, légèrement concave, au pied de la falaise. Les thèmes essentiels traités, des bouquetins affrontés, un chasseur pourchassé par un bison, se retrouveront à Lascaux. Jetés à terre, face sculptée contre terre, ces blocs seront

Bas-relief calcaire de la « femme à la corne », provenant de Laussel (Dordogne) ; haut. 44 cm (Bordeaux, Musée d'Aquitaine).

Bas-relief avec figure masculine, provenant de Laussel (Dordogne) ; calcaire, haut. 38 cm (Bordeaux, Musée d'Aquitaine).

recouverts par des dépôts archéologiques du solutréen, pré-magdalénien, ce qui renforce les liens chronologiques avec Lascaux.

Les fort beaux aurochs de Bourdeilles, l'un au-dessus de l'autre, au Fourneau du Diable, en Dordogne, avec leurs encornures en perspective semi-tordue, suggèrent des rapprochements iden-

Blocs calcaires sculptés portant des figures d'animaux (chevaux, bouquetins affrontés), provenant du Roc-de-Sers (Charente) (Saint-Germain-en-Laye, Musée des Antiquités Nationales).

tiques, avec une datation par le C 14 des couches archéologiques associées de 16 000 à 15 000 avant notre ère. Ces sculptures, de style périgordien, avec les règles et les servitudes de cette première école d'art, se situent donc dans une phase archéologique tardive, vers le XVe millénaire. Un style s'éteint moins vite qu'une civilisation lithique. Un enseignement, une école perdurent !

5. Mézin et l'abstraction

Des conditions écologiques générales, des migrations chasseresses et humaines vers l'Ouest, une concentration du gibier et du chasseur dans le cul-de-sac occidental, expliquent, nous l'avons vu, l'éclosion et le développement de l'art animalier naturaliste en Aquitaine et dans les Cantabres.

L'explication serait plus rigoureuse si, vers l'Est, sous des écologies différentes, les réactions esthétiques et les motifs d'inspiration se révélaient différents. Déjà, à l'est de l'Oural, nous ne connaissons pas (encore) de grottes ornées ! Des chercheurs soviétiques, dans le secteur de Novossibirsk, ont trouvé de rares grottes, mais aucune avec peintures ou gravures. Pourtant, des tribus chasseresses parcourent ces immenses étendues. Nous avons évoqué des sites archéologiques du Kamtchatka datés de 20 000, nous en trouvons en Yakoutie datés d'environ 23 000 – nous sommes là dans l'ultime région des mammouths, qui s'y éteignent vers 10 000 sans doute. Sur la Léna, des sites se placent vers 30 000 - 25 000 et sur l'Ienisseï, Afontova Gora est daté de 17 850 par le C 14.

Dans toutes ces immenses régions, où l'art pariétal est absent, l'art mobilier reste rare : des statuettes féminines intéressantes et variées, une petite sculpture de cygne à Malta, non loin du Baïkal !

Après un grand vide, explicable par les difficultés de prospection dans la toundra et la taïga « asiropéennes[1] », les grands bassins fluviaux de l'Ukraine, le Dniepr et son affluent la Desna, semblent avoir joué un rôle de fixation, analogue à celui joué par le bassin d'Aquitaine. Les sites nombreux, très riches en objets supposent une population plus concentrée et plus dense qu'ailleurs. Des annexes, comme le bassin morave, semblent graviter autour du grand foyer ukrainien. L'occupation chasseresse, vers 30 000 - 20 000, prend la forme d'une vaste besace, avec deux sacs bien garnis à chaque extrémité, unis, liés par l'étroite bande de territoire libre entre glaciers arctiques et glaciers alpestres.

L'aire orientale connaît précisément un art tout différent.

Sur des fragments de défenses de mammouth, l'ivoire sera le matériau impérissable de cette zone, mais les matériaux périssables ne sont plus. Se grave, au burin, un décor nouveau, totalement géométrique. Sur des ivoires d'Eliseevitchi, dans le bassin de la Desna, apparaissent des triangles, des losanges, réguliers ou très allongés, des carrés, formant de véritables et fins jeux de fond. Disposés par bandes circulaires, tournant autour du fragment de défense, le décor en vient à occuper toute la surface. Des frag-

---

1. *asiropéen :* expression géographique privilégiant des courants de technologie, art et pensée, allant de l'Asie vers l'Europe.

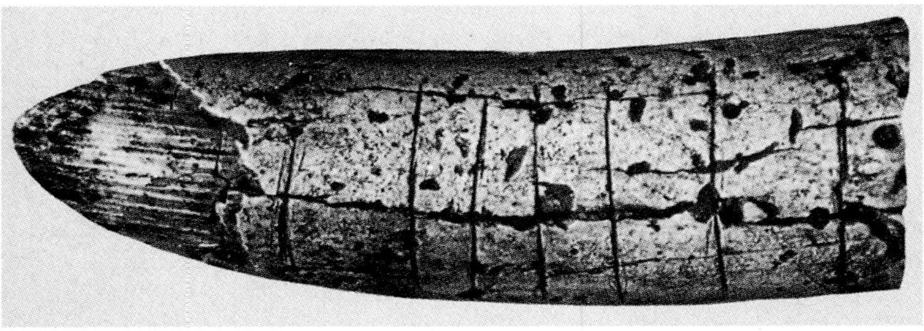

Défenses d'ivoire décorées de motifs géométriques gravés, provenant d'Eliseevitchi (Ukraine).

ments permettent facilement de suivre la genèse de ces décors purement géométriques, lesquels ne doivent *absolument* rien au monde animalier ou à l'observation de la nature. Ce géométrique d'Ukraine n'est pas le résultat d'une simplification, d'une schématisation d'éléments vivants, mais création totalement abstraite, l'abstrait *pur.*

L'origine se trouve dans les encoches, parallèles, incisées sur des bâtonnets d'os, sur des fragments allongés d'ivoire, ces encoches désignées sous le nom de « marques de chasse » ! (Mais nous nous refusons à y voir des « calendriers lunaires » ! La très précise observation des astres n'est pas le fait de chasseurs actifs mais de pasteurs contemplatifs ; ce sont ces derniers qui inventeront dans 10 ou 15 000 ans les premiers calendriers.)

De ces hachures simples et parallèles, qui évoquent les lattes cochées des boulangers de campagne de jadis, nous passons à deux rangées de coches, parfois les deux rangées convergent, se rapprochent... Le chevron est inventé. Les chevrons emboîtés donnent déjà des décors élaborés et, de cette forme très simple de deux traits convergents, toute une géométrie se constitue. La rencontre par le sommet de deux chevrons donne un motif en X et leur rencontre par leur angle largement ouvert nous apporte le losange. Le losange a sans doute été créé avant le triangle.

Ce thème des chevrons emboîtés est exécuté en gravures, mais est aussi traité à l'ocre rouge, sur de larges surfaces osseuses, omoplates ou mâchoires de mammouth. Six documents, peints de chevrons, proviennent du site capital de Mézin, en Ukraine. Il est évident que des chances exceptionnelles expliquent leur conservation jusqu'à nous et nombre de documents analogues ont dû disparaître. L'os se détruit. La peinture sur os bien davantage encore. Cette translation du support est beaucoup plus fréquente qu'on ne peut l'imaginer et notre connaissance des faits artistiques reste fragmentaire et ponctuelle.

Des gisements de la même période que Mézin, dans le bassin de la Desna, dans la région de Kiev, et le bassin du Dniepr, à Kiev même, à Avdeevo sur la Rogozna, à Voronej dans le bassin du Don, livrent des fragments analogues, nombreux, où peut se lire la formation du décor en chevron et son extension, comme ses développements.

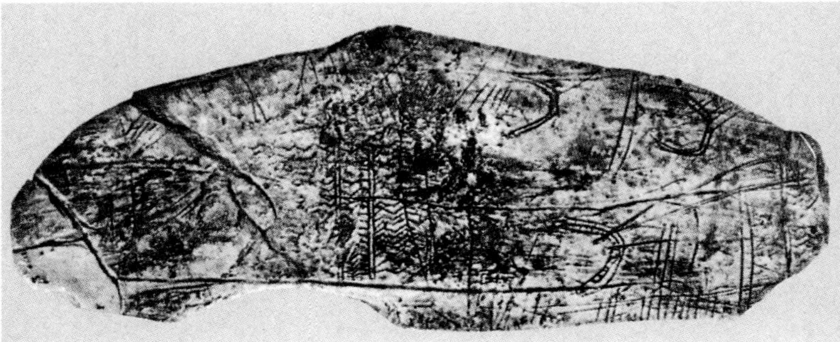

1

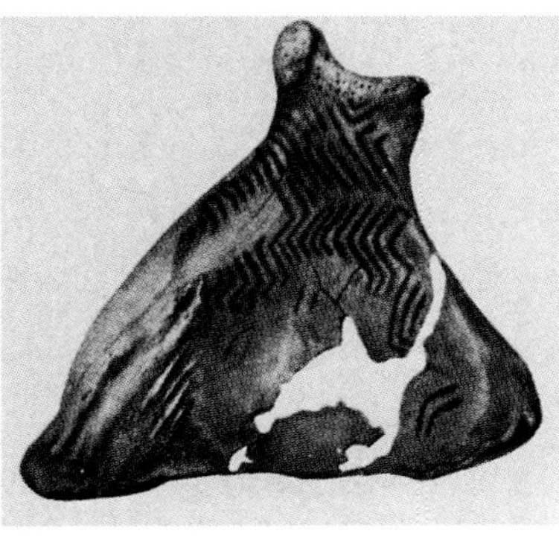

2

1. Défense d'ivoire avec motifs géométriques gravés, provenant d'Eliseevitchi (Ukraine).

2. Omoplate de mammouth avec décor géométrique peint, provenant de Mézin (Ukraine).

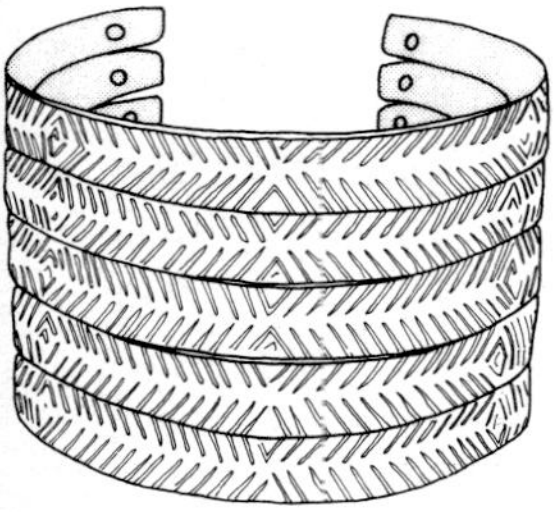

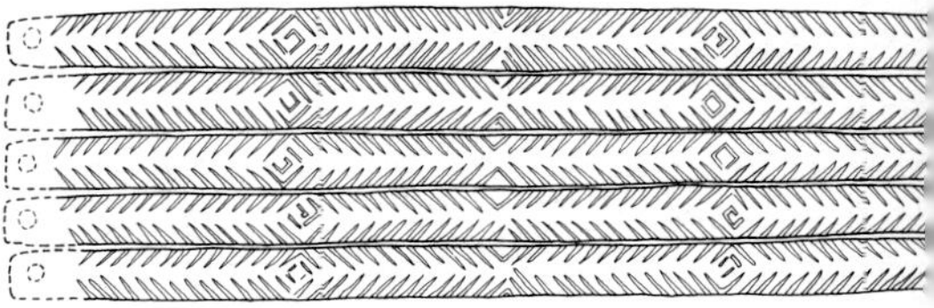

Reconstitution graphique du bracelet composite en ivoire de Mézin, décoré d'un motif en chevron gravé.

Enfin, plus à l'est, des chasseurs appartenant à ces mêmes civilisations construisent des cabanes dont les armatures en défenses de mammouth portent ces mêmes décors géométriques comme à Dolní Vestoniče ou à Pavlov, daté de 22 800 par le C 14. En ce dernier site fut découverte une plaque décorative en ivoire, d'un ovale harmonieux, portant une petite perforation biconique à chaque extrémité, qui permettait de la porter comme « pectoral ». Elle présente un décor uniquement constitué de faisceaux de lignes parallèles et d'arcs de cercle. C'est une fort belle œuvre d'art, une pièce d'orfèvrerie ivoirine !

Un gros fragment brut de défense, décoré de lignes gravées diverses, lignes, lignes ponctuées, demi-cercles, parfois concentriques, lignes ondulées rappelant quelque peu les « macaronis » de l'art pariétal provenant également de Pavlov, offre plus de fantaisie en juxtaposant ces divers motifs, tout en restant exclusivement dans le monde de la géométrie. Ce document, encore inédit, est une énigme pour l'interprétation : certains y voient un croquis géographique, des structures de sol, des courbes de niveau (!)[1].

Les chefs-d'œuvre de cet art totalement abstrait d'Ukraine proviennent de Mézin même, sous la forme de deux admirables bracelets d'ivoire. Ils portent tous deux des décors élaborés, finement gravés, représentant le motif complexe et sophistiqué de la « grecque », une grecque antérieure de 15 000 ans au géométrique de l'archaïsme grec.

Le premier de ces bracelets est « composite », constitué par cinq lanières d'ivoire superposées, cinq « mini-bracelets » étroits, du genre « semainier ». Chaque élément porte une mince perforation à chaque extrémité pour l'attache.

Sa technique de fabrication se décompose ainsi :

1. Cette gravure sur ivoire est enfin publiée (septembre 1992), dans *L'Art de la Préhistoire en Europe orientale*, CNRS Editions, par Janusk Kozlowski. Son inventeur, B. Klima, l'interprète comme « paysage des monts de Pavlov ».

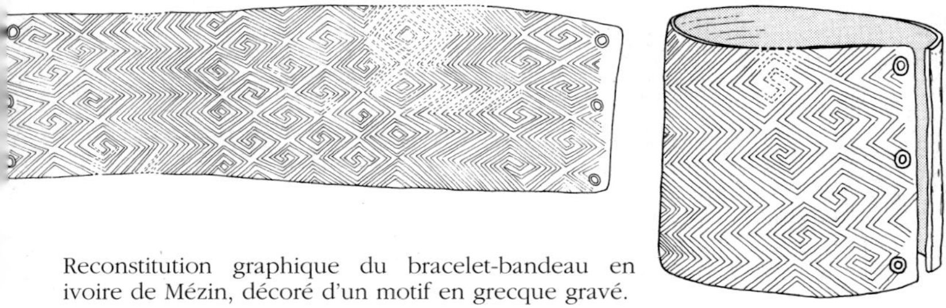

Reconstitution graphique du bracelet-bandeau en ivoire de Mézin, décoré d'un motif en grecque gravé.

– gravure du décor géométrique sur un important segment de défense. La gravure part du secteur central, marqué par un losange carré. Ce losange donne l'orientation des chevrons à 45 degrés, lesquels se superposent jusqu'au quart de la circonférence ;

– à ce point précis, gravures de nouveaux losanges déterminés par les hachures divergentes et non jointives de deux systèmes différents ;

– la circonférence totale est donc organisée en quatre bandes, chacune séparée par des losanges alignés mais appartenant à des bandes différentes. Les extrémités sont amincies, aux dépens du décor d'ailleurs et supportent les perforations ;

– découpe des stries de séparation entre les bandes décorées ;

– détachement du bloc de la défense, débitage difficile, facilité par un lent chauffage pour obtenir la dilatation de l'assise externe gravée, facilité également par la texture concentrique des strates d'ivoire. Cette technique s'inspire peut-être du travail du bois, lorsque l'artisan souhaite détacher un cylindre d'écorce du rondin central ;

– la finition aura pour tâche de séparer définitivement chaque bande pour obtenir un mince bracelet-lanière. L'opération est fort délicate comme en témoignent les nombreux fragments de lanières décorées, recueillis dans le gisement ou dans des gisements analogues.

L'exécution de ce bracelet composite en cinq éléments est un exploit technique. Quant au bandeau, dont la longueur développée est de 200 millimètres, son diamètre et sa hauteur sont identiques : 60 millimètres ! Son décor est une merveilleuse orchestration de losanges, de chevrons emboîtés passant habilement au motif de la « grecque ».

Resterait à expliquer la genèse de ce décor. Les nombreux fragments recueillis permettent une explication logique, une décomposition du décor complexe retrouvant les motifs simples initiaux.

La genèse du motif décoratif de la grecque du bracelet-bandeau de Mézin.

1) Un décor gravé sur ivoire, formé de chevrons superposés, a été préparé pour une découpe ultérieure, devant donner un bracelet...

2) Schéma d'un bracelet du type précédent. Il peut comprendre, selon l'idée de l'artisan, deux, trois, quatre chevrons emboîtés.

3) Comme dans le bracelet composite à lanières, ce schéma nous propose deux bracelets identiques, portés ensemble. Les deux lanières d'ivoire sont identiques... Il est évidemment possible d'en porter deux, trois... cinq...

4) Toujours les mêmes bracelets-lanières mais, par goût ou par inadvertance, un des éléments est porté à l'inverse de l'autre. Le décor obtenu par la juxtaposition des deux lanières n'est d'ailleurs pas pour surprendre ou choquer. Bien au contraire, puisque nous retrouvons un nouveau décor de losanges emboîtés, un thème classique de cette école d'art géométrique d'Ukraine.

5) Ce sont toujours les mêmes éléments-lanières que précédemment, mais un léger décalage s'est produit, dans le port de l'un d'eux. Un déplacement de quelques millimètres, cinq millimètres suffisent dans le cas analysé. Ce simple et léger mouvement du bras suffit pour obtenir... le motif en « grecque » ! Un motif nouveau, plus original que les losanges emboîtés, lesquels pour l'époque étaient devenus des motifs « traditionnels ».

6) La vision fugitive précédente, fruit d'un heureux hasard est alors transcrite sur un large bandeau.

7) Travaillé, complété, étendu, le motif se voit adjoindre des chevrons emboîtés, lesquels peuvent former des losanges, et l'on retrouve les thèmes essentiels du vrai bandeau de Mézin !

Ce thème de la grecque, découvert et sans doute inventé ici, en Ukraine, restera limité à son berceau.

La grecque grecque sera une réinvention... Fait curieux, le monde connaîtra une troisième invention de ce motif, dans l'art pré-colombien de Mitla, la capitale mixtèque, au sud-est d'Oaxaca, au Mexique. Ce site prodigieux conserve les décors monumentaux de plusieurs temples aux décors systématiquement géométriques, dont des frises de grecques, en reliefs puissants où se joue merveilleusement la lumière crue.

La genèse de la grecque de Mitla rappelle singulièrement la genèse ukrainienne, quinze mille ans avant. Elle est une reproduction de dessins de textiles, de motifs de tapis encore tissés de nos jours ; bandes, chevrons, losanges, éléments très simples, ceux de la préhistoire. Carrés ou rectangulaires, de faibles dimensions, ces tapis sont ajustés les uns aux autres, pour obtenir de plus grandes surfaces. Une prédilection se marque pour coudre bout à bout deux éléments à décors en chevrons inversés et obtenir ainsi des losanges...

Un léger décalage de ces deux éléments, lors de la couture et voici la grecque retrouvée. Les architectes de Mitla se sont emparés de ce motif nouveau et original pour eux et l'ont transcrit dans la pierre !

Vers le golfe du Mexique, chez les Totonaques d'El Tajin, la grecque est aussi un motif fondamental.

Revenons aux deux bracelets de Mézin et posons-nous le problème du port de ces deux bijoux d'ivoire. Qui pouvait les porter ? Certainement pas la Willendorf. Sa largeur de taille représente les 2/5e de sa hauteur, et la largeur de la poitrine, le tiers de la hauteur !

Même en tenant compte de la massivité de la statuette qui serait quelque peu imposée par le matériau, elle ne pouvait porter ces deux bijoux. Par comparaison, voici quelques diamètres de bracelets divers, portés par une femme d'aujourd'hui, âgée de 18 ans, mesurant 1,68 mètre : 46, 52, 55, 58, 60 millimètres. Les bracelets de Mézin mesurent 57 et 60 millimètres.

Si le canon d'exécution des statuettes féminines semble fort différent de notre canon actuel, les nécessités du port des bracelets sont identiques aux nécessités présentes. Observations et réflexions qui nous rendent les femmes ukrainiennes du XXVe millénaire bien proches des femmes actuelles...

6. Lascaux : sa place dans l'art préhistorique

Lascaux illustre la difficulté de la datation des œuvres et des grottes préhistoriques. En l'absence de toute recherche systématique et scientifique lors de sa découverte (en 1940, il est vrai !), on y a grappillé de-ci de-là quelques silex dits « périgordiens », quelques burins, quelques plaquettes creuses utilisées comme lampes, qualifiés « magdalénien ancien », quelques sagaies de même attribution. Sans couche archéologique constituée et importante, comment donner semblables précisions ?

Parmi plusieurs datations réalisées en divers points, un échantillon, prélevé sous la couche de calcite qui recouvre certaines œuvres d'une mince pellicule et soumis au test du C 14, donne une des dates les plus vraisemblables : 15 240 avant notre ère. Lascaux la périgordienne par son art se situerait donc dans la chronologie magdalénienne (précisons même, dans une phase de magdalénien ancien !).

Cette constatation n'a rien d'étonnant, elle est parfaitement normale, si nous donnons enfin au terme d'école son sens stylistique le plus fort, indépendant de toute valeur chronologique. N'avons-nous pas en pleine chronologie « début du XIXe siècle » des peintres contemporains aussi divers qu'Ingres (1780-1867) ou Delacroix (1799-1863) d'une part, Courbet (1813-1893), Millet (1815-1875) ou Meissonier (1815-1891) pour la génération suivante d'autre part ! Pourrions-nous les classer dans un ordre chronologique précis – si cela avait quelque intérêt – sans l'aide de textes et de dates écrites ?

Afin de liquider cet irritant problème chronologique de l'art préhistorique, rappelons quelques positions de « spécialistes », limitées à quelques grottes fondamentales d'Espagne.

La Pasiega serait « aurignacien-périgordien, avec quelques éléments du magdalénien ».

La grotte du Castillo verrait ses œuvres picturales distribuées entre « aurignacien, périgordien, solutréen, magdalénien I et II, puis V et VI » pour certains. Pour d'autres, elles seraient « du solutréen au magdalénien ancien et du magdalénien ancien et moyen », sans oublier également ceux qui préconisent « solutréen supérieur, solutréen final et la fin du magdalénien III ».

Quant à la grande Altamira, nous avons le choix entre trois solutions chronologiques, parmi beaucoup d'autres : de « l'aurignacien et du périgordien, du solutréen final et du magdalénien inférieur, du magdalénien V et du magdalénien VI », pour la première. Vous pouvez préférer « aurignacien, gravettien (une forme

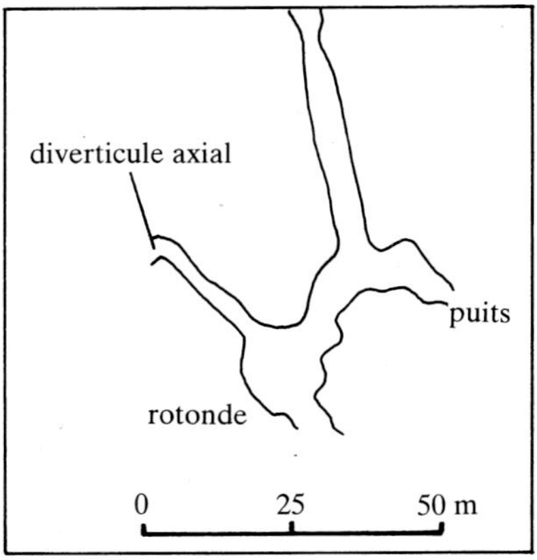

Plan de la grotte de Lascaux (Dordogne).

du périgordien supérieur), solutréen supérieur, magdalénien I et II, magdalénien III et IV ».

Reste enfin la troisième solution : « solutréen à magdalénien III-IV, magdalénien III et IV, magdalénien IV à V-VI ».

Les éventails sont caractéristiques, d'une redoutable ampleur, et il serait fort aisé de les multiplier. Chaque auteur propose son système. L'exemple de Covalanas, petite grotte aux figures homogènes et caractéristiques s'il en fut, est symptomatique : sa position chronologique s'étend du périgordien, début de l'art, au magdalénien récent, fin de l'art, selon les auteurs ! Soit une hésitation chronologique portant sur vingt millénaires, pour une quinzaine de figures très solidaires ! La cause est entendue. Les archéologues préhistoriens n'ont pas de critères chronologiques valables pour dater les œuvres d'art. Hormis de très rares cas (d'autant plus précieux) de datations absolues, il faut recourir aux méthodes des historiens d'art, admettre une organisation de valeur esthétique justiciable d'écoles d'art, sans valeur chronologique rigoureuse.

Selon les galeries des grottes, selon les grottes, selon les régions, des différences de styles se remarquent. Ces styles peuvent se chevaucher, se décaler, dans un sens ou dans un autre, peuvent également être contemporains. L'art préhistorique est un art *humain*, avec toute la diversité et la complexité que ce terme comporte. N'est-ce point cette humanité qui en fait l'intérêt ?

Les préhistoriens sérieux abandonnent volontiers les divisions archéologiques rigoureuses, afin, précisément, d'apporter un peu de réalité humaine. Les six parties du magdalénien seraient remplacées par une organisation plus souple, simplement ternaire, de magdalénien ancien, moyen et récent. Pendant longtemps, n'a-t-on pas placé systématiquement, arbitrairement, tous les contours d'os découpé représentant des chevaux au magdalénien IV ? On a voulu trouver dans tel type de harpon des caractéristiques des magdaléniens IV, V ou VI. Or, des fouilles exhaustives mettent au jour deux ou trois types différents dans le même horizon ! Comme si le tiroir de la ménagère ne pouvait pas recéler une fourchette d'époque Napoléon III, des couverts de ruolz du siècle dernier et des couverts en inox de l'année dernière !

Dans l'art de Lascaux, nous trouvons rassemblés en un syncrétisme esthétique remarquable tous les éléments de l'école périgordienne, fût-elle datée ici de 15 240 : l'importance des ocres jaunes, des ocres rouges, souvent oblitérés par le noir ; toutes les techniques de points de couleurs, rapprochés, aboutissant au « pointillé baveux », avant d'atteindre le trait ; le rôle encore important des accidents naturels ; la perspective tordue appliquée au traitement des extrémités, bois, cornes, sabots, évoluant vers des perspectives semi-tordues, progrès appréciable de la graphie ; technique de la peinture soufflée ou crachée...

À ces techniques périgordiennes s'ajoutent de merveilleux raffinements, dus aux progrès inhérents aux techniques humaines qui vivent et évoluent, dus aussi aux qualités d'un grand maître de la peinture (et aussi, nous le verrons, de la gravure), de qualité exceptionnelle, à placer au niveau des Vinci, Rembrandt ou Delacroix.

En un temps, un ouvrage consacré à Lascaux aurait pu porter le sous-titre *ou la naissance de l'art.* C'est, en réalité, *Lascaux, ou l'apogée de l'école périgordienne.*

Ces raffinements de Lascaux se trouvent dans le modelé des corps d'animaux, dans ces « remplissages » donnant vie merveilleuse aux contours ; dans cet art du « détourage » laissant le blanc naturel de la paroi pour souligner le volume d'un museau, la position des pattes de l'aurochs, les formes d'un œil vivant ; dans l'utilisation des qualités de support, propres à la roche, où la peinture, posée ou soufflée, laisse percevoir les multiples et minuscules plages blanches, brillantes de la calcite, donnant ainsi aux grands aurochs ou aux poneys la luminosité qu'aurait rendue un aquarelliste ou un impressionniste !

Si, parfois, devant les peintures de certaines grottes, on peut – et on doit – hésiter pour une diagnose d'école, nulle hésitation devant les chefs-d'œuvre du maître de Lascaux.

Son génie propre éclate non seulement dans sa virtuosité de la technique et de la couleur, mais tout autant, si ce n'est davantage, dans la composition réelle et solide du monde animal qu'il

Vue du puits de la grotte de Lascaux (Dordogne).

Ébauche de cheval peint dans la base du puits de Lascaux.

met en scène, dans l'organisation des thèmes. Les animaux ne sont plus jetés, isolés sur les parois, même s'ils se superposent encore volontiers. Les auteurs qui s'intéressèrent à Lascaux n'en eurent pas réellement conscience, car cette organisation était parfois obscurcie par les superpositions et il faut reconnaître que ces superpositions ont, par trop, absorbé les esprits. L'abbé Glory a reconnu à Lascaux 56 cas de superpositions et ordonnait les peintures en six phases rien que dans la galerie axiale. Ce fut sans doute la découverte de Rouffignac en 1956 qui, par la pureté de son iconographie, mit en évidence les nouveautés systématiques de Lascaux, ces thèmes des animaux affrontés, des frises, de l'utilisation des « bouches d'ombre », ces nouveautés dont les résonances furent lointaines inspiratrices d'un art universel postérieur. Chronologiquement, Lascaux et Rouffignac ne sont séparés que par quelque trois millénaires !

Même si certains jalons concrets nous manquent encore et attendent découverte, l'art de Lascaux est à l'origine d'une nouvelle compréhension de l'homme préhistorique artiste et nous le rend plus proche. Une continuité réelle est inscrite en permanence dans l'esprit des hommes, même sous forme latente.

7. Lascaux : son art

Certaines œuvres de Lascaux nous replongent aux origines picturales du périgordien. Dans les profondeurs du « puits », cul-de-sac terminal de la grotte ou entrée véritable, l'irritante question n'est pas encore tranchée, ce cheval raide, au trait épais, à la crinière ébouriffée, incomplet, reste typiquement « archaïque »,

Bouquetins affrontés dans le diverticule axial *(Ibid.)*.

réduit à l'état d'esquisse. Or, il occupe, comme égaré, l'étage inférieur, hors des chefs-d'œuvre qui s'accumulent dans la grande rotonde et ses annexes directes.

Comme si ce cheval était l'œuvre d'un apprenti auquel le maître aurait interdit les salles nobles, et serait venu se réfugier et s'exercer, subrepticement, dans les profondeurs ! Le rhinocéros voisin est de la même médiocre qualité ! Cet apprenti serait-il aussi responsable de la fameuse « scène du puits » mettant en action l'homme-piquet à tête de corbeau, et le bison éventré ? L'affaire serait possible, car ce « jeune » inexpérimenté peut avoir une idée originale, et l'exprimer sous la forme de la première « bande dessinée », avec, toujours, son même style médiocre ! Nous y reviendrons.

Un archaïsme à peine moins sensible se retrouve également dans l'exécution des deux bouquetins affrontés du diverticule axial. Mais, sous les techniques anciennes, l'auteur traite un thème nouveau. Les deux animaux sont face à face, presque totalement symétriques, superposables par abattement de 180 degrés, l'un sur l'autre. La vieille technique du pointillé baveux s'y révèle, aussi clairement que sur les biches de Covalanas. La biche de droite est en ocre jaune, celle de gauche en sépia foncé. Des couleurs également « archaïques » ! Un élément central, un quadrillage de six rectangles inégaux les sépare. Sa signification, parfaitement ésotérique, intéresse le sociologue ou l'historien des religions, assez peu l'historien d'art ! Est-ce représentation d'un piège ou d'une barrière ? Mais, sur le plan esthétique, ce motif quadrangulaire central assure aux deux bouquetins un parfait équilibre, et une excellente composition de caractère « héraldique », animaux affrontés de part et d'autre d'un élément central. Les lionnes affrontées de Mycènes trouvent ici quinze millénaires d'antériorité.

La longue frise des cinq poneys, amusants et patauds, est une « suite » émouvante et splendide, exécutée selon la technique du tampon, bien connue dès les débuts de la peinture périgordienne, et celle, non moins utilisée alors, de la peinture soufflée. Mais, dans cette frise, quelle habileté consommée, avec une légèreté de pose qui laisse intacte la brillance des fins cristaux de calcite, pour éclairer et véritablement « aquareliser » les poneys ! Le progrès est considérable depuis les frises de doigts déformés de Gargas, dix mille ans avant. L'artiste périgordien est volontiers évolutif et progressif, dynamique et expansif. L'artiste magdalénien est plus équilibré, mais figé, sans descendance. Les grands taureaux de Lascaux, des aurochs, doivent figurer parmi les chefs-d'œuvre de l'art naturaliste animalier de tous les temps.

Les techniques d'exécution au pointillé, au soufflé et au tampon, les pigments ocre et noirs savamment dosés, les cornes en perspective semi-tordue, en avance sur les sabots vus de face, appartiennent aux classiques techniques périgordiennes. Les proportions monumentales, des aurochs qui approchent les cinq mètres de long (alors que la longueur habituelle d'un animal peint tourne volontiers autour de 50 ou 60 centimètres), le savant détourage qui s'exerce sur les museaux, les yeux étonnamment expressifs, le jeu subtil des globes oculaires sous leur sourcil arqué, le détourage des avant-trains qui annonce l'animal bondissant, entrevu, presque vu de trois quarts, autant de traits raffinés qui appartiennent en propre à celui que nous devons bien appeler le « grand maître de Lascaux » !

Certains aurochs, laissés à l'état d'esquisse, démontrent l'évolution technique nécessaire pour arriver, de proche en proche, à la perfection. Sous les grands aurochs se discernent des figures

Détail de la frise des poneys *(Ibid.)*.

La « vache sautant » *(Ibid.)*.

antérieures, un cheval rouge sous un « trident » noir, un aurochs rouge antérieur à un aurochs noir.

Ces superpositions sont rapides, proches dans le temps. Elles préparent et annoncent le vaste atelier d'art que devient toute la grotte lorsque le responsable jettera ses esquisses générales, ses ordonnances animalières, avant de décider, souverainement, de l'organisation suprême et définitive. Sous les pigments visibles d'une toile historique, les rayons X décèlent parfois, sous des couches profondes, des pigments anciens recouverts. La Madone est désormais superposée à quelque condottiere auquel le peintre a renoncé. Ces superpositions appartiennent à la même tranche temporelle. N'en est-il pas de même pour ce cheval rouge qu'oblitère l'aurochs, dans cette période préhistorique où le temps ne pouvait, n'avait pas la valeur qu'il peut avoir aujourd'hui !

Des écoles artistiques y durent 15 ou 20 millénaires. Des générations d'artistes, apprentis et maîtres, vivent 25 ou 30 ans !

L'unité de Lascaux est formelle, éclatante. L'ensemble a été conçu et exécuté en quelques saisons, en une génération, si ce n'est par *un maître seul* et son équipe. Si l'on n'est pas obnubilé par les superpositions et les chronologies, si l'on abandonne l'idée

Détail d'une figure d'aurochs peinte dans la grotte de Lascaux.

Partie antérieure d'un aurochs peint dans la grotte de Lascaux.

qu'un trait sur un trait exige mille ans, on observera à Lascaux des faits étonnants de logique et de bon sens. Dans la grande salle, le premier état des peintures est en couleur ocre, donc en teinte claire, alors que l'état définitif est en noir, donc en sombre absolu ! Dans la rotonde qui domine le puits, très incomplètement relevée, étudiée et surtout non publiée, on discerne également plusieurs états, non seulement des états de peintures mais aussi de gravures, et des gravures admirables. Faudrait-il séparer ces états par des millénaires, ou même des siècles ? Sur le plafond de la Sixtine, Michel-Ange a jeté lui aussi des esquisses et des états préliminaires. Comme Delacroix sous les voûtes du Luxembourg et du Palais-Bourbon. Les maîtres de l'histoire ont besoin de semblables esquisses. Ne serait-il pas paradoxal que le maître de Lascaux pût s'en dispenser ?

Les voûtes du diverticule axial témoignent également de ces préparations et de certains repentirs. Un bouquetin ocre, à la ligne dorsale et aux sabots vigoureusement ponctués de noir, s'efface sous deux vaches affrontées alliant avec le plus grand bonheur le rendu et le velouté des ocres et des noirs, dans un modelé expressionniste en demi-teinte. On a l'impression que le bouquetin a bel et bien été « effacé »...

1 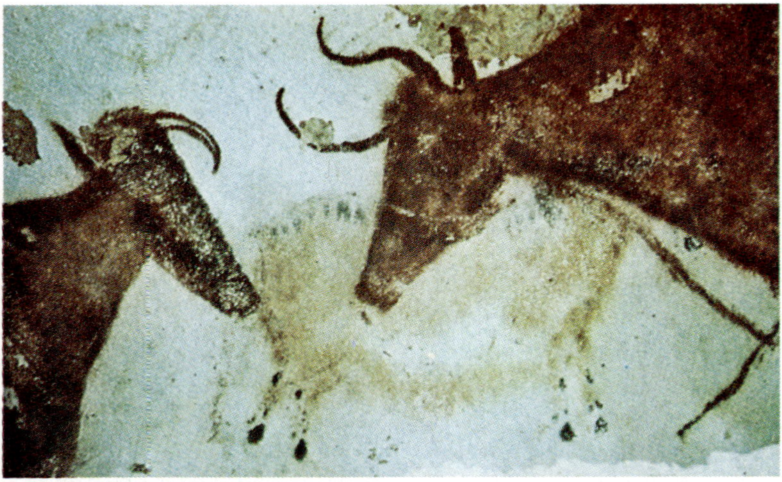

2 

1. Vaches peintes surchargeant un bouquetin dans la grotte de Lascaux.
2. Bisons dits « cul à cul » *(Ibid.)*.

À Lascaux enfin, les animaux perdent les attitudes statiques pour découvrir une dynamique du mouvement toute nouvelle. Les deux bisons, dits « cul à cul », se séparent, meurtris, après un violent combat. Nouvelle et vivante expression graphique, la « frise des cervidés » franchissant la rivière. Est-ce bien une harde de cerfs, nageant en ordre, vers la rive opposée ou un cerf unique, croqué à divers stades successifs de sa progression, nageant en pleine eau, dressant la tête vers l'arrivée, abordant la roide pente de la rive, sortant des ondes ? Nous trouvons, dans cette organisation scénique, une savante décomposition du mouvement. Le dessin animé est en germe dans cette frise de cervidés ! La scène,

1

2

1. Détail de la frise des cervidés peinte dans la grotte de Lascaux.
2. La « scène du puits » *(Ibid.)*.

multipliée par des intermédiaires, passerait aisément au kaléidoscope.

Très proche de cette technique nouvelle du mouvement, la « scène du puits » mérite qu'on s'y attarde de nouveau. Chronologiquement, elle est une des premières scènes connues mettant l'homme en composition, si ce n'est en action (comme l'homme pourchassé du Roc de Sers !). Vu de la base du puits, et non du sommet, comme on le fait traditionnellement, le chasseur à tête de chocard est triomphant ; il vient d'abattre le bison qui perd ses entrailles, mourant devant lui. Ce chasseur prend-il force et assurance de la présence toute proche de son ancêtre totémique, dont l'image surmonte le piquet voisin, la même tête de chocard, ou plus banalement la tête de corbeau ? Ce mât va-t-il bientôt surmonter la cache de gibier, dont le bison alimentera la substantielle réserve ? Le chasseur heureux semble dire : « Moi, Chocard (c'est peut-être son nom après tout !), victorieux de ce bison, mets ma marque sur ce dépôt de gibier » ; ce que feront les chasseurs de rennes, dans les landes d'Allemagne septentrionale, vers le Xe millénaire.

Avec cette scène du puits, dont la valeur esthétique est faible, mais dont la descendance sera prodigieuse, nous entrons dans le domaine de l'anecdote, dans celui de l'écriture figurative. Quelle nouveauté et quel bond prodigieux !

Le grand cheval au fond du diverticule axial n'est nullement un « cheval tombant ». Le maître de Lascaux ne lui donne ni l'effroi ni le rythme heurté et violent d'une chute. Ce cheval, d'ailleurs complet, son arrière-train dissimulé par un premier plan de roche, sort paisiblement des profondeurs terrestres que suggère la sombre diaclase terminale de la galerie. C'est une naissance ! L'animal prenant vie dans les gouffres chthoniens de la Terre-Créatrice. Un thème qui prendra sa force et son éclat dans l'école magdalénienne de Rouffignac.

Quant à la « Licorne », création purement imaginative, aux éléments empruntés aux autres, est-elle panthère à la peau ocellée ? Est-elle animal fantasque (on a évoqué les antennes de papillon pour son double appendice [sic]) ? Est-elle homme mystérieux se camouflant sous quelque peau animale ? Les monstres aussi peuvent appartenir à l'art, et le peintre de Lascaux, même en laissant aller son imagination, ne pouvait nous gratifier, en ce point extrême de la grotte, d'une esquisse à la Hornos de la Peña !

Examinez cette « licorne » très obliquement, avec une lumière frisante, dans une pénombre naturelle. Curieusement, ces pattes

Grand cheval jaillissant peint au fond du diverticule axial de la grotte de Lascaux.

avant prendront allure de jambes, son épais museau carré prendra des caractères humains...

Plus admirables encore que les peintures, il faudrait pouvoir évoquer les multiples gravures de Lascaux. Sous l'étroit passage conduisant de la grande salle à la Rotonde du puits, on remarque cette étonnante gravure de cheval, cette « Rossinante » inimitable. Sous la triple couronne animalière de la Rotonde, abondent aussi de fort belles gravures, inédites.

Pourquoi Lascaux ? Comment Lascaux ? pourrait-on légitimement se demander en conclusion.

La « licorne » peinte dans la salle des Taureaux *(Ibid.)*.

Nous pensons très simplement y admirer le merveilleux résultat d'une expédition artistique, comme existaient alors des expéditions de cueillette et de chasse, le fruit de toute une équipe animée par un grand maître ès arts, doté d'une très forte individualité, coordonnant le travail technique de ses porteurs de lampes à graisse, de ses aides, broyeurs de couleurs ou affinant les crayons, de ses petits maîtres préparant ou dessinant des esquisses, parfois maladroites, crachant et soufflant les couleurs liquides sur le flanc des grands aurochs, alors que lui surveille, ordonne... détoure un museau et donne une expression à un œil, affine la courbure ancestrale d'une corne, invente un thème nouveau.

Œuvre collective et anonyme sous la férule et le pinceau d'un maître, réalisée peut-être en quelques semaines, dans une frénésie religieuse et esthétique féconde, tel semble bien être Lascaux, 15 000 ans avant notre ère.

8. La nouvelle grotte des calanques de Cassis (découverte en 1991)

Au cours de l'été 1992, la découverte d'une nouvelle grotte préhistorique ornée, dans les calanques de Cassis, à l'est de Marseille, fit grand bruit. La grotte s'ouvrait à 37 mètres *sous* le niveau actuel de la mer. L'entrée étroite fut repérée en 1985, par un scaphandrier professionnel, Henri Cosquer. Il la déclara aux autorités en septembre 1991.

Comme cela fut de règle pour les grottes majeures comme Altamira et Rouffignac, une ardente polémique se déclencha ; l'authenticité de la nouvelle grotte fut discutée même, notamment par B. et G. Delluc, D. Vialou, P. Bahn et Arlette Leroi-Gourhan.

En ce qui me concerne, je déplore que mon âge avancé ne m'ait pas permis de voir par moi-même cette grotte, mais les trop

Panneau avec peintures de chevaux, surchargeant des digités antérieurs et recoupés de gravures (grotte Cosquer).

rares documents disponibles, compensés par ma longue expérience, m'ont amené à déceler des arguments favorables à l'authenticité et, parmi eux, un argument paléotoponymique assez nouveau.

La grotte offre de nombreux tracés digités formant « comme un fond graphique »... Ces tracés sont *toujours* antérieurs aux peintures et gravures (le rapprochement est évident avec les innombrables tracés de ce genre exécutés à Rouffignac. Le panneau des deux mammouths dits « de la Découverte » en est un exemple caractéristique). Au-dessus, se trouvent plus de vingt mains négatives, la plupart des mains noires, certaines mutilées ! La faune comprend des chevaux, des bisons, un bouquetin, un cerf et, fait assez rare, trois pingouins. Deux oiseaux face à face, le troisième, au-dessous, très abîmé... J'y vois volontiers un nouvel exemple de la « triade » familiale connue par les trois chouettes de la caverne des Trois-Frères et les trois rhinocéros de Rouffignac...

Les gravures de Cosquer rassemblent des têtes de bison, des chevaux, des bouquetins, un phoque.

Le style, dans la mesure où toute connaissance incomplète permet d'en tenter quelque définition, se révèle assez voisin de l'« école méditerranéenne » du Professeur Graziosi. Des effets de perspective tordue sur cerfs et bisons attestent l'influence de la vieille école périgordienne mais n'empêchent nullement d'estimer l'ensemble vers un magdalénien ancien, vers 15 000. Des charbons recueillis dans un foyer de la grotte ont été datés par le C 14 entre 16 000 et 16 900 avant notre ère. Malheureusement, on ne peut pas en déduire la datation des peintures pariétales.

« Les dessins, gravures et peintures de la grotte sont le fait d'un faussaire », déclare un chercheur parisien, fort informé par ailleurs de l'art rupestre mondial et notamment de nos Pyrénées. Il n'a pas vu le site... « Il est étonnant qu'on puisse, sans aucun élément scientifique, affirmer que les dessins de la grotte sont des faux », déclare un directeur du C.N.R.S., lequel a vu la grotte mais ne posséderait nulle compétence particulière sur l'art rupestre du paléolithique supérieur.

Il est de tradition, historiquement largement attestée, que toute nouvelle grotte d'art préhistorique fut d'abord déclarée « fausse ». Ce fut le cas d'Altamira, la toute première de la série. Ce fut le cas de Lascaux que dut défendre l'abbé Henri Breuil, inventeur des Combarelles et de Font-de-Gaume dès 1901, devenu par son exceptionnelle compétence le spécialiste incontesté de l'art rupestre mondial. Il défendit Lascaux par un retentissant article des *Nouvelles littéraires* : « Oui. Lascaux est authentique » (1940). Ce fut le cas du Cro-du-Cluzeau, la grotte de Rouffignac, la « grotte aux cent mammouths », découverte en 1956, défendue par l'auteur, largement épaulé par l'abbé Breuil lui-même. Un des arguments les plus curieux de l'opposition était que les nouvelles découvertes « étaient trop belles pour que ce fût vrai ! »

Examinons sereinement les faits établis et les arguments relatifs à la nouvelle découverte des calanques de Cassis. Ils sont rares et fragmentaires. Une très longue analyse rigoureuse s'impose.

La datation des charbons recueillis dans le sol de la grotte signifie certainement une présence humaine dans cette tranche chronologique. Mais *ils ne peuvent dater* des peintures et des dessins préhistoriques. Il ne peut s'agir que d'une présomption de contemporanéité. Les dépôts de calcite qui seraient décelés sur certaines graphies ne peuvent être que de nouvelles présomptions. La durée de formation de calcite est fort variable. Elle dépend des suintements des eaux de ruissellement, plus ou moins chargées de calcaire, de la teneur en gaz carbonique... Les eaux de Saint-Allyre, celles du gouffre de Proumessac, proche de Bara-Bau, « calcitent » en quelques jours ou en quelques semaines. Des formations récentes de calcite sont décelables sur les moellons de l'escalier d'accès de Lascaux I.

Le classement ministériel du 17 octobre 1991 a été décidé pour la protection de la grotte.

Restent présentement les avis, parfois autorisés, basés sur les documents iconographiques rassemblés. Ces documents restent trop imprécis quant à leur nombre et leur qualité. Nombre des clichés connus ne furent pas pris selon des critères scientifiques rigoureux. Nombre de détails significatifs manquent... Ignorance aussi quant à leur nombre, leur répartition... et les graphies non naturalistes, ces graphies mystérieuses de la communication primitive ?

Cette observation rapide, même superficielle, permet toutefois une nouvelle présomption positive... Jean Clottes, de l'école toulousaine, pense pouvoir placer cet art dans le monde magdalénien, précisément dans la tranche chronologique des datations superficielles du C 14.

Protomés de chevaux noirs de la grotte Cosquer.

Chaque grotte possède son style, reflet souvent d'une école, et l'école n'est pas obligatoirement cantonnée, limitée à une phase chronologique précise. Les peintures, les dessins de la nouvelle grotte, donnent une impression favorable, avec des particularités stylistiques originales.

Cerfs, bouquetins, bisons, chevaux possèdent, semble-t-il, certaines graphies bien particulières.

Ainsi, les mains figurées sont soit intactes, soit avec des doigts manquants. Un examen attentif permettra sans doute de savoir si ces « mutilations » sont des accidents pathologiques, dues aux gelures graves d'un climat, froid et dur aggravé par des vents violents (un terrible mistral) comme dans la grotte pyrénéenne de Gargas, véritable « clinique des mains » ou des mutilations dues à l'homme, des mutilations dites « rituelles » faute d'un terme plus approprié, exceptionnelles et « barbares », comme dans la grotte espagnole de Maltravieso. Peut-être pourra-t-on envisager aussi la très rare et difficile hypothèse des doigts repliés... Nombre de phalanges ne sont pas repliables physiologiquement et le langage des signes par les doigts repliés est limité du fait de l'anatomie de la main... Il semble attesté plus tardivement. La présence de ces mains a suggéré certaines dates... mais il ne faut point oublier que ces graphies de la main ont été longtemps représentées... depuis la période de Gargas jusqu'à Cabrerets et au Castillo... et jusqu'à nos jours. De même, les mains avec une partie de l'avant-bras ont été représentées des Pyrénées au Sahara pendant 15 à 20 000 ans.

Mais l'impression chronologique la plus vraisemblable, dans l'état actuel de nos connaissances de la grotte, serait, grâce à la représentation de bisons, de cerfs et de chevaux, favorable à l'*époque magdalénienne*. Seule, l'analyse des pigments (si leur nature est biologiquement possible), avec celle du « liant » des dessins et peintures, donnera les assises chronologiques désirées.

L'analyse des pollens, et plus encore l'analyse anthracologique des charbons préciseront le milieu végétal contemporain du bison... et aussi, comment avec la descente des eaux méditerranéennes s'est installée, progressivement, une végétation herbacée suffisante pour la pâture des bisons et des cervidés qui gambadent dans les abrupts calcaires. Une parure végétale qui manque peut-être de racines profondes et qui sera, quelques millénaires plus tard, victime de la pelade pastorale que lui infligeront les premiers ovins domestiqués... Peut-être, ô miracle tant attendu des archéologues ! quelque éclat de silex, inclus dans ce monde géologique calcaire pourra-t-il répondre à quelque profonde gravure rupestre !

Les géologues placent vers 18 000 avant le présent la puissante

Figure noire d'un bouquetin (grotte Cosquer).

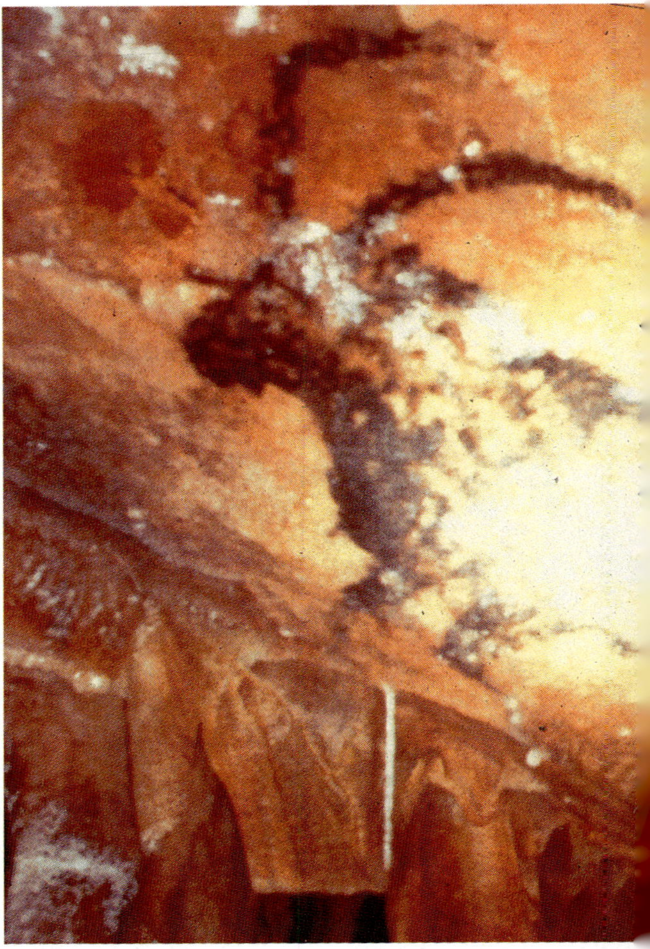

Bouquetin en « perspective tordue » de la grotte Cosquer.

expansion glaciaire provoquant une régression marine de la Méditerranée d'une centaine de mètres. À cette époque, la grotte s'ouvrait donc à l'air libre, au flanc de la falaise... Elle s'ouvrait par un long couloir d'accès... Sa bouche d'ombre s'ouvrait parmi de nombreuses autres bouches d'ombre... offrant de longues galeries profondes comme Les Combarelles, comme les couloirs de Font-de-Gaume, débouchant parfois sur de hautes salles lointaines

où se conserveront, éloignées des pollutions et des incursions humaines dévastatrices, les graphies de communication, signes abstraits ou figures naturalistes en usage. Les Magdaléniens du littoral trouveront les supports pérennes de leur éventuel passage. Le décompte rigoureux, l'organisation des graphies, leur situation par rapport aux accidents naturels, leur utilisation éventuelle, leur style, si particulier et profondément original, permettront de transformer – à longue échéance – ces présomptions d'authenticité en de rassurantes certitudes. Certes, l'examen sérieux et clinique d'un

solide spécialiste permettrait une diagnose plus rapide et sans doute presque aussi sûre... mais les spécialistes qualifiés, jeunes et plongeurs avertis, sont rares, se comptent sur les doigts d'une main...

L'environnement archéologique de cette région méditerranéenne, de cette zone de contact de la terre face à la Méditerranée, s'avère d'ailleurs riche et varié. L'homme en fut rarement absent... Les rares « sphéroïdes » de la grotte escarpée du Vallonnet, au-dessus de Roquebrune-Cap-Martin, sont d'un des sites les plus anciens de notre continent. À la grotte de L'Escale,

Protomé de cheval, la tête valant le tout (grotte Cosquer).

dans les Bouches-du-Rhône, dans un paysage au monde minéral semblable à celui des calanques, des traces d'un foyer dépassant le demi-million d'années sont relevées. Dans le secteur des Baoussé-Roussé, autour de Grimaldi, dans cette tranche chronologique si prestigieuse du XXe au Xe millénaire, se rencontrent graphies et documents archéologiques, objets rituels funéraires et parures, figurines féminines exceptionnelles.

Autant de faits « régionaux », très (trop) échelonnés chronologiquement, qui montrent que ce littoral, que ce contact géographique, jouent un rôle non négligeable dans les chapitres variés de ce qu'il faut bien appeler *L'Aventure humaine*.

Rarement aussi petite région que celle englobant les quelques kilomètres carrés du secteur des calanques de Cassis ne fut aussi riche de « paléotoponymes », se situant entre le XXe et le Xe millénaire. Précisément la tranche que suggèrent les premières analyses de charbons, les géologues et les niveaux marins, les premiers analystes des premières photos des bisons, des cerfs, des chevaux et des mains...

L'étude paléotoponymique donnerait-elle, à son tour, une présomption nouvelle d'authenticité ?

Sauf quelques noms de sites, rares d'ailleurs, indiscutablement d'origine moderne, les Walkyries, le Torpilleur, Figuier, Devenson, la Triperie, Puget... les termes accrochés aux sites, les termes profondément enracinés en quelque sorte, sont exceptionnellement nombreux. Ces paléotoponymes, datés entre 20 000 et 10 000 ans, représentent, pour l'ancien continent, quelque 60 % de paléotoponymes désignant un site du paléolithique supérieur ou une grotte avec graphies rupestres, abstraites ou naturalistes de cette même période. La probabilité de 60 % constituerait même une méthode originale de prospection de ces sites préhistoriques. Des ébauches de cartes toponymiques de ces racines linguistiques pré-indo-européennes sont largement significatives.

Le paléotoponyme le plus caractéristique serait l'élément CALA, signifiant « pierre », que l'on trouve dans le secteur le plus immédiat de la nouvelle grotte. Ce vieux terme de CALA se trouve dans CALAnque précisément, comme dans CALbière, l'ancien nom de la grotte de Niaux, comme dans la CALA de Genoves, le nom de Levanzo, grotte à peintures et gravures rupestres de Sicile ; comme dans CALès, dans le Lot ; comme dans le site archéologique de la CALévie (Dordogne) ; la CALA, dans la province de Malaga. Des cales, des callosités, des calculs, petits cailloux de la vessie ou enfermés dans une boule d'argile cuite, pour compter dans le Proche-Orient, on atteint de vraisemblables dérivés qui donneront ESCAle, ESCALAde, CASCade, ASCension avec les formes ESC, ASC, ESCA, formes que l'on trouve dans LASCaux elle-même et ces toponymes de la région de Cassis, col des ESCourtines, mont des ESCAmbots, et sans doute le terme même de CASSis. L'expression géographique toponymique « calanque de Cassis » serait un pléonasme paléotoponymique comme le « Cro-du-Cluzeau », l'ancien vocable de la grotte de Rouffignac. GARdiole, toponyme provençal de la région proche, serait apparenté à GARgas, aux peintures et gravures du début du paléolithique supérieur. Quant au BAOUrond, juste au nord-est de la grotte nouvelle, il s'apparente, avec les BAUmettes, aux paléotoponymes classiques de BAUme-Latrone (art paléolithique supérieur), de la BAUme des Peyrards (paléolithique du Vaucluse), de BALmori, près de Llanes en Espagne et, plus proche, l'important site méridional que nous avons évoqué précédemment, le site des BAOussé-Roussé, près de Menton. La COMbe del Boïtou et de nombreuses BALmes apparentées désignent volontiers des sites archéologiques du paléolithique supérieur.

CALa, souvent CREux, GROtte, CREutte, et simplement CRO comme le célèbre CRO-Magnon aura, comme doublet, en quelque sorte, COMbe, dépression d'un val jurassien, que l'on retrouvera dans Les COMBarelles, Le COMBel, vrai nom de Pech-Merle de CABrerets, dans COMBe Capelle... CRO, creux dans la pierre, existe aussi, dans sa forme positive en quelque sorte, comme CROC et CROchet, CROche...

Rarement aussi petite région fut aussi riche de ces paléotoponymes datés entre 20 000 et 10 000 ans. Nouvelle présomption originale en faveur de l'authenticité de la nouvelle grotte[1]. GROtte en milieu CALcaire, riche de phénomènes géologiques KARStiques des CALanques de CASSis...

Cette nouvelle approche paléolinguistique s'ajoute aux toutes premières observations possibles, présentement connues, favorables à l'authenticité.

1. À Carry-le-Rouet, autre paléotoponyme, fut découvert, en décembre 1991, un site archéologique pouvant être contemporain des peintures et gravures de la grotte Cosquer.

Bison peint sur le grand plafond de la grotte d'Altamira (Espagne).

Chapitre III

L'ÉPANOUISSEMENT MAGDALÉNIEN

L'école magdalénienne

1. La peinture

Il n'y a pas rupture entre les deux grandes écoles artistiques magdalénienne et périgordienne. Chaque école bénéficie d'un ensemble de caractères et, parfois, de transition et d'évolution qui sont propres à chacune d'elles ; toutefois les osmoses y sont fréquentes. Insensiblement, on passe de l'une à l'autre et seules les grottes importantes et les mieux typées se classent aisément dans une école ou dans l'autre. La plus profonde différence est certainement l'adoption par l'école magdalénienne d'un dessin perspectif précis et exact, et l'abandon de graphies maladroites et archaïques comme la perspective tordue.

Pratiquement, l'école magdalénienne se manifeste vers 15 000, bonne appréciation chronologique. De grandes frises sculptées, d'ambiance périgordienne comme le Roc-de-Sers tournent autour de 16 000, Lascaux pouvant se placer en 15 240. Le magdalénien archéologique, celui des documents lithiques, grattoirs sur bout de lame et burins, des pièces osseuses, sagaies de types divers et bientôt harpons, commence vers 15 000, selon les régions, avec de nombreuses datations par le C 14, grâce aux débris organiques accompagnant le matériel. Le magdalénien moyen de la frise d'Angles-sur-Anglin dont nous verrons le double intérêt, artistique et philosophique, est daté par le C 14 entre 14 000 et 12 050. L'art magdalénien s'éteindra vers 10 000, atteignant rarement 9 000 ou 8 500. L'apogée graphique de Niaux, placé avec précision en 10 900 - 10 700, en est le « chant du cygne ».

Cette école dure donc environ cinq millénaires. Trois fois

moins que l'école périgordienne et, même en ce domaine de l'art, l'accélération est nette. Les écoles suivantes, parfois influencées, seront de plus en plus brèves (et l'époque actuelle ne démentira pas cette « loi » !). Dans le domaine artistique, ces cinq millénaires sont les plus riches, en nombre de grottes d'art, en nombre d'œuvres, en qualité surtout. C'est véritablement la plus grande période et le triomphe de l'art naturaliste animalier, tant dans l'art mobilier que dans l'art pariétal et même dans l'art monumental.

Les grottes périgordiennes représentent environ 10 % de l'ensemble des grottes ornées, pour 90 % de grottes magdaléniennes. Encore parmi ces dernières, les deux tiers se placent dans la phase finale du magdalénien. Là aussi, l'accélération est nette. Les recensements globaux des thèmes traités accuseraient encore cette accélération, car les grottes fondamentales sont tardives. Lascaux est la brillante et grande exception, puisqu'elle est l'apogée du périgordien, tout en étant chronologiquement dans le magdalénien.

Dans son ouvrage fondamental – qui reste un texte essentiel –, Breuil présentait en premier les grottes qu'il baptisait les « six géants » : Altamira, Font-de-Gaume, Les Combarelles, Lascaux, Les Trois-Frères et Niaux. Cinq sur six sont magdaléniennes, et nous avons vu la position exceptionnelle de Lascaux. Depuis trente ans, quelques découvertes nouvelles sont venues modifier cette « hiérarchie » des grottes, position toute personnelle de l'abbé. La grotte de Pech-Merle de Cabrerets, découverte en 1920, donc connue de Breuil, aurait peut-être mérité meilleur classement mais les découvertes de Rouffignac en 1956, puis plus tard de Tito Bustillo et d'Ekaïn imposent un nouveau classement.

Une catégorie de « super-grands » s'impose, des grottes qui mériteraient à elles seules le voyage, pour une bonne connaissance de l'art : Altamira, la première et la plus belle peut-être (hélas fermée au visiteur mais c'est une indispensable mesure de sauvegarde), Lascaux (non moins belle aussi mais fermée également...), Rouffignac et Niaux, ces deux énormes cavernes, dont le développement approche les dix kilomètres et que leur immensité protège, les rendant moins sensibles aux altérations climatiques, moins vulnérables aux troubles causés par l'afflux des visiteurs (puis-je ajouter que j'ai pu, dans ces deux grottes, interdire personnellement tout éclairage électrique permanent !).

Au-delà des quatre super-grands, se trouveraient les « grands » : Font-de-Gaume (dont la visite pourrait remplacer celle de Lascaux), Les Trois-Frères (propriété privée qui fut toujours hors visite), Pech-Merle, Tito Bustillo, La Pileta en Andalousie et l'étonnante frise sculptée du Cap-Blanc. Nous retrouverions là les six grands traditionnels. Légèrement derrière, se presseraient encore Les Combarelles, El Castillo, La Pasiega (fermée), Ekaïn... L'art périgordien y représenterait encore 10 % seulement !

Dans les œuvres de l'école magdalénienne, les techniques s'affinent et atteignent à la perfection. Le trait peint est très généralement *noir*, mais le noir est une véritable couleur, surtout en grotte, et les noirs – un pluriel s'impose – sont nombreux et divers, selon l'intensité des sels de manganèse et leur composition chimique, selon des éléments minéraux secondaires qui peuvent leur être adjoints plus ou moins naturellement. La variété des supports, des couleurs blanches plus ou moins pures, comme à Rouffignac, des gris très foncés, proches des noirs comme dans la grotte de Cacérès, apporte également des tonalités différentes.

Les ocres jaune et rouge deviennent exceptionnels dans l'école magdalénienne. Ils ne sont plus que des couleurs d'appoint. Une tache rouge, plus ou moins à l'emplacement du cœur pour le mammouth de Pindal ; une tache encore à Niaux, au centre d'une petite cuvette suggérant un bison en creux et la tache, la blessure ; un signe en forme de clé blessant le premier bison du Salon noir de Niaux, une flèche rouge sur un autre ; une esquisse de mammouth et un chanfrein de cheval, dans des secteurs marginaux de Rouffignac... On aurait peine à doubler ces exemples, qui montrent d'ailleurs le rôle désormais très « ponctuel » du rouge. Il semblerait également prendre une signification nouvelle, celle du sang !

Exceptions majeures : Altamira et, pour partie, Le Castillo, où triomphe la bichromie noire et rouge, et Marsoulas, où signes rouges et points impressionnistes viennent apporter une vision toute nouvelle. Quant au petit cheval rouge du Portel, n'appartient-il pas, déjà, à l'art du Levante ? Les traits noirs sont désormais réalisés au pinceau, et le tampon, au moins pour les tracés, disparaît. Le pinceau permet des traits extrêmement fins, des déliés plus assurés. Les cornes de bison de Niaux sont d'une merveilleuse ténuité.

Le tampon se cantonne aux remplissages qui doivent donner le modelé, et le rouge s'associe parfois au noir dans les « bichromes ». Le progrès du dessin accompagne le progrès technique. L'artiste magdalénien se révèle excellent dessinateur, aussi bien dans les proportions animales, devenues plus exactes, plus réalistes et beaucoup plus souples que dans le traitement des détails. Là, éclate la maîtrise de l'école : précision et rendu des sabots et des pattes, détails des chanfreins et des museaux, expressionnisme des yeux, perspectives désormais exactes des cornes, des bois, des défenses, avec la disparition complète des distorsions périgordiennes. Le dessinateur doit beaucoup au graveur. Sur os ou sur paroi, dans l'art mobilier comme aux Trois Frères, le modelé s'obtient par des jeux serrés de fines hachures, faisant tourner les bois d'un bouquetin, animant la crinière d'un cheval, réalisant aussi le modelé des corps. Tout cela se retrouve dans le dessin et il y a des passages incessants d'une technique à l'autre. Les traits burinés et incisés du graveur se transcrivent en traits fins et hachures du dessinateur. Les influences semblent s'être opérées dans le sens gravure-dessin, car la gravure mobilière, sur galet ou sur os, a pu jouer un rôle énorme d'apprentissage, servir maintes fois d'exercice et d'ébauche. Il est vrai, comme pour le périgordien, que les exercices de dessin sur os, sur écorce ou sur peau ne nous sont pas davantage parvenus.

La gravure bénéficie aussi des progrès techniques, et en ce domaine peut-être sont-ils plus importants. L'artisan magdalénien a imaginé des dizaines de types de burins différents, dont la largeur d'attaque et la position des biseaux offrent des possibilités infinies qu'il utilise avec maîtrise.

Enfin, des techniques nouvelles d'expression sont inventées. « Les Magdaléniens modelaient aussi l'argile », télégraphiait le comte Bégouën à Cartailhac, lors de la découverte des bisons d'argile du Tuc-d'Audoubert.

Quant à la sculpture monumentale, au Cap-Blanc comme à Angles-sur-l'Anglin, elle atteint la classe des plus prestigieux chefs-d'œuvre et les progrès techniques de l'outillage peuvent y être pour quelque chose. La qualité l'emporte donc, dans l'école magdalénienne. Les coefficients d'esthétique y sont plus élevés qu'au périgordien. Des pourcentages de 20 %, de 30 % ne sont pas rares. Ils sont nettement supérieurs pour certaines grottes fondamentales.

L'art mobilier, devenu très important, en qualité comme en quantité, confirme la concentration artistique. Sur 176 habitats de chasseurs que compte le Périgord, 72 d'entre eux possèdent des objets d'art mobilier, soit 40 %. Tous les chasseurs ne sont pas artistes ! Les abris de La Madeleine, le site éponyme, et celui de Laugerie Haute, à eux deux possèdent, respectivement 582 et 560 documents, soit 1 142 sur un total de 2 329, c'est-à-dire 48 % (recherches de Mme de Saint-Périer).

Avec les œuvres d'art mobilier de Limeuil, 176 (dont les plaquettes gravées pourraient être des exercices) et celles de Roche-

1

2

1. Bâton perforé en bois de renne décoré de gravures animalières, provenant de La Madeleine (Dordogne). 2. Sagaies en os magdaléniennes.

reil, 132, les quatre premières grottes mobilières rassemblent 66 % des œuvres ! La même concentration se retrouve dans les Pyrénées et les Cantabres. Le Mas d'Azil a donné 319 objets d'art mobilier, réunis dans la collection Piette, du musée des Antiquités nationales de Saint-Germain-en-Laye. Non loin de Coblence, le site de plein air de Gönnersdorf est riche de 300 figures de femmes gravées sur des plaquettes de schiste (avec plus de 500 gravures au total) ! Le total des gravures sur plaquette, de la grotte de La Marche, lorsqu'il sera connu, atteindra également ces chiffres élevés.

Bloc avec gravure de renne, provenant de Limeuil ; calcaire, long. 25 cm.

Cette concentration fait directement écho à la concentration des œuvres pariétales. Elle est un fait majeur et contribue à maintes explications. Elle explique la hiérarchie des super-grands et des grands.

En visitant les quatre super-grands, on pourrait certainement recenser plus d'animaux que dans les 200 autres grottes ! Dont presque les 2/3 se trouvent en France...

Dans le périgordien, la motivation magique est impérative. Le moins habile des chasseurs doit, quand même, créer le gibier indispensable.

Dans le magdalénien, la magie s'efface devant une motivation de plus en plus artistique – et même, bientôt, philosophique. Les plus habiles ou les maîtres seuls oseront encore peindre ou graver. Une élite artistique se forme. Elle explique la concentration, de même que la concentration contribue à former l'élite.

2. La sculpture

Les frises sculptées, par leur organisation et leur exécution, suivent de très près gravures et peintures. La frise du Roc-de-Sers est caractéristique de cette communauté spirituelle, avec son ovibos traité de trois quarts poursuivant un homme. Légèrement plus tardive, de la seconde école, la frise de La Chaire-à-Calvin n'atteint pas les perfections précédentes. L'état corrodé de la roche, bien que la frise soit abritée, est peut-être la raison de ce jugement de valeur. Ces chevaux sculpés portent des traces de peinture, fait

Décors géométriques gravés sur plaque osseuse de la grotte de Terriers, à Lussac-les-Châteaux.

Frise sculptée de chevaux de La Chaire-à-Calvin (Charente).

déjà relevé. La partie droite de la frise offre deux chevaux plus ou moins superposés, « dont l'un semble un étalon en action », selon Breuil. La ligne en relief du cheval se superposant se confond avec celle du superposé, ce qui serait un non-sens physiologique. Un essai du sculpteur pour rendre deux chevaux côte à côte, sans que pour cela ils s'accouplent, pourrait rendre compte de cette graphie. On pourrait également envisager un essai pour donner idée du mouvement, le cheval le plus proche se dressant, alors que le second, plus éloigné, s'abaisserait, les avant-corps pivotant autour de l'arrière-train ! Ajoutons que, dans tout l'art préhistorique paléolithique, nous n'avons aucune représentation d'accouplement ! La Chaire-à-Calvin est trop problématique pour infirmer la constatation générale. Sur un ensemble de quelque 5 000 figures, nous relevons 24 cas seulement de pré-accouplement, le mâle suivant de fort près la femelle. Aucune action directe. Et encore, ces cas se situent dans l'absolu entre 11 500 et 10 040, dans les dix derniers siècles. Le fait sexuel est exceptionnel dans l'art préhistorique. 5 % seulement des animaux sont sexués. La sexualité n'est pas le fondement philosophique des manifestations artistiques des chasseurs préhistoriques.

L'existence de couches archéologiques des magdaléniens moyen et récent, plus ou moins en contact ou ensevelissant certains éléments sculptés de la grande frise d'Angles-sur-l'Anglin la place à une date plus récente que La Chaire-à-Calvin. Chevaux et bisons sont représentés, ainsi que d'excellents bouquetins. Telle tête de jeune bouquetin, aux cornures à peine poussées, d'une hauteur de 75 centimètres, telle splendide tête de cheval sont des éléments de haute valeur artistique. Ce cheval d'Angles, un des rares thèmes publiés, nous a fait évoquer, à son propos, le fronton du Parthénon ! Si les sculptures sont rares par rapport aux autres expressions et offrent un coefficient esthétique supérieur, c'est qu'il est impossible de s'improviser sculpteur, alors qu'il est aisé à quiconque, Aurignacien ou Magdalénien, de promener son doigt sur l'argile pour esquisser un profil animalier quelconque. C'est la facilité naturelle du tracé digité, par exemple, qui impose, dans son étude, un critère sélectif ! Il deviendra de l'art en progressant, mais il ne l'est pas souvent, à ses origines.

Revenons maintenant sur le groupe sculpté central d'Angles : trois torses féminins, étroitement juxtaposés, d'un galbe admirable, se limitant du dessus de la taille au genou, les sexes vigoureusement marqués. Ces figures, limitées aux torses, ne pouvaient se développer plus haut, vers la poitrine et la tête, en raison du surplomb de la falaise. Elles restent cependant à hauteur noble, face au regard du visiteur, ce qui accroît leur présence. Peut-être que l'artiste subissait des sujétions, des servitudes ? Examinons de plus près ces trois « Vénus » d'Angles. Cette trilogie féminine qu'encadrent des cohortes de chevaux et de bisons semble bien régner sur ce monde animal. Ne serait-elle pas étroitement liée à des mythes et des rites de fécondité ?

Voyons de plus près la figure centrale. Elle est la plus réaliste, la mieux exécutée, la principale donc. Son ventre, légèrement bombé suggérerait une jeune grossesse de trois mois. Un détail est frappant... son nombril, parfaitement placé, est une cupule *naturelle* de la paroi calcaire, cupule légèrement taraudée et régularisée. Cette cupule, promue nombril de la jeune mère centrale de la trilogie, est le *point de départ* de toute la frise. Les conséquences magiques ou religieuses sont considérables, mais encore plus les répercussions esthétiques. Cette longue scène n'est pas une simple juxtaposition d'éléments, humains et animaliers, mais bel et bien une splendide orchestration, toute une genèse, homme et animal confondus, centrée sur le corps épanoui de la jeune mère, axée, pointée sur cette petite cupule, devenue nombril de la création !

Quant au format de la frise, n'était-il pas conditionné par le rapport normal devant exister entre le nombril et le torse ? À sa décharge, le sculpteur pouvait avouer qu'il avait traité l'essentiel !

La frise des chevaux du Cap-Blanc est également admirable.

Détail de la frise sculptée avec figures de chevaux au Cap-Blanc (Dordogne).

Sous un imposant surplomb de quinze mètres de long, se déroule une frise d'une demi-douzaine de chevaux, les plus grands de 2,15 mètres et 2,30 mètres de long, avec des reliefs de trente centimètres de puissance. Ce dernier chiffre donne à lui seul idée du matériau qu'il a fallu piqueter, tailler, pour le bouchardage actuel. Le mur et le toit de protection actuels dénaturent profondément le site. La frise s'ouvrait sur une esplanade, dégagée, propice à ces rites, ces danses, ces chants et ces chœurs que nous pouvons envisager, sans trop d'imagination. Une forme du théâtre est née ici, bien avant le théâtre de Dionysos. Des traces nettes de couleur rouge montrent que cette vaste sculpture était peinte, comme le seront les frontons du Parthénon et les tympans de Notre-Dame-de-Paris.

La tradition picturale semble avoir toujours influencé la sculpture, jugée trop fade et exigeant le prestige de la couleur. Actuellement, le grain et la beauté blonde du calcaire du Périgord suffisent à nous émouvoir. En 1936, « préhistorien » depuis une dizaine d'années, je faisais pour la première fois le pèlerinage de la vallée de la Vézère et prenais contact avec notre art préhistorique (Lascaux ne devait être découvert qu'en 1940 et Rouffignac en 1956). Les Combarelles furent pour moi amère déception. Font-de-Gaume (que l'on a, depuis, nettoyé et remis en valeur) m'émut à grand-peine. La frise du Cap-Blanc fut vraiment la révélation.

Une récente découverte, sous un auvent rocheux de La Magdelaine, dans le Tarn, évoque singulièrement les femmes d'Angles. Deux corps de jeunes femmes, utilisant habilement des reliefs et des rondeurs de la paroi, occupent chacune des parois, encore à la lumière du jour. La paroi est-elle responsable de leurs attitudes

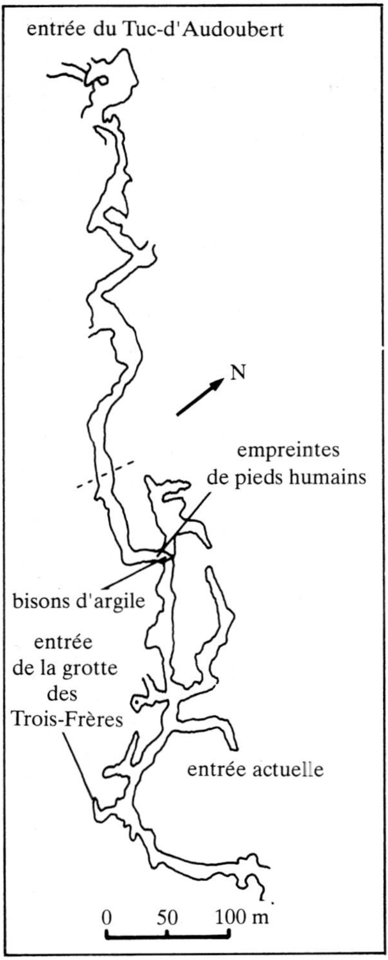

Plan des grottes du Tuc-d'Audoubert et des Trois-Frères.

alanguies, qui les firent surnommer par Breuil, « les Madame Récamier de la Préhistoire ». La femme de droite est assise mais celle de gauche mollement penchée vers l'arrière. Comme à Angles, têtes et pieds sont absents.

En 1912, les fils du comte Bégouën, les trois frères, remontant la résurgence du Volp inférieur, en Haute-Garonne, atteignent de vastes galeries, le Tuc-d'Audoubert, ornées d'excellentes gravures de style magdalénien (et d'une inscription du XVIIIe siècle !). Au-delà d'un couloir ascendant, Max Bégouën brise une draperie stalagmitique, pénètre dans de nouvelles galeries, pour découvrir dans la salle ultime « les bisons d'argile ».

En 1914, les trois jeunes gens découvraient la grotte qui porte désormais leurs noms, « Les Trois Frères », creusée par le cours supérieur du Volp.

Les deux grottes, chacune ayant environ 750 mètres de développement, possèdent donc leur accès propre, le Tuc-d'Audoubert par la sortie du Volp, en aval ; les Trois-Frères par le plateau et la disparition du Volp en amont, donc à une altitude supérieure. Les deux grottes ont leurs plans qui se recoupent, la galerie des Trois-Frères passant au-dessus des galeries du Tuc, précisément au-dessus de la salle des Bisons d'argile.

Dans sa monographie parue en 1958, Breuil se demande si l'ensemble souterrain « était, au temps de sa décoration, divisé en deux ou non. D'après les relevés topographiques, il n'y a que quelques mètres d'un bas couloir bouché d'argile, qui sépare les deux cavités et il y a des chances que ce ne soit qu'une seule caverne préhistorique ». Ces détails topographiques ont leur importance pour donner aux célèbres bisons leur véritable sens. Ces deux bisons d'argile sont célèbres, l'iconographie les a popularisés, mais en réalité, ils sont *trois*.

Le premier, en arrivant par l'entrée de la découverte, c'est-à-dire le Tuc (en remontant sous terre le ruisseau du Volp), est un bison mâle, modelé en argile selon les techniques du colombin et l'utilisation de larges plaques d'argile, raclées aux environs immédiats. Mesurant 63 centimètres de long, trop plat, même pour sa taille, il s'adosse à un monticule rocheux, au milieu d'une petite salle.

Devant lui, légèrement en contrebas, la femelle, 61 centimètres de long, elle aussi adossée à un relief rocheux et elle aussi nettement plus plate qu'il ne conviendrait (serait-ce une des exigences techniques du modelage, ces corps aplatis ?).

Mais, plus avant, il existait un troisième modelage, de 26 centimètres de long seulement, un jeune bison donc ! Enlevé et déposé au musée de Saint-Germain-en-Laye, un moulage de ce troisième bison a été exécuté et tout dernièrement mis à la place de l'original. Deux problèmes se posent, celui de leur qualification artistique, celui de leur signification.

Certes, l'intérêt de ces trois modelages est considérable. Ils remontent à 14 millénaires avant le présent. Mais seraient-ils modelés actuellement, quelle serait notre réaction ? Je parle ici de la réaction de l'historien d'art et non de celle du préhistorien. Nous avons vu les graves erreurs de volume et leur aplatissement exa-

Moulage des bisons en argile du Tuc-d'Audoubert (Saint-Germain-en-Laye, Musée des Antiquités Nationales).

géré, alors qu'il nous semble que l'argile malléable des grottes permette plus de vérité !

À proximité, se trouvent trois boudins d'argile, exécutés en roulant entre ses mains un prélèvement allongé d'argile. On a voulu y voir des phallus ? N'est-ce point, plus simplement, trois colombins inutilisés ?

Quant à la signification profonde de la scène, faut-il admettre qu'ils « témoignent... de rites de fécondité destinés à obtenir la multiplication de l'espèce » ? Et, en ce cas, les phallus seraient-ils à leur place ?

À propos de ces « deux » bisons, mais trois en réalité, on parle volontiers d'accouplement. Si le mâle est en position haute, c'est qu'il est modelé et collé sur le départ de l'arête rocheuse du petit bloc central, alors que la femelle, plus basse, est modelée contre la paroi. Tout au plus, ce ne pourrait être qu'une « approche » et nous avons vu qu'il n'y avait aucun accouplement animal ou humain dans cet art.

Si nous l'avons pensé un moment, nous ne pouvons plus le penser depuis que nous connaissons la présence de l'enfant bison.

Nous trouvons désormais, non un couple, mais *une famille.* Une famille parfaitement organisée, dans un ordre déterminé et immuable : un enfant qui ouvre la marche, suivi de sa mère ; le père terminant la triade familiale. Nous découvrirons l'existence de cette famille organisée en étudiant Rouffignac et mettrons en valeur les formules suivantes :

M mâle + M femelle + m → pour les mammouths
R mâle + R femelle + r → pour les rhinocéros

Les flèches indiquent le sens de la marche.
Au Tuc, nous avons la formule identique :

B mâle + B femelle + b → pour les bisons

Or, logiquement, d'après les situations topographiques de ces triades par rapport à l'entrée et à la sortie de la grotte, ces triades doivent *sortir* ! Nous approfondirons cette observation lors de l'étude de Rouffignac. La triade de bisons du Tuc, dans l'état actuel de la grotte, est « entrante » ! Max Bégouën a découvert les bisons, en remontant le cours du Volp. Mais il les a découverts en brisant une draperie stalagmitique, en franchissant un laminoir de 35 centimètres de haut sur 53 de large ! Sa pénétration, à partir de la draperie est en quelque sorte artificielle. Si l'on débouchait les « quelques mètres du bas couloir bouché d'argile, séparant les deux grottes », comme le notait Breuil, on trouverait, par Les Trois-Frères, la salle des bisons, par une voie normale. Il est habituel de rencontrer des couloirs obstrués, d'autant plus qu'en partant des Trois-Frères, ce couloir est « descendant ».

Les bisons prendraient alors une position inverse : la triade serait « sortante », et les bisons sortiraient effectivement par la porte du Volp, ils sortiraient par l'ouverture où entrent les eaux... Une vraie sortie. La draperie stalagmitique brisée marquait sans doute bien la fin du Tuc-d'Audoubert et les trois bisons d'argile appartiendraient en réalité à la grotte des Trois-Frères. Le bouchon d'argile en a décidé autrement !

Mais les modelages du Tuc, ou de la grotte des Trois-Frères, ont encore des secrets, étroitement liés aux problèmes artistiques. Quels seraient les auteurs de ces modelages ?

Autour d'eux, imprimées sur le sol argileux, subsistent une cinquantaine d'empreintes de pas, celles de jeunes gens d'une quinzaine d'années, de 11 à 13 ans, précise le Docteur H.-V. Vallois. La hauteur de la voûte est de 1,30 mètre et les auteurs ont généralement imaginé quelque danse rituelle, les talons sont fortement marqués, sous la voûte surbaissée, tournant autour du « couple » de bisons, imaginant quelque rite où s'utiliseraient sans doute les phallus ! Les événements se sont peut-être déroulés beaucoup plus simplement. Des enfants magdaléniens d'une quinzaine d'années sont, pour l'époque, des adolescents avancés, bien proches de l'âge adulte. Pour la longévité actuelle de 60 ans, leur âge correspondrait à 36 ans ! Vraiment l'épanouissement de la vie pour un Magdalénien ! Pourquoi ne pas voir dans ces pas imprimés sur l'argile ceux des *auteurs* des modelages, marchant bizarrement car la voûte est basse, qu'ils sont intimidés par leur mission, dans des profondeurs lointaines de la caverne. Ils ont même abandonné quatre boudins d'argile, dont ils ne voyaient pas l'utilisation, pour terminer leur œuvre !

À l'émotion suscitée par la vue de cette famille de bisons, modelée en argile, s'ajouterait celle de retrouver les empreintes mêmes des coroplastes.

Dans le long couloir de Montespan, couloir-tunnel de 2 450 mètres, dont la sortie correspond à la résurgence d'une rivière (siphon souvent amorcé devant être franchi en plongée), une galerie secondaire connaît encore quelques modelages (les conditions topographiques rappellent nettement les conditions

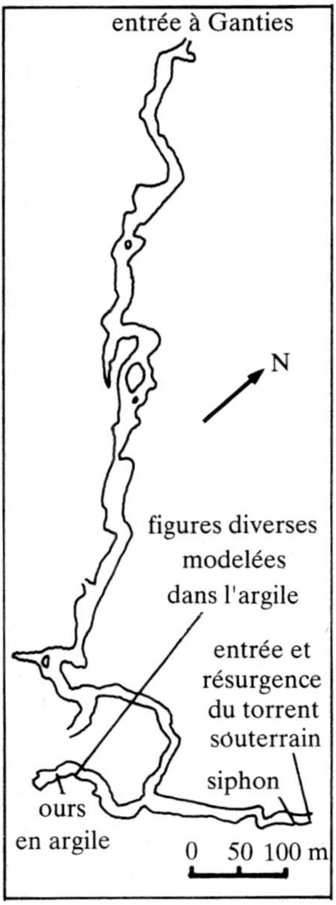

Plan de la grotte de Montespan.

Bison modelé sur argile, sur le sol de la grotte de Bédeilhac.

du Tuc-Les Trois-Frères). Un modelage d'ours mesurant 1,10 mètre de long, 60 centimètres de haut, lardé d'une trentaine de coups de sagaie, serait peut-être difficilement reconnaissable si l'on n'avait pas découvert un crâne d'ourson entre ses pattes avant. Corps d'argile et tête réelle enfoncée par un tenon ; une œuvre hybride.

À une trentaine de mètres, on distingue un avant-train de félin, trois autres modelages accolés à la paroi... Il semble bien que divers monticules, aujourd'hui effondrés et amollis, avaient été également des modelages. Leur conservation tient du miracle. Un excellent petit avant-train de cheval, du type des chevaux de Niaux, gravé à petits traits pour le rendu de la crinière, comparable à la technique des dessins noirs de Niaux, est gravé en position verticale, la tête tournée vers le plafond. Comme le grand cheval du diverticule axial de Lascaux, l'animal sort des profondeurs de la terre. Nous retrouvons là le thème de la Création au sein de la Terre-Mère.

Au fond d'un laminoir difficile de Bédeilhac, un modelage de bison, de 40 centimètres, s'accroche à la paroi. Et de constater les localisations toujours difficiles à atteindre de ces modelages : pour les atteindre ne faut-il pas franchir des bouchons obstrués d'argile, des siphons et des laminoirs ?

Quels rites mystérieux ces secteurs perdus de nos grottes peuvent-ils cacher ? Ces secteurs lointains sont, en fait, les seuls où les modelages purent se conserver. Proches des entrées, dans de grandes salles parcourues de courants d'air, aux profondes variations hygrométriques, les modelages se fissurent du fait de la sécheresse, s'effondrent en tas de boue à cause de l'humidité. Les survivants, même de qualité esthétique parfois assez médiocre, constituent un excellent exemple de ces supports ou de ces matériaux fugaces, disparaissant si aisément. À ce titre, ces modelages d'argile, témoins de maintes œuvres sans doute disparues, ne sauraient être oubliés dans une histoire de l'art.

3. Les grands classiques

Découvertes à huit jours d'intervalle, en septembre 1901, les grottes des Combarelles et de Font-de-Gaume contribuèrent efficacement à la crédibilité de l'art préhistorique. Relevés par l'abbé Breuil, gravures et dessins bénéficièrent de son immense talent graphique. Au sein des superpositions multiples, il sut découvrir le trait fondamental, propre à l'animal élu. Retracé sur un bristol blanc, l'animal, dégagé des traits adventices ou étrangers à lui-même, reprenait vie nouvelle. Surtout, les relevés suppriment le grumeleux et les multiples aspérités de la mauvaise roche qui constitue les parois des Combarelles. C'est pourquoi les gravures des Combarelles, d'une qualité exceptionnelle pourtant, vivent davantage sur les relevés de l'abbé que dans les profondeurs de ce boyau étroit, de 240 mètres de long. La gravure des Combarelles est réservée aux initiés qui le méritent et peut paraître décevante aux Béotiens dont je fus, en 1936. Peut-on trouver renne plus admirable – et, nous avons vu pourquoi cet animal précieux est fort peu représenté – que celui gravé, sur la paroi de droite, la tête légèrement penchée vers une fissure de la paroi. Geste délicieux, plein de grâce. Lorsque la grotte est humide, un mince filet d'eau sourd de la fissure et... le renne boit ! Scène charmante, car ce renne, intégré par son attitude à la paroi même, intégré à la vie profonde et changeante de la grotte, au rythme des saisons, compose une scène à lui tout seul. Ce sens du cadre, de ses utilisations à des fins qui ne sont plus imposées par la scrupuleuse magie, devient l'apanage de la nouvelle école.

Le grand mammouth des Combarelles, à la trompe repliée sur le corps, nombre de chevaux dont l'un voit son avant-train magnifiquement détaché en bas-relief, avec une crinière toute frémissante (gravée à traits fins comme sont dessinés les chevaux de Niaux), le couple du grand lion que suit la lionne, également en bas-relief, hallucinant dans la pénombre de la galerie, l'ours pataud, on n'arrêterait pas de relever les chefs-d'œuvre du graveur des Combarelles.

L'éclairage, très difficile aux Combarelles par suite de l'étroitesse de la galerie, du manque de recul, des multiples superpositions d'animaux, pris séparément, exigeant une lumière différente, Breuil pensa que ces gravures n'avaient pu être exécutées par quelque novice ou apprenti, mais par « des artistes préparés par un entraînement technique ». « Qu'il y ait eu des collèges d'artistes, soumis à grande distance aux mêmes conventions et aux mêmes modes est aussi une conclusion certaine » (H. Breuil, *Quatre Cents Siècles*..., p. 23). Dès l'origine de ses travaux, l'abbé se montrait sensible à la qualité esthétique des œuvres, et concevait leur genèse comme le fruit d'un enseignement, le résultat d'une école. La plupart des successeurs de l'abbé oublièrent ces réflexions fondamentales et humaines du maître. Ils oublièrent aussi, dans leurs tentatives explicatives, ce que purent être les grandeurs et les servitudes d'une école... Peut-on accéder à une connaissance plus profonde de cette grotte en quelque sorte *princeps* des Combarelles ?

Parois difficiles et rugueuses d'une part, gravures souvent profondes, passant parfois au bas-relief, grosses difficultés de circulation et, partant, travail pénible des aides-porte-lampe d'autre part, autant d'observations qui incitent à penser que l'élaboration de la parure complète des Combarelles exigea un temps fort long... ou une spécialisation des tâches. La longueur de la galerie permet en effet d'imaginer plusieurs « ateliers » artistiques. Véritablement, la galerie des Combarelles suscite de fort intéressantes et curieuses remarques.

Le premier inventaire des gravures fut réalisé par Breuil, dès 1902. C'était, nous l'avons vu, son premier champ d'études et certainement son œil n'avait pas encore acquis cette « acuité particulière », fruit de son expérience, dont il bénéficiera quelques

Renne, mammouth et ours, gravés dans la grotte des Combarelles (Dordogne) (relevés de H. Breuil).

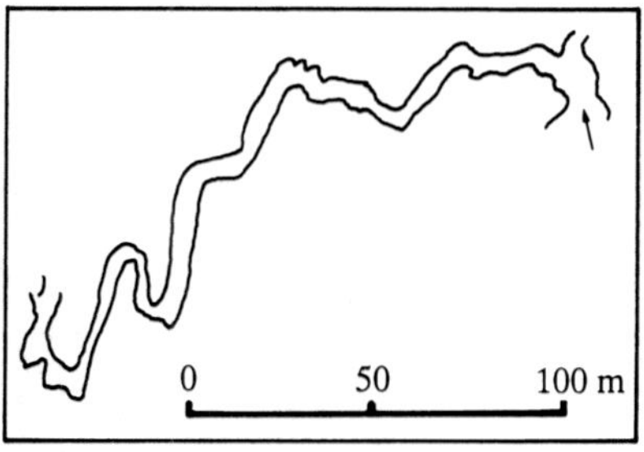

Plan de la grotte des Combarelles (Dordogne).

années plus tard, et que ne pourront jamais remplacer l'ordinateur ou les fiches perforées.

En 1902, Breuil présenta donc le relevé suivant : 40 équidés, 2 bisons, 3 rennes, 14 mammouths, parmi les espèces essentielles. Pour sa monographie des Combarelles, parue en 1924, soit vingt-deux ans plus tard, l'abbé recommença son relevé. Il est sûr que, pendant ces vingt-deux années, l'œil de l'abbé s'était exercé, chose nécessaire aux Combarelles plus que dans toute autre grotte. Le relevé de 1924 donne les chiffres suivants : 116 équidés, 37 bisons, 14 rennes, 13 mammouths. Le total initial qui n'était que de 109 gravures passait à 291, soit trois fois plus, et l'on pouvait, disait-il, augmenter ce dernier chiffre d'une centaine d'images difficiles à identifier.

Nombre de remarques peuvent être faites. Des espèces présentes dans la liste I ont disparu dans la liste II, par exemple les antilopes saïga qui étaient signalées au nombre de 3 en 1902. Cela est normal, l'espèce est difficile à déterminer avec sûreté et elle est rarissime. Dans l'ensemble de l'art pariétal de la seconde école n'en figurent que deux exemplaires seulement : dans la galerie secondaire des Combarelles et à Rouffignac. Certaines espèces apparaissent seulement dans la seconde liste : le cerf (5 ex.), la biche (3 ex.), le lion (5 ex., dont l'un est un véritable chef-d'œuvre).

D'autres espèces ont été correctement reconnues et recensées, dès le premier relevé : les bovidés, qui passent de 6 ou 8 en 1902 à 7 en 1924. Mais le renne, qui semblait n'apparaître que 3 fois, se retrouve gravé 14 fois, et les équidés connaissent un bond prodigieux : de 40 en 1902, ils passent à 116 en 1924, soit trois fois plus ! Le fait est étrange.

Il y a plus étrange encore. Comparons de près les recensements de deux espèces importantes, et par leur nombre et par le fait qu'il s'agit de deux espèces disparues de notre Périgord, le bison et le mammouth. De 1902 à 1924, le recensement des bisons passe de 2 à 37. Quant aux mammouths, ils passent de 14 à 13 ! (Cette variation d'une unité, dans une grotte de l'importance des Combarelles est sans signification.) Ce qui veut dire qu'au premier examen, en 1902, l'abbé a reconnu, du premier coup d'œil, pourrait-on dire, tous les mammouths.

Quant aux bisons, s'il n'en a reconnu que 2 en 1902, il en compte 37 dans son second relevé. La première fois, il voit 5 % seulement de l'espèce. Que pourrait-on conclure de ces observations et de ces données chiffrées des deux recensements d'un seul savant, mais à vingt-deux ans de différence : les deux espèces, mammouth et bison, auraient été gravées par deux artistes différents, l'un, spécialiste du mammouth, artiste de grande qualité ; toutes ses gravures sont reconnues au premier examen, même par des yeux en plein apprentissage. L'autre, auteur des gravures de bisons, est médiocre artiste, puisqu'il faut un examen systématique et un œil supérieurement averti pour recenser ses œuvres. Ces faits ne nous apportent-ils pas la preuve d'une véritable spécialisation artistique, même au sein d'une même technique, un habile graveur de mammouth et un médiocre spécialiste du bison aux Combarelles !

Un troisième relevé est commencé dès 1981 aux Combarelles, par mon collaborateur direct à l'université de Toulouse, Claude Barrière, avec l'aide des étudiants de mon institut. Il exigera plusieurs années. Il sera intéressant de comparer les nouveaux chiffres avec les recensements de 1902 et 1924. L'étude systématique des superpositions aura grand intérêt aussi. Comme à Gargas, peut-être sera-t-il possible de déceler l'ordre d'apparition des diverses espèces gravées de la grotte. Si les bisons sont médiocres, ce peut être la faute du médiocre spécialiste du bison. Mais, si les mammouths étaient systématiquement gravés sur les bisons, ces derniers auraient été gravés antérieurement. D'une part, ils seraient moins reconnaissables du fait des oblitérations, d'autre part, plus anciens dans l'ordre d'exécution des gravures, ils auraient été réalisés par un graveur moins expérimenté. La maîtrise parfaite de la gravure n'éclaterait que dans les gravures les plus récemment apparues.

Font-de-Gaume, découvert huit jours après Les Combarelles, est très différent. Au maître graveur, allant jusqu'à la mise en relief d'une tête de cheval ou de lionne, se substitue à Font-de-Gaume un peintre virtuose de la couleur, atteignant une bichromie étonnante de réalisme pour donner force au contour animalier, sans pour autant que la gravure lui soit étrangère. À moins d'un kilomètre et demi de distance, ces deux grottes sont l'apanage de deux maîtres différents, chacun avec son originalité. Pendant longtemps, un échantillon complet de l'art préhistorique dans la région des Eyzies fut constitué par la trilogie des Combarelles pour la gravure, Font-de-Gaume pour la peinture et Cap-Blanc pour la sculpture.

Font-de-Gaume est un long boyau se terminant par une double digitation de 150 mètres de longueur moyenne. La première partie est vide de tout art mais certaines œuvres ont pu disparaître. Ce qui rend quelque peu incertains les décomptes qui se croient exhaustifs et rend fictives les hypothèses d'organisation à partir de ces décomptes. Après un passage étroit, qui conserve à la seconde partie de la grotte l'équilibre climatique favorable à la conservation, passage baptisé le Rubicon, se trouvent les premières œuvres. Tout de suite, sur la paroi gauche, une première gravure vous accueille dans cette grotte à peintures. C'est un excellent petit mammouth, très finement gravé sur la paroi blanche, dont le format, le style et la technique, la vigueur de la ligne cervico-dorsale, l'œil expressif triangulaire, le rendu du long pelage permettent immédiatement de reconnaître la facture : le maître de Rouffignac. Ce mammouth est comme la carte de visite, la signature d'un excellent confrère, et la preuve de relations humaines entre les artistes de cette époque. Rien d'étonnant alors que nous trouvions à Font-de-Gaume une atmosphère, un sens esthétique et de la composition fort proches de Rouffignac, situé à 9 kilomètres à vol d'oiseau !

La galerie principale de Font-de-Gaume offre une longue frise de bisons, alliant les techniques d'une gravure profondément incisée pour les contours à la bichromie du remplissage. Fréquemment, ces bisons se superposent à des rennes et des chevaux, eux-mêmes surchargés de « petits mammouths plus récents et finement gravés » (H. Breuil). Ces derniers sont-ils une première influence de l'auteur de la grotte aux 150 mammouths ? Au carrefour, se trouvent les très classiques « rennes affrontés », la femelle agenouillée devant le mâle, aux bois magnifiques (la partie la mieux conservée de la scène). L'altération physique de la couleur ne permettant guère d'en apprécier l'équilibre et la sereine beauté, le relevé de Breuil doit y suppléer ! L'altération s'est-elle accentuée depuis 1902 ? La grotte fut d'ailleurs fréquentée de tout temps, les graffiti abondent et, selon l'expression humoristique de l'abbé, elle servit durant le XVIIIe siècle à « maints rites prénuptiaux », tout comme celle de Rouffignac. Sous le grand plafond de cette dernière grotte, nous retrouvons le même thème du couple qui s'affronte, le bison à droite, debout et sa femelle en face, couchée.

À Font-de-Gaume, la salle des « petits bisons » a été largement enduite d'ocre pour obtenir un fond coloré sur lequel se détache une douzaine de ces bisons bichromes. Certains thèmes exceptionnels, le loup, le félin, le rhinocéros sont plus ou moins visibles, selon l'hygrométrie de la grotte et l'orientation de l'éclairage. Des colonnettes stalagmitiques suggèrent la queue et les pattes du train arrière d'un grand cheval. Les suggestions naturelles, dont nous avons vu le rôle créatif dans les écoles anciennes, se retrouvent dans les phases tardives. Les très nombreuses superpositions ren-

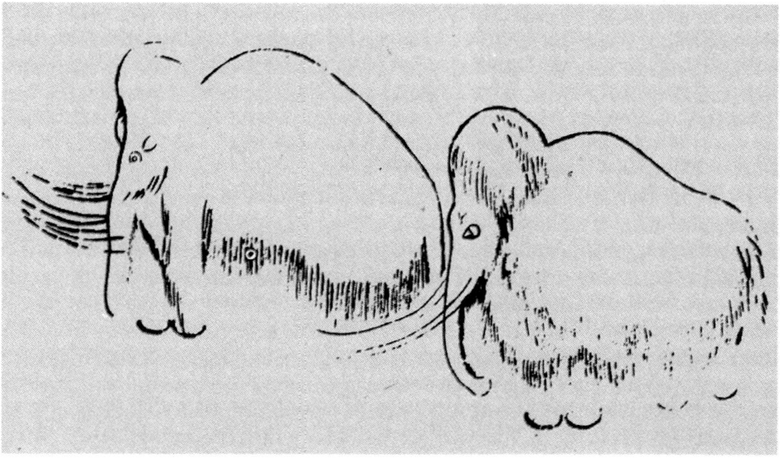

Figures de mammouths gravées dans la grotte de Font-de-Gaume (Dordogne) (relevé de H. Breuil).

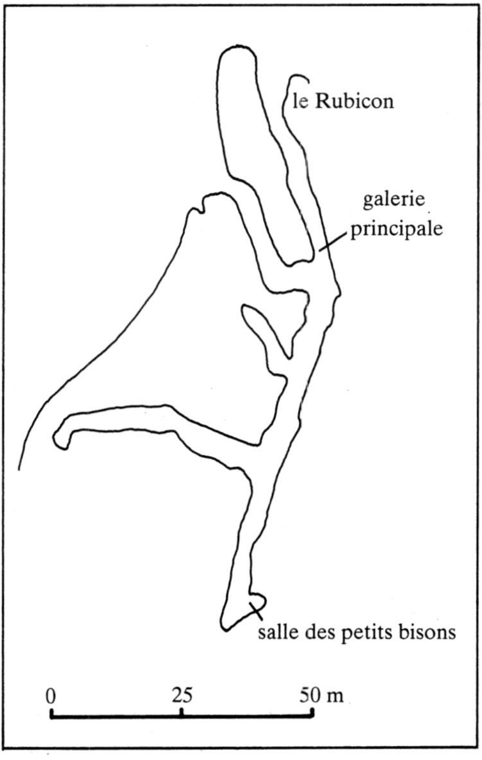

Plan de la grotte de Font-de-Gaume (Dordogne).

dent difficile l'étude de la composition, thème d'animaux affrontés, frises de bisons et de mammouths, peut-être même organisation de « triade familiale ». La paroi de gauche notamment, pourrait présenter des bisons organisés, peut-être sur deux plans successifs, l'un au-dessous de l'autre. La reconnaissance d'un anthropomorphe par Cl. Barrière viendrait confirmer l'importance de ce secteur, dont d'anciennes altérations rendent la traduction difficile.

Tout semblerait se passer comme si le maître de Font-de-Gaume (ou les artistes successifs) avait organisé tout d'abord un ensemble à base de chevaux, puis un ensemble de bisons, pour terminer sur une troisième influence en surajoutant de petits mammouths gravés. Les visites touristiques de la première moitié du siècle n'ont certes pas amélioré l'aspect de Font-de-Gaume ; plages de noir de fumée incisées de graffiti au couteau sur les plus beaux bisons bichromes. C'est pourquoi ma visite de 1936 fut si décevante. En 1966-1967, une heureuse campagne de nettoyage et de rénovation fut menée par M. Sarradet et exécutée par les Daubisse. Cette réhabilitation bien conduite la rend plus lisible qu'à l'époque où Breuil l'avait étudiée.

Les figures très complexes de la grotte du Castillo appartiennent aux deux écoles d'art, mais leur attribution précise est fort difficile, puisque, dans une même grotte, il faut à la fois tenir compte des critères distinctifs de chaque école mais aussi des qualités propres aux exécutants. On a, une fois de plus, trop tendance à placer dans l'école périgordienne bœuf et bouquetins gravés, aux contours secs, alors que la peinture d'un grand bison noir accuse une indéniable maîtrise.

Le bison dressé du Castillo est très démonstratif. Une colonne stalagmitique suggérait nettement un bison dressé sur ses pattes arrière. De larges touches, ocre et noires, viennent préciser cette vision et la couleur ajoute au relief naturel. La queue, la cuisse, l'arrière-train, puis le corps et la bosse, marqués par le relief, soulignés par les couleurs, prennent un relief saisissant. Le réalisme est tel que l'on peut se demander si l'accident rocheux initial n'a pas été aménagé ou même retouché pour accentuer les ressemblances dans les moindres détails. Le problème se pose aussi pour le « Cheval à l'échiquier » de Pech-Merle de Cabrerets. Un examen minutieux, lors de chaque visite ne m'a pas permis de trancher !

Quant à la tête de ce bison, tournée vers la gauche, elle est peinte « en dehors » des bosses stalagmitiques, selon la technique employée si magnifiquement au grand plafond d'Altamira. Le sommet du pilier, vers quatre mètres de haut, serait lui aussi sug-

Figures de félin et de chevaux gravées dans la grotte de Font-de-Gaume (Dordogne) (relevé de H. Breuil).

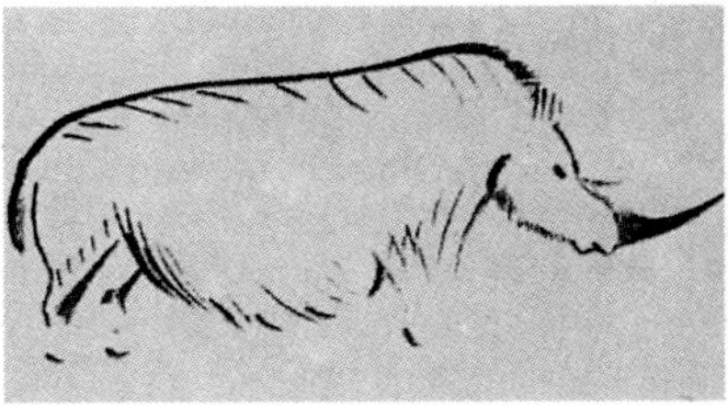

Figures de rhinocéros et de renne peintes dans la grotte de Font-de-Gaume (Dordogne) (relevé de H. Breuil).

gestif d'un autre animal ! Ce « style Altamira » se retrouve sur un grand panneau de bisons bichromes, sur la droite. L'un d'eux, à gauche, prend exactement l'attitude ramassée, roulé en boule, les pattes avant pliées sous lui, des bisons du grand plafond de la grotte de Santillana del Mar. Ils oblitèrent des mains, indemmes, cernées de rouge et des profils de biche noirs. Mains et biches appartiennent sans doute possible à l'école périgordienne par certains caractères comme la couleur, le trait, l'expression limitée au contour, la perspective tordue.

On pourra réaliser une véritable contre-épreuve en comparant ces secs profils de biche avec des têtes de ce même animal, fine-

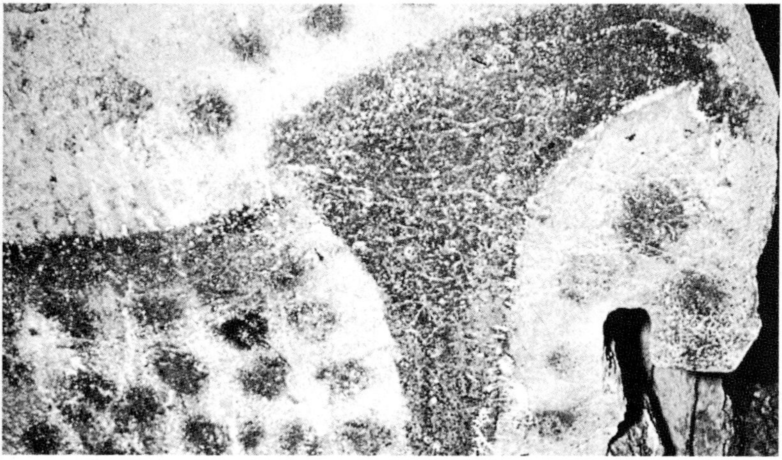

Le « cheval à l'échiquier » peint dans la grotte de Pech-Merle de Cabrerets (Lot).

ment gravées sur certaines parois du Castillo, semblables *trait pour trait*, pourrait-on dire, avec des têtes gravées sur omoplates, trouvées dans une couche archéologique du magdalénien ancien. Cette confrontation de gravures pariétales et mobilières est un des rares exemples de datation satisfaisante pour l'art rupestre.

Cette grotte du Castillo nous permettrait de soulever l'énigme de certains signes, rectangles allongés et compartimentés, rectangles curviformes, signes *tectiformes* comme on les appelle parfois. Des rangées de points, parallèles, généralement cinq, sont associées aux rectangles. L'ensemble doit avoir une signification précise, car une organisation est sensible. Ce style géométrique, ou schématique, ne répond pas au vrai schématisme pur de l'école orientale, style de Mézin. Il descend d'éléments naturalistes, présentement difficiles à déceler ou à reconnaître.

4. Rouffignac, la « grotte aux Cent Mammouths »

Le Cro-du-Cluzeau, toponyme contemporain des Cro-Magnon reste un passionnant exemple de pérennité humaine. Cette grotte immense, riche en couloirs comme en vastes salles, aux aspects les plus divers, s'enfonce sous terre sur trois étages successifs et sur près de dix kilomètres. Fréquentée dès le XLe millénaire par l'ours des cavernes, explorée jusque dans ses parties les plus lointaines, jusqu'au point où il faut péniblement ramper à la lueur de lampes à graisse, l'homme de Cro-Magnon la transforme en sanctuaire, y élabore une cosmogonie dont nous lui sommes encore redevables et qu'il traduit en multiples images, peintes ou gravées. On ne sait ce qu'il convient le plus d'admirer : la beauté artistique ou la profondeur du message que nous lègue le « grand Maître de Rouffignac » dans cette grotte prestigieuse que je baptisai la « grotte aux Cent Mammouths », peu après sa découverte le 26 juin 1956.

Rouffignac s'impose enfin par son extrême lisibilité, qu'il s'agisse de la netteté de son art ou de la clarté de son message. Rien de véritablement nouveau, sans doute, mais un syncrétisme génial dans le domaine purement graphique comme dans le domaine intellectuel de la pensée. Ce qui put paraître nouveau, lors de la découverte des rythmes de composition, des frises ou des affrontements, n'était que la sublimation de ces organisations, déjà antérieurement connues mais auxquelles on n'avait pas suffisamment prêté attention. Dès les balbutiements de l'école périgordienne, l'artiste n'est encore qu'un artisan de l'image qui, déjà, recherche les « bouches d'ombre » pour y jeter ou en faire naître le gibier vital, qui couvre et recouvre sans fin une paroi parce qu'elle s'est montrée bénéfique. Au cours de notre exploration artistique, nous en avons rencontré maints exemples, de La Pasiega à Pair-non-Pair, de Lascaux aux Combarelles, sans être bien sûr de les avoir compris, avant la découverte de Rouffignac.

Enfin, Rouffignac est la grotte de l'*unité*. Le trait, qu'il soit dessiné – car ce sont de vrais dessins et non des peintures – ou qu'il soit gravé, a toujours les mêmes grandes qualités de force et de précision pour former les contours animaliers, de finesse et d'habileté pour donner le détail vivant, le regard – ou mieux les mille regards des 150 mammouths – pour ajouter un modelé réaliste par ses hachures, donner une présence à chaque espèce. Même lorsqu'il ne s'agit que d'une esquisse, parfois tracée au doigt sur la paroi ou sur le plafond à quatre mètres de haut avec un bâton brandi à bout de bras, le tracé cervico-dorsal a toute sa force et le mammouth « compte » véritablement. La nature physique de la grotte se prête à toutes les audaces : ses longues parois de calcaire marneux tendre que le doigt ou, mieux encore, le burin incise avec une facilité extrême ; ses doubles rangées parallèles et horizontales de gros rognons de silex à cortex rouge, enchâssés dans les parois, découpent des frises naturelles, créent des bandeaux où il est aisé de graver et dessiner ; ses vastes plafonds rouges, que recouvre l'argile de décalcification, se prêtent aux

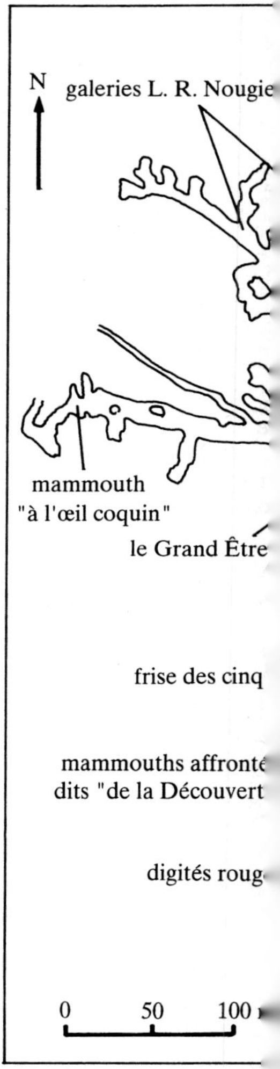

Plan de la grotte de Rouffignac.

multiples digités et aux fines gravures se détachant en blanc sur le fond pourpre ; ses multiples accidents rocheux, saillies, fentes, diaclases, gouffres largement ouverts, sont autant de merveilleux prétextes à maintes suggestions et prennent un sens religieux dans maints détails topographiques. La grotte se prêtait à toutes les virtualités possibles, à condition d'être orchestrée par un artiste de génie doublé d'un penseur. Ce fut le cas !

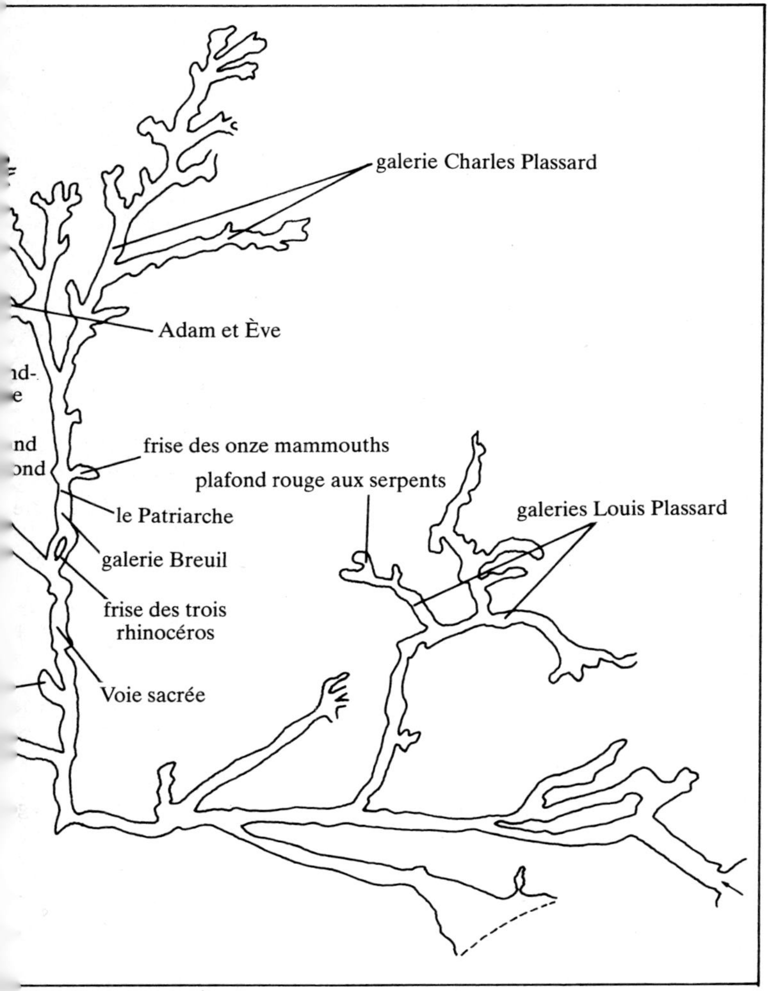

Lisibilité et unité seront favorisées par les matériaux et l'étendue même de la grotte. Malgré cette immensité, malgré la richesse et l'abondance des œuvres – près de 250 animaux, plus de 200 panneaux de tracés digités et de serpentiformes dépassant deux mètres carrés (le relevé doit se faire à la surface couverte, et non au motif !) –, l'ensemble d'art de Rouffignac a été exécuté en un laps de temps très court, quelques semaines, une saison

Le « Grand-Père », figure de mammouth peinte sur le grand plafond de la grotte de Rouffignac.

tout au plus, par une équipe de qualité sous les ordres et l'inspiration du maître d'œuvre.

Cette notion de temps, et de temps très court, est toute nouvelle. Elle s'impose avec force devant cette puissante unité esthétique qui émane de tout Rouffignac. Elle incite peut-être à repenser l'exécution des autres grottes ornées !

Revenons sur cette question du temps d'exécution. On connaît la merveilleuse réponse de Matisse (réponse que l'on attribue parfois à d'autres peintres de génie), demandant une somme coquette à un quidam qui l'avait importuné pour quelque esquisse. « Mais, maître, vous n'avez mis que quelques secondes ! » « Erreur, lui répond le grand peintre, j'ai mis quarante ans ! » Pour un maître de talent, qui a pu, qui a dû s'exercer sur des supports périssables des années durant, le « Grand-Père » dessiné sous le grand plafond demande à peine quelques minutes.

Le « Patriarche » gravé sur le calcaire marneux tendre de la galerie H. Breuil n'en a pas demandé davantage. Dans l'art préhistorique, il faut absolument se débarrasser de certaines idées communes qui ont comme force de loi, des idées sur le temps surtout. Une gravure de 15 000 ans n'est pas obligatoirement belle, elle n'a pas exigé des années d'exécution mais certainement des années d'apprentissage. Elle ne peut être le fait de n'importe quel artisan, mais le fruit d'un artiste, d'une école, et l'art préhistorique prend alors un caractère, non pas actuel, mais humain !

Il serait possible de multiplier les exemples de mammouths gravés de la plus haute qualité : le mammouth de la Voie sacrée, devant le panneau des Cinq, les Cinq eux-mêmes (nous les retrouverons tout à l'heure), le mammouth « à l'œil coquin », ainsi baptisé par Breuil alors âgé de quatre-vingts ans au cours d'une visite qui dura huit heures. L'artiste de Rouffignac est un virtuose de cet

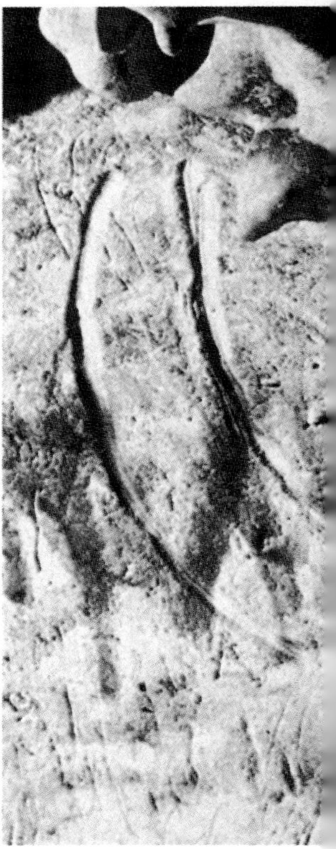

Le «Patriarche», figure de mammouth gravée *(Ibid.)*. Galerie H. Breuil.

animal qui représente plus des 2/3 des animaux figurés. À se demander si l'animal n'avait pas quelque valeur particulière, un peu comme le sentiment que l'on conserve à un vieil ami, à un ancêtre vénérable, quelque halo de lointain totémisme ? Cette écrasante majorité de mammouths peut-elle s'expliquer par l'abondance de l'animal dans le vallon de Manaurie, ouvert devant la grotte et descendant vers la Vézère ? À moins que l'espèce, tout au contraire, devenue très rare, ne soit ressuscitée par les images au parfum nostalgique.

Le passage d'une technique à l'autre, du gravé au dessin, de celui-ci à l'incision, s'opère sans que la moindre différence de qualité soit perceptible. Le cheval gravé, de la galerie Breuil est significatif.

Remplaçons les hachures incisées par des traits de manganèse, nous aurons ainsi le positif et le négatif d'un même animal.

Dans la toundra sibérienne, en Yakoutie, le rhinocéros *tichorhinus* est fidèle compagnon du mammouth. Il l'est également à Rouffignac et la frise de trois de ces animaux représentait pour Breuil « les plus beaux rhinocéros de l'art quaternaire ».

Mais la conception spirituelle de la grotte est encore plus importante que la qualité esthétique de ses œuvres. Nous l'évoquerons très succinctement, bien que cette conception ne soit pas sans incidence sur des manifestations artistiques directes.

Le thème de l'affrontement est le thème majeur de la grotte ; il se retrouve neuf fois et culmine dans la rencontre des deux hardes, 7 contre 4, dans la galerie Breuil. Les deux « mammouths de la découverte » sont affrontés. Souvent, une rupture verticale de la paroi, accusant deux plans de celle-ci, détermine un affrontement. Cette rupture se retrouvera dans le monde classique, représentée par une colline, un arbre, une colonne comme dans la porte des Lionnes à Mycènes. C'est le motif héraldique dans toute sa netteté.

Dans la « frise des Cinq », c'est un jeune mammouth qui occupe le centre. Nous trouvons une formule heureuse, véritable formule éleusinienne, et précise de ces cinq animaux. Un couple entre dans la grotte et se dirige vers les profondeurs. Symbole de l'automne, annonce funèbre ? Une triade sort des profondeurs, un couple de mammouths avec son enfant mammouth, symbole de printemps et de renouveau, annonce de vie.

Formule éleusinienne :

profondeurs chthoniennes ← mammouth femelle ← mammouth mâle

mammouth mâle → mammouth femelle → mammouth enfant → air libre

À moins que ce ne soit le même couple, entrant dans la grotte pour chercher descendance et sortant ensuite de terre avec son petit ! La Terre créatrice, comme le disent encore les légendes sibériennes : le mammouth est gros rat de la Terre, vivant dans ses profondeurs. Au printemps, lors de la fonte des neiges, on le voit apparaître, on pense aux mammouths congelés, engloutis voici quelque dix millénaires ! Revenant vers la sortie, après le panneau symbolique des Cinq, nous rencontrons la frise des rhinocéros, que l'on peut figurer ainsi :

rhino mâle → rhino femelle → enfant rhino → air libre

Ce schéma se retrouve maintes fois, tant dans l'art pariétal que dans l'art mobilier. La triade est thème majeur dans l'orchestration d'une grotte. La triade familiale est particulièrement émouvante, et nous rapproche singulièrement des Cro-Magnon...

La Terre confirme à Rouffignac son rôle créateur. La « bouche d'ombre » en est le concret symbole. Avec une rare constance, chaque bouche d'ombre, ou presque, se garnit d'animaux. La grande frise des onze mammouths s'associe étroitement à l'une d'elles. Le dernier mammouth de la frise de gauche, la frise qui sort de la grotte, sort aussi de la bouche d'ombre ! Une loi semble se préciser : tout animal tombant dans une bouche d'ombre entre dans la grotte et se dirige vers les profondeurs. Tout animal sortant d'une bouche d'ombre gagne nature et liberté, sort de la grotte !

1. Le « mammouth à l'œil coquin », gravé dans la grotte de Rouffignac.

2. Cheval gravé dans la galerie Breuil *(Ibid.)*.

Nous avons vu, en son temps, les problèmes possibles pour les trois bisons modelés du Tuc d'Audoubert. Le cheval jaillissant des profondeurs du diverticule axial de Lascaux est projeté vers la sortie.

Un des secteurs les plus originaux de Rouffignac est le plafond rouge aux serpentins, voûte immense, flanquée de nombreuses absidioles naturelles secondaires. Jadis, les eaux souterraines sous pression y ont déposé une mince couche d'argile rouge. Quelle invite à multiplier les tracés digités, qui se détachent en blanc laiteux sur le fond rouge !

Dans ce lacis inextricable, où des milliers de digités foisonnent, une forme apparaît majoritaire : le serpentin... et, parmi ces centaines de serpentins, nous trouvons des serpents véritables, avec leur tête renflée, une langue dardée vers vous, coudée, que l'on entendrait presque siffler. Un rétrécissement donne accès à ce plafond. Dans l'axe, un serpent y entre. Je baptiserais volontiers ce plafond rouge aux serpents « chaudron des sorcières » ! Mais ce serpent, quel est-il ? Ne serait-ce pas l'ancêtre de la sombre divinité chthonienne de Delphes, le serpent Python qui dort dans le ravin de Castalie ? La grande galerie de la grotte elle-même, devenue Voie sacrée, est comme un serpent sur des centaines, des milliers de mètres sous terre... Remontons là, jusqu'au grand plafond. Passons sur la première impression, toute d'indignation, de colère même, contre les iconoclastes qui ont écrasé cette merveille sous leurs inscriptions au noir de fumée ou leur graffiti au couteau. Cinq minutes plus tard, vous n'en voyez plus aucun, passionné que vous êtes à découvrir quelque nouveau bouquetin !

Aucun des innombrables plafonds de Rouffignac – il y en a de splendides, sur les kilomètres de galeries – ne porte autant d'animaux dessinés mais aussi autant de signatures et d'inscriptions. C'était là un des passages les plus difficiles de la grotte, haut de un mètre à un mètre cinquante. Lors de la découverte, on ne pouvait le franchir, pour aller au-delà, qu'en marchant très courbé, souvent même en rampant.

Pourquoi ce *choix* ? Ce plafond domine un vaste aven, plus ou moins circulaire, occupant toute la partie gauche. On peut dévaler de quelque huit à dix mètres pour gagner une étroite diaclase, dans un calcaire d'un blanc magnifique. La diaclase serpente entre des parois proches et abruptes. Cette diaclase est la seule qui permette de gagner les étages souterrains inférieurs. Comme à Font-de-Gaume, les jours de fête, on venait visiter la grotte... Les plus hardis descendaient aux niveaux inférieurs et, tout heureux de leur exploit, tenaient à l'immortaliser par une inscription au noir de la lampe à acétylène, avec des lettres parfois de cinquante centimètres de haut ! Faut-il reconnaître, à leur décharge, qu'ils y avaient été fortement incités par des dizaines de grands animaux noirs, enchevêtrés, difficiles à lire et à

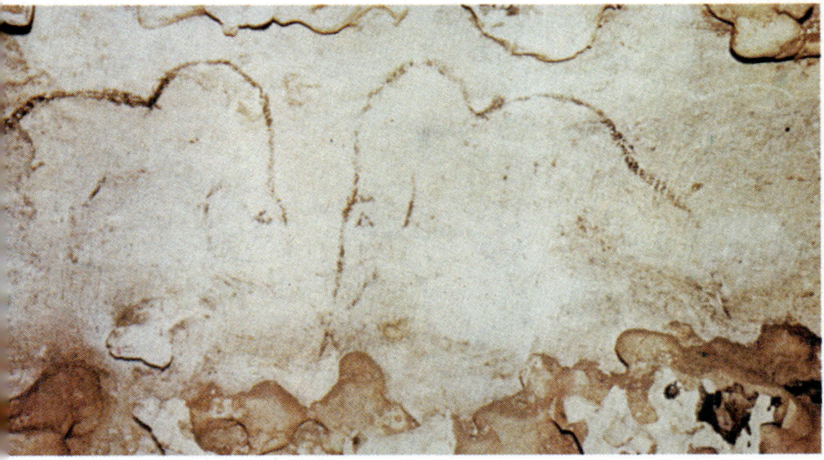

1. Rhinocéros *tichorhinus* peint *(Ibid.)*. L'« enfant » de la Triade.
2. Couple de mammouths peint *(Ibid.)*. « Galerie des deux mammouths ».

comprendre qui occupaient déjà le plafond. Des animaux qui avaient 14 000 ans ! Étaient-ce les « signatures » des Magdaléniens qui les précédèrent dans ces escapades souterraines, eux aussi fiers de leur exploit, le marquant qui d'un mammouth, qui d'un cheval ou d'un plus modeste bouquetin ?

Les « mammouths de la Découverte » gravés dans la grotte de Rouffignac.

Bouquetins peints sur le grand plafond dans la grotte de Rouffignac.

Figure de bison peinte dans les niveaux inférieurs de la grotte de Rouffignac.

Tête de bison peinte sur rognon de silex dans la grotte de Rouffignac. Galerie H. Breuil.

Je pense que la grotte, pour le Magdalénien, est un domaine mystérieux, redoutable par son immensité comme à Rouffignac, qui reste un sanctuaire vénéré. (C'est pourquoi les adolescents du Tuc-d'Audoubert sont vraisemblablement les auteurs des modelages, et non des gamins espiègles, amateurs avant la lettre, d'exploits spéléologiques.)

Suivons l'étroit passage entre les falaises vierges du second étage. Une bouche d'ombre, à ras du sol, s'offre... À deux mètres en s'y enfonçant, on reste bloqué, le passage est impossible pour gagner plus bas. Un détour, une seconde bouche d'ombre... Mammouth, cheval, bison sont là, dessinés sur le pilier qui surmonte l'étroit passage, lui aussi au ras du sol. Au centre du pilier, à hauteur noble, devant votre visage, un visage est là, qui vous regarde, un visage qui n'est pas caricatural, dont le regard légèrement penché vers la gauche semble se diriger vers la diaclase qui bientôt se termine, vers la bouche d'ombre... Cette bouche d'ombre est la seule qui vous permette d'accéder au troisième étage, quarante mètres plus bas, là où coule le ruisseau des ténèbres et des vastes profondeurs. La seule de toute l'immense caverne ! Alors, devant ce « Grand Être » de Rouffignac, la grotte tout entière s'amplifie, s'anime de multiples et sublimes résonances.

Dix mille ans plus tard, sur les bords de l'Égée, dans des profondeurs souterraines, règne Pluton, le dieu des Enfers. Il s'est emparé de Coré, la blonde fille de Déméter, conçue de ses rapports avec Zeus. Pendant des années la mère cherche sa fille. Le maître des dieux arbitrera le poignant litige : Coré partagera son existence entre les Enfers et la Terre. À l'automne, elle pénétrera sous terre, ce sera le grand deuil de la Nature, la mort de toute végétation. C'est l'époque où les deux mammouths entrent dans Rouffignac. Au printemps, Coré remonte des profondeurs, et avec elle c'est la renaissance de toute vie, la végétation nouvelle. Les deux mammouths de Rouffignac sortent... mais l'enfant mammouth est là lui aussi, symbole de printemps, symbole d'un gibier renouvelé, d'une vie nouvelle... Dans l'économie grecque, pastorale et paysanne, le mythe de Déméter et Coré ne pouvait être que « végétal ». Dans l'économie chasseresse des Magdaléniens du Périgord, le mythe ne pouvait être qu'« animal ».

La grotte d'Éleusis offre toujours son porche béant, par où la mère appelait sa fille, au printemps. La grotte de Rouffignac offre le sien, avec ses mystères. Elle prend désormais son sens véritable, sanctuaire où règne le Grand Être de Rouffignac, sanctuaire

Le « Grand Être » de Rouffignac, à hauteur noble, sur le pilier du second étage.

1

2

1. Antilope saïga gravée dans la grotte de Rouffignac ; la dernière gravure de la grotte.
2. Figures tracées au doigt dites d'Adam et Ève. Galerie L.-R. Nougier *(Ibid.)*.

consacré par les chefs-d'œuvre du grand maître, créateur des 150 mammouths.

Dans les prolongements de la galerie Breuil, hors les grandes œuvres animalières, sous un plafond où il n'est pas possible de se tenir debout, deux médiocres tracés digités s'inscrivent, deux visages, face à face, ceux-là même que je surnommai Adam et Ève. L'auteur n'est certainement pas le maître de Rouffignac. Ce sont eux-mêmes, venus en pèlerinage, hors des voies royales du sanctuaire, venus participer tous deux aux mystères de Rouffignac, aux initiations à la vie, comme la grotte participait à la vie des mammouths... Leurs graphies maladroites, naïves n'appartiennent pas à l'art, et pourtant, je pense qu'Adam et Ève ont ici leur place !

5. Triomphe de la couleur : Altamira, Tito Bustillo

Lorsque la petite Maria découvrit les « taureaux » d'Altamira, en 1879, dans la caverne que fouillait son père, le marquis de Sautuola, elle crut ne découvrir que de magnifiques animaux étranges et vivement colorés. Incrédulité totale plus que scepticisme poli entourèrent le père et l'enfant. Plus de vingt ans après, il n'en fallut pas moins les découvertes de La Mouthe, des Combarelles et de Font-de-Gaume, pour qu'Émile Cartailhac accepte la réhabilitation des peintures et vienne en pèlerinage à Altamira, proche de Santillana del Mar. Il était accompagné d'un jeune abbé de vingt-cinq ans, Henri Breuil. Celui-ci devait consacrer son existence à la connaissance de cet art, présent merveilleux, offert par la petite Maria.

Une grotte, un art. Toute une époque riche de millénaires, pourrait-on ajouter, avec la mosaïque complexe des plus grandes civilisations chasseresses que le monde ait jamais connues. L'apport de cette grotte à leur connaissance est immense et semble encore plus important si l'on songe que ces grottes recèlent en germe les plus grandes tentatives d'explication du monde. Dans le domaine de l'art et dans celui de la pensée qui lui est étroitement lié, l'Occident et plus précisément le mince territoire d'Aquitaine et des Cantabres assument la prééminence. Chaque siècle de l'histoire connaît une prépondérance « nationale », espagnole au XVIe, française au XVIIe, puis anglaise, si l'on néglige le reste du globe. Entre 15 000 et 10 000, c'est bien ce bord extrême de l'Occident qui assume la plus belle des prépondérances, celle de l'art et de l'esprit. C'est tout cela que Maria nous a offert, sans le savoir, avec Altamira, première grotte peinte découverte, et la plus belle encore. Apogée de l'école magdalénienne, Sixtine de la préhistoire – ainsi Breuil l'avait-il dénommée –, Altamira pose les problèmes traditionnels inhérents à cet art préhistorique.

Cheval peint dans la grotte d'Altamira (galeries secondaires).

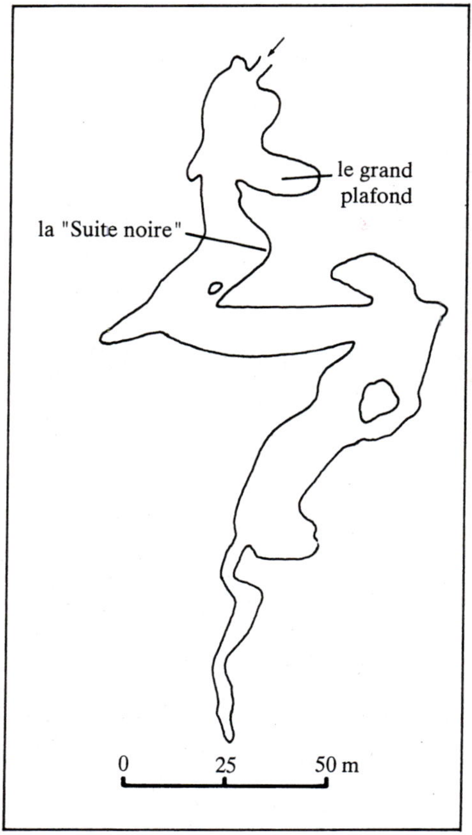

Plan de la grotte d'Altamira.

Peu après l'entrée, sur la gauche s'ouvre une salle, basse de plafond, deux fois plus longue que large, de quelque deux cents mètres carrés. Là est la merveille ! Le plafond peint aux bisons.

Mais au-delà, sur plus de deux cents mètres de développement, grandes salles, resserrements, galeries qui serpentent, étroits diverticules terminaux portent également gravures et dessins. Nous avons là un cours magistral d'art préhistorique où chaque phase traditionnelle trouve son illustration.

Proche de l'entrée, un vaste plafond se couvre d'innombrables tracés digités, se prolongeant dans la longue galerie de droite. Dans ces inextricables lacis de traits, se démêlent un aurochs, un cheval ou une biche, un mammouth même, surchargeant ou surchargé de longs tracés digités verticaux. Des tracés sont exécutés

Bison « sans tête » peint sur le grand plafond *(Ibid.)*.

à l'aide d'une étroite palette de bois, dont on retrouve encore, dans l'épaisseur du trait, les trois fins denticules, comme sur certains détails des mammouths de Rouffignac, sur les défenses du « Patriarche ».

Évidemment, ces gravures de caractère archaïque évoquent les primitives figures de La Clotilde, de Gargas, des premiers essais de l'école périgordienne. Mais remontent-elles à ces phases vraiment anciennes ? Sommes-nous devant un archaïsme d'époque ou un archaïsme plus récent d'un médiocre artisan ? On ne saurait espérer qu'un jour, fût-il lointain, des techniques appropriées, macrophotographies, analyse du support, puissent apporter une réponse. Un doigt sur l'argile ne peut livrer plus qu'un doigt sur l'argile.

Dans cette même galerie, des dessins dits *primitifs*, au trait noir

épais, représentent des bouquetins très raides et très secs, aux pattes à peine amorcées. Des chevaux, un élan offrent les mêmes caractères stylistiques, mais peints en rouge, avec trois mains négatives, cernées de rouge par la technique du pochoir et une positive. Cette série, parfois baptisée la « Suite noire », est en harmonie avec les tracés archaïques précédents.

La relative homogénéité de ces œuvres, médiocres ou modestes, réunies précisément par cette médiocrité, leur relative homogénéité topographique – elles sont réparties dans toute la grotte, rarement dans la salle au grand plafond polychrome –, pourraient les placer vers 13 500 avant notre ère (date obtenue par le C 14 pour des couches archéologiques du magdalénien ancien, avec de très fortes réminiscences anciennes, résumant des habitudes étendues sur une dizaine de millénaires).

Reste la Merveille : le grand plafond. Lui aussi, autoriserait des exégèses chronologiques complexes. Un fait est net cependant : même si les peintures des bisons recouvrent d'anciennes peintures, elles ne sont jamais recoupées par d'autres et se révèlent comme les œuvres les plus récentes, sans qu'il soit possible de préciser davantage. Faudrait-il, selon Breuil, y discerner des parties attribuables au Magdalénien V, d'autres au Magdalénien VI ? Faut-il même atteindre ces phases du Magdalénien récent ?

L'art d'Altamira est profondément pictural, avec un sens dramatique de la couleur, utilisant avec virtuosité les reliefs d'un plafond singulièrement bosselé. Nous serions tenté de parler d'*œuvre romantique* dans l'esprit d'un Delacroix et qu'il est difficile de classer, par rapport à un dessin classique, dépouillé, comme celui de Rouffignac, ou par rapport au dessin plus parfait encore de Niaux ou de Teyjat. Le jugement de valeur est trop dangereux pour ce plafond. Mais importe-t-il vraiment ?

Ce qui reste unique est son organisation et l'atmosphère qu'il dégage. Originellement, le sol est à 1 mètre, 1,20 mètre du plafond (la hauteur primitive de Rouffignac). On peut se demander d'ailleurs si les éboulements successifs que connut la grotte n'auraient pas modifié sensiblement la topographie interne de la cavité ? Il

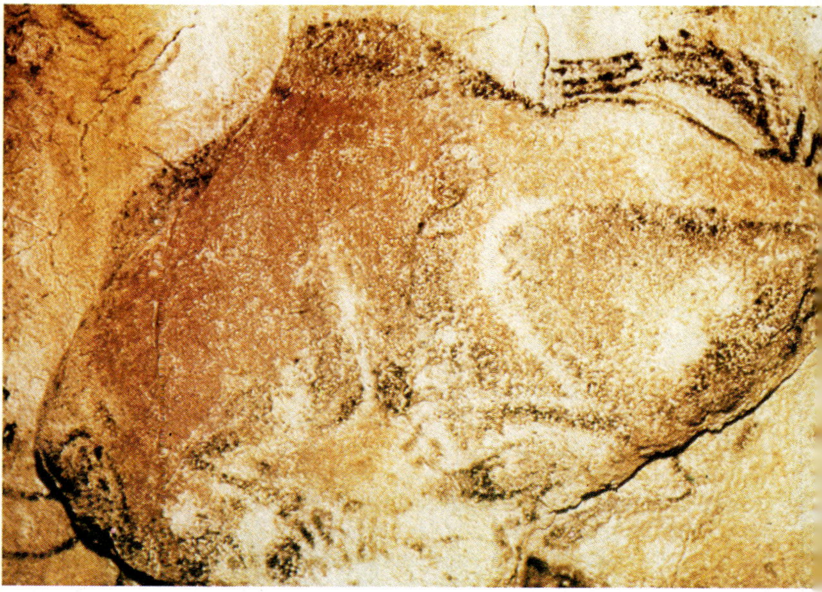

Bison peint sur une bosse naturelle du grand plafond de la grotte d'Altamira.

Grande biche peinte (détail) et jeune bison sur le grand plafond de la grotte d'Altamira.

fut un temps où de grosses poutres de bois soutenaient la voûte, voici une trentaine d'années, remplacées par des injections de ciment et de lourds piliers de ciment, habilement camouflés. Un accès comblé, vers les profondeurs, expliquerait bien des faits.

Topographiquement, l'utilisation de ce plafond était plus que délicate et il fallut un artiste exceptionnel pour tirer si bon parti du peu de hauteur et de ces bosses. Chaque bosse a suggéré pratiquement son bison : un bison ramassé, les pattes pliées sous lui, à peine si la queue ou les courtes cornes s'échappent de la bosse. Seule celle de quelque cheval ou quelque biche vient s'immiscer dans cette masse grouillante de bisons. L'ensemble donne un troupeau tumultueux, chaque bison a son attitude propre différente du voisin. Celui-ci roule en avant, celui-là est pelotonné, prêt à bondir, ce dernier se dresse sur son arrière-train et va s'écrouler... Le « Cardinal », à la robe d'un pourpre éclatant et la barbiche en pointe, semble vous fixer du regard, un vrai regard de taureau dans l'arène. Couché sur un sac, les yeux au plafond, vous les suivez, vous les reconnaissez... mais il ne s'agit que d'une vision statique, parfaitement frelatée. Imaginez la voûte sombre, qu'éclairent deux ou trois lampes à graisse. Vous marchez courbé, dans les ombres, car la voûte est basse. Votre propre dos

Sanglier au « galop volant » peint à l'entrée de la grotte d'Altamira.

heurte un dos de bison, vous vous coulez entre deux bosses car, sous la bosse, il vous faudrait ramper. Vous vous heurtez à une troisième. Péniblement, douloureusement, vous atteignez l'origine du troupeau. Vous plongez littéralement dans cette masse de chairs, vous participez à cette vie intense de troupeau qui se roule dans la poussière. Vous êtes acteur, et non spectateur ou même admirateur d'un tableau. Dans l'ordonnance du grand plafond, se marque une étonnante mise en scène. Moderne théâtre, le spectacle est dans la salle, c'est vous qui le vivez ! Le génial créateur d'Altamira ne peut s'enfermer dans une chronologie. Il échappe au temps. Qu'importe alors sa place dans un vague numéro du magdalénien !

Au point d'origine du troupeau, adossée au fond rocheux de la salle, largement épanouie (elle atteint 2,25 mètres), la grande biche ocre d'Altamira contemple, sereine, la masse des bisons qui déferlent. Sous son cou, s'inscrit un jeune et frêle bison qui, lui aussi, contemple la troupe. Au tumulte, succède la sérénité d'une majesté animalière créatrice. Dans quinze ou dix millénaires, Diane présidera ainsi, déesse du gibier et de la chasse.

À l'entrée, balayé et usé par les courants d'air souterrains, pénètre en trombe, sous le vaste plafond, le tumultueux sanglier d'Erymanthe. Les pattes antérieures projetées en avant, les pattes postérieures parallèles rejetées vers l'arrière, c'est l'image très exacte (la photographie l'a montré) d'un sanglier franchissant un layon. C'est aussi le classique « galop volant » des chevaux du Derby d'Epsom.

Si les modestes coches, incisées sur l'arête d'un lissoir, peuvent avoir quelques significations, décompte ou rappel mnémonique pour dérouler quelque récit, le plafond d'Altamira n'est-il pas la geste épique qu'anime le monde animal ?

Légèrement incisés au fond de la salle, des personnages semi-humains, maladroits comme toujours, occupent l'espace entre la grande biche et la paroi. Avec leur touchante inexpérience, ils sont là, venus témoigner par leur existence de leur profonde reconnaissance envers la Biche chasseresse. Comme d'autres chasseurs sont venus témoigner, devant le « Dieu cornu » des Trois-Frères, ou face au « Grand Être » de Rouffignac.

Un art sans pensée peut-il être un grand art ? Altamira, la merveille, participe des deux.

En avril 1968, un groupe de jeunes spéléologues des Asturies découvrait dans le secteur de Ribadesella, une importante grotte à gravures et peintures, le Pozo del Ramu, qui s'intègre à une grotte déjà connue, la Lloseta, riche de couches archéologiques des magdaléniens ancien et moyen. De l'étude de cet ensemble complexe, largement découpé et creusé dans le même massif karstique, le Professeur Jorda Cerda a publié l'essentiel. Connue souvent sous le terme plus étendu de Tito Bustillo, cette nouvelle découverte est essentielle par sa valeur esthétique propre : le grand panneau fait songer aux chefs-d'œuvre du plafond d'Altamira, mais aussi, et surtout, par sa valeur religieuse qui rappelle fort celle de Rouffignac.

Étendue sur plus d'un kilomètre, la grotte possède deux sanctuaires nettement différents, bien localisés : un sanctuaire ancien, de l'école périgordienne dans la galerie orientale, un sanctuaire plus récent, de l'école magdalénienne, sur lequel nous insisterons, proche de l'entrée du Pozo del Ramu. Cinq cents mètres les séparent.

Le premier est riche de signes rouges, les plus divers, des « idéomorphes », de nombreuses ponctuations et, surtout, vers un diverticule montant, relativement caché, une série fort nette de vulves, d'une précision toute clinique. La vulve centrale s'intègre à un profil féminin, exemple de cette perspective tordue, fréquente au périgordien, ainsi que certains tracés lourds et épais ou un tracé ponctué au tampon. Elle est flanquée de deux autres vulves à droite, deux autres à gauche et une dernière, plus haute sur la paroi et à droite.

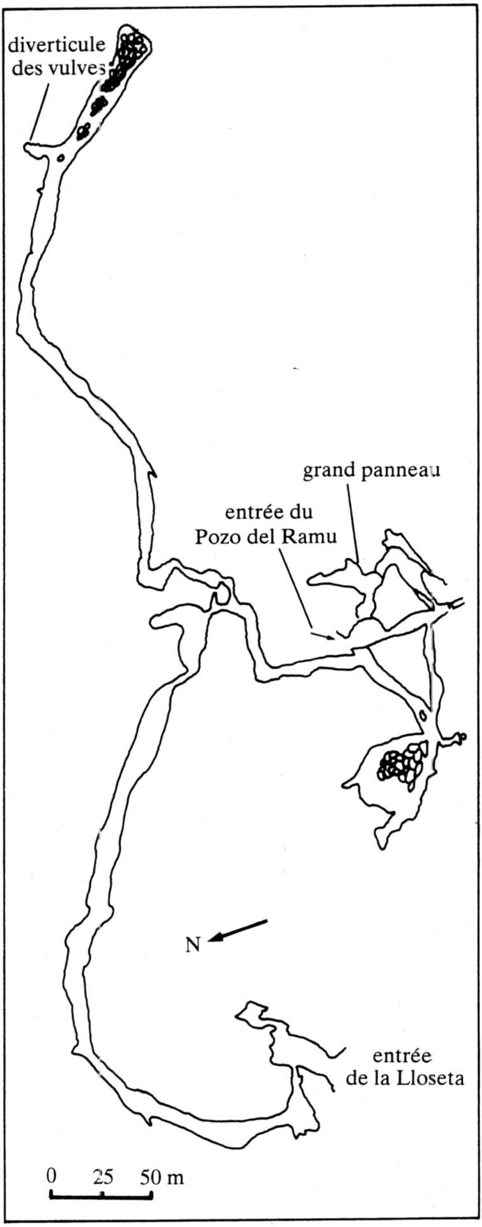

Plan de la grotte de Tito Bustillo.

L'analogie est frappante avec les mêmes thèmes, gravés sur blocs, de l'abri Cellier ou de La Ferrassie, peu avant le XXXe millénaire. Par contre, le second sanctuaire offre une richesse animalière de la plus haute valeur artistique. Le grand panneau central F, suivant l'analyse topographique de la grotte, se présente comme un immense éventail, déployant ses animaux par demi-cercles concentriques d'un rayon de plus en plus étendu, du niveau du sol au plafond haut de 6 à 7 mètres. L'animal central est un renne de 2,10 mètres de long. Traité en noir, sur un fond enduit d'ocre rouge (comme dans la chapelle aux bisons de Font-de-Gaume), une polychromie secondaire lui donne un effet saisissant. En face, une biche en noir et brun est à peine moins grande. Dans l'auréole supérieure s'inscrivent deux grands chevaux et un renne ; d'autres chevaux encore dans l'auréole au-dessus.

Mais l'essentiel n'est pas là ! Il semble même qu'il ait échappé non seulement aux visiteurs, mais à ceux qui se penchèrent sur l'analyse de ce splendide ensemble, dont nous ne détaillons ici qu'une part. Laissons également de côté les problèmes techniques de datation, laquelle s'étendrait pour partie au solutréen, avec des éléments plus anciens de la première école, pour gagner un magdalénien moyen, ce qui représente une bien longue chronologie, des ajouts et des retouches séparés par des siècles, si ce n'est des millénaires pour une composition dont l'équilibre et l'unité sont frappantes. Le maître d'œuvre a réalisé sur ce panneau, avec cette forme équilibrée en éventail, un grand dessein. Que celui-ci ait exigé des esquisses, peintes ou gravées, des états successifs d'élaboration est absolument évident. Que ces divers états soient tellement séparés chronologiquement semble peu plausible. Si la conception créatrice reste pérenne, l'exécution serait singulièrement fragmentée.

Tournons-nous vers le pivot de la composition. Entre les pattes avant du grand renne de droite – un mâle peut-être si l'on considère ses bois – et la biche de gauche, plus basse et au-dessous du renne précédent – c'est l'attitude des deux rennes des Combarelles, des deux bisons du plafond de Rouffignac où la femelle est toujours située au-dessous de son compagnon, voire même agenouillée –, entre ces deux grands animaux donc, au centre de la composition, s'ouvre le gouffre noir d'une bouche d'ombre, un trou d'homme, par ses dimensions. Je m'y suis précipité. Une étroite galerie verticale s'enfonce dans le sol. Le bruit tumultueux d'une rivière souterraine se perçoit, 18 à 20 mètres plus bas. À 30 mètres de là, sur la droite, entrant ou sortant de la salle au grand panneau, vous suivez et dominez ce cours d'eau des ténèbres pendant quelques dizaines de mètres. Comme à Rouffignac, à Pindal, à Pair-non-Pair, à Marsoulas, la liaison est ici évidente, étroite, entre le sanctuaire et les eaux souterraines. Mais à Tito Bustillo comme à Rouffignac, dans ces deux énormes cavités, de vastes emplacements s'offraient au talent des maîtres. Des surfaces de centaines de mètres auraient pu se prêter à des compositions animalières. Or, les emplacements choisis, pour le Grand Plafond comme pour l'Éventail de Tito Bustillo, sont précisément ceux qui permettent le plus large déploiement au-dessus des cours d'eau, coulant très bas dans les profondeurs chthoniennes !

6. Le grand atelier d'Alliat

L'art mobilier de l'école magdalénienne est d'une étonnante richesse. Nous avons noté, en son temps, quelques chiffres et insisté sur sa concentration. Mais son étude reste difficile, pour des raisons humaines. Ce sont de petits objets, très recherchés, et les fouilles anciennes ont souvent abouti à leur dispersion, dans de multiples musées et de plus nombreuses collections particulières. Nous n'aborderons ici que quelques aspects, à la lueur de découvertes récentes.

On pourrait logiquement penser que ces objets d'art mobilier, trouvés en couches archéologiques, possèdent une chronologie précise. Ce n'est pas toujours le cas et fort peu bénéficient de datations absolues au C 14. On a parfois utilisé ces œuvres d'art pour dater les couches et, ensuite, sans esprit critique, on s'est servi de ces dates pour dater certains objets ! Enfin, l'emplacement précis à l'intérieur des couches mais aussi dans la topographie des grottes est trop rarement connu, à l'exception des objets mobiliers de la grotte de La Vache, à Alliat dont nous connaissons la situation précise à quelques centimètres près.

Ces précisions nous permettront l'étude des ateliers d'art de cette grotte, capitale pour la datation de l'art pariétal de Niaux et pour l'évolution de l'art mobilier qui passe du naturalisme au schématisme. Cela dans une chronologie rigoureuse. Le grand atelier d'Alliat contribuera à éclaircir de nombreuses énigmes esthétiques.

Contrairement à une idée trop répandue – il en est de même pour l'art pariétal –, l'art mobilier ne produit pas que des chefs-d'œuvre, même si le public ne connaît que ces derniers. Prenons l'art mobilier de la très importante et très belle collection

Profil de tête de cheval taillée dans l'os, provenant de la grotte des Espélugues (Hautes-Pyrénées).

d'Edouard Piette, intégralement déposée au musée des Antiquités nationales de Saint-Germain-en-Laye, publiée par M. Chollot.

Les documents proviennent de cinq grottes pyrénéennes : le Mas-d'Azil, Gourdan, Lortet, Espalugue, et Brassempouy dans les Landes, au nord de la zone montagneuse. La richesse de la collection Piette, rassemblée pendant la dernière moitié du siècle dernier, ne rend compte que d'une partie du mobilier que ces sites ont livré. Des fouilles clandestines, des recherches antérieures et postérieures ont également apporté des documents, pourtant les chiffres de Piette sont suffisamment importants pour nous donner des évaluations intéressantes.

Dans une lettre du 1er juillet 1902, Piette évoque, pour les outils magdaléniens de ses fouilles, les dégâts commis par des cambrioleurs : « J'avais, dit-il, plus d'un millier d'aiguilles. M'en reste-t-il maintenant cinquante, je n'oserais l'affirmer. J'avais plus d'un millier de harpons, je n'en ai plus cent. »

Comme pour l'art pariétal, l'art mobilier parvenu jusqu'à nous n'est qu'un échantillonnage de ce qui a été véritablement conçu. Nos connaissances s'en trouvent énormément diminuées. Cela nous impose le devoir, pour toute grotte, pour tout gisement susceptibles de livrer des objets d'art mobilier, d'y conduire des fouilles aussi exhaustives qu'il est possible. La Madeleine et Laugerie-Haute ont livré, nous l'avons vu, 582 et 560 documents mobiliers (qui ne sont pas pour autant tous des chefs-d'œuvre !), le Mas-d'Azil a donné, avec les baguettes osseuses demi-rondes, 479 documents. Sans ces baguettes et sagaies, que l'on considérera comme produits d'un artisanat supérieur, nous atteignons 319 objets. Gourdan en donne 228, Lortet 128, Espalugue, connu souvent sous le nom d'Arudy, 90 et Brassempouy 59 seulement.

Les grottes magdaléniennes du Périgord et des Pyrénées, les

majeures tout au moins, sont d'importance sensiblement égale. Le fait est important, car il rend possible certaines interpolations. Prenons les 319 documents du Mas-d'Azil : le pourcentage esthétique des chefs-d'œuvre indiscutables de cet art mobilier est de 6,8 %. Avec des documents de valeur, mais n'atteignant plus les sommets de l'art animalier, nous obtenons un nouveau pourcentage de 11,2 %, ce qui donne pour l'ensemble 18 % contre 72 % de documents intéressants certes, mais ne pouvant plus être considérés comme appartenant à l'art. Un fragment d'os, un morceau de bois de renne, avec quelques traits ou une médiocre esquisse, n'est pas œuvre d'art, même avec dix ou douze mille ans d'âge. Prenons les mêmes critères pour les autres grottes de la collection Piette. Nous obtenons le tableau suivant :

Grottes	% de chefs-d'œuvre animaliers	% de documents de valeur	Totaux %
Le Mas-d'Azil	6,8	11,2	18
Gourdan	3	10,9	14,9
Lortet	8,5	12,5	21
Arudy	3	8,8	11,8
Brassempouy	8,4	18,6	27

On sera frappé des analogies générales de ces cinq exemples – nous l'avions signalé au début de ce volume –, des profondes convergences avec l'art pariétal. Les coefficients de médiocrité, 88 % pour les chevaux, 85 % pour les bisons, 82 % pour les mammouths, dans l'art pariétal se retrouvent à peu près dans l'art mobilier : 72 ; 85,9 ; 78,9 ; 87 et 72,8 pour nos cinq grottes pyrénéennes. Cela ne peut être fortuit. Le coefficient « moyen » de médiocrité de l'art mobilier est de 81,2 % !

Brassempouy entre pour trop peu de documents pour en extraire des données solides ; et de plus, des fouilles importantes ont succédé à celles de Piette. On notera la valeur « supérieure » de Lortet et du Mas-d'Azil... des artistes exceptionnels, et ici, comme pour les grottes ornées, les écoles, les individualités imposent leur talent. Si un coefficient moyen de médiocrité de 80 % peut être retenu pour l'ensemble de l'art préhistorique, tant pariétal que mobilier, des exceptions notables existent. De

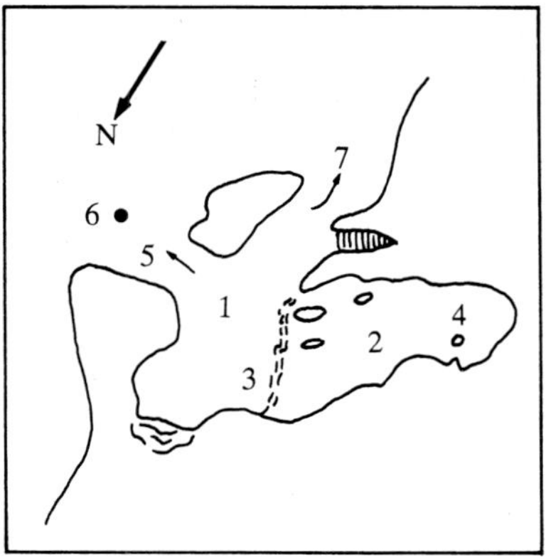

Plan de la grotte de La Vache à Alliat :
1. Salle Garrigou. 2. Salle Monique. 3. Draperie stalagmitique, pendant du plafond, suggérant une vache. 4. Emplacement du « foyer tribal ». 5. Sortie aval. 6. De ce point, vue sur l'entrée de la grotte de Niaux. 7. Sortie amont.

récentes études, dans cette nouvelle optique esthétique, s'imposeront. Les gravures pariétales de Teyjat par exemple, offrent un coefficient de valeur supérieur au coefficient de médiocrité, 54 % contre 47 %. Dans de vastes grottes, c'est parfois une espèce animale qui bénéficie d'un coefficient de qualité supérieur aux autres espèces, tel Rouffignac pour le mammouth ou le rhinocéros. Pour l'art mobilier, nous prendrons comme exemple type la grotte de La Vache à Alliat, en amont de Vicdessos, au sud de Tarascon-sur-Ariège. C'est la grotte-habitat correspondant à Niaux.

L'étude exhaustive du gisement n'est pas terminée, mais les résultats obtenus sont suffisamment nombreux et précis pour qu'il soit possible de définir, concrètement, un grand atelier d'art mobilier, que nous dénommerons « l'atelier d'Alliat ». L'importance du site est considérable, non seulement en permettant la datation absolue du pariétal de Niaux, mais en permettant de restituer et de comprendre un atelier d'art mobilier du XIe millénaire, dont les œuvres atteignent un coefficient de valeur supérieur à 80 %. Le pourcentage de médiocrité devient ici coefficient de valeur. La grotte comprend deux salles distinctes, séparées par un puissant rideau stalagmitique, ayant la forme curieuse d'une vache, d'où le nom, donné par les autochtones. La première salle, dite salle Garrigou, fut explorée dès 1866, par le docteur de ce nom, un des pionniers de la préhistoire ariégeoise. La présence d'une épaisse couche stalagmitique, au-dessus d'un horizon archéologique magdalénien, de plus en plus importante en allant vers l'intérieur, arrêta ses recherches.

Il fallut attendre 1940, pour qu'un passionné, R. Robert, reprenne les recherches, sur les conseils et la direction scientifique de l'abbé Breuil. Un sondage, conduit jusqu'au niveau du rocher, permit de conclure à l'absence de toute occupation humaine avant le magdalénien. Par contre, il semblait bien que la couche archéologique se prolongeait, sous la stalagmite, dans l'arrière-grotte, baptisée salle Monique. Ma nomination à l'université de Toulouse, en octobre 1949, m'amena à participer à ces fouilles dès 1950. Elles durèrent pratiquement un quart de siècle.

Une méthode rigoureuse fut suivie dès le début des fouilles de la salle Monique et qui, continuée pendant toutes les campagnes, permit des résultats exceptionnels. La couche archéologique, d'environ 80 centimètres, et dans laquelle ne se percevaient pas d'horizons secondaires distincts, fut disséquée par surfaces successives, en quatre niveaux, numérotés de I à IV, de la base du plancher stalagmitique au niveau le plus profond, reposant sur l'argile glaciaire vierge. Les prélèvements de charbons abondants, analysés au laboratoire de l'université de Gröningue, datèrent les couches II et IV. Ce qui permit le tableau chronologique repère suivant :

Couche I	estimation	10 435 avant notre ère
Couche II	C 14	10 590 avant notre ère
Couche III	estimation	10 745 avant notre ère
Couche IV	C 14	10 900 avant notre ère

Cette subdivision en 4 niveaux permet de déceler une évolution particulièrement « fine », sur une durée de l'ordre de 600 ans, entre environ 10 355 et 10 980 avant notre ère, soit sur une vingtaine de générations. Des analyses polliniques (par Arlette Leroi-Gourhan) et des études de sol ont confirmé ces données et ce cadre.

Le sol, relativement horizontal, fut divisé en carrés de un mètre de côté. Chacun fut fouillé, couche par couche. Dans certains secteurs, selon l'intérêt de la fouille, plusieurs carrés furent dégagés en même temps, pour un niveau donné, afin de mettre en évidence et pouvoir lire des structures importantes qui débordaient sur plusieurs carrés, tel le « foyer tribal » occupant les carrés 37 et 38, 41 et 42. Nous verrons son importance considérable dans la vie magdalénienne de cette salle.

Ainsi furent délimités 285 carrés, la totalité de la salle Monique. Pour cette étude, nous tiendrons compte des documents pouvant

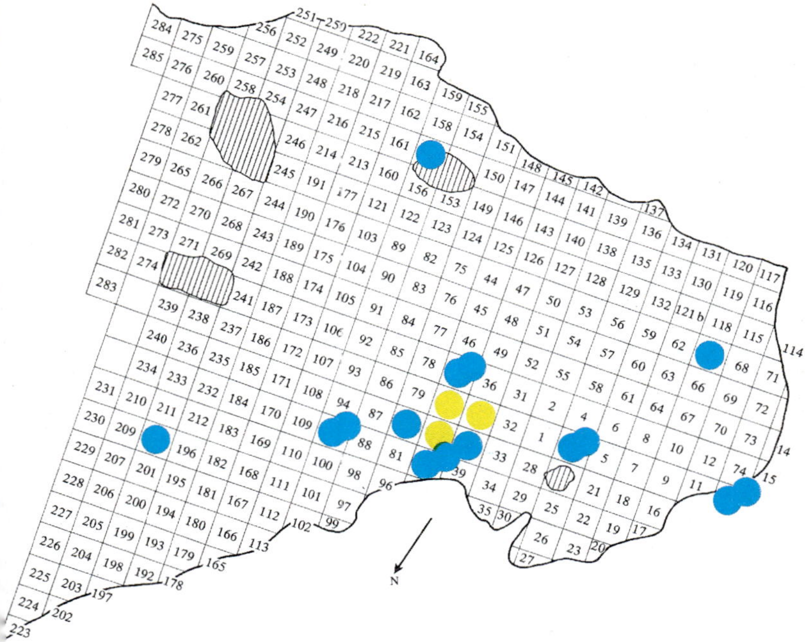

Répartition des œuvres d'art mobilier dans la grotte de La Vache à Alliat : couche IV (en jaune, l'emplacement du foyer tribal).

être considérés comme des chefs-d'œuvre de l'art mobilier. Ils sont au nombre de 22 (rappelons, pour mémoire, les chiffres : Mas-d'Azil 22 ; Lortet 11 ; Gourdan 7 ; Brassempouy 5 ; Arudy 3). Mais, à la différence des œuvres de la collection Piette dont il n'est guère possible de donner le niveau précis de découverte (encore moins leur datation, car les techniques du C 14 n'existaient pas), ni de donner la position topographique à l'intérieur de chaque site, pour les 22 documents d'Alliat, nous connaissons leur date précise et, surtout, leur position exacte dans chaque niveau.

Certaines œuvres sont doubles, recto et verso portant chacun un thème. Pour la cartographie précise du site, nous avons décompté chacune de ces faces, ce qui porte les thèmes à 28. Deux documents ayant été recueillis brisés, brisure d'époque d'ailleurs comme en témoignent les fractures, chaque élément a dû être numéroté et sa localisation portée sur le plan, ce qui nous donne un total de 30 points entrant dans les croquis topographiques. La couche IV, la plus ancienne, donne 10 documents, avec 14 thèmes, et 15 points, un document étant brisé. La couche III donne 4 documents simples. La couche II donne 4 documents pavec 5 thèmes et 6 localisations (une pièce étant brisée). La couche I, la plus récente, donne 5 documents.

Les cartons de répartition exigent naturellement une analyse et, parfois, les explications peuvent présenter quelques différences d'interprétation. Un point précis de découverte d'une œuvre d'art peut signifier, à la fois, lieu de dépôt, d'oubli ou de perte, comme il peut aussi représenter l'atelier de fabrication. Lorsque nous constatons un groupement d'objets découverts, les premières explications sont moins plausibles, au profit de l'atelier. Dans la répartition des œuvres de la couche IV (10 900) se marque, au premier coup d'œil, une concentration autour du foyer tribal dont les structures appartiennent précisément à la couche IV. C'est une fosse circulaire, de 2 mètres de diamètre, profonde de 40 centimètres, qui était remplie de nombreux galets chauffés, amoncelés jusqu'à former un dôme. Refroidis, les galets étaient changés contre des brûlants provenant de foyers individuels voisins. Les lagopèdes, des perdrix des neiges, étaient cuites à l'étouffée au milieu des galets. La projection d'eau sur le foyer tribal le transformait en véritable sauna, aux chaudes vapeurs, dont les traditions de l'Arctique nous conservent la technique. Dans un rayon de 2 mètres autour du foyer tribal, se trouvent 6 œuvres d'art sur 15, soit 40 %. Soit près de la moitié pour une surface de la grotte représentant 5,6 % de la surface totale ! On observera en outre que le foyer tribal est fort proche de la paroi nord de la grotte. La salle Garrigou, vaste vestibule, s'ouvre vers l'est-nord-est, sur la vallée encaissée du Vicdessos de direction nord-sud. C'est dire que les vents violents et glacés venus du nord s'engouffrent dans la grotte, et la paroi la moins froide est celle du secteur nord, là où, précisément fut creusé le foyer tribal. Dans une zone très limitée, comprenant 4 mètres à partir du centre du foyer et 4 mètres de la paroi nord, soit sur 38 mètres carrés, on recense 10 œuvres d'art : 66 % des œuvres sur 13 % de la surface de la grotte.

Ne sommes-nous pas, à la fois au foyer majeur de la grotte et sur l'atelier de l'artiste ou des artistes d'Alliat ?

Parmi les documents majeurs de cette couche IV, nous trouvons une frise de 9 chevaux, devant un félin menaçant, et une frise de 3 lions (les animaux sont gravés du premier, à gauche, vers le troisième, le plus à droite). L'animal central étant une lionne, nous avons sans doute la trilogie classique et familiale :

← lion jeune ← lionne ← lion

Un lissoir offre, sur une face, trois bisons et deux possibles et, sur l'autre face, trois autres bisons et un possible, accompagnant

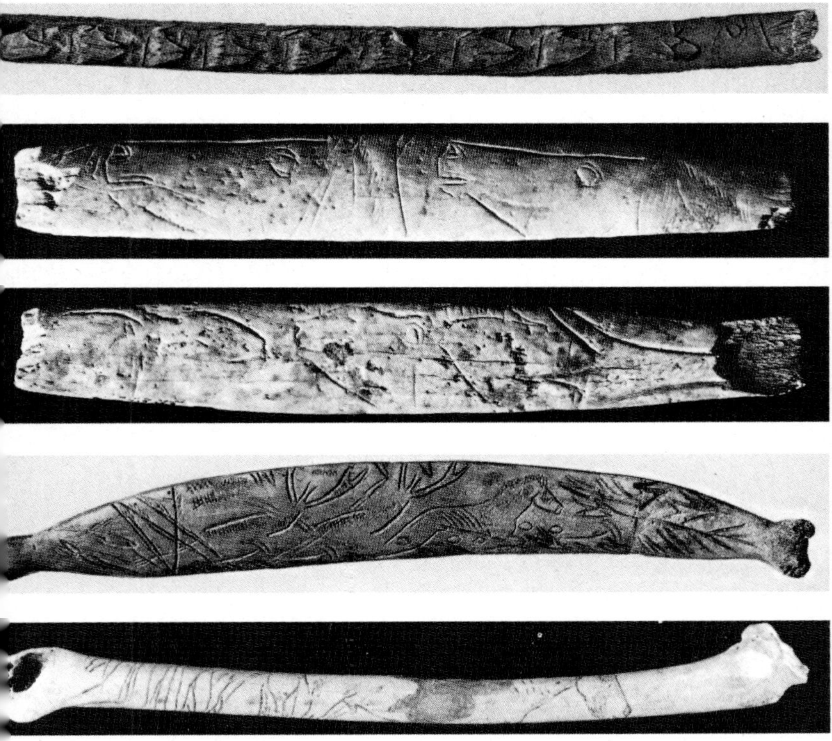

1. Lissoir décoré d'une frise de neuf chevaux.

2-3. Lissoir décoré de chevaux se suivant sur une face et d'antilopes saïga affrontées sur l'autre face.

4. Pendeloque au « cheval sautant ».

5. Scène d'initiation gravée sur un os d'oiseau, provenant de la grotte de La Vache à Alliat (Saint-Germain-en-Laye, Musée des Antiquités Nationales).

la spirituelle gravure d'un petit animal pouvant être lemming, marmotte ou gerboise, quelque rongeur typique des steppes froides certainement. Un second lissoir offre deux antilopes saïga affrontées sur une face et deux magnifiques chevaux se suivant sur l'autre.

La « pendeloque au cheval sautant » associe un étalon, et l'on sait la rareté extrême des animaux sexués dans l'art paléolithique, à des losanges horizontaux dans lesquels certains verraient volontiers des symboles de sexe féminin. De part et d'autre de cet élément central, des éléments semi-naturalistes suggèrent deux cer-

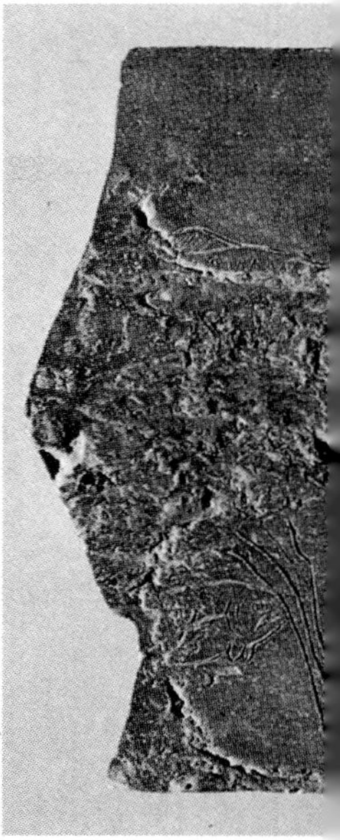

Figures de rennes et de poissons gravées sur un os de renne, provenant de la grotte de Lortet (Hautes-Pyrénées) ; long. 14 cm (Saint-Germain-en-Laye, Musée des Antiquités Nationales).

vidés, alors que des gravures schématiques dérivées échappent à toute signification. Nous retrouvons dans cette pendeloque le dualisme traditionnel entre figuratif et schématique, mais il s'agit ici d'un schématisme issu d'une image ! Le verso représente un long poisson stylisé. Considéré souvent comme symbole mâle dans le monde antique, aurions-nous, ici, dans cette pendeloque, une lointaine origine de ce mythe ? Une pendeloque profondément « masculine », portée par un homme... à moins, après tout, qu'elle ne fût destinée à une jeune et jolie Magdalénienne.

Gravée sur un os long d'oiseau, la « scène d'initiation » fut découverte brisée, dans les deux carrés 3 et 95, distants de 6 mètres, curieusement de part et d'autre du foyer tribal. La découverte eut lieu à trois ans de distance (18 février 1953 et 5 juin 1956). Les deux fragments se raccordent parfaitement. La scène comprend une procession, rituelle certainement, de 6 personnages, le dos voûté, se dirigeant vers la droite, occupée par une fine gravure d'ours, vu de face, fait exceptionnel dans la graphie, et un grand cheval central, aux traits essentiels profondément gravés, au fin rendu du pelage et de la crinière par des traits gravés extrêmement fins. Ici encore, comme pour la pendeloque « au cheval sautant », c'est un étalon qui est représenté. Au-dessous du

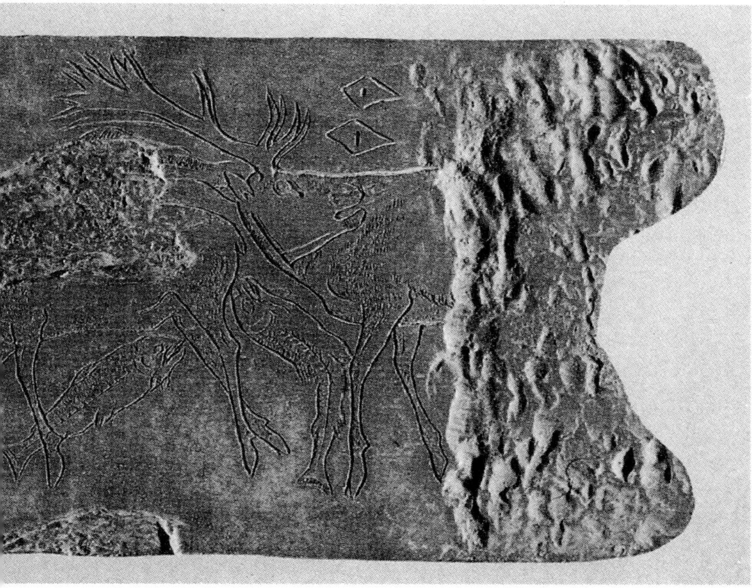

poitrail du cheval, un salmonidé est gravé, comme jaillissant de l'eau. Il fait immédiatement songer aux salmonidés du grand chef-d'œuvre de la grotte pyrénéenne de Lortet, où les rennes sont étroitement associés aux poissons. À Alliat comme à Lortet, les salmonidés ont été gravés après les mammifères. Ils sont de même facture : trait incisif du contour, mêmes finesses dans le rendu des écailles, même schématisation de l'arête centrale que l'on a voulue, curieusement, visible, même développement de la tête, même bouche happant l'air... à se demander si poisson d'Alliat et poissons de Lortet n'ont pas été exécutés par la même main... Et, selon l'adage qui veut que l'on ne prête qu'aux riches, l'artiste de Lortet (grotte qui donne 8,5 % de chefs-d'œuvre) pourrait bien être celui d'Alliat (grotte qui donne 80 % de chefs-d'œuvre !).

Les parallèles pourraient se poursuivre. À l'extrême droite, devant l'étalon, des traits obliques convergeant avec un trait central pourraient s'interpréter comme des symboles sexuels féminins, proches des deux losanges à trait central de Lortet. Ces mêmes losanges, également horizontaux dans leur plus grande longueur, accompagnaient aussi l'étalon de la pendeloque « au cheval sautant » ! Le thème du poisson occupe tout le verso de la pendeloque !

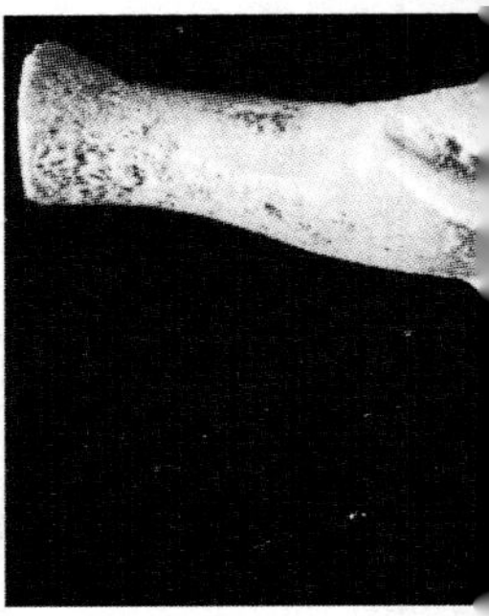

Sceptre sculpté dit « des quatre évangélistes », provenant de la grotte de La Vache à Alliat ; os, long. 25 cm (Saint-Germain-en-Laye, Musée des Antiquités Nationales).

« Scène d'initiation à la vie », avions-nous conclu dans une étude détaillée de cette procession. À une vie humaine, certes, mais aussi animalière avec trois espèces fondamentales comme le cheval (l'animal principal), l'ours et le poisson, avec deux éléments, la Terre et l'Eau.

Un autre fait s'impose, après ces confrontations d'œuvres mobilières de la couche profonde d'Alliat : les deux chevaux sont, sans la moindre ambiguïté, des étalons, dans la pendeloque comme dans la scène d'initiation.

Un ultime document sera étudié, provenant de la même couche, document intact, de 250 millimètres de long, œuvré dans une longue tige osseuse, que j'avais immédiatement baptisé « les quatre Évangélistes » lors de sa découverte à 2 mètres du rebord du foyer tribal.

En réalité, il s'agit d'un véritable « sceptre » magdalénien, symbole d'autorité et de puissance, ce que l'on appelait depuis des décennies *bâton de commandement*, un bâton de maréchal avant la lettre. Les bâtons de commandement sont plus simplement des bâtons perforés, aux usages et aux rites variés et multiples.

L'étranglement de la base permet, soit une préhension directe, soit un emmanchement sur une longue hampe de bois. Le thème du sceptre est d'une étonnante richesse : non pas les 4 animaux de l'Évangile, mais 5 animaux, tout aussi symboliques. L'extrémité opposée à la hampe est magnifiquement sculptée, en ronde bosse, d'une superbe tête d'oiseau, bec fort et crochu, légèrement ouvert, s'élançant dans les airs. Vraisemblablement un lagopède. Cette perdrix des neiges représente 95 % de la faune aviaire du gisement. Sur le corps de la longue tige osseuse, nous trouvons, successivement, vigoureusement traités en fort relief, un protomé de cervidé, un poisson, encore un salmonidé sur une face et, sur

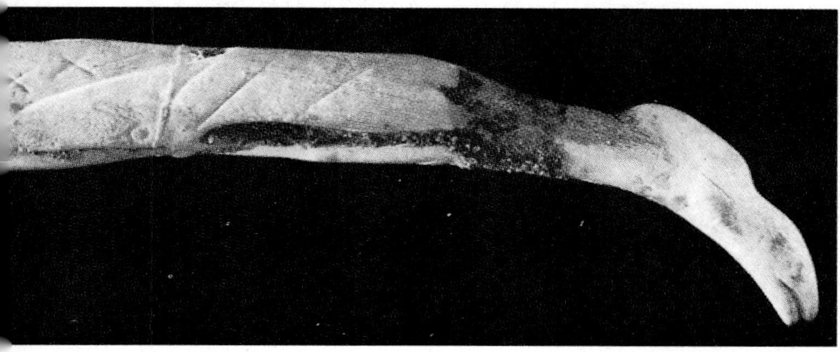

l'autre, un cheval à la très longue crinière et un félin réduit à son avant-train. Les quatre animaux, poisson et cervidé inversés, cheval et félin se dirigent tous vers la hampe, vers la Terre alors que *seul l'oiseau s'élance dans les airs.*

À l'oiseau fondamental, vraie figure de proue, s'associent le poisson, représentant l'élément Eau, le cheval et le cervidé, un sur chaque face suggérant l'élément Terre, sous deux aspects de gibier bénéfique, enfin le félin, lui aussi Terre, mais animal redoutable et maléfique ! L'Air, l'Eau, la Terre sous deux aspects, l'alimentaire et le dangereux. Pour ces derniers animaux terrestres, la vie et la mort... On pourrait développer l'exégèse de ce document unique dans l'art magdalénien. Voici presque trois millénaires avant ce sceptre d'Alliat, n'avions-nous pas vu une hampe supportant aussi un oiseau, proche d'un chasseur, lui aussi à tête d'oiseau ? Le traitement artistique, les techniques d'exécution, les graphies sont très différents. Dans un cas, médiocre dessin noir, peut-être d'avant-garde pourtant, à Lascaux, dans les profondeurs du puits. Ici, chef-d'œuvre sculpté, d'une richesse symbolique encore plus étendue, le sceptre d'Alliat. Deux expressions d'une inspiration identique ?

La répartition des œuvres d'art mobilier de la couche III (estimation 10 745), au nombre de cinq, n'autorise pas de long commentaire. Les thèmes représentent des bouquetins affrontés, des chevaux se suivant, un aurochs et un avant-train de bouquetin opposés...

La couche II (10 590 C 14) livre également cinq documents importants, dont un fragmenté, « bouquetin aux trois poissons », gravé sur une lame osseuse épaisse. À gauche et au-dessus du bouquetin, trois autres bouquetins vus de face, en bas et à droite, trois poissons, genre brochet. Le « lissoir aux ours » met en scène

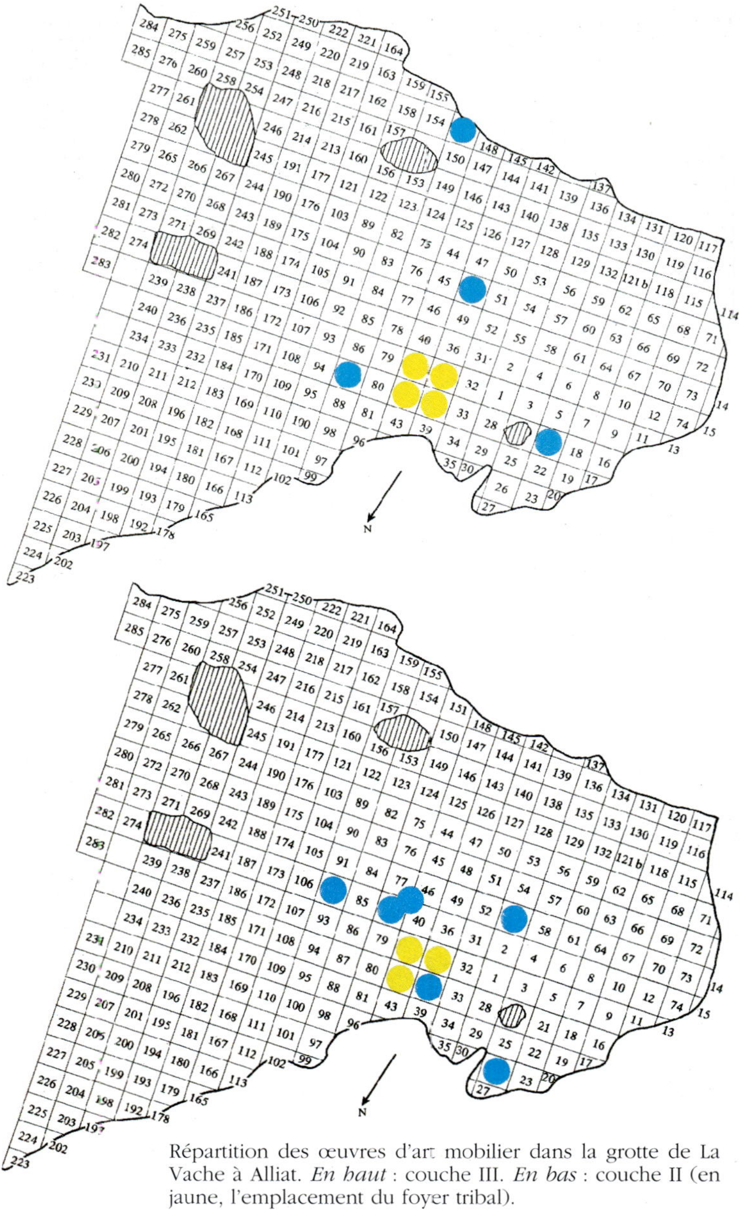

Répartition des œuvres d'art mobilier dans la grotte de La Vache à Alliat. *En haut* : couche III. *En bas* : couche II (en jaune, l'emplacement du foyer tribal).

1 

2 

1. Lame osseuse ornée d'un bouquetin gravé, provenant de la grotte de La Vache à Alliat (Saint-Germain-en-Laye, Musée des Antiquités Nationales).
2. Le « lissoir aux ours », provenant de la grotte de La Vache à Alliat. *(Ibid.)*.

trois ours vus de profil, marchant vers la droite où campe un quatrième ours, fort bien rendu vu de face. Ces divers animaux vus de face, graphie originale, se retrouveront dans la grotte sanctuaire de Niaux. En 1956, je pensais être en présence d'une famille d'ours, la mère et ses petits. À la lueur de découvertes récentes, on peut se demander si les trois ours de profil ne constitueraient pas une triade familiale :

ours mâle → ourse → ourson →

À l'avers du lissoir, un protomé de bouquetin... Le bouquetin représente 85 à 91 % des ossements de mammifères recueillis.

Quelle peut être la liaison entre les représentations animales et les animaux consommés ? Elle n'est pas simple, car le choix dont il s'agit est choix humain, avec les raisons intellectuelles les plus variées. L'artiste peut représenter un animal parce qu'il répond à un besoin et qu'il nécessite une création à valeur magique. Il peut le figurer rarement, comme le renne, parce que gibier trop facile. Cela semble juste surtout dans l'école périgordienne, proche des sources magiques de l'art. Pour l'école mag-

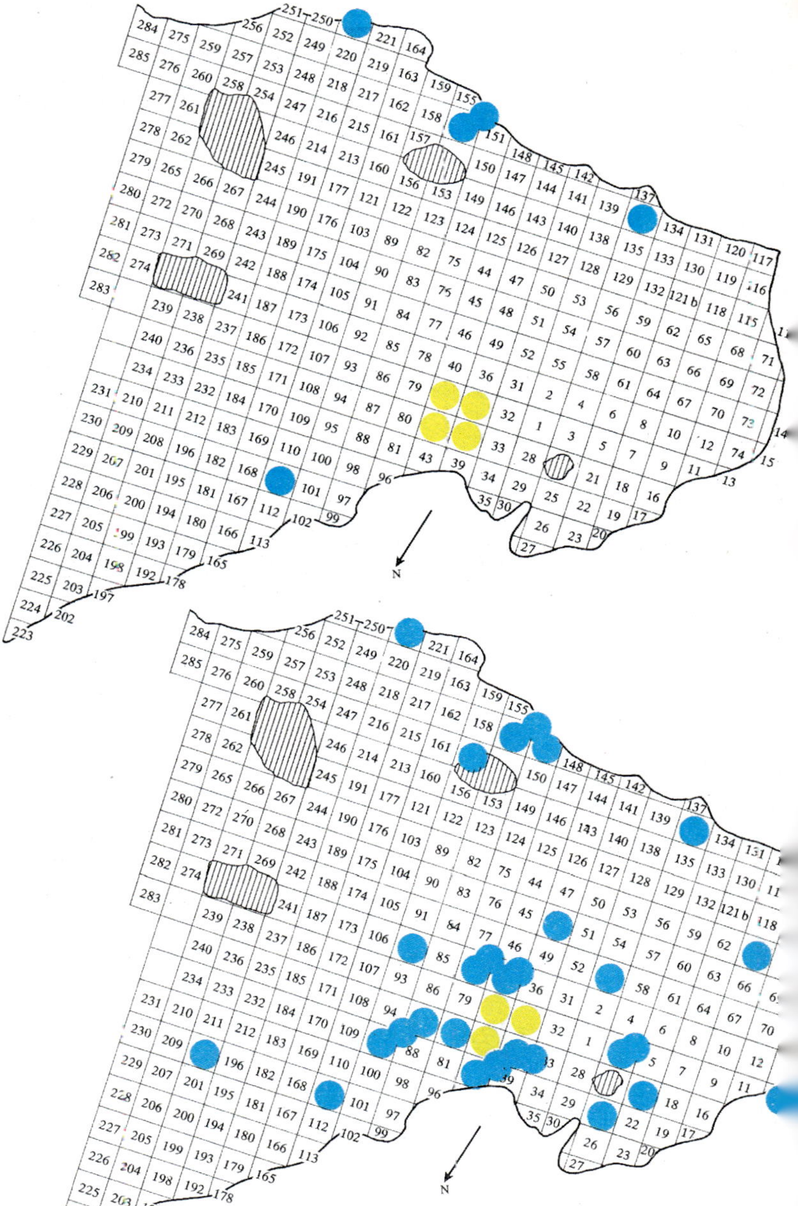

Répartition des œuvres d'art mobilier dans la grotte de La Vache à Alliat. *En haut* : couche I. *En bas* : les quatre couches (en jaune, l'emplacement du foyer tribal).

dalénienne, liée à des critères plus esthétiques, l'animal est représenté parce que très fréquent et qu'il constitue un sujet facile pour l'artiste, ou parce que très rare et que la figuration doit le sauver de l'oubli, comme une nostalgie ! Certains thèmes animaliers enfin s'imposeront pour leur valeur symbolique ou mythique.

La couche I (estimation de 10 435 avant notre ère) – encore cinq documents – accuse une répartition topographique le long de la paroi méridionale, opposée à celle des objets de la couche IV, groupés au pied de la paroi septentrionale. L'avantage d'un bon choix, d'une paroi mieux abritée ne s'était-il pas fait sentir ? Ou peut-être nuance climatique toute locale ? Il est certain que la carte d'ensemble des quatre couches avec la répartition précise des œuvres d'art conforte nettement le choix de la paroi nord. C'est bien là, le long de cette paroi, autour du foyer tribal, que se place le grand atelier d'art mobilier d'Alliat.

À quatre mètres de cette paroi, et à cinq mètres de part et d'autre du foyer tribal, se délimite une aire de quelque 50 mètres carrés, soit 17 % de la surface totale de la salle Monique. Sur cette aire privilégiée entre toutes, ont été découverts 60 % des œuvres d'art. Pour la première fois, ce n'est pas une grotte tout entière, qui peut être considérée comme un grand foyer d'art, mais une aire microterritoriale bien précise : 50 mètres carrés !

Pour conclure, un ultime graphique est révélateur. Il montre la décadence des chefs-d'œuvre de l'art mobilier du grand atelier. Rappelons qu'il met en œuvre sensiblement autant d'objets que la grotte monumentale du Mas-d'Azil, fouillée par Edouard Piette au siècle dernier. Ce graphique exprimant le recul du naturalisme animalier, pendant les six cents ans du magdalénien terminal des Pyrénées, exige un corollaire : quelle est, durant cette période, l'évolution de l'art abstrait ?

Avec les chefs-d'œuvre en os, le grand atelier d'Alliat livre également des galets gravés. Eux aussi ont leur stratigraphie très précise et leur topographie connue (on se souvient des problèmes posés par les galets de La Colombière, périgordiens de style, magdaléniens d'époque). Ils sont au nombre de 19, répartis dans les quatre couches, mais avec une répartition très caractéristique.

La couche I, la plus récente en recèle 8 à elle seule, soit 42 %. Le graphique de répartition confronté avec celui des chefs-d'œuvre sur os montre une opposition totale des deux courbes.

Dans les 600 ans d'évolution que nous pouvons suivre, la courbe des documents osseux s'effondre, alors que la courbe des

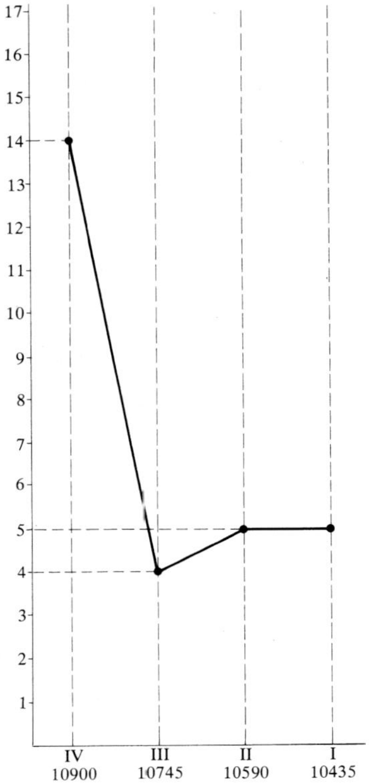

1

1. Graphique de répartition des chefs-d'œuvre d'art mobilier de la grotte de La Vache à Alliat : objets en os.

2. Répartition stratigraphique des 19 galets gravés.

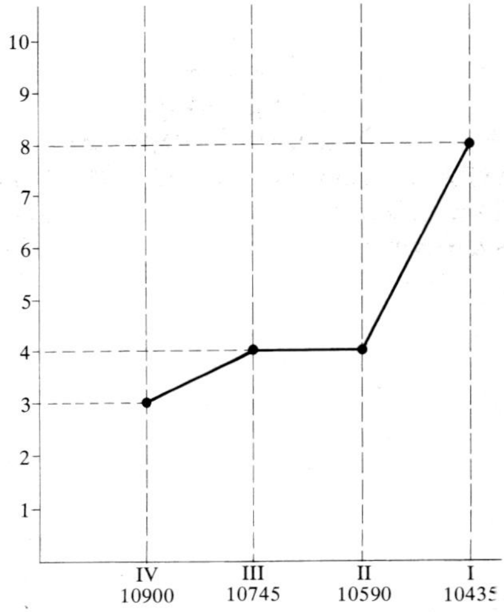

2

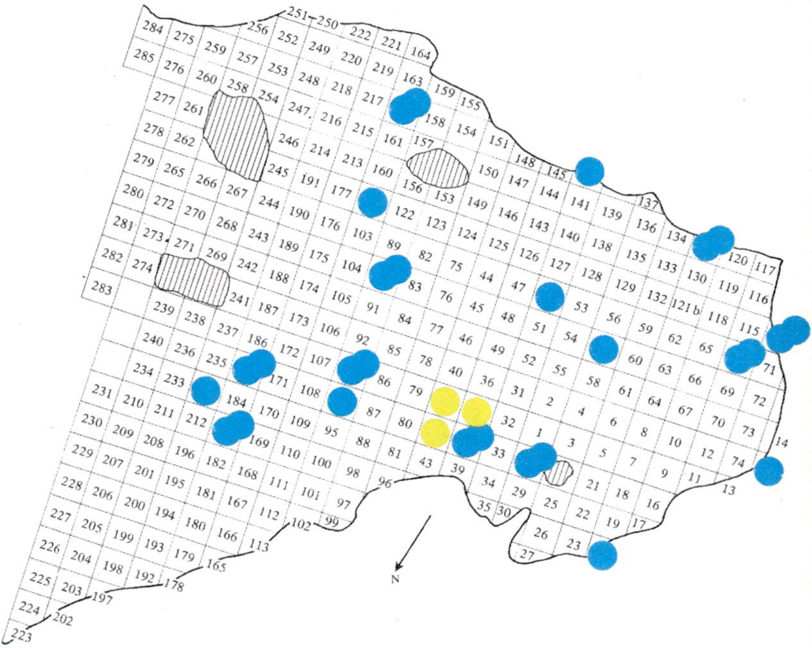

Répartition des galets gravés (en jaune l'emplacement du foyer tribal).

galets prend une allure ascendante. L'os perd sa primauté comme support, au profit du galet : un important changement de matériau. Ce fait peut se rapprocher des nombreux galets plus tardifs, de l'épipaléolithique de Rochedane portant aussi des décors gravés (9 700 avant notre ère).

Le site pyrénéen du Mas-d'Azil est célèbre par ses galets peints, de la même période, accompagnant également des galets gravés. Certains sont à la fois peints et gravés mais nous n'avons pas la distinction chronologique entre les documents du magdalénien et ceux de l'épipaléolithique (ou azilien) : 16 galets gravés, 30 peints. Les 19 galets de la salle Monique sont d'autant plus précieux.

La répartition des galets d'Alliat accuse une très large diffusion. Alors que les œuvres osseuses se répartissent en des secteurs élus, déterminant avec précision l'atelier, les galets se distribuent sur toute la surface. Tout semblerait se passer comme si les galets étaient davantage l'œuvre d'artisans que d'artistes.

Une plus fine analyse de ces galets, des thèmes qu'ils portent, va préciser le problème de genèse de ces galets gravés. Deux

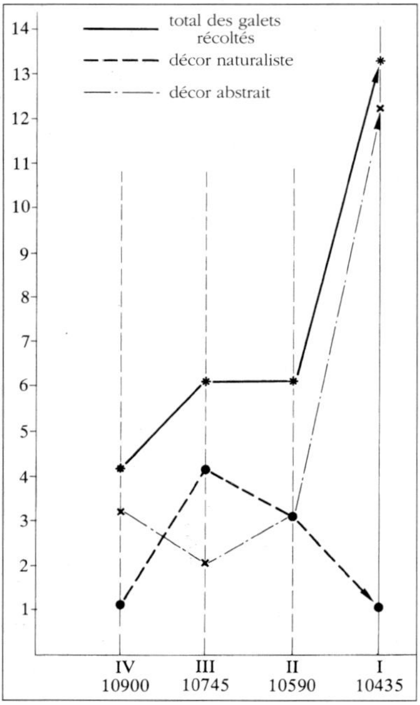

Graphique de répartition des galets de la grotte de La Vache à Alliat : répartition stratigraphique des faces gravées.

types de décors se présentent : décor naturaliste, avec représentations animalières classiques, des cervidés et des bouquetins surtout ; représentations abstraites aux décors variés : des traits parallèles, des hachures, des dents de loup (avec hachures de remplissage parallèles), des chevrons, des décors en échelle avec bandes alternées... Les motifs de Mézin sont donc présents, mais médiocrement traités, ils ne sont ici que le travail d'un artisan appliqué.

Le graphique des 29 faces de galets gravés est cependant de grand intérêt : si les galets naturalistes sont plus nombreux dans la couche III, ils sont plus rares vers les couches les plus récentes, II et I. Quant aux galets à décors abstraits, ils sont toujours, dans chaque couche, les plus nombreux et l'emportent nettement, par leur nombre dans les couches III et II, pour être écrasants par le nombre dans la couche I : douze contre un.

Ces six cents ans marquent donc le déclin du naturalisme animalier par le nombre des œuvres – tout en conservant sa qualité – et la prolifération d'un médiocre abstrait : en quelque sorte, le passage de la primauté de l'artiste à la diffusion artisanale ; la fin également des effets de la grande révolution artistique des chasseurs de rennes et l'annonce, déjà, de ces arts abstraits, souvent artisanaux, qui vont proliférer dès l'épipaléolithique et s'épanouir lors de la révolution néolithique, avec les très nouveaux genres de vie des pasteurs et des paysans.

L'art va prendre des formes nouvelles, comme il connaîtra des supports nouveaux. Les siècles 10 900 - 10 700 marquent ce virage. Ce sont aussi les dates de l'apogée de l'art rupestre, du prestigieux dessin du Salon noir de Niaux !

7. Niaux et son influence

Niaux marque l'apogée du dessin naturaliste animalier, par ses ensembles prestigieux du Salon noir mais, une fois de plus, cet apogée est un chant du cygne ! Niaux est à l'école magdalénienne ce que fut Lascaux à l'école périgordienne. L'explication est peut-être la même. Ces deux grottes voient leurs décors atteindre un sommet inégalé, du fait de la maîtrise incomparable de leurs auteurs. Ce sont des individualités exceptionnelles qui expliquent

Figure de bouquetin dans la grotte de Niaux (Salon noir).

Figure de bouquetin peinte sous un bison dans la grotte de Niaux (Salon noir).

la perfection atteinte par cet art et, à leur disparition, on constate comme un manque !

La maître de Niaux, artiste vivant dans la grotte opposée de La Vache à Alliat, est véritablement un chef d'école, animant une équipe. L'étude et l'analyse des œuvres majeures de l'atelier d'Alliat ont montré l'activité et la qualité de cette école ainsi que sa très précise chronologie. Le grand essor artistique se place en 10 900, pour connaître déjà un recul sensible vers 10 745 avant notre ère. Nous pouvons retenir comme particulièrement bénéfique la période 10 900 - 10 700, soit deux siècles, ou encore six ou sept générations. L'une de ces générations donnera le génie, auteur de Niaux.

L'unité de Niaux est totale, bien que l'on puisse y distinguer deux ensembles artistiques : les œuvres du Salon noir et les

œuvres des galeries secondaires. Mais, dans ces deux ensembles, la griffe du « Grand atelier » d'Alliat est toujours présente. L'art de Niaux est la transcription exacte des gravures mobilières, aux harmonieuses proportions, au modelé obtenu par de fines hachures, serrées, nerveuses souvent, élevées à la monumentalité et exécutées au pinceau le plus fin et le plus délié de tout l'art paléolithique.

Les crinières des chevaux, les bosses des bisons, les pattes, les cornes annelées des bouquetins y sont identiques, malgré les techniques différentes de la gravure et du dessin. On serait parfois tenté de rechercher tel bouquetin d'un lissoir d'os pour le confronter avec un noir bouquetin du Salon noir, mais le génie du créateur est tel qu'il ne réalise jamais une copie servile.

Et ce d'autant plus que l'école est novatrice, ne se contente pas d'utiliser uniquement les expériences et les acquis antérieurs,

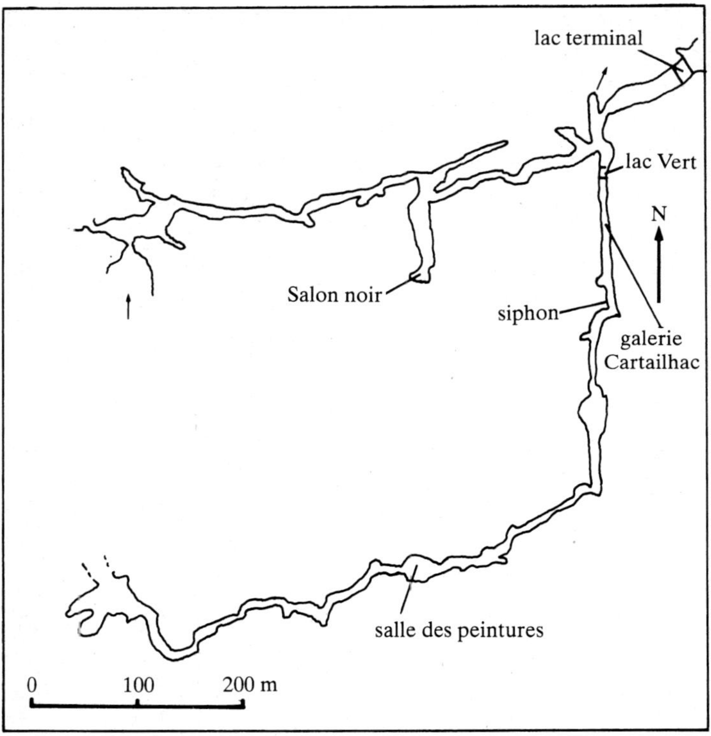

Plan de la grotte de Niaux.

mais se montre avide de trouver de nouvelles expressions. Les cervidés, les bouquetins, les ours de plusieurs œuvres mobilières d'Alliat sont présentés parfois de face, soit la tête en avant, le corps derrière ou le contraire, la tête filant vers l'horizon. L'animal tout entier est traité en perspective fuyante, la plus difficile sans doute, la plus dynamique aussi. On pourrait faire de cette perspective fuyante un très important critère pour personnaliser l'école pyrénéenne du magdalénien terminal, comme Breuil avait retenu la perspective tordue comme un des critères de l'école périgordienne. Cette perspective nouvelle se retrouve à Niaux. Dans le Salon noir, entre l'ensemble des chevaux et celui plus à gauche des bisons, une cavité bilobée attire le regard, grand lobe inférieur et petit au-dessus. Deux ramures peintes, de part et d'autre, donnent à la sombre cavité toute une signification animalière nouvelle. C'est un cervidé fuyant, dans les profondeurs de la terre et, selon

Cavité naturelle soulignée de traits peints, suggérant les bois d'un cervidé dans la grotte de Niaux.

1

1. « Belette » peinte dans la galerie René Clastres de la grotte de Niaux.
2. Bison frappé d'une flèche, peint dans le Salon noir *(Ibid.)*.
3. Cheval peint dans le Salon noir *(Ibid.)*.

la manière de fixer cette vision, on voit fuir soit la tête seule, soit l'animal tout entier avec son corps massif surmonté de la tête et des bois.

Dans le prolongement de la galerie principale de Niaux, après avoir franchi difficilement le Lac Vert, la voûte étant parfois « mouillante », une très intéressante esquisse attire le regard : un bouquetin, vu de dos, avec un arrière-train énorme, une petite tête lointaine, aux fines petites oreilles, aux grandes cornes divergentes. L'exagération voulue des règles de la perspective lui donne une vie intense, une fuite éperdue. En face, un second bouquetin, aux traits noirs malheureusement assez effacés, est traité de trois quarts, fuyant. Sur la même paroi, un mètre plus en amont, un bouquetin regardant sur la gauche est encore discernable, présenté de trois quarts, prêt à bondir.

Devant la localisation très périphérique de ces essais, dans cette galerie Cartailhac, à près d'un kilomètre de l'entrée, on peut se demander si ces expériences ne seraient pas le fruit d'aides, d'apprentis déjà géniaux qui se seraient cantonnés là, alors que le Salon noir était réservé au grand maître par une sorte de répartition topographique des talents ? Les œuvres récemment découvertes dans la nouvelle et longue galerie René Clastres confirmeraient volontiers cette hypothèse. Le cheval, les deux bisons sont

2

3

des esquisses assez médiocres, que l'on verrait volontiers comme des exercices d'apprentis. L'esquisse de « belette » est d'une fort belle souplesse de trait, comme l'animal que l'on veut représenter, l'apprenti pouvant avoir, par moments, une réelle maîtrise du trait.

Revenons à la perfection du Salon noir : sur l'argile qui tapisse la base des parois, les dessins étaient nombreux mais fort peu subsistent. Ces dessins étaient l'intermédiaire direct entre les gra-

Bison peint blessé de trois flèches, encadré de bouquetins dans le Salon noir de la grotte de Niaux.

vures sur os et les dessins de la paroi. Ces gravures sur argile avaient les mêmes qualités, comme en témoignent encore des truites, – nous avons vu la fréquence des salmonidés dans le mobilier de La Vache – dans un minuscule diverticule.

Du premier bison du Salon noir, frappé d'un claviforme rouge (la première scène tauromachique ?), aux grands chevaux, aux bouquetins, au panneau terminal des bisons, non loin du médaillon de bronze portant l'effigie de Breuil, les chefs-d'œuvre du dessin se multiplient. Lesquels choisir ? Un bison surtout aurait mes faveurs. La tête vue légèrement de trois quarts, les deux yeux scrutateurs, qui semblent vous suivre du regard, que vous l'admiriez de droite, de gauche ou de face, me l'ont fait baptiser « la Joconde », en sincère hommage.

Dans le panneau central, telles expressions des yeux, tel modelé d'une corne acérée à la fine courbure sont des enchantements.

Mais, sur un plan plus objectif, le grand, l'immense intérêt de Niaux, réside dans sa datation, vers 10 900 - 10 700. Cette courte période donne à la région tout entière une floraison de grottes ornées, souvent très apparentées à l'art de Niaux. Les unes, sans doute légèrement antérieures, d'autres quelque peu plus récentes. Un classement chronologique rigoureux serait impossible, mais toutes ces grottes restent dans l'ambiance artistique de la grotte-capitale. Les placer entre 12 000 et 10 000 ne serait pas commettre d'erreur de plus d'un millénaire, ce qui est exceptionnel. Cette influence d'école se manifeste naturellement dans les grottes les

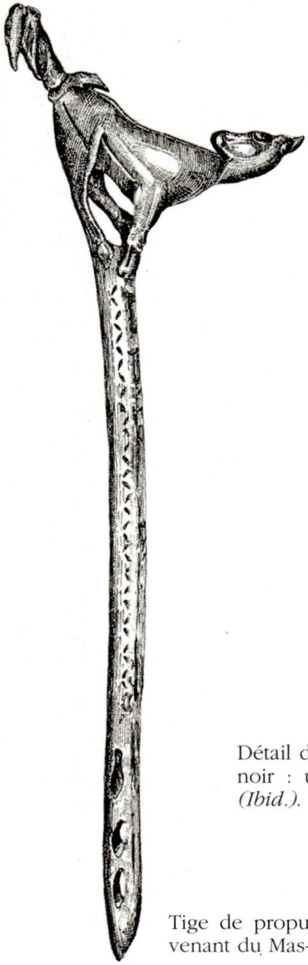

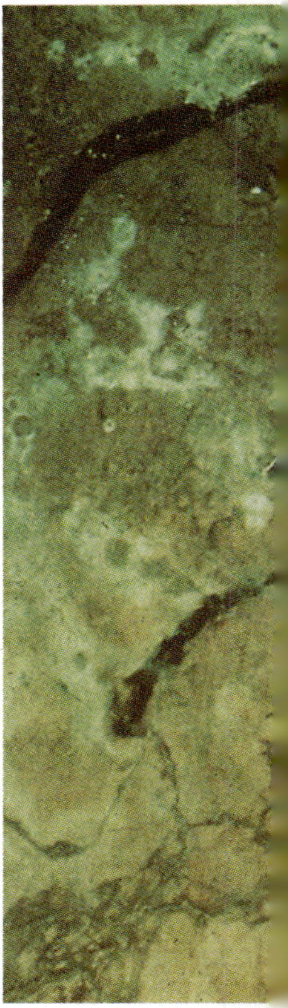

Détail du panneau central du Salon noir : un œil admirable de bison *(Ibid.)*.

Tige de propulseur décorée d'un faon et d'oiseaux, provenant du Mas-d'Azil ; bois de renne, haut. 30 cm (Ariège).

plus voisines, géographiquement, mais elle se discerne encore au-delà des Pyrénées.

L'immense porche de Bédeilhac donne accès à de nombreuses galeries où les artistes ont laissé leurs témoignages. Comme à Niaux, les gravures sur argile y furent nombreuses tout comme les documents mobiliers, plaquettes gravées et parfois petits blocs d'argile solide, également gravés. Relevés par Breuil, en 1925, les dessins de la galerie Vidal sont rehaussés de teintes ocre ou noire

pour accuser un véritable modelé. Leur exécution graphique semble excellente, disons bien semble, car, très atténués déjà voici un demi-siècle, ils se sont largement dégradés depuis. Seule une humidité exceptionnelle permet de les deviner aujourd'hui. Breuil les pensait du magdalénien avancé des Pyrénées, donc synchrones de Niaux. Les vestiges archéologiques, en divers secteurs, confirment cette attribution. L'immensité de cette caverne – on l'a un moment transformée en usine d'aviation avec piste d'envol ! – explique qu'elle fut à la fois sanctuaire et habitat. Une « cachette » a livré une pièce exceptionnelle, le « faon à l'oiseau », dont on connaît plusieurs « répliques » dans les Pyrénées, dont le « faon aux oiseaux » du Mas-d'Azil. La tige d'un propulseur s'orne d'un jeune faon, les pattes jointes, la tête tournée vers son arrière-train. D'un air amusé, il contemple deux jeunes oiseaux, perchés sur son boudin anal, se becquetant tendrement : humour *gaulois* avant la lettre ! Ainsi, dans l'art mobilier, existe aussi une école propageant et reproduisant certains thèmes à succès.

Écoles pariétales et mobilières peuvent fort bien être confondues, comme c'est le cas pour le complexe Alliat-Niaux.

La grotte récemment découverte de Fontanet offre des bisons également de facture apparentée à ceux de Niaux, mais conservant leur originalité : les techniques picturales l'emportent sur le tracé pur du dessin. Le tampon est certainement plus utilisé que le fin pinceau. Un bison noir sortant d'une diaclase montre la pérennité des croyances chthoniennes. Plus originales, deux figures anthropomorphes encadrent une zone d'ombre. Elles sont conformes également aux traditions de Rouffignac, des Combarelles, de Marsoulas : caricaturales à souhait, proches de figures animalières correctes.

Le Mas-d'Azil, dont nous avons vu l'extrême importance dans l'art mobilier, reste, par contre, pauvre en art pariétal. Une petite galerie secondaire montre l'utilisation quasi systématique de bosses de reliefs ou de fissures pour y « accrocher » un animal, félin ou bison. Sur un plan purement esthétique, ces médiocres utilisations du relief nous porteraient loin dans le temps alors que la logique les place aussi au magdalénien final. Les artistes mobiliers du Mas avaient sans doute leur atelier bien éloigné de cette galerie !

Plus à l'ouest, la grotte de Labastide est un relais, mêlant un cheval bichrome et une excellente graphie de tête de félin, proche d'un félin gravé sur os, de 10 900, trouvé à La Vache.

Au-delà des Pyrénées, le style de Niaux se retrouve sans doute à Ekaïn, au pays basque espagnol. C'est une grotte récente où les chevaux représentent 62 % des figures, pour 19 % de bisons : dessins classiques s'alliant à des chevaux bichromes, ocre et manganèse. Ici encore, la couleur se marie aux traits gravés, sans jamais retrouver la pureté du dessin de Niaux. Le vestibule d'Ekaïn a donné dans un sondage du magdalénien et de l'épipaléolithique, nouvelle parenté avec les sites ariégeois.

La grotte de Santimamiñe, dans la région de Guernica, est celle qui offre le plus d'affinités avec l'art de Niaux. Peut-être avec une chronologie légèrement plus ancienne. Comme Niaux, c'est une grotte à bisons. La grotte ayant « bénéficié » de quatre inventaires, le pourcentage de ces bisons varie de 50 à 76 %, leur nombre étant de 26 pour les uns, de 17 pour un autre ! Ceux-ci, matérialisés par un bon dessin linéaire et des hachures courtes et parallèles qui

1 

2 

1. Bison peint s'échappant des profondeurs dans la grotte de Fontanet (Ariège).

2. Figures anthropomorphes encadrant une diaclase *(Ibid.)*.

donnent le modelé, sont proches des œuvres de Niaux, sans avoir leur finesse et leur expression. Le grand panneau qui les porte occupe une paroi verticale dont la base s'ouvre sur une « bouche d'ombre », alimentée par les eaux des phases climatiques humides, comme en témoigne une coulée stalagmitique, adossée à la paroi. C'est le mythe du renne buvant des Combarelles, se retrouvant ici comme à Rouffignac, à Tito Bustillo, à Ekaïn...

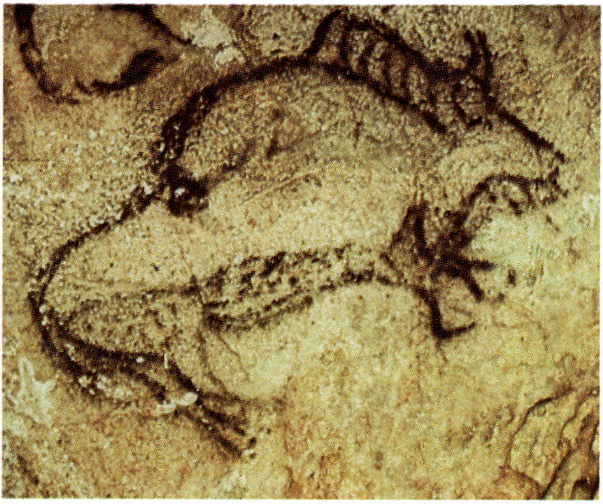

Figures d'animaux peintes (chevaux et bisons) dans la grotte de Santimamiñe (Espagne).

Mais revenons dans la région des Pyrénées ariégeoises pour étudier deux grottes importantes, Le Portel et Marsoulas, qui posent énigme, notamment des questions délicates de datation pour Le Portel. La grotte a-t-elle connu des occupations multiples, où chacune vint apporter son petit trait ?

Marsoulas donnera l'occasion, à la suite de recherches récentes, de comprendre et d'expliquer cette opposition classique,

déjà rencontrée, entre qualité de graphie animalière et misérabilisme de la figure humaine.

La grotte du Portel pose d'intéressants problèmes humains. Des foyers avec des documents archéologiques appartiennent au magdalénien moyen, alors que les dessins et peintures semblent devoir se ranger en deux ensembles, l'un antérieur, l'autre postérieur. C'est au Portel que se vérifierait le plus nettement la « loi »

Ébauches d'animaux (cervidé, chevaux) peintes dans la grotte du Portel (Ariège).

qui veut que la grotte-habitat ne soit pas sanctuaire, que le sanctuaire ne soit pas habitat. L'ensemble pictural le plus ancien se situe dans la partie amont de la voie principale. Un cerf rouge, inachevé, réduit à sa ligne dorsale et ses bois, en belle perspective tordue ; plus loin un personnage ithyphallique utilisant astucieusement une pendeloque stalagmitique comme sexe, celui-ci vu de face, alors que le contour anthropomorphe, en rouge, est nettement vu de profil, le visage tourné à gauche, donc sortant de la grotte, entre d'autres figures, sont nettement de l'école périgordienne par le style. Sont-elles de cette période chronologique relativement ancienne ?

Ce qui permet d'en douter serait la qualité relativement médiocre des autres figures, bisons et chevaux, qui se placeraient pourtant dans la tradition des graphies magdaléniennes. Dans la galerie dite des Chevaux, on est frappé par la médiocrité de nombre d'entre eux : esquisse maladroite, cheval à cou de girafe, chevaux sans tête. Un seul est de qualité, le cheval « piaffant ». Même remarque pour les bisons de la galerie Breuil : les trois bisons de la paroi de droite sont également médiocres, avec des contours secs, des cornes en bonne perspective certes, mais faites d'un trait lourd, une croupe taillée à angle droit, des sabots vus de face. C'est sur le premier de ces bisons qu'un correcteur, indiscutablement magdalénien, a retouché par une fine gravure au

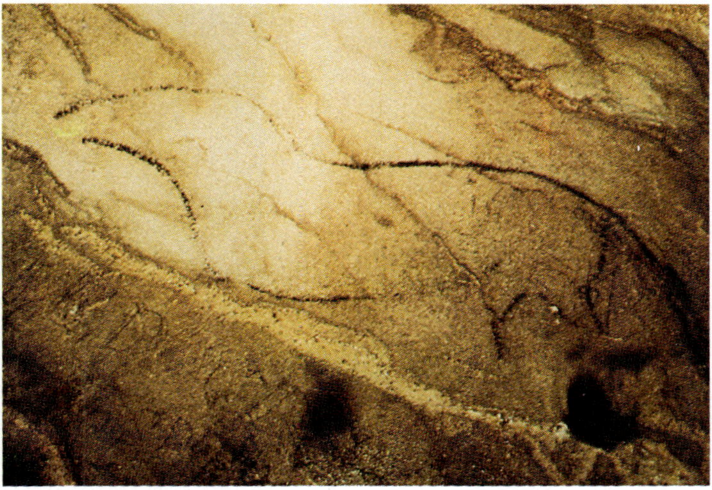

burin le tracé des sabots : une gravure de style magdalénien surimposée à la peinture du sabot, de style périgordien.

Le cas est exceptionnel. Il semble difficile de dissocier dans le temps ces deux exécutions, réalisées sur quelques centimètres carrés. Des artistes médiocres, pour les figures rouges du premier ensemble, mais également pour les figures noires du second ? Serait-ce la position géographique quelque peu perdue de la grotte qui expliquerait ces retards stylistiques et ces maladresses ? Un

Le «cheval piaffant» peint dans la grotte du Portel (Ariège).

sanctuaire isolé, hors des grands courants ? avec de nets archaïsmes qui se seraient perpétrés, pour se voir, au moins une fois, corrigés !

Un autre mystère s'ajoute aux précédents. C'est la présence sur la paroi de droite de la grande galerie, utilisant une mince fissure ascendante, d'un petit cheval rouge, de très faibles dimensions, quelque dix centimètres, en teinte plate uniforme. Un minuscule fragment de calcite blanche, préservé de toute peinture, forme son œil. Ce cheval rouge, d'un rouge d'ailleurs différent des ocres utilisées pour les figures archaïques, trouvé sous un auvent d'Espagne orientale serait immédiatement attribué à l'art épipaléolithique du Levant. Est-il, au Portel, la marque d'une tardive intrusion, quelques millénaires après l'exécution des ensembles antérieurs, ou bien une expérience picturale qui aurait devancé son temps ?

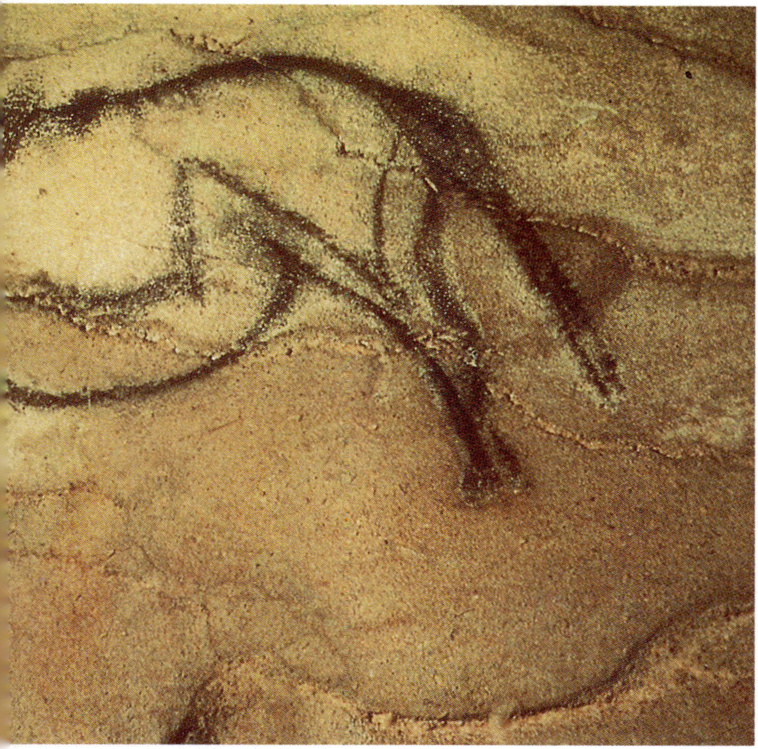

En conclusion, aurions-nous dans cette petite grotte du Portel, passionnante d'ailleurs, les témoins de quatre époques artistiques : un ensemble d'école périgordienne (dans l'intervalle qui suit une courte occupation domestique), un ensemble maladroit de l'école magdalénienne, le passage d'un bon artiste magdalénien pour la correction, le passage d'un artisan-artiste du VIIIe millénaire, pour nous camper le petit cheval rouge ? Cela semble fort complexe. Il serait plus simple, et tout aussi logique d'y voir de très modestes essais locaux, qu'un correcteur magdalénien de passage aurait souhaité corriger. Mais il y avait trop de corrections !

Récemment étudiée de manière exhaustive par Aleth Plénier, la grotte de Marsoulas, couloir rectiligne d'une soixantaine de mètres, connut des fortunes diverses. Signalées dès 1877, d'abord annoncées comme « historiques » à la suite d'une coquille typographique qui avait omis le « pré », ses peintures furent reconnues

Figure peinte de bison.

en 1902, après la découverte des Combarelles et de Font-de-Gaume. Cartailhac déclarait alors : « Je pus affirmer, au premier coup d'œil, l'identité de ces fresques avec celles d'Altamira et de Font-de-Gaume. » Sans doute, les altérations naturelles, ou parfois humaines, inscriptions les plus diverses, ont altéré les œuvres car « il faut bien l'avouer, la première visite que l'on fait à Marsoulas est décourageante. La lecture des gravures y est difficile, les traits parasites sont innombrables, beaucoup d'animaux sont inachevés ou incomplets... quant aux peintures, elles semblent se dégrader peu à peu. » Mais l'auteur ajoute aussitôt que « les yeux s'habituent vite à l'obscurité, les lueurs de la lampe animent les parois rocheuses... » Ces impressions rappelées ici sont inhérentes à beaucoup de grottes, il convient de ne pas les oublier pour cet art si particulier. La nature de la roche influe beaucoup, peut-être autant que le style.

Marsoulas contient une centaine de figures, 97 exactement,

avec 32 % d'équidés et le même pourcentage de bisons. Viennent ensuite 17 % d'anthropomorphes. Ces données montrent l'originalité de la grotte. Ajoutons une trentaine de signes dont certains, curieux, affectent la forme de longs traits avec barbelures. Certains problèmes intéressants sont résolus, ou au moins approchés, grâce notamment à l'étude topographique précise des œuvres. Bisons et chevaux sont distribués au hasard le plus désordonné et n'offrent aucune répartition privilégiée, ce qui condamne, une fois de plus, toute organisation préalable de nos grottes. L'organisation se marque par le choix de certains secteurs, d'accidents, de bouches d'ombre... À Marsoulas, 42 figures utilisent un accident : 8 pour la tête, 6 partent d'une cupule pour l'œil, 6 autres d'un relief, toujours pour suggérer un œil. Chose curieuse, aucun animal n'est complet ! Souvent les extrémités manquent, mais ce n'est pas là faute de savoir-faire, car elles sont excellentes lorsque l'artiste les a figurées.

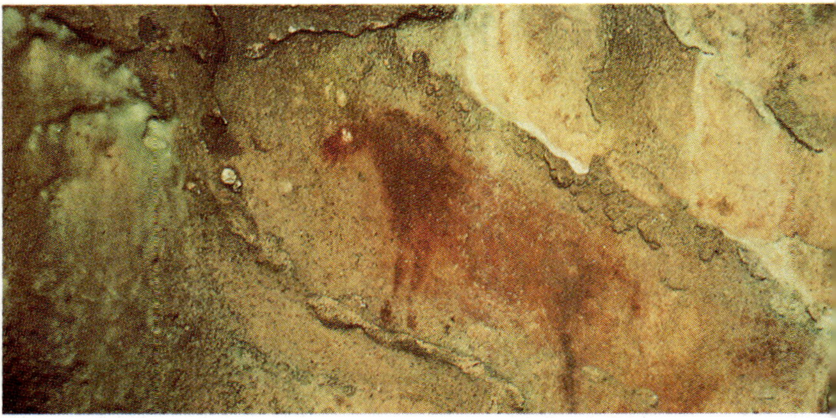

Cheval rouge, à l'œil de calcite « réservé » *(Ibid.)*.

Les anthropomorphes sont d'une médiocrité totale, la plupart vus de face (12), car sans doute est-ce la graphie la plus aisée pour celui qui ne sait guère dessiner. Souvenons-nous des cornes vues de face, pour les premiers artistes de l'école périgordienne. Quant aux cinq autres, vus de profil, ils regardent tous vers le fond de la grotte, laquelle se termine par un ruisseau souterrain toujours actif. L'importance du ruisseau des profondeurs se marque ici, une fois de plus. Mais surtout, Marsoulas apporte une explication à cette opposition entre la qualité des figures animales – une tête de cheval épousant la forme de son support, de grands chevaux sont excellents – et la médiocrité de la figure humaine. Aucune figure humaine ne recoupe une figure animale. Aucune figure animale ne recoupe une figure humaine. Chacun de ces thèmes est parfaitement indépendant de l'autre, bien que des anthropomorphes se logent parfois, sur la croupe d'un cheval. Ces mauvaises figures humaines ont été exécutées après le décor animalier, par des chasseurs sans la pratique, sans la culture artistique des « animaliers », mais voulant profiter des parois bénéfiques de la grotte. Ce sont, déclare A. Plénier, des « graphies domestiques, plus ou moins clandestines » venues s'ajouter à la parure des vrais artistes.

Parmi les rares animaux peints, un grand bison est entièrement exécuté de ponctuations rouges, avec de rares rehauts noirs. C'est là une passionnante expérience, une technique toute nouvelle, un véritable impressionnisme, rappelant de vieilles habitudes périgordiennes, mais poussées ici à l'expression parfaite.

Visage humain vu de face, gravé dans la grotte de Marsoulas (Haute-Garonne).

Détail de la scène de danse peinte dans la grotte du Cogul (Barcelone, Museo Arqueológico, Espagne).

Chapitre IV

LES PROLONGEMENTS DE L'ART ANIMALIER : LES DERNIERS CHASSEURS

1. L'école méditerranéenne

De profonds changements climatiques suscitent, vers – 10 000, des bouleversements économiques et sociaux. Un profond virage se marque dans l'histoire du monde, virage à peu près universel, observable partout, à quelques siècles près. L'art et ses manifestations n'y échappent point. Les termes que l'on emploie pour caractériser ces modifications de toutes sortes sont d'ailleurs impropres car trop incisifs. Il y a une continuité telle dans l'évolution générale que les changements climatiques, par exemple, se produisant insensiblement, exigent nombre de siècles et plus encore de générations. Un lent réchauffement climatique, coupé par des périodes de froid, vers 10 300 puis 8 800, se précise et s'affirme à la fin du VIIIe millénaire, dans le monde occidental. La faune en est le plus affectée, plus sensible que l'homme, car ayant moins de défenses artificielles. Le renne, attaché à ses paysages de toundras, s'installe vers le nord, c'est-à-dire qu'il descend moins vers le sud l'hiver et remonte davantage vers le nord l'été. Il abandonne définitivement les rivages atlantiques pour les rivages de la mer du Nord et de la Baltique, puis trouve refuge vers l'extrême Nord. Les mammouths ont disparu et les derniers sont cantonnés dans le nord-est de la Sibérie. Les prairies occidentales sont lentement remplacées par les forêts, de vastes écharpes de conifères au nord, des arbres à feuilles caduques au sud, des hêtres et des chênes. Le bison perd ses plaines comme le renne a perdu sa toundra arborée.

L'homme accélère sans doute la disparition du bison et son extinction ne demandera que quelques siècles. Les derniers aurochs seront anéantis par les légions de César en Germanie. Le cheval, lui, subsiste mieux mais, en définitive, les grands modèles servant de thèmes artistiques pour illustrer les parois de nos cavernes disparaissent.

Des espèces de remplacement arrivent et surtout se développent : le cerf et le sanglier. Altamira, Rouffignac et Niaux nous les ont déjà montrés. Les couches archéologiques de La Vache à Alliat accusaient le remplacement du renne par le bouquetin. La date de la couche I, 10 435 avant le présent est un précieux jalon. Certaines essences des forêts nouvelles, le noisetier, les faînes et les glands, les graminées sauvages des prairies constituent de nouvelles ressources.

Ces changements climatiques ne provoquent donc pas une crise alimentaire, au contraire pourrait-on penser. Simplement quelques mutations alimentaires, une alimentation sans doute moins carnée, au profit de végétaux et de collectes nouvelles : les coquillages, marins ou terrestres par exemple.

Plus que le genre de vie économique, l'existence journalière se trouve modifiée. Avec l'adoucissement du climat, l'homme abandonne de plus en plus la grotte. Les campements de plein air, déjà nombreux au magdalénien final, se multiplient, le bois fournit les armatures des cabanes. L'homme connaît donc une libération du monde souterrain auquel il était attaché depuis 40 000 ans.

Et cette nouvelle vie de « plein air » à l'économie plus diverse et plus équilibrée s'accompagne vraisemblablement d'une révolution sociale et politique. Les grands maîtres de l'art, entre 15 000 et 10 000, créateurs d'art mais aussi de gibier, héritiers des traditions magiques et religieuses du monde périgordien, devaient être aussi des chefs tribaux. Le temps qu'ils prenaient pour leur art était dérobé à la chasse et aux collectes nécessaires, que des tributs devaient remplacer. Leurs aides, leurs disciples constituaient leur « clientèle » et contribuaient à leur autorité et à leur force. Leur élitisme esthétique ajoutait encore à leur prestige.

On peut valablement se demander si l'évasion des grottes, si les nouvelles possibilités alimentaires ne permirent pas la libération de leurs fidèles, les chasseurs exclusifs, et d'abolir définitivement la puissance artistique, sociale et de commandement des « maîtres ».

Ainsi s'expliquerait la disparition de cet art des grands chasseurs, lors du grand virage de 10 000 avant notre ère.

Figure de faon gravée dans la grotte de Levanzo (Sicile).

Mais la chasse ne disparaît pas de toutes les régions du globe. Elle se déplace pour se maintenir, longtemps encore, dans des régions marginales, hors du grand noyau primitif que constitue l'extrême Occident. L'économie de chasse s'implante sur des terres nouvelles, qui ne connaissaient que les économies plus précaires et anciennes de la collecte. Ces nouvelles aires de chasse seront aussi les aires nouvelles d'un art nouveau, où la chasse reste l'inspiratrice. L'art animalier naturaliste n'est pas l'art des grottes. Bien que les grottes aient permis son splendide épanouissement, c'est l'« art de la chasse ». Mais l'art des chasseurs, après le xe millénaire, sur des terres nouvelles, ne sera, ne pourra plus être comme celui des grottes. Une révolution sociale et politique s'est faite, et rien ne sera plus comme avant.

Le monde méditerranéen, au climat toujours plus doux que celui de l'Ouest, – le mammouth l'a rarement pénétré, le renne ne s'y est jamais implanté –, moins affecté par les changements climatiques, conserve plus longtemps son art des grottes. De nombreuses datations au C 14 convergent singulièrement : grottes de Romanelli 9 980, de Levanzo 9 700, de Romito 9 200, de La Pileta 8 280, où se retrouve un art de chasseurs, mais avec des caractères originaux qui permirent au Professeur Graziosi d'introduire une nouvelle école, l'école méditerranéenne.

Comme grotte type, la grotte de Levanzo, au large de la Sicile, offre son art et bénéficie d'une datation absolue, – 9 700. Les couches supérieures où ont été découverts des restes d'animaux domestiques et de la céramique seront un repère utile pour dater des peintures récentes, de style schématique, et les couches inférieures avec la faune sauvage, cerf élaphe, grand *Bos primigenius, Equus Asinus hydruntinus*, très rarement signalé, correspondent aux gravures animalières des parois de la grotte. En juin 1953, dans la partie moyenne de la couche ancienne, fut découverte une dalle portant la gravure d'un bovidé, d'une incision vigoureuse et précise. Les détails de la tête, du museau, des cornes offrent les plus grandes affinités avec les figures pariétales. Les cornes, notamment, ouvertes à leur extrémité, sont représentées par un trait double typique de l'art méditerranéen. La datation par le C 14, récemment rectifiée, est de 9 700 avant notre ère. L'ensemble des gravures de Levanzo permet de définir cette branche méditerranéenne tardive de l'art naturaliste.

C'est un art très dépouillé, très sec même, qui représente les contours des animaux avec précision mais néglige les traits du modelé, les hachures qui font tourner les corps. La vigueur incisive du trait est suffisamment habile, maîtresse d'elle-même pour saisir cependant des attitudes gracieuses, comme ces jeunes cerfs de Levanzo tournant la tête derrière eux. Une convention de graphie, propre à cette école, fait que toutes les extrémités sont ouvertes : les traits terminaux des cornes, des sabots, ne se ferment pas. Pour les animaux de profil, bovidés ou taureaux, un seul trait simple par corne.

La grotte Romanelli, en terre d'Otrante, livre un petit taureau incisé avec des caractères identiques (daté de 9 980), de même un bison, figure exceptionnelle, de Riparo Tagliente, daté 10 090, mais nous sommes ici dans la province de Vérone, sur les marges, à la fois du climat et de l'école de la Méditerranée. À Riparo del Romito, dans la province de Cosenza (9 200), ce sont encore des taureaux, lourds et massifs. À la qualité du trait en ce qui concerne les animaux, s'oppose, comme en Occident, la médiocrité de la figure humaine qui s'y associe parfois. Telles sont les caricatures de Levanzo !

La sûreté du trait se retrouve toutefois de façon étonnante dans l'admirable panneau de l'Addaura, près de Palerme, pour traiter une scène complexe mettant en scène une dizaine de personnages humains. L'artiste animalier a changé de thèmes et traité l'homme avec la vigueur qu'il donnait habituellement aux animaux. Des visages se terminant en bec d'oiseau, des attitudes variées, corps cambré en arrière, bras levés d'orant, jambes correctement modelées et largement écartées, sexe en érection, permettent maintes hypothèses explicatives quant à la signification de cet ensemble. La basse vallée du Rhône, avec les grottes du canyon inférieur de l'Ardèche, Chabot, Le Figuier, Oullen, Ebbou, etc., connaissent ces gravures de style méditerranéen identique.

Les gravures de la grotte Chabot furent signalées pour la première fois par un instituteur de l'Ardèche, Léopold Chiron, dès 1878, avant la découverte d'Altamira. Il les associa aux couches archéologiques de la base de la paroi. Trop en avance sur son temps, on n'accorda guère de crédit à ses observations. Les dégradations contemporaines en rendent aujourd'hui la lecture difficile. La grotte d'Ebbou, plus importante, possède des bovidés avec généralement une seule corne figurée. Un seul possède deux cornes. Les cerfs aussi ne portent qu'une seule ramure. Des chevaux, des bouquetins, au profil très sec, ont souvent les pattes limitées à un trait et croisées, graphie également caractéristique de l'école. Le bouquetin le plus sec a les cornes en perspective tordue. Leur raideur, leur simplicité archaïque ont conduit parfois à donner à ces figures une chronologie reculée, hypothèse qu'il

Figure de taureau gravée dans l'abri du Romito (Italie).

semble falloir abandonner. Elles peuvent se placer raisonnablement vers 10 000 avant notre ère.

Plus délicat encore, est d'estimer la chronologie de La Baume-Latrone, au-dessus de Nîmes. La technique employée a pu être jugée très primitive, lors de la découverte en 1940. Sur un calcaire très pur, se détachent de très nombreux tracés digités, d'innombrables raclages et un ensemble d'animaux qui furent jugés étranges, d'une vive couleur ocre rouge. Tracés digités étaient alors considérés comme obligatoirement « archaïques » et de songer aux tracés de La Clotilde ou de Gargas. Les premières impressions chronologiques ont volontiers la vie dure. Les thèmes de Baume-Latrone comprennent une demi-douzaine de mammouths et il est difficile de comprendre qu'on ait voulu les identifier comme des éléphants antiques (disparus depuis 100 ou 200 000 ans), mammouths accompagnés d'un long animal, tantôt baptisé « serpent » tantôt « félin ». La découverte de Rouffignac permet des diagnoses scientifiques désormais précises. Les plus beaux mammouths de La Baume-Latrone portent de magnifiques

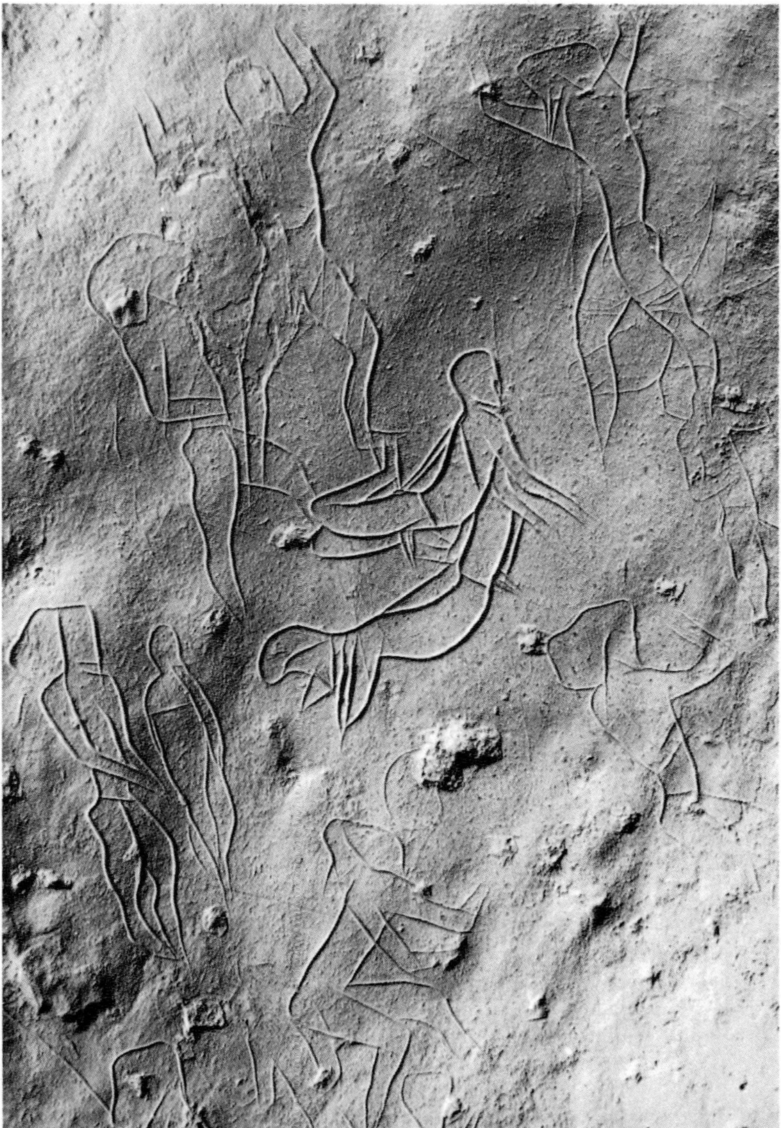

Figures humaines gravées dans la grotte de l'Addaura (Italie).

Figure de mammouth peinte dans la grotte de La Baume-Latrone.

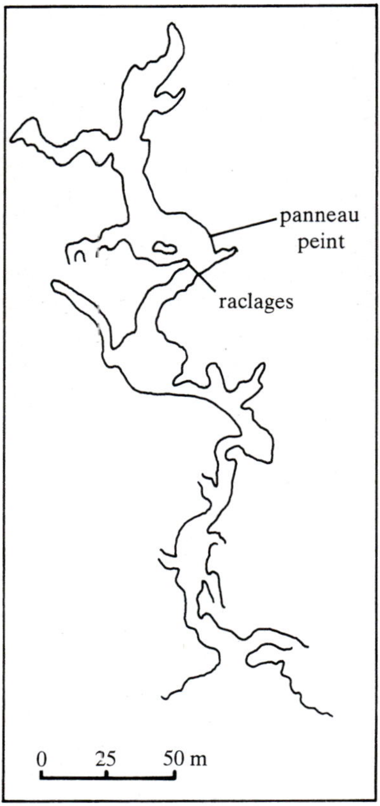

Plan de la grotte de La Baume-Latrone (Gard).

trompes à extrémité bifide, avec deux lèvres inégales de préhension, comme un mammouth de Cabrerets (que l'on avait oublié) et comme le « Grand-Père » du plafond de Rouffignac.

Le long animal étrange, trois à six fois plus long que les mammouths immédiatement voisins, la gueule ouverte et massive ne peut être qu'un serpent menaçant, comme certains du plafond aux Serpents de Rouffignac. Et cette dernière découverte a montré l'énorme importance des tracés digités, rouge sur fond blanc ou blanc sur fond rouge, par raclage digité de l'argile. Ils se rencontrent par centaines, synchrones des magnifiques mammouths, digités ou gravés que tout le monde scientifique s'accorde à placer au magdalénien moyen vers 12 000. La Baume-Latrone doit se situer à une période voisine, malgré quelques maladresses dues à l'artiste.

La grotte andalouse de La Pileta, dans la Serrania de Ronda, représente un véritable « isolat » tant au point de vue géographique, au-dessus d'une immense doline désertique, qu'au point de vue voisinage d'autres grottes ornées : 100 ou 300 kilomètres pour les plus proches. Ces distances n'empêchent nullement les influences d'école de s'y manifester. L'étude reprise par L. Dams, sous les auspices de l'université de Toulouse, a livré 134 figures nouvelles ! Les digités sur argile sont nombreux, surtout dans les

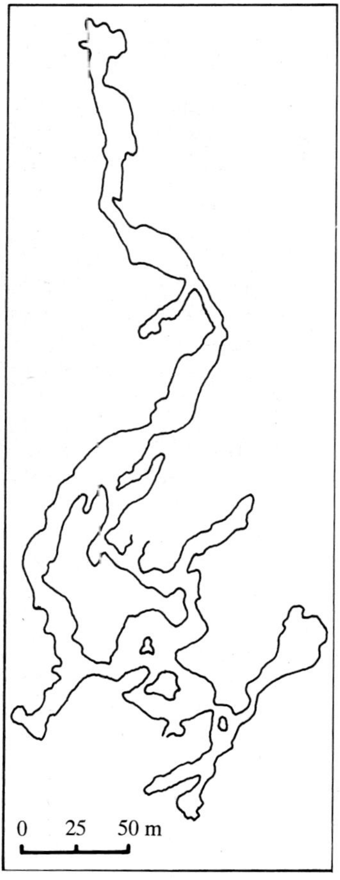

Plan de la grotte de La Pileta.

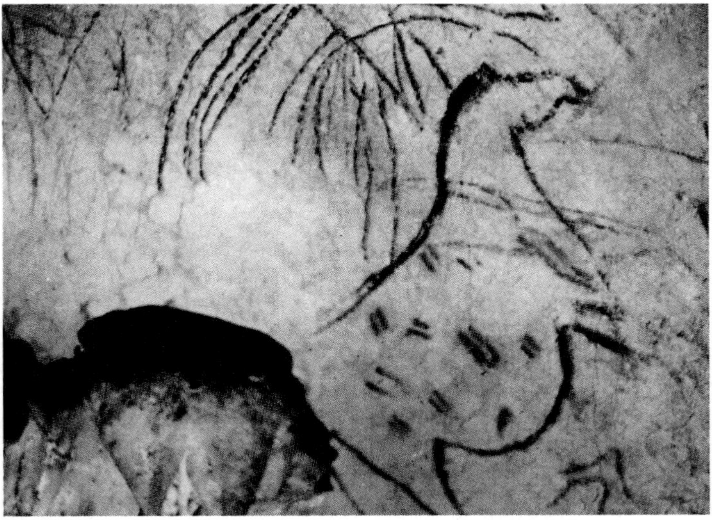

Jument gravide peinte dans la grotte de La Pileta (Espagne).

endroits reculés – raison de conservation ? – et les serpentins rouges sont fréquents. Breuil voyait des figures jaunes, oblitérées par des rouges, elles-mêmes surchargées de figures noires. Ces superpositions n'ont pas ici grande valeur chronologique, mais indiquent seulement une hiérarchie d'exécution. Ainsi, un bovidé jaune est synchrone d'un bouquetin rouge.

Quatre figures, dans l'ensemble considérable de La Pileta, méritent grande attention. Une jument gravide noire jaillit d'une vaste bouche d'ombre, le rebord de la cavité est en partie utilisée pour la croupe de l'animal. Le grand panneau dit « du poisson » offre un exceptionnel grand poisson plat, d'un mètre cinquante de long. Au pied de la paroi, stagne une eau permanente comme si l'artiste avait voulu représenter l'animal dans son milieu naturel. Mais l'animal le plus important, à mon avis, reste le « bouquetin au hublot ». En cet endroit, la paroi de la grotte est doublée par une mince cloison stalagmitique, à environ un mètre, laissant un couloir fort difficile d'accès. La draperie stalagmitique est percée d'un hublot naturel – on discerne les auréoles de formation calcaire – d'environ un mètre de diamètre. Sur la paroi de la grotte, légèrement ascendant, s'inscrit un excellent bouquetin, au trait noir épais. Il apparaît, merveilleusement encadré au centre du hublot, lorsque vous cheminez dans la galerie. L'effet théâtral est extraordinaire. Cette véritable mise en scène est *unique*.

Quels sont les éléments permettant d'aborder le problème chronologique ? D'abord, la présence d'un archer noir, arc en main, thème qui sera très fréquent, omniprésent, dans l'art de plein air du Levante après 8 000. Le seul archer connu, dans l'art de l'époque du renne, traité en léger relief sur un bâton perforé et chassant un bovidé en perspective tordue, provient de la couche I du grand atelier d'Alliat, daté de 10 435. La faune représentée à La Pileta compte 20 % de chevaux, 31 % de capridés, 20 % de cervidés, 7 % de poissons. Or, capridés et cervidés, 51 % à eux deux, forment la majorité de la faune du Levante, toujours après 8 000. Frise de cervidés, chasse aux cervidés par des chasseurs armés d'arcs seront alors les grands thèmes artistiques.

Enfin, des charbons, recueillis à La Pileta, au pied d'une paroi ornée, sept centimètres sous une chappe stalagmitique (situation analogue à celle des couches de La Vache à Alliat, sous un manteau de calcite) donnent, par le C 14, la date de 8 280. Nous pensons qu'ils peuvent dater l'art de La Pileta, ces chiffres étant en correspondance avec les précédentes données.

Cette école d'art méditerranéenne s'inscrit donc dans une fourchette chronologique relativement étroite et cohérente : deux millénaires, entre 10 000 et 8 000, correspondant aux derniers grands chasseurs du nord de la Méditerranée. Fait important et original : ses affinités stylistiques, raideur et archaïsme du tracé, perspective tordue fréquente, sont nettement périgordiennes. Or, les civilisations lithiques magdaléniennes n'existent pas dans la péninsule italienne ! Elles sont remplacées par des industries du type périgordien supérieur (le gravettien et l'épigravettien des préhistoriens).

2. L'école du Levant espagnol

De la province de Lérida, au sud de nos Pyrénées, à Grenade, sur une bande de territoire de quelque 150 kilomètres de largeur, épargnant la zone côtière sur une trentaine de kilomètres, se développe et s'épanouit un art original, dont l'inspiration sera toujours la chasse, mais traitée avec une vie et un dynamisme nouveaux. La libération du monde souterrain livre aux nouveaux artistes les immenses surplombs rocheux, les multiples niches des falaises, les anfractuosités verticales des profonds canyons de ces reliefs calcaires tabulaires. Un paysage âpre et sec, à la végétation clairsemée, où la roche nue est toujours présente. Cet art, dit du Levant

Deux vues des gorges de Valltorta (Espagne).

Cerfs affrontés peints sur une roche de Calapata (Espagne). (Relevé de J. Cabre Aguilo.)

espagnol, est essentiellement pictural et déploie à l'air libre ses fresques innombrables, au nord de Castellón de La Plana, à Teruel et Albarracín, à Albacete. Quittant la nuit des grottes, et certainement la religiosité, parfois utilitaire, attachée à celles-ci, cet art s'est, en quelque sorte, *laïcisé*, dégagé des mythes. Avec l'air libre des surplombs, il a pris, lui aussi, la liberté. Il se complaît désormais à peindre les scènes multiples de la vie quotidienne, la chasse, mais avec un goût marqué pour l'anecdote, le souvenir de l'aventure cynégétique, la technique pour interpréter les traces du bouquetin, la traque du sanglier. On serait tenté de dire qu'il s'agit désormais d'un art de trophées destiné à chanter, et avec quel dynamisme, des exploits ! C'est, quotidiennement, à des milliers d'exemplaires le triomphe de l'homme du puits de Lascaux. Mais l'homme, le chasseur est toujours présent, toujours actif, vit et participe étroitement à cette nouvelle geste animalière. Cet art du Levant espagnol anticipe déjà sur l'« art » de la bande dessinée !

Découvertes en 1903, par J. Cabre Aguilo, sur les rochers de Calapata, près de Teruel, les premières fresques étaient peu significatives d'une expression nouvelle de l'art : notamment deux cerfs affrontés, l'un dressé, l'autre, à gauche, les pattes pliées sous lui, tous deux avec leurs ramures traitées en perspective tordue. Affrontement de deux mâles, plus hiératique que dynamique. Mais les découvertes, pendant trois quarts de siècle, de milliers d'abris peints (un site comprend souvent 5, 10 cavités utilisées et les abris se suivent dans les âpres gorges de Valltorta la bien nommée) donnent à cet art ses caractères spécifiques.

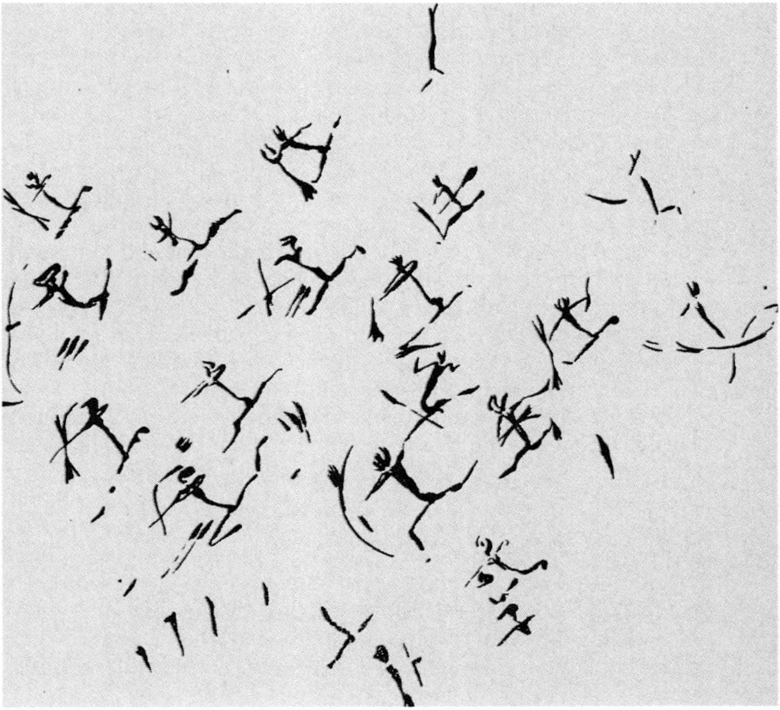

1

2

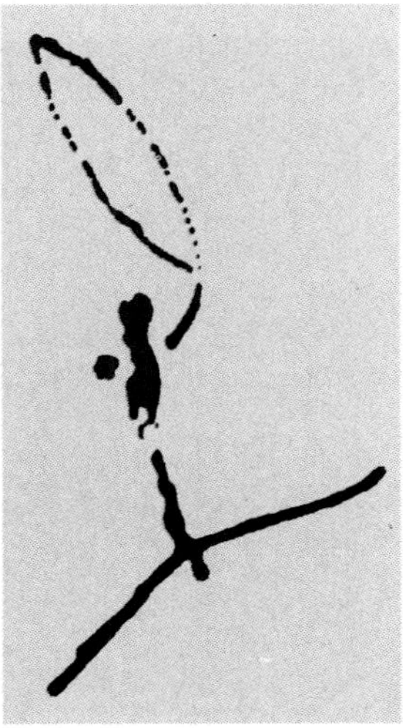

1. Scène de bataille peinte dans l'abri de Los Dogues (Espagne).

2. Lanceur de lasso peint dans la Cueva de la Araña (Espagne).

La chasse y règne donc : chasse à l'arc contre le bouquetin, comme à la cueva Remigia, dans la gorge de La Gasulla ; chasse aux cervidés, comme au Mas d'en Josep, à Valltorta, un thème qui se multiplie ; battue au sanglier, comme à la cueva Remigia (scène grouillante avec une douzaine de chasseurs, une demi-douzaine d'animaux, se déployant sur guère plus de 50 centimètres !).

Ici, à la cueva de La Araña, dans la province de Valence, c'est un lanceur de lasso et, dans la cueva del Garroso, dans le ravin de El Mortero, dans la province de Teruel, un chasseur marchant à grandes enjambées, portant deux javelots à l'horizontale. « Une des figures les plus remarquables de l'art du Levant », au dire du Professeur A. Beltran. Ce chasseur à longue chevelure, avec ceinture et « colliers » aux genoux, mesure 18 centimètres de pied à pied et 12 de hauteur, gabarit normal pour cet art !

Scène purement narrative ou pédagogie active sur tableau rocheux, à la cueva Remigia, un chasseur (haut de 45 millimètres) scrute une piste de cervidé, marquée par les empreintes bifides des sabots. Tout près, nous assistons à l'hallali, un archer achève le cerf qui a déjà trois flèches dans le corps, des flèches à poids, de forme losangique, comme celles des chasseurs périgordiens de La Colombière abattant un renne, gravé sur galet. Ces mêmes traces bifides de cervidé se retrouvent à La Pileta, enfermées dans des enclos, suggérant capture pour la garde conservatrice du gibier. À Valltorta, c'est un trait losangique que l'archer vient de lancer. L'on pourrait multiplier ces scènes vivantes où le chasseur joue le beau rôle. Il arrive parfois que le chasseur soit chassé, poursuivi par un taureau, cornes pointues (en perspective tordue), le corps lardé de flèches, en plein galop volant et manifestement furieux (Cueva Remigia). L'humour n'est point absent de cet art dynamique. Plus rares sont les scènes où les chasseurs utilisent les services du chien, comme à Alpera. Certains ont voulu voir, dans la présence de ce fidèle compagnon de l'homme, un indice chronologique, pour une datation tardive de ces fresques. L'argument ne tient pas. Le chien est domestiqué en 17 850, à Afontova Gora, sur l'Ienisseï, et les chasseurs de Maglemose, au Danemark, l'utilisent couramment au VIIIe millénaire.

La chronique dessinée de l'art du Levant ne se cantonne pas dans les actes glorieux de la chasse. Elle ne dédaigne pas de présenter des scènes plus calmes, plus statiques. Dans le ravin de El Mortero (province de Teruel), une femme, légèrement inclinée vers un arbre à une seule tige, en fait tomber les fruits ! Dans l'abri de Los Trepadores, deux hommes montent sur des arbres, toujours à tige unique, pour cueillir des fruits ou dévaliser une ruche. Une

1

2

1. Taureau blessé poursuivant un chasseur, peint dans la Cueva Remigia.
2. Scène de chasse au cerf peinte dans la Cueva Vieja d'Alpera (Espagne). (Relevé de J. Cabre Aguilo.)

scène plus explicite encore, de La Araña, montre le récolteur de miel, monté au faîte de l'arbre, à hauteur de l'essaim et portant une outre ou un panier de la main gauche. Les abeilles furieuses bourdonnent autour de lui. Encore aux Trepadores, trois hommes sont « dans l'attitude du maniement d'une bêche ou d'un bâton, bien qu'on ne puisse exclure non plus que ce soient des armes courtes ». Interprétation intéressante pour la datation... des paysans peut-être ? ce qui nous rajeunirait la scène, sans oublier que le bâton à fouir était déjà utilisé par les Australopithèques, depuis deux ou trois millions d'années. Proche encore, un cavalier à l'attitude raide, les bras allongés cramponnés à la crinière de son cheval. Une leçon d'équitation que l'on pourrait aussi considérer comme tardive, mais sans doute depuis bien longtemps l'homme a dû tenter de monter un jeune poulain... ou une Rossinante !

1

2

1. Scène de récolte du miel peinte dans la Cueva de la Araña (Espagne).

2. Archers peints dans la Cueva Remigia (Espagne).

Des scènes plus cérémonielles s'abritent parfois sous les surplombs. Une des premières connues et des plus célèbres est la scène de danse de Cogul (province de Lérida) qu'évoquait déjà Lope de Vega. Vu pour la première fois, voici un tiers de siècle, je trouvais l'abri décevant et ses peintures fort effacées. Le temps ne les a pas améliorées et, à ce propos, je poserais volontiers le problème de la conservation de ces œuvres. La sécheresse de l'air leur est certainement favorable, mais le corollaire est la formation de poussières, que des vents violents frottent sur les parois peintes, souvent situées à la base des falaises, dans des concavités déjà façonnées par cette action éolienne. On rencontre ces mêmes usures sur les plateaux d'Albocacer comme sur les plateaux du Tassili. Pourtant, un fin glacis de concrétions, un « calcin » s'y forme souvent, pellicule de destruction et de protection qui s'accroît du fait des visiteurs qui, pour mieux voir des peintures déjà très atténuées, les mouillent abondamment. Ils contribuent ainsi à leur disparition progressive sous une couche calcaire. Encore bien beau quand l'opération n'est pas effectuée par une gamine de dix ans, avec une loque sale, trempée dans une flaque d'eau, révélateur médiocre, mais parfait abrasif ! Après d'autres sans doute, j'ai rédigé en son temps un rapport sur ces coutumes désastreuses. En ma qualité de spécialiste étranger, j'ai eu satisfaction et il est désormais formellement interdit de procéder au mouillage des parois. Mais se posera un jour le problème de restaurer ces peintures, de dissoudre le calcin sans attaquer les colorants et de maintenir l'éclat retrouvé !

Est-il encore possible de discerner à Cogul la ronde des femmes, poitrine nue (à la crétoise, si tant est que les Crétoises étaient ainsi !), longue jupe cloche entourant un ithyphallique que certains croient rajouté. Autour, cervidés et bovidés, ceux-ci parfois inachevés – une partie des contours n'est pas remplie de couleur –, portent d'amples cornes, traitées en perspective tordue.

À la cueva Remigia, cinq archers marchant en file indienne,

Scène de danse peinte dans la grotte de Cogul (Espagne, Barcelone, Museo Arqueológico).

brandissant leur arc et leurs flèches, sont volontiers évoqués comme des guerriers sur le sentier de la guerre. Peut-être s'agit-il plus simplement d'une expédition de chasse ? La densité de population de ces périodes, l'abondance du gibier, cervidés, bouquetins ou bovidés sauvages, ne sont pas des arguments favorables aux hypothèses guerrières. Un habitant au kilomètre carré vers 5 000 avant notre ère, ou même un pour 10 kilomètres carrés lors de l'exécution de ces peintures, impliquerait une vie pacifique. D'autant plus que ces régions n'étaient pas encore le pays désert qu'elles sont devenues, en grande part du fait de l'homme néolithique et des premiers temps de l'histoire. Trop d'élevage et trop de cultures ont transformé ces plateaux en Sahel !

Un rare argument à l'hypothèse belliciste serait cependant la diversité du traitement des hommes : des archers de proportions normales, d'autres, le tronc court et les jambes énormes comme atteintes d'éléphantiasis, d'autres encore filiformes, comme à Morella ou aux Dogues, dans la gorge de La Gasulla. Mais nous considérons ces derniers comme plus tardifs et les évoquerons ultérieurement (avec eux, d'ailleurs, la guerre existe !). Enfin nous trouvons de longs corps à poitrine triangulaire, de longues jambes lourdes, le tout relié par une taille d'une minceur extrême. Ces différences impliqueraient-elles des différences d'ethnie ? Les gros contre les minces ? Nous pensons plus volontiers qu'il s'agit là de conceptions du corps humain propres à tel ou tel artiste, dont l'influence fut déterminante. Les longs corps annoncent Giacometti ! de même que les « têtes rondes » tassiliennes seront le fruit d'une conception très particulière d'un artiste saharien. L'art du Levant, très simple, est déjà simplifié. Le souci du récit et de l'anecdote qui l'inspirent, conduit à la réduction du format des scènes, à la multiplication des animaux et des personnages, à la suppression des détails, du modelé, et mène directement à la schématisation. Les guerriers de Las Dogues en sont l'aboutissement logique. Reste le délicat problème chronologique.

Dans les grands abris d'Alpera, de Minateda, les superpositions sont nombreuses : Breuil n'en comptait pas moins de 13 à Minateda. Elles ont une valeur temporelle limitée, correspondant à leurs diverses exécutions, plutôt qu'une profonde valeur chronologique. Ces vastes abris anecdotiques seraient volontiers comparables aux panneaux posés à l'entrée des villages de Chine ou d'Albanie, où, chacun en toute liberté, inscrit ses doléances, ses satisfactions ou ses états d'âme. Une plus sûre méthode serait certainement de cartographier les éléments composants, les types humains par exemple, afin de voir si des aires distinctes sont

Taureaux superposés aux cornes en perspective tordue, blanc et rouge, peints à Ceja de Piezarradilla (Espagne).

décelables, si elles se recoupent et mettent en évidence des déplacements qui auraient valeur géographique et chronologique.

Pour les uns, l'art du Levant serait paléolithique, contemporain, au moins en partie, de l'art rupestre du nord des Pyrénées. Le « rhinocéros » de Minateda, le jeune bison de Cogul, exemplaires d'une faune ancienne, n'entraînent pas l'adhésion. Reconnaître des caractères spécifiques à des figures de quelques centimètres est chose malaisée. Pour d'autres, ces peintures seraient du néolithique, d'une période pastorale et paysanne, si ce n'est de l'âge du Bronze ! Nous avons douté de la valeur tardive de certaines scènes, comme la récolte du miel. Depuis des millénaires, l'ours avait montré sa prédilection pour le miel !

La technique picturale monochrome, dans l'ensemble, adopte systématiquement la teinte plate. Pourtant, des figures jaunes ou rouges, les ocres naturelles, sont souvent oblitérées par des figures noires (Alpera). Mais le blanc existe, quoique rare (il prendra de l'importance au Sahara et en Namibie). D'une commune expédition avec le Professeur Beltran, dans le secteur de Teruel, je garde souvenir d'un taureau à larges cornes rouges, oblitérant un taureau blanc plus ancien aux cornes plus étroites, mais avec toutes les cornes en perspective tordue (Ceja de Piezarradilla). Le taureau rouge atteint 60 centimètres, mais à Cocinilla del Obispo, un autre taureau, lui aussi en perspective tordue, atteint 90 centimètres : il est blanc ! À Tajades de Bezas, on trouve deux biches blanches mais, le plus frappant, le plus intéressant est la grande dimension de ces animaux, une dimension tout à fait « paléolithique », ainsi que, d'une façon générale et systématique, une graphie fidèle au « canon » périgordien. Si l'art du Levant a une ascendance paléolithique, et il l'a, indiscutablement, c'est une ascendance périgordienne. Comparons les « cervidés franchissant la rivière » de Lascaux, avec ces mêmes cervidés franchissant aussi la rivière, de la cueva de Los Caballos à Valltorta. Scènes de la même famille ! mais à Lascaux, nous n'avons que les têtes de cervidés, alors qu'à Valltorta, ils sont entiers et... quatre archers les accueillent de leurs flèches. Différence profonde, totale, entre un art naturaliste animalier des grottes et une anecdote de chasse de plein air.

L'art de l'école périgordienne a profondément marqué l'Occident. Il se révèle particulièrement expansif, dynamique, d'une puissante vitalité qui engendre une riche et nombreuse descendance. Nous l'avions vu pour l'école méditerranéenne des derniers grands chasseurs, venir jusqu'à La Pileta l'Andalouse.

L'école magdalénienne, plus brillante parfois comme à Altamira, plus rigoureuse dans son dessin comme à Niaux, plus intellectuelle et plus philosophique comme à Rouffignac, l'Éleusis de la préhistoire, n'aura pas, sur le plan artistique la force et l'influence pénétrante, la pérennité de l'école périgordienne.

L'art du Levant, libéré des contraintes, commence sans doute vers 8 000. Il évoluera, insensiblement, vers un certain schématisme. À quelle période placer cette évolution : lorsque l'économie agricole sera solidement implantée dans cette zone préméditerra-

Figure de biche peinte en blanc à Tajades de Bezas (Espagne).

néenne, abandonnant les plateaux à quelques rares pasteurs pour s'établir dans les riches plaines alluviales, cultiver les *huertas*, fonder des villages d'éperon comme Los Millares, dont les murailles se datent par le C 14 de 2 340 avant notre ère.

Vers 5 000, l'art du Levant, art de chasseurs, doit évoluer, devant la fin de la suprématie de la chasse. Insensiblement, le schématisme gagnera du terrain jusque vers 3 000 - 2 000. Mais toutes les transitions, toutes les nuances existent. L'abri de Cogul, dont le véritable nom est la Roca dels Moros (la roche des Maures) a peut-être vu peindre les taureaux, puis les femmes aux seins nus, le rajout de l'ithyphallique pour supporter ensuite des inscriptions ibériques, des inscriptions romaines et des graffiti contemporains !

3. Les gravures du grand art naturaliste africain

Grandes sont les énigmes posées par la gravure naturaliste africaine, car elles portent sur les questions de style, de chronologie, d'origine enfin. Ce sont les problèmes de style qui attireront essentiellement nos réflexions dans cette étude d'art. Les auteurs s'accordent cependant sur un point, l'existence de toute une faune ancienne, dite parfois « éthiopienne » avec des espèces disparues, ou en voie de disparition lors de l'exécution des gravures. Les éléments les plus caractéristiques sont l'éléphant, le rhinocéros, la girafe, le grand bubale (ou buffle antique, *Homoïocera antiquus*), l'hippopotame... Le grand bubale, qui paraît le plus typique, donne son nom à toute la période de ces gravures.

Si le bubale disparaissait complètement à une date précise, le

Figure de bubale gravée sur une roche dans le Hoggar (Algérie).

Figures de bovidés profondément gravées à Terrarat (Algérie).

problème chronologique serait simplifié, or le bubale est connu, par ses ossements dans le site d'Amekni, daté de 6 720 avant notre ère par le C 14. Ce site majeur ne semble pas comprendre d'animaux domestiqués, mais par contre l'agriculture y est possible, comme l'attestent deux grains de pollen d'un *Pennisetum* cultivé. La céramique y est abondante...

Cette date de 6 720 est fort importante : les gravures du bubale descendent au moins à cette date, et les plus anciennes peuvent remonter très haut dans le temps ! Le bubale, associé à ses congénères, apparaît relativement fréquemment dans la gravure de l'Afrique du Nord et du Sahara. Ce sont des gravures naturalistes, de grandes dimensions, à la technique assurée, réalisées avec une expression animalière hors pair. « Les traits de la gravure sont d'une netteté absolue, bien que souvent tracés sur rocher tenace, en V, parfois en U surbaissé, note H. Lhote, avec une gouttière polie formée par le trait, ayant jusqu'à un centimètre de largeur. Le modelé est obtenu par des traits secondaires, de semblable qualité, ou par de larges surfaces, sur le corps de l'animal, surfaces parfaitement polies elles aussi. »

Un voyage d'études, d'avril 1974 (Hoggar, Tassili et Ténéré) me permettra d'apporter quelques précisions sur ce « grand style naturaliste ». Au sud-ouest de Djanet, en direction du Ténéré, dans le centre de l'oued Diebiren, large à cet endroit de 4 à 5 kilomètres, surgissent deux pitons jumeaux, au sein de la plaine alluviale : le site majeur de Terrarat. Ces pitons portent un lot de gravures de la plus haute qualité. Les indigènes les évoquent en les appelant « les vaches qui pleurent ». Sur la rive gauche de l'oued, la haute falaise en porte également. Un site identique existerait à quelque 8 kilomètres au sud de Djanet.

L'intérêt esthétique de Terrarat est double : les thèmes animaliers et les thèmes d'inspiration. La plus grande originalité est certainement l'utilisation des accidents naturels du piton à partir desquels les gravures ont été réalisées.

Deux buffles au profil se chevauchant, comme les éléphants de la frise de Garet el Mahisserat (Sud oranais) et comme les mammouths de la grande frise de Rouffignac, se dirigent vers une diaclase d'ombre ! Non loin, un troisième, gravé à ras de terre, avec une envergure des cornes de 2,05 mètres (ce qui donne une idée de ses dimentions totales) baisse la tête vers un cône d'éboulis. Ce cône s'est formé à l'issue d'une vaste fissure entre deux vastes pans rocheux. Constitué par des éléments détritiques meubles, ce cône s'accroît de dépôts nouveaux à chaque orage, dépôts arrachés aux parois du piton. Au moment de ces orages, rares mais violents, le buffle boit ! Exactement comme le renne buvant des Combarelles dont j'ai marqué le rôle exceptionnel.

Enfin, un grand bœuf du panneau monumental de Terrarat descend une fissure, alors qu'un autre grand buffle se dirigeant vers la droite suit une fissure montante ! Les ressemblances avec l'art des chasseurs d'Occident et les utilisations rocheuses sont frappantes : quatre cas majeurs en quelques mètres ! Parenté ou convergence ?

Les techniques d'exécution, par contre, sont d'une qualité telle qu'elles ne sont pas comparables aux gravures les plus évoluées du monde occidental. Le buffle baissant la tête et buvant (celui dont l'envergure des cornes est supérieure à deux mètres) possède deux profondes cupules creusées par l'artiste, parfaitement polies, mesurant respectivement 45 et 53 millimètres de diamètre. La différence est voulue pour donner une expression vivante à la tête légèrement oblique.

Le panneau monumental, plus en amont, comprend cinq grands bovidés, plus ou moins superposés et mêlés. Le bovidé descendant la fissure a des cornes vues de face, en lyre, écartées pointe à pointe de 93 centimètres et mesure, du départ des cornes à la fin de la ligne dorsale 2,05 mètres. Larges de 60 millimètres, les cornes sont profondes de 30 millimètres, avec une concavité

Figures d'éléphants gravées à Sidi Makhlouf (Djelfa, Algérie).

si parfaitement polie, qu'en Occident, isolée, on penserait à une cupule de polissage ! Pour représenter la robe tachetée de l'animal, une cavité de 300 millimètres sur 20 de profondeur, elle aussi merveilleusement polie, assure les différences de la robe.

Le grand bœuf derrière le précédent est vu de face. Ses cupules oculaires sont évidemment d'un même diamètre : 80 millimètres pour une profondeur de 30. Il porte une large tache sur le front : 350 millimètres de long pour 130 de large et 30 de profondeur. Rappelons, pour mémoire, qu'au Cap-Blanc, un grand cheval dit « sculpté », mesurant 1,90 mètre possède un relief de 300 millimètres au corps et de 10 millimètres à la tête, soit des indices de relief de 15,7 pour le corps, de 0,52 pour la tête, alors que les

Figure de bubale gravée à Gouret bent Saloul (Algérie).

indices de relief en creux, pour le bœuf de Terrarat, sont de 50 pour la corne, de 37,5 pour l'œil et de 8,5 pour la tache frontale. La gravure saharienne a plus de relief que la sculpture périgourdine.

Le quatrième bovidé, vu de face, comme le précédent, a la particularité d'avoir la corne de droite dressée, position naturelle, alors que la corne de gauche (en regardant l'animal) se recourbe harmonieusement vers le sol, en un demi-cercle parfait. Un étrange et heureux effet esthétique de torsion de l'encornure, une forme originale de perspective tordue !

Le second piton porte, gravé, l'avant-train d'un animal à cornes dont le front utilise une fissure. En face, légèrement décalé, un animal sans corne, ce qui n'est pas sans rappeler le thème des rennes de Font-de-Gaume et des bisons, mâle et femelle, du grand plafond de Rouffignac.

Sur le versant de l'oued, avec la gravure d'un « petit » rhinocéros de 81 centimètres de long, au trait épais, large et parfaitement poli de 18 millimètres de large, on distingue, très haut, cinq ou six autres gravures naturalistes de qualité. Ne disposant d'aucun moyen matériel d'escalade, je n'ai pu les relever.

Ces remarquables gravures de Terrarat permettent de préciser la diagnose technique du « grand style naturaliste », selon l'expression de G. Camps.

À Terrarat même, ce ne sont pas des gravures normales mais véritablement un monument, pour une commémoration durable, où des préoccupations magiques sont sans doute latentes. Le panneau monumental a exigé de nombreuses semaines de travail.

Rare dans le Tassili, le grand éléphant de Nenzouzin est cependant à signaler, cet art de la gravure profonde est plus fréquent dans l'Atlas saharien. R. Vaufrey en signale d'excellents exemples,

Figures d'éléphants gravées à El Aourer (Fezzan, Libye).

Figures de bovidés surchargées de graffiti libyco-berbères, à El Aourer (Fezzan, Libye).

attribuables à ce grand style : le lion de Djatton, le grand buffle antique de Gouret bent Saloul, en perspective tordue, riche de détails gravés caractéristiques comme les longs poils du fanon, les cornes annelées. De la même qualité, technique et artistique, sont les béliers de Bou Alam, la « technique la plus parfaite des gravures rupestres du Sud oranais », selon R. Vaufrey. Vers Tiaret, les buffles affrontés de l'oued Azouania marquent l'expansion septentrionale.

Dans un site de Gonoa, au Tibesti, le général Huard recense 1 hippopotame, 9 rhinocéros, 20 éléphants, 10 girafes, répartis en plusieurs groupes. Le rhinocéros le plus ancien mesure 2,25 mètres. Là aussi, les gravures les plus anciennes sont de la plus grande qualité, dimensions, technique, attitude, trait profond, parfaitement poli... À l'oued Djerat, au Tassili, des rhinocéros atteignent près de 8 mètres de long, des personnages 3,50 mètres, des girafes jusqu'à 7 mètres.

Comment résoudre désormais le problème chronologique ? Le problème est plus délicat que pour les datations européennes, car les jalons datés sont encore moins nombreux. La proximité de sites archéologiques et des abris du grand style naturaliste, dans le Sud oranais, n'implique pas que toutes les gravures soient contemporaines de ces couches, souvent néolithiques. Elles peu-

1

2

1. Figure de hyène gravée, provenant de Last Haven, Hekpoort (District de Rustenburg, Transvaal).

2. Figure d'antilope gravée, provenant de Klerksdorp, Transvaal occidental (Pretoria, National Cultural History and Open-Air Museum).

vent, parfois, être plus anciennes. Souvent, il n'y a pas de contexte archéologique, comme à l'oued Azouania ou à Terrarat.

Un fait est certain : après sa période terminale, cet art se prolonge et demeure, un moment, en contact avec les pasteurs du néolithique. Il n'y a pas extinction totale et les bovidés de Terrarat, de style étonnament naturaliste, sont domestiqués, comme l'atteste leur robe, les taches creusées et polies correspondant à la bichromie des peintures bovidiennes sahariennes. Le bélier de Bou Alam l'est aussi, avec son sphéroïde inscrit dans ses cornes. Mais la relative contemporanéité de ce style avec l'économie pastorale ou même paysanne n'implique pas, dans le domaine saharien, une date récente ! Cette économie nouvelle se date (actuellement !) par le C 14 de 6 720, 7 260 et 6 525, 6 150 dans le Hoggar, 6 122 et 6 150 dans le Tassili'n Ajjer, 6 115 dans le Tibesti et même, sous réserve de confirmation, 7 400 au nord du Niger.

La datation des marnes de diatomées à mélania qui donne la chronologie de l'extension maximale des lacs sahariens et la période pluviale, indique 6 710 en Mauritanie, 7 200 à 6 550 au Niger, à partir de 10 000 au Tchad, jusque vers 450 avant notre ère. Cette période humide correspond naturellement à la vie de la grande faune et à la chasse. F. Mori, qui a étudié l'Adrar Acacus propose 8 000, pour le début de cet art naturaliste et le général Huard et J. Leclant qui ont travaillé dans le Tibesti suggèrent cette même date.

Placer les débuts de ce grand art naturaliste de la gravure, vers 9 000 - 8 000 et le voir se prolonger, en contact avec pasteurs et paysans jusque vers 6 000 - 5 000 semble raisonnable, dans l'état actuel de nos connaissances. R. Vaufrey pensait que le bélier de Bou Alam pouvait avoir, « au plus », 4 500 ans avant notre ère !

Quant au problème de l'origine, nous le lierons à celui des peintures africaines. Alors que le désert libyen offre, lui aussi, d'admirables gravures naturalistes de haute qualité, étudiées par P. Graziosi qui les met en corrélation avec une économie néolithique, les gravures de la vallée du Nil présentent, volontiers associées, figures de rhinocéros ou d'éléphants et animaux domestiques, souvent de moins bonne facture. La Haute-Égypte semble atteindre le médiocre. En Tanzanie, peintures et gravures coexistent (on y distingue 17 époques par superposition !), mais le grand style ne se retrouve qu'en Afrique australe. Les gravures y connaissent une répartition géographique intérieure, alors que les peintures se cantonnent dans une aire plus littorale. L'antilope gravée de Sweitzer (musée du Cap) rappelle à H.-J. Hugot le bovidé de Djanet. Au Transvaal, on connaît des gravures absolument remar-

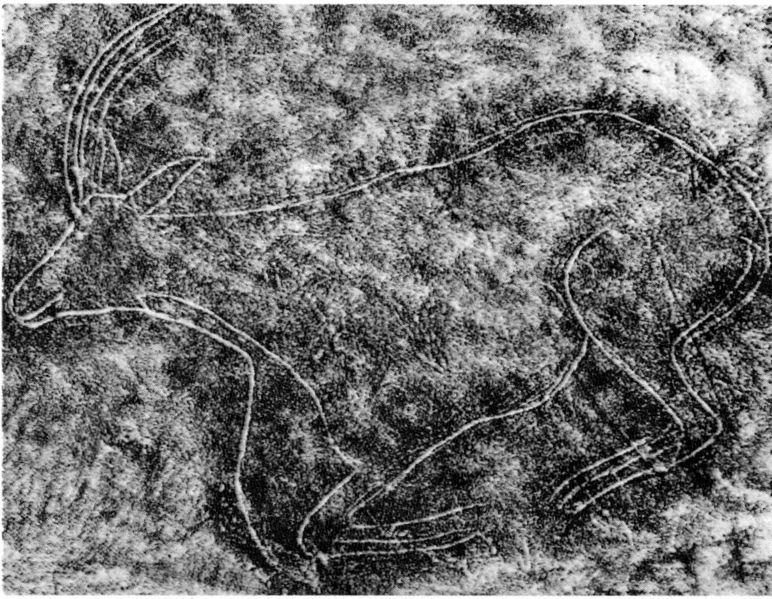

1

2

1. Antilope noire gravée, provenant de Last Haven, Transvaal.

2. Rhinocéros gravé (Pretoria, National Cultural History and Open-Air Museum).

quables de rhinocéros, de girafe, et une des œuvres gravées les plus parfaites, la classique « Antilope du Cap » découverte dans les collines de l'Ouest (musée de Pretoria). Elle résulte toutefois d'un savant piquetage, une technique différente de celle de Terrarat. Mais les plus nombreuses figures, plus tardives, se cantonnent dans un piquetage très artisanal et sont souvent de faibles dimensions, de 10 à 25-30 centimètres.

Faute d'une connaissance concrète et directe de ces œuvres et des sites qui les supportent – ce qui a son importance –, j'adopterai la chronologie récente d'E. Holm, sans partager le moins du monde ses théories explicatives de l'art austral. Il pourrait commencer vers 8 000 - 6 000, plus sûrement se situer entre 6 000 et 1 200 avant notre ère, et se prolonger jusqu'à nos jours.

4. Les « Têtes rondes » du Tassili

La peinture africaine, sur vastes auvents rocheux, est d'une extraordinaire richesse, par le nombre de ces surplombs décorés, qui échappent présentement à tout recensement exhaustif, par l'abondance de ses panneaux et leur luxuriance iconographique. Les problèmes qu'elle pose sont très voisins de ceux posés par les graveurs. Deux zones géographiques sont exceptionnelles : le Tassili-n-Ajjer, le Fezzan, le djebel Ouenaf, l'Ennedi, le Tibesti, l'Aïr et le Hoggar, vaste noyau du centre-Sahara avec diverses annexes d'une part, l'Afrique australe d'autre part, avec les monts du Drakensberg comme noyau. Dans l'intervalle, des prospections nouvelles devraient assurer la liaison, au moins géographique et sans doute stylistique.

En septembre 1977, Mary Leakey me signalait des peintures rupestres dans l'est de la Tanzanie, sur les bords occidentaux de la Rift Valley que le temps ne me permit pas d'atteindre.

Le monde saharien, au sens large, nous offre deux grandes séries picturales sensiblement synchrones, correspondant à l'art des graveurs animaliers naturalistes que nous venons d'évoquer, les peintures de scènes, pleines de vie, riches d'anecdotes cynégétiques, et des peintures profondément originales, dites des « Têtes rondes ». La série gravée et les deux séries peintes sont très différentes les unes des autres, et seuls, les mêmes thèmes animaliers assurent la jonction, ceux de la grande faune chasseresse. À Tissoukaï-n-Afella, au Tassili, des abris donnent un grand bœuf

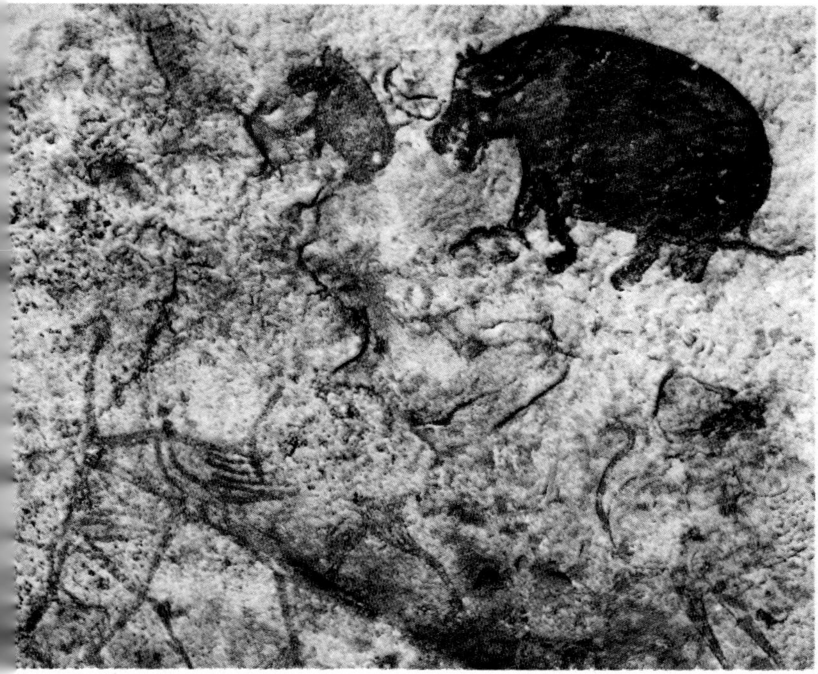

Peinture rupestre avec figures animalières dans un abri du Tassili (Algérie).

de 4 mètres de long, associé à des girafes, des éléphants, des autruches, des rhinocéros, animaux représentés isolés. Fait précieux pour la chronologie, H. Lhote y découvre deux belles figures de bubale antique, assurant le synchronisme avec les gravures de bubales, ce qui conforte la valeur chronologique de cet animal « directeur ».

À Ti-n-Teferiest, le même auteur copie une fresque présentant de curieux personnages filiformes, les bras allongés jusqu'à terre. Le premier voit même ses bras se recourber comme une trompe d'éléphant. Étrangeté, fruit d'une imagination dont nous verrons bientôt les effets étonnants, soulignée par la technique picturale : les deux personnages sont dessinés d'un trait épais ocre avec un remplissage blanc.

De la même période, selon les travaux d'H. Lhote, une scène peinte de Séfar offre des personnages tout différents : ce sont des personnages (en ocre rouge) de faibles dimensions, porteurs de longues lances, ou mieux de longs tridents, représentant deux à

Le « dieu martien » de Jabbaren (aquarelle de H. Lhote) (Algérie).

trois fois la hauteur des porteurs. Les attitudes sont excellentes et très naturelles : les corps arqués devant la lance, la main libre familièrement posée sur la hanche. À la fois vivante et anecdotique, la scène suggère fort l'art du Levant espagnol ! Des rapprochements de cette nature se rencontreront par centaines, dans les phases picturales plus récentes, celles que l'on appellera de « l'époque bovidienne ». Ces exemples sont caractéristiques de la première série picturale, opportunément datée par les bubales.

Quant à la seconde série, baptisée la période des « Têtes rondes », elle offre les plus profondes originalités. Devant les très nombreuses scènes où figurent ces personnages étonnants, aux têtes véritablement globulaires qui n'ont rien d'humain, tant à Séfar qu'à Jabbaren, sur le haut plateau tassilien, j'ai cherché, en vain, des ressemblances, des convergences avec d'autres arts connus. Prenons une des figures les plus caractéristiques, celle baptisée le « grand dieu martien » de Jabbaren (déplorons d'ailleurs ce recours aux « Martiens » que certains esprits crédules n'ont que trop tendance à prendre au sérieux, comme le montre trop abondamment une certaine presse). Un personnage énorme, vu de face, bras séparés du corps, surmonté d'une masse globulaire où quatre demi-languettes à nervure centrale doivent figurer la chevelure ! Deux cercles concentriques, en plein centre du globe donnent un œil. Deux plus petits, excentrés, sur le côté donnent le second. Paré d'une sorte de collier ras du cou, tel est le personnage.

À Séfar, au centre d'un vaste panneau de plus de 30 mètres carrés, trône un personnage peint en blanc, c'est d'ailleurs la couleur dominante de l'ensemble, surplombant de ses 3,50 mètres, une vaste scène extravagante. Évidemment, c'est le « dieu de Séfar ». Que de divinités dans ces peintures ! Les jambes écartées et le sexe apparent, il étend largement ses bras coudés, des mains que l'on dirait palmées. Dans la saignée du bras, un appendice proéminent vertical. Aux poignets et dans les saignées du bras, trois traits représentent des bracelets (les Touareg portent volontiers aujourd'hui des bracelets remontant jusqu'au coude). La tête enfin est étrange. Elle est dirigée vers le ciel, avec deux oreilles appendiformes très détachées, comme de petites cornes. Sa partie supérieure est bosselée de telle manière que l'on a parfois l'impression de la comprendre différemment ou de la voir de dos, le visage caché (aucun œil n'est figuré) ou de profil, légèrement tournée vers le ciel et vers la droite. Vue ainsi, l'oreille gauche devient le menton et une des petites protubérances de la tête devient le nez ! Il y a, dans cette graphie, une ambiguïté évidente. Et elle serait fort bien dans la ligne du peintre ! Une antilope blanche surcharge le personnage, à mi-corps, à la hauteur de son nombril nettement marqué. À son tour, l'antilope est surchargée d'un décor festonné. À gauche, deux femmes, les bras coudés vers le ciel ont des gestes d'implorantes. Leurs visages sont identiques, à quelques détails près, au dieu de Jabbaren : cinq demi-cercles doubles pour la chevelure de celle qui n'a qu'un œil, deux petits yeux ronds pour la seconde. À droite, une femme de mêmes caractères, mais parfaitement horizontale ! Elle oblitère une fort belle antilope rouge

Figures d'animaux peintes à Tamrit (Algérie).

vif, aux cornes rejetées en arrière, en excellente perspective. Non loin, une antilope blanche est oblitérée de rouge, ce qui montre la complexité des superpositions et du peu de crédit qu'on peut leur accorder en tant qu'élément de datation, comme en Occident. Un excellent buffle, en blanc également, possède de longues cornes en perspective tordue. Apparenté au grand personnage, il est lui aussi précieux repère chronologique.

Il semble bien qu'à côté de figures rouges, d'un dessin normal, se développent, se déploient à Séfar, les virtuosités originales d'un peintre quelque peu étrange. Peintre ou... décorateur ? Indiscutablement, nous avons ici une optique nouvelle, qui n'a pas d'antécédent, qui n'aura pas de descendance. À moins de la rechercher dans les « Demoiselles d'Avignon » et nombre d'autres œuvres de Picasso !

Et les explications valables pour l'art occidental sont à nouveau nécessaires devant cet abri de Séfar. Il nous offre le chef-d'œuvre d'un maître, d'un chef d'école picturale, qui voit, qui sent différemment les traditions et le naturalisme quotidien. Ces personnages ne sont plus « figuratifs »... Ils sont devenus *ses* personnages. Son style, il l'étend, il l'impose à ses disciples, à son école. Le maître de Séfar diffuse son style dans le monde tassilien et, pour l'époque, c'était une expansion remarquable... Quelques jours après cette étude de Séfar, sous un abri de Jabbaren, quelques amis et compagnons de route me demandaient de leur expliquer cet art inexplicable de Séfar.

Voici l'explication la plus simple : au sein de nombreuses et multiples influences picturales naturalistes, un esprit supérieur impose, à lui-même, à ses disciples, une vision nouvelle de l'art,

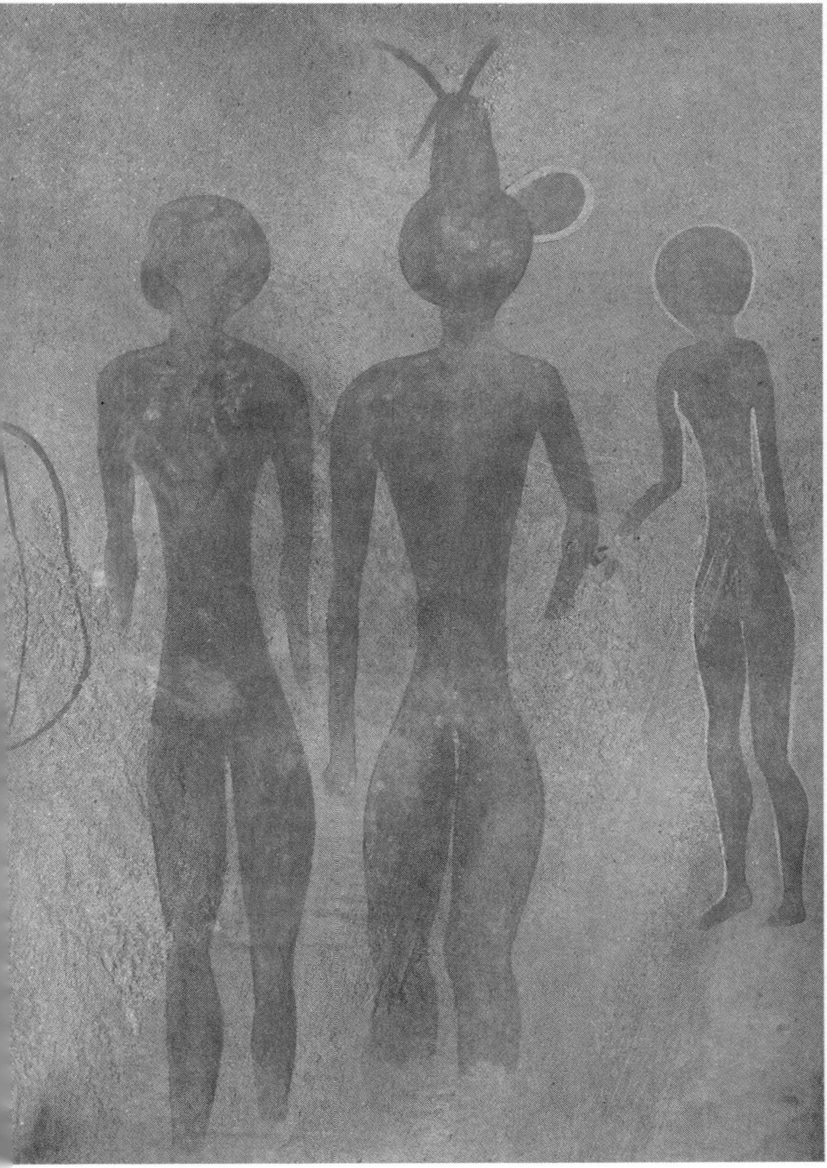

Peinture rupestre de l'école des « Têtes rondes » du Tassili (Algérie).

qui n'est plus copie servile de la nature, mais vision personnelle et interprétation. Tel est le maître de Séfar, le Picasso du Tassili !

Mais revenons au grand abri de Séfar, pour une curieuse rectification ! Nous pouvons y admirer une belle peinture rouge, très célèbre, publiée maintes fois : *la Femme masquée*. Haute de 70 centimètres, elle marche élégamment vers la droite, le corps souple, avec l'ensellure lombaire fort accusée et un petit ventre bien rond faisant contrepoids. Elle est parée de bracelets aux chevilles et aux bras, vêtue de sa seule ceinture. Elle est masquée, dit-on. En effet, un « bandeau » rectangulaire oblitère son visage.

Quelle pourrait être la nature de ce bandeau ? C'est tout simplement une altération sacrilège récente. Cette jeune femme n'a jamais, en son temps, porté le moindre bandeau !

Sans doute dans un but de quelque décalque on lui a posé sur le visage, la partie jugée la plus intéressante et la plus séduisante, un rectangle de toile ou de plastique, imprégné d'un produit qui a, littéralement mangé la couleur. En enlevant ce rectangle, on a emporté, à regret je pense, toute la couleur du visage. La preuve ? Sur l'avant-train de l'antilope rouge, à la droite du dieu que nous

Scène peinte avec figures d'archers, provenant de Séfar (aquarelle de H. Lhote) (Algérie).

La femme « masquée » de Séfar, défigurée par un « décalque-enduit » moderne.

admirions voici quelques instants, se retrouve le même rectangle. Mais ici, oh bonheur ! son apposition n'a pas enlevé une plaque de rouge mais, au contraire, elle l'a ravivé. Examinons enfin le dieu lui-même. Un rectangle mystérieux a été appliqué mi-partie sur le ventre, mi-partie à l'extérieur, l'angle supérieur droit du rectangle étant sur le nombril. Ici aussi, la couleur est nettement ravivée ! Devrions-nous en conclure que des essais de ravivage des couleurs ont été tentés, par l'apposition de ces rectangles enduits d'une substance chimique... et que l'essai sur le visage de

Antilope rouge, à droite du Dieu de Séfar, dont l'angle inférieur droit conserve la trace géométrique de l'enduit moderne ravivant la couleur.

la femme masquée a complètement échoué puisque, au lieu de raviver son visage, on l'a détruit ! Qu'importe, rectifions : la « Femme masquée » de Séfar ne l'était pas. Peut-être même avait-elle le plus beau visage du monde ? Nous ne le saurons jamais.

Cette étrange figure, ainsi dénaturée, fut jugée suffisamment caractéristique pour être utilisée en couverture d'un livre, par ailleurs excellent, sur la Préhistoire : *À la recherche du Paradis perdu*, par mon collègue, le Professeur Gabriel Camps, de l'université de Provence (Paris 1982, éd. Librairie Académique Perrin).

Pour l'Afrique australe, nous possédons depuis quelques années l'excellente documentation, apportée par P. Vinnicombe (1976), sur la civilisation de l'éland dans le massif montagneux du Drakensberg. L'éland africain, souvent chassé, est une grande antilope, de la taille d'un gros bovidé, un gibier de choix, dangereux à chasser. Rappelons que l'éland africain est différent de l'élan nordique qui est un cervidé.

L'étude exhaustive de P. Vinnicombe fournit de précieux renseignements chiffrés et statistiques, permettant une approche technique des nombreuses peintures du Natal.

Pour la première fois sur le continent africain, on possède de cette civilisation artistique un recensement précis des peintures et de leurs thèmes. Les antilopes représentent 51 % des animaux (sur un total de 3 606), d'autres animaux sauvages 17 % et les animaux domestiques 23 %. Comme au Tassili et dans le monde saharien en général, il n'y a pas rupture entre les deux catégories : sauvage et domestiqué arrivent tôt et coexistent. Dans l'art occidental, figure seule la faune sauvage. Le clivage se réalise lors du grand « virage » de 10 000, décidément fondamental. Parmi les animaux domestiques, le chien ne compte que pour 5 %. Moins nombreux qu'au Sahara, il semblerait entrer tard dans la vie quotidienne de l'Afrique australe. À l'intérieur du monde sauvage, l'éland seul figure pour 35 %, les autres antilopes pour 42 %. L'hippopotame est rare, 5 seulement, ainsi que l'éléphant ; une seule peinture de rhinocéros.

Les peintures monochromes sont les plus nombreuses, 72 % pour les hommes et 52 % pour les animaux. La couleur rouge est la plus utilisée, 49 % pour les hommes et 31 % pour les animaux. Respectivement, le noir représente 21 et 23 %, quant au blanc, 17 % et 27 %. Pratiquement pas employé dans l'art occidental, très rarement dans le Levant espagnol, le blanc prend grande faveur avec les « Têtes rondes » mais sans atteindre certainement les forts pourcentages du Sud de l'Afrique. On peut noter cette augmentation de l'usage du blanc, de l'Occident au Sud africain. Comme en Occident, les personnages humains sont rarement sexués ; on compte quatre fois plus d'hommes que de femmes. La chasse compte 8 % de scènes, la danse 5 %, la pêche 3 % et les scènes incertaines 79 %. Ces quelques chiffres sont fastidieux, mais il est certain que, si nous disposions de données analogues pour l'ensemble du continent, le problème de l'origine de l'art africain approcherait d'une heureuse solution. Les évolutions artistiques se comprendraient mieux et surtout nous disposerions peut-être d'une direction géographique.

Les scènes picturales du monde austral sont remarquables de vie, pleines de mouvement, riches d'attitudes dynamiques, pour les hommes comme pour le monde animal. Elles évoquent des tranches de vie, avec un souci de l'anecdote qui fait penser au Levant espagnol. Ce sera encore plus sensible dans les phases terminales, avec pasteurs et paysans. Aussi n'est-il pas étonnant de trouver un profond parallélisme dans les thèmes : la chasse de l'éland avec des chiens ; le sanglier au galop et un galop volant, comme à Altamira ; un chasseur chassé ; des chasseurs portant l'arc et marchant en procession ; certaines scènes avec des archers filiformes. Une scène de curée, les chasseurs se précipitant sur le cheval qu'ils ont abattu, lequel gît sur le dos les quatre pattes en l'air, se retrouve très exactement à Tissoukaï, au Tassili (il s'agit alors d'une antilope) et dans le même secteur avec un âne ! Un groupe de petites antilopes gracieuses peut nous faire oublier la tragédie d'un chasseur chassé, comme à la cueva Remigia !

Toutes ces scènes sont habituelles dans une économie chasseresse. Pourtant les thèmes sont limités et leurs ressemblances restent troublantes. Parenté ou même filiation ? Ou simples convergences ? Telle est la question qu'il convient de se poser. À 1 500 km à l'ouest des monts Drakensberg, dans les monts Tso-

Figure humaine peinte, provenant de Nsangwini, Swaziland (Le Cap, Musée Sud-Africain).

Figure humaine courant, provenant de Ndedema Gorge, Drakensberg (Le Cap, Musée Sud-Africain).

dillo, sur les confins occidentaux du Kalahari, F. Balsan découvre deux rhinocéros peints. Un trait lourd, plus ou moins large, assure le modelé. Ils sont accompagnés d'un profil très raide de bovidé aux cornes en perspective tordue. Breuil juge « l'œuvre très ancienne, peut-être la plus ancienne d'Afrique australe ». Il s'agirait de *Rhinocerossimus*, disparus du Kalahari. La datation proposée, de 7 000 à 9 000 ans est raisonnable, alors qu'au moment de la découverte, on osa parler de chiffres bien supérieurs, doubles ou triples, ce qui est inadmissible.

Nous ne reviendrons pas sur les affinités stylistiques évidentes entre les « narrations imagées », selon l'heureuse expression du Professeur Bandi, du Levant et maintes scènes à l'identique de l'art saharien ou d'Afrique australe. La période chronologique suivante accusera encore ces parallèles. Pour Breuil, l'Occident, patrie du grand art rupestre, serait vraiment l'origine de l'art animalier naturaliste, jusqu'au Cap. Pour H. Bandi, l'art du Levant serait né au moment où l'art franco-cantabrique serait entré au contact avec un style africain où la figure humaine et la narration jouaient un grand rôle. L'art du Levant serait l'art mozarabe du

Le grand panneau peint de Séfar, école des « Têtes rondes » (aquarelle de H. Lhote) (Algérie).

Figures de mouflons peintes dans un abri du Tassili (Algérie).

Scène de chasse peinte dans un abri du Tassili (Algérie).

VIIIe millénaire ! Pour H. Lhote, spécialiste du monde saharien, il y aurait indépendance totale des deux continents, Gibraltar étant une barrière infranchissable.

Connaître le détroit, au large de Tarifa, où la côte africaine est à portée de main, renverse le problème. La tentation est telle d'aller voir au-delà que le détroit est une « invite » beaucoup plus qu'un obstacle. Il fut d'ailleurs franchi, depuis des centaines de millénaires ! Lorsque la dernière régression marine laissait à l'air libre la grotte de Cassis, le détroit était diminué d'un tiers !

Quant aux dates vraisemblables de franchissement qui nous intéressent, rappelons que des piroguiers ont atteint Majorque en 8 736 avant notre ère, au minimum, et que la Corse est peuplée au moins depuis 6 610 avant notre ère. Avec hommes, femmes et bétail, les liaisons maritimes sont donc attestées en Méditerranée occidentale au IXe millénaire ! La transmission de styles artistiques est donc possible.

Les dernières datations ou estimations chronologiques rendent vraisemblables ce passage, mais seulement dans le sens nord-sud : en 10 435, fin du magdalénien terminal des Pyrénées ; entre 8 000 et 5 000, art du Levant ; en 9 700, Levanzo de Sicile ; en 8 000, oued Djerat et Fezzan ; grand art naturaliste, du Sud oranais au Sahara ; en 6 000, estimation de l'Acacus... et nous verrons ultérieurement que l'art pastoral de Jabbaren et de Séfar est de 3 550 et 3 070. L'hypothèse de Breuil est donc valable et les faits récents viennent l'étayer. L'objection majeure : il n'y a pas de sites rupestres intermédiaires sur ce long parcours géographique ! Les réponses sont aisées, peut-être sont-ils encore à découvrir ? La longue fréquentation des arts du Levant et du monde saharien m'a montré la difficulté de les déceler. En bien des cas, ces peintures sont à peine visibles. Le simple passant ne voit pratiquement rien, si le spécialiste ne lui précise pas ce qu'il y a à voir ! Quant au spécialiste, il ne peut pas pulvériser, centimètre par centimètre, de l'eau de pluie (s'il y est autorisé !) sur toutes les roches africaines qui s'y prêteraient. Dans les meilleurs ouvrages, on publie volontiers des relevés de l'art rupestre, rarement des clichés directs, ce qui est symptomatique. L'espoir subsiste donc de découvrir ces jalons intermédiaires.

Pour conclure, j'aimerais évoquer le site à peintures rupestres de Bou Slam, dans l'extrême Nord-Est tunisien, dans les ultimes prolongements de la « dorsale tunisienne » (montagne de Serrassif). Le site âpre et sec d'une haute falaise calcaire rappelle immédiatement les auvents du Levant ou du Tassili. Accrochées sous un auvent naturel, dans un léger renfoncement concave, ces peintures sont du plus haut intérêt, par elles-mêmes comme par leur posi-

Figure de « renard des sables » (fennec) peinte dans un abri de Bou Slam (Tunisie).

tion de jalon intermédiaire. Elles sont d'un rouge parfois violacé. Le thème principal est un fennec (renard des sables) aux longues oreilles vues de face, donc perspective tordue. Il mesure 61 centimètres de long. Sous les pattes de ce dernier, un bovidé, vu de trois quarts, l'arrière-train au premier plan, les cornes lointaines traitées de face, l'ensemble étant une habile réussite de perspective fuyante. De petits personnages rouges, de quelques centimètres, forment procession. Bras levés, jambes écartées en losange, celui isolé à gauche est plein de vie...

Datation très difficile, car le « morceau » pictural reste limité. Phase des chasseurs avec le fennec ou phase plus tardive pastorale avec bovidé et personnages ? Quoi qu'il en puisse être, c'est au moins un « jalon » sur la grand-route.

5. L'art de l'Arctique : les derniers chasseurs du nord de l'Eurasie

L'art des chasseurs de l'Arctique s'étend sur une immense écharpe de territoires, de la Scandinavie au bassin de l'Amour, dans le Nord-Est sibérien, sur une largeur variable comprise entre le 70e et les 50e et 55e parallèles. Ce territoire offre des paysages uniformes, ceux de la forêt sibérienne, la taïga, plus ou moins

Figures d'élans peintes sur une roche de l'Angara (Russie sibérienne).

rongée au nord par la toundra, au gré des changements climatiques. Art de gravures rupestres dans sa quasi-totalité, ses représentations majeures sont consacrées essentiellement à l'élan, grand cervidé du Nord, à la lippe inférieure si caractéristique. Il est volontiers accompagné par le renne, parfois par le phoque et la baleine. Aucune école artistique ne possède une aire aussi étendue, 8 000 km sur 1 500, soit douze millions de kilomètres carrés. Nulle école artistique n'offre autant d'unité, dans son style de la gravure, comme dans ses thèmes d'inspiration. Un élan, gravé sur une falaise de l'Angara, au nord du Baïkal, ressemble à s'y méprendre à une gravure du même cervidé nordique des rives orientales du lac Onega ou des montagnes scandinaves, au nord de Trondheim. L'explication en est purement géographique. Si du Périgord nous gagnons le Drakensberg, sur les traces des peintures animalières,

nous connaissons de tous les climats et de tous les paysages. Dans le nord de l'Eurasie, la toundra du renne et la taïga de l'élan sont continues, au moins dans les millénaires qui suivent le grand virage de 10 000. En septembre 1974, aux premières lueurs de l'aurore, au cours d'un vol Moscou-Novossibirsk je cherchais, en vain, les chaînes de l'Oural ! Il atteint 1 570 m d'altitude au passage du 60e parallèle, moins de 500 m vers le 50e. Jamais il ne constitua un obstacle pour les civilisations de la préhistoire, pour les courants artistiques.

La logique exige de définir les caractères esthétiques des gravures de l'élan, les secteurs où il est bien représenté, de l'est vers l'ouest, pour tenter ensuite de placer cet art naturaliste animalier de grande qualité dans son cadre chronologique.

Un nombre considérable de gravures, toujours à l'air libre, sur

Figure d'élan gravée à Peri Noss (lac Onega, Russie).

des falaises parfois abruptes et à grande hauteur, a été relevé dans le bassin de l'Angara, émissaire du Baïkal et se jetant dans l'Ienisseï. Avant la submersion de la vallée par le grand barrage de Bratsk, les équipes du Professeur Okladnikov, jusqu'à cent personnes par équipe, ont systématiquement scruté les parois. Certaines gravures ont été découpées pour les musées d'Irkoutsk et surtout de Novossibirsk. Les gravures de l'Angara se divisent en deux styles : une phase animalière, que nous étudierons présentement, chronologiquement estimée entre 7 000 et 5 000 par le Professeur Akcenov et une phase riche en anthropomorphes, où les animaux se maintiennent, plus variés avec le développement du renne, phase se prolongeant jusque dans l'âge du Bronze, et parfois dans les âges du Fer.

La phase animalière est avant tout celle de l'élan. Il peut repré-

senter plus de 80 % des animaux figurés. Souvent gravé seul sur la paroi, ses oreilles dressées, sa lippe lui donnent beaucoup de caractère. Les jeunes sans bois, les moins de quatre ans avec des bois symétriques, les plus de quatre ans avec des bois inégaux, crantés (ce qui donne l'âge), sont d'une gravure piquetée fin, assurant le contour. Certains ont le corps complètement piqueté, sauf l'œil qui est réservé et prend ainsi toute son expression. Ce bouchardage général est une technique assurant le modelé de l'animal. Certaines têtes, isolées, utilisant une fente rocheuse pour y placer la base du cou, atteignent un réalisme de la plus haute qualité. L'art de l'Angara est supérieur à celui d'Occident et se situe proche du plus bel art naturaliste saharien. Groupées, les gravures d'élans forment des frises utilisant des fissures pour figurer le sol. Un effet de perspective a manifestement été recherché en représentant les animaux dans des proportions différentes, comme la très vivante frise de l'île des Pierres, près d'Egorov. Dans l'île Ouchkanii, un grand élan porte dans son flanc un jeune animal et nous retrouvons là des thèmes liés à la fécondité.

Même style à Ciskino, sur la Lena supérieure, région d'une exceptionnelle richesse, que les graves inondations de septembre 1974 ne me permirent pas de visiter. Des scènes de pré-accouplement d'élans s'y rencontrent avec une scène très familiale : le jeune élan marchant entre sa mère qui précède et le père qui suit. Nous trouvons là une formule différente de la formule occidentale souvent observée :

élan mâle + jeune élan + élan femelle →

Des gravures comparables sont connues dans la région de Novossibirsk ; dans la région de Tomsk, dans le bassin de l'Ob. Les reliefs naturels sont systématiquement recherchés et mis en œuvre. Un élan femelle, accroupi, utilise une fissure pour poser sa tête. Celle-ci est bouchardée tout comme son compagnon. Une narine et l'œil sont réservés, conservant la roche primitive.

2 000 kilomètres plus à l'ouest, nous entrons dans une zone rupestre également fort riche, avec deux régions : l'estuaire du Vyg se jetant en mer Blanche, et les rives orientales du lac Onega. Chaque région possède plusieurs groupes de gravures, 7 autour de Zalavrouga, 5 et 2 sur Peri Noss et Bessov Noss, sur les rives de l'Onega. Les gravures sont creusées sur de longues croupes granitiques, à 2 mètres au-dessus du niveau des eaux. Les îles sont occupées et, sur les îles Gourii, face au cap Tolsty, on recense 11 sites rupestres sur 10 kilomètres. Comme sur l'Angara, on y retrouve les deux styles : aux élans viennent s'ajouter les rennes, des ours, des loups et des chiens plus rares, pour le naturalisme animalier ; le second style adopte également des animaux (le renne et l'élan restent présents), comme le cygne, dont le corps s'orne de demi-cercles concentriques, symbole solaire ; des figures humaines ou anthropomorphes, des signes... tout cela tardif et de l'âge du Bronze.

Le naturalisme est de qualité, avec des contours d'élans, parfois des animaux complètement bouchardés. Un jeune élan, tout pataud, comme un poney de Lascaux, un chien, une oie au corps complètement piqueté se séparent par leur style des anthropomorphes ou des signes étranges du cycle tardif de gravures. Les superpositions sont rares, mais les gravures des deux groupes sont

Figure de chien gravée à Bessov Noss (lac Onega, Russie).

Figures de chien et de cygne gravées à Peri Noss (lac Onega, Russie).

1

souvent très mêlées, parfois juxtaposées. Un petit personnage ithyphallique, publié, tient d'une main comme une longue palette ovale, terminée par une tête d'oiseau ! Observé sur le site de Peri Noss, le personnage était tout simplement juxtaposé à une oie, gravée parallèlement à l'homme, de fort bonne venue, complète avec ses pattes de palmipède ! L'ithyphallique porteur d'une rame, pour la navigation, n'était plus. À ce propos, il existe des gravures d'embarcations, sur l'Onega, mais elles me paraissent tardives, du second style. À Zalavrouga, en zone interdite où je n'ai pu aller, un grand renne, près de 3 mètres de long, oblitère deux bateaux dont les proues s'ornent d'une tête d'élan. Nous aurions là une représentation d'embarcation du premier style. Fort plausible d'ailleurs, une des premières embarcations connues, celle de Pesse aux Pays-Bas, monoxyle, est datée de 6 315. Certaines roches de Zalavrouga forment un puzzle très fourni de gravures, généralement récentes. Le plus bel ensemble naturaliste est celui représentant une harde d'élans en marche, en formation triangulaire, la pointe en avant. Sur chacune des deux colonnes, ils sont alignés en rang d'âge, le chef le plus grand en tête, les jeunes fermant la marche ou s'intercalant entre les adultes.

Un bond à vol d'oiseau de 800 kilomètres, en coupant par la presqu'île de Kola, et voici les gravures scandinaves, s'échelonnant depuis l'extrême Nord, en Norvège, jusqu'en Scanie, au sud de la

2

3

1. Embarcations gravées sur une roche de Peri Noss (lac Onega, Russie).
2. Figure de renne gravée à Ausevick (Norvège).
3. Détail d'une figure d'élan gravée à Vagan (Norvège).

Figure de renne gravée à Böla (Norvège).

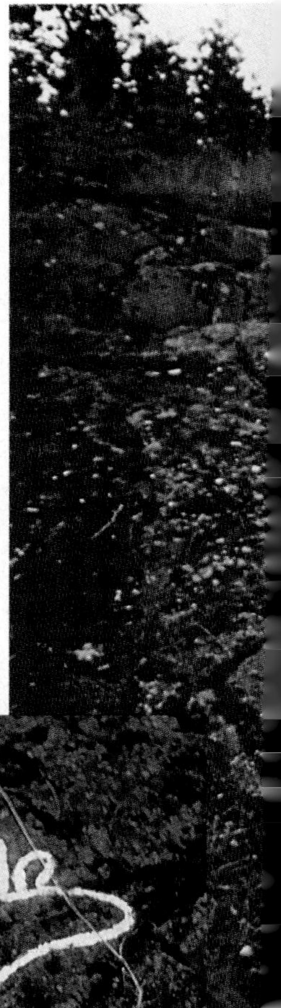

Figures d'élans gravées à Evenhus (Norvège).

Suède : un chapelet de sites rupestres, dont certaines gravures sont remarquables. Sites de grands et plats rochers, mais aussi sites escarpés, sites à retrouver dans de petites îles côtières, et les plus perdues ne sont pas les moins riches. Les 3 000 gravures rupestres d'Alta, découvertes en 1973, classées site de l'UNESCO en 1985, offrent dans le Finnmark, extrême nord de la Norvège, à Hjemmeluft Jiebmaluokta, des scènes variées : chasse à l'ours, rennes enfermés dans un enclos, embarcations charpentées, la proue ornée d'une tête d'élan. Ausevick, Vingen sont de véritables îles-musées. Après un périple côtier de quelque 2 500 kilomètres, à la recherche et à la découverte de l'ensemble de ces sites les plus

1 

1. Détail d'une gravure d'Evenhus avec figures de poissons (Norvège).
2. Détail d'une gravure d'Evenhus avec tête d'élan et embarcation (Norvège).
3. Figure d'élan gravée à Bardal (Norvège).

divers, on retient une idée maîtresse fondamentale. Tous ces sites rupestres sont en contact direct avec la mer, soit la dominant du haut de leurs falaises chargées de gravures, soit en restant à portée de vue marine, comme à Vagan, à Böla, à Bardal, à Evenhus... Les raisons sont multiples. Lors de la dernière glaciation, les glaciers du Pôle submergeaient la péninsule Scandinave. À partir de 10 000, graduellement, ils fondent, ne pouvant subsister qu'à l'intérieur où les hautes terres les conservent plus longtemps. La bande côtière sera donc la première libérée des glaces et avec ses sols ressuyés elle se couvrira la première de prairies et de forêts, d'une taïga nouvelle et d'une toundra vers l'extrême Nord. Le littoral offre enfin doubles ressources : celles de la terre avec le gibier, celles de la mer avec la pêche. Zone de circulation, zone de contact, le littoral propice à l'activité humaine s'oppose à l'intérieur âpre, montagneux et froid. Les souvenirs de chasse, les anecdotes seront, sur cette étroite bande, gravés sur les rochers. La seconde remarque majeure que l'on peut faire est la différence de répartition des styles. Au nord de Trondheim, les rupestres appartiennent à l'art naturaliste des chasseurs ; au sud de Trondheim, les rupestres multiplient les personnages, les guerriers, avec des armes métalliques, les bateaux, des scènes de labour, des chars et leurs attelages... Nous sommes passés d'une civilisation chasseresse à des civilisations pastorales et paysannes. Deux styles, deux mondes !

2

3

Quelques thèmes particuliers attireront notre attention au nord de Trondheim. Sur l'immense roche pentue de Vagan, face à la mer, un simple contour, finement et régulièrement piqueté, nous dessine un immense élan. Près de 4 mètres dans sa plus grande dimension. Une tête bien caractérisée, comme les plus belles têtes de l'Angara. Un détail retient l'attention : la patte arrière, arrière droite pour l'animal. Du jarret à la pointe du sabot, une bande allongée de concrétions suggère la patte ! Une fort belle – et curieuse – utilisation d'un relief naturel. En effet, la coulée, légèrement en relief, la représente sans la moindre retouche nécessaire. Cupule ou petite nodosité pour un œil est utilisation fréquente. Cette coulée de concrétion pour une patte est exceptionnelle et dénote une acuité visuelle et une imagination élaborée. Plus riche d'enseignement sera le renne de Böla, dans le Nord-Trøndelag. Un simple contour encore, mais pur de ligne, sans le moindre repentir pour un animal proche de 2 mètres. Un dos et des bois, projetés en avant légèrement plus appuyés. Une patte seulement par paire. Une certaine raideur cependant, qui n'est pas sans noblesse. On évoquerait volontiers, mais ici avec une précision et une élégance du trait bien supérieures, le bison périgordien de la Grèze ! Mais étudions le site. Le renne de Böla, un des chefs-d'œuvre du vieux naturalisme norvégien est connu, photographié, publié. Et ce n'est que sur place que vous découvrirez son importance et sa valeur symbolique. Le renne se dirige, calmement, digne, vers la droite... L'habitude assez détestable en Scandinavie de colorier les traits gravés pour que le public puisse bien voir les gravures (ici une peinture blanche) permet cependant de prendre quelque recul, tout en voyant toujours l'animal de façon parfaite. À quelques mètres devant lui, éblouissante, une grosse cascade descend, tranchant de son flot vif le gradin supérieur. Comme le renne des Combarelles, le renne de Böla étanche sa soif. Dans le désir d'une parfaite conservation de la gravure, la cascade aurait été récemment détournée plus au sud.

Le site d'Evenhus, à Frosta, au fond d'un fjord, porte sur une vaste dalle légèrement inclinée souvenirs de chasse, anecdotes et conseils .. Ici, une famille d'élans, aux lignes-contours très pures ; là de grands poissons dépassant les 2 mètres (devant la bouche de l'un, de petites cupules forment un nuage de bulles d'air) ; voici un piège, une cage cubique à claire-voie dont la porte ouverte laisse échapper un jeune élan (aurait-on tenté de le domestiquer ?). Intégrés à ces scènes, plusieurs kayaks, petites embarcations à armatures, recouvertes de peaux d'élan sans doute. Bardal, au nord du fjord de Trondheim est de la plus haute importance. Bardal est la rencontre du style naturaliste, riche d'élans, de poissons, de baleines et du style schématique où abondent de longs bateaux, très évolués, des animaux anguleux et simplistes, une enceinte pour le gibier, un escadron de tout petits chevaux réduits à un trait, une étonnante figure géométrique anthropomorphe... Il arrive que la gravure naturaliste et la gravure schématique se superposent. Je choisirai deux exemples : la queue d'une baleine de 7 mètres de long, beau sujet naturaliste, est oblitérée par une récente gravure de bateau ; une splendide tête d'élan, tout aussi caractéristique, est oblitérée par une embarcation où six traits verticaux figurent six navigateurs.

Les superpositions de Bardal montrent concrètement, dans le fjord de Trondheim, l'antériorité du naturalisme, de cet art de l'élan que nous avons suivi, du Baïkal à la mer du Nord. Ces gravures animalières d'un très bon style possèdent des affinités certaines avec le style occidental. Or, curieusement, ces affinités se révèlent beaucoup plus proches de l'école périgordienne que de l'école magdalénienne la plus récente ! Les témoignages de l'art magdalénien ne dépassent pas les plaines septentrionales de l'Europe. Vers 9 000, 8 000, le magdalénien est stoppé vers la péninsule scandinave par les derniers glaciers. Même si le magdalénien eût été « expansif », la voie du Nord était bouchée. Elle sera libre pour les paysans et les hommes d'armes, aux IIIe et IIe millénaires. Les influences périgordiennes n'ont pu atteindre la Scandinavie que par le Nord, premier libéré. Et au-delà, ces influences ne peuvent venir que de la grande écharpe des taïgas où vivaient les immenses troupeaux d'élans. Le Professeur Akceunov placerait l'art de l'Angara vers 7 000-5 000, estimation qui pourrait être trop tardive pour les régions plus centrales. Les dates archéologiques correspondant à ces populations de chasseurs-pêcheurs se placent volontiers vers 8 000-6 000 dans le Finnmark, au nord de la Scandinavie, vers 9 000-4 000 en Carélie. Une estimation de l'ordre de 8 000-7 000 semble plausible pour le développement de cet art arctique. Quant à sa disparition, ou mieux son osmose et sa transformation par le contact avec les courants tardifs européens, elle se placerait vers 3 000, à Bardal. Vers 2 000, les thèmes animaliers seront abandonnés, la vie chasseresse devenue de plus en plus résiduelle aura fait place aux pasteurs et aux paysans.

6. L'Inde, la Chine, le Japon

Dans sa synthèse de l'Inde, W.A. Fauservis Jr, reprenant surtout les travaux de D.H. Gordon décrit sur les collines périphériques du sous-continent, les Ghates, divers ensembles de peintures rupestres, plus rarement des gravures dont les thèmes seraient attribuables à une phase archéologique « mésolithique », correspondant à l'art occidental du Levant espagnol : un art de chasseurs maniant l'arc, poursuivant des cervidés, innombrables, associés à des chevaux et à des carnassiers. Le tout regorge d'une vie grouillante et de petit format (collines de Mahadeo de Kupgallu). Ces

Sceau de Mohenjo-Daro, portant bœuf à bosse.

filiations penchent vers l'Europe. Par contre, les thèmes peints sur les céramiques d'époques postérieures (région indo-iranienne Borderslands), fort riches de motifs animaliers, cervidés, bœufs à bosse et surtout une riche gamme de poissons les rapprocheraient de la céramique chinoise, illustrée par les vases et écuelles de Ban-Po (province de Sian, au nord de la Chine). Les bœufs à bosse, pleinement caractéristiques, sont volontiers traités en perspective tordue : stylistique commode à l'esprit d'un peintre qui maîtrise mal les effets perspectifs, sans la moindre valeur chronologique.

Ces documents sont estimés de – 2500 à – 1700 et nous approchent de la civilisation de Mohenjo-Daro et Harappa, limite de la

Sceau apparenté : la tradition préhistorique des graphies animalières s'y perpétue.

préhistoire. Les sceaux, figurant souvent des bœufs à bosse, apparaissent nombreux, eux aussi, en perspective tordue. Dans le pays voisin, l'Elam, dans les merveilleux gobelets de Suse, leur très fine pâte supportent des cervidés, aux longues cornes arrondies. Leurs répétitions, leurs affrontements, le traitement minutieux des motifs conduit à d'étonnantes stylisations.

L'art préhistorique de Chine était fort mal connu de l'Occident... et des Chinois eux-mêmes, jusqu'à ces dernières années. La publication récente de *Découvertes archéologiques en Chine nouvelle*, parue en chinois, sans date, mais avec un précieux encart en français pour la légende de l'album, put faire un moment illusion. C'était « un bilan dans un esprit critique selon la méthode marxiste ». Malgré son titre prometteur, le volume passe des crânes de Pékin (Zhoukoudian) et de Lantian aux seules trouvailles du néolithique. On y trouve cependant pour cette période d'intéressants documents, présentés en couleur : une écuelle en céramique peinte du site majeur de Ban Po (Xi'an, Chensi), un vase aux motifs curvilignes classiques de Yuankin (Chensi), le curieux récipient de forme animale en terre cuite de Ningyang (Chantoung), le broc à eau, appelé *kouei*, de Weifang (Chantoung), tous documents qui entrent dans nos soucis d'art, antérieurs à – 4000.

Aucune mention des graphies préhistoriques, exceptionnellement abondantes, que l'on trouvera dans le volume de Chen Zhao-fu, *Découverte de l'art préhistorique de Chine*, paru en français en 1988, apport scientifique de grande qualité. Il complète les connaissances d'art rupestre des immenses pays limitrophes : Russie d'Asie (bien connue par les travaux remarquables d'Okladnikov et son équipe), Mongolie, Pakistan, Inde et Afghanistan. La plupart des sites d'art rupestre semblent se situer hors du cœur profond de la Chine, à l'extérieur des grandes chaînes montagneuses du Sud-Ouest et à l'extérieur de la Grande Muraille. Des régions aux climats extrêmes, à l'aridité croissante, mais il n'en était certainement pas ainsi lors de la grande décrue glaciaire, après – 10 000. Ces vastes territoires où dominait la prairie étaient semblables aux vastes étendues de l'Ouest américain... En Asie dominent d'immenses hardes de cervidés, qui fournissent le thème animalier central. C'est la grande zone, et du gibier, relativement facile, et du chasseur, possesseur de l'arc (connu dès – 10 000 en Occident, et vraisemblablement aussi en Asie). Découverte ubiquiste ?

Les grands bassins fluviaux, aux énormes débits, aux divagations meurtrières, en pleine phase de sédimentation, ne sont guère favorables à une première installation humaine. Celle-ci aura lieu plus tard, lorsque l'homme en surnombre domestiquera les fleuves, développera les rizières et fondera les premiers empires, avec l'écriture !

Les manifestations rupestres, surtout des gravures, sont donc le fait de chasseurs à l'arc, contemporaines des mêmes chasseurs en Occident, tels les chasseurs du Levant espagnol, les chasseurs de la civilisation de l'élan en Carélie ou en Baïkalie... les chasseurs d'éland du Sud-Ouest africain. Un nombre de gravures plus tardives atteste l'apparition lente d'animaux domestiques, du char, des couteaux-poignards, de longues armes, comme en Occident, au Bégo et au Camonica. Des genres de vie apparentés par « osmose culturelle » déterminent des manifestations rupestres

Gravures rupestres de cerfs au « galop volant » de l'Altaï, Turkestan chinois (province la plus septentrionale).

universelles, avec, cependant, de légers décalages chronologiques dans un sens ou dans un autre, décalages délicats à discerner, tout au cours des dix derniers millénaires. Dès le ve siècle, un géographe de la Chine du Nord mentionne déjà une vingtaine de sites d'art rupestre. Les premières années du XIXe siècle virent fleurir une étude systématique, tels les travaux de Hua Zhongjin en 1915, de Bergmen en 1927, Chen Zhao-fu en 1985, en diverses régions. Des peintures furent reconnues en 1965 dans les provinces du Yunnan. Présentement, on connaît une cinquantaine de sites répartis en 14 provinces (1988). Mon propos n'est pas ici d'en esquisser ne serait-ce que les grands traits, mais plus simplement d'évoquer leur extrême diversité, sur les sites majeurs.

Les figures animales représentent jusqu'à 90-95 % des sujets. L'élan, l'éléphant et l'autruche sont les seules espèces disparues depuis 10 000 ans. Leur présence est vivement recherchée, comme preuve d'une archéologie et de graphies antérieures ! L'élan a migré plus au nord, comme le renne en Occident.

Parmi de multiples thèmes, relevons des figurations animales, sans doute plus anciennes, grandeur nature, avec parfois inclusion de figures plus petites (parallèles et convergences avec des gravures de l'Angara et du bassin de la Léna, en Sibérie) ; des chas-

Scène de chasse avec archers à pied ou à cheval, Kunlunskan, Turkestan chinois (Famir, province la plus occidentale).

Scène peinte de chasseurs au corps triangulaire ; bœuf à bosse aux cornes en « perspective tordue », le corps peut-être entravé ! Cangyuan, Yunnan, sud-ouest de la Chine (vers la frontière birmane).

seurs de cervidés, munis de l'arc, des bovidés en perspective tordue (graphie ubiquiste pouvant être plus tardive ici) ; des scènes de chien courant après les chèvres sauvages (Mongolie intérieure) ; des frises de personnages de style « diabolo », comme au Levant espagnol, à la taille exagérément amincie ; cette « mode » se révèle parfaitement œcuménique et achronologique ; des bergers accompagnés de chiens, gardant chèvres et bovidés. Ils sont parfois accompagnés de mains positives, de cercles, de cercles concentriques, annonce d'un « culte solaire » ; de vastes surfaces gréseuses portant des figures peintes, de petit format, serrées, enchevêtrées, animaux et humains mêlés (Yunnan), analogues aux « récits rupestres » de Newspaper, de l'Ouest américain.

Sur d'autres roches, se marquent de très nombreuses et petites empreintes gravées de « sabots ou de vulves ». Les relevés présentés permettent de penser qu'il ne s'agit nullement de représentations vulvaires, mais plus simplement des empreintes de sabots... de chevaux vraisemblablement. La confusion constatée et déplorée récemment en Occident – en Périgord, à l'abri Cellier et à La Ferrassie – se retrouve en Chine !

Les côtes de Chine livrent d'importants thèmes nouveaux. Des côtes, en face de Païvan, dans le Hua'an, révèlent de nombreuses figures anthropomorphes très stylisées et des masques. Près du littoral de la mer Jaune, plus au nord, ce sont des masques et des soleils, à Lianyungtang. Ces masques, thème connu depuis plus de quinze millénaires de par le monde, sont des graphies humaines très inférieures en qualité esthétique aux représentations animales. Au mieux, ils atteignent 1 % de qualité, pour 15 % de moyenne pour les animaux (23 % est un chiffre exceptionnel pour le rhinocéros). Les masques de Chine n'échappent point à la règle. Plus tardifs que la plupart des autres gravures, très tôt signalés, ces masques de Chine sont très apparentés à ceux connus dans les bassins de la Léna et de l'Amour. Peut-être en sont-ils originaires. Ils ne dépassent guère 3 000 avant notre ère.

Les îles nipponnes, alors rattachées à la masse continentale, du fait de la baisse du niveau de la mer d'au moins 100 mètres, ont été peuplées, au moins vers 10 000, par des populations issues de l'Asirope, et plus particulièrement venues de la Sibérie orientale par le bassin du fleuve Amour. Ces populations « sibériennes » correspondaient à un genre de vie de chasse, de type magdalénien, comme en témoignent les riches gisements de ce type en Baïkalie et dans le bassin de l'Angara.

Il serait logique que ce premier peuplement nippon ait laissé des traces de graphies rupestres. Il ne semble pas, pour le moment, que des découvertes de ce genre aient eu lieu. L'espoir serait conservé cependant par la découverte d'un vase, portant un ruban décoré de type « dōtaku » recueilli dans le ressort de Kagawa. Ce décor représente une scène de chasse, un grand archer tire des cervidés. Les animaux sont traités fort schématiquement. L'archer sexué présente un long corps triangulaire. Cette scène rappelle les gravures sur parois rocheuses. Ce document serait daté de la phase dite Yayoi tardif, des deux ou trois premiers siècles de notre ère. Mais ces estimations sont mises en cause et des recherches actuelles vieilliraient considérablement ces dates.

Dans une phase ancienne de la céramique de la civilisation Jōmon, aux dates toujours aussi incertaines (vers 7000 - 8000 ?), dans le site de Kamikuroiwa, préfecture Ehime, deux galets gravés sont recueillis, avec des silhouettes féminines.

Le site de Temiya, dans l'île de Hokkaidō, possède des rocs gravés, des personnages difficilement reconnaissables, par leur schématisme outrancier : des oiseaux(?), un quadrupède au corps rectangulaire (un cervidé ?). Estimées « post-Jōmon », ces graphies rupestres ne sont pas préhistoriques, mais elles augmentent les espoirs de découvertes de gravures plus anciennes. En Corée, région de passage géographique entre Sibérie, Amour et îles nipponnes, les seules gravures rupestres connues sont tardives, de l'âge du Bronze.

Peintures rouges de Huashan, bords du fleuve Zuojiang (province Guangxi, la plus méridionale). Personnages schématiques aux bras levés (orants !). À droite, rouelle.

7. Les décors abstraits

Les décors abstraits, hautement élaborés de l'école ukrainienne de Mézin auraient-ils connu un large déclin, pendant des millénaires, avant de ressurgir lors de chronologies tardives, au sein de civilisations de l'extrême fin du néolithique et de l'âge du Bronze ? À moins que ces décors ne fussent « réinventés » ?

Il est possible aussi que ce vide constaté ne soit qu'une lacune présente de nos connaissances : des millions de kilomètres carrés sont encore sans le moindre jalon archéologique. Il se peut aussi que les supports fragiles de ces décors aient totalement disparu.

Un décor abstrait, très proche du décor « en grecque », a été découvert peint en rouge, sous des rochers surplombant à Møre og Romstad, en Norvège centrale, associé à des peintures naturalistes d'élans, période des chasseurs d'élans de l'Arctique, vers 8000-6000. Nous aurions là un jalon géographique et chronologique intéressant, mais il est évident que nombre de ces peintures ont pu disparaître.

Dans le monde occidental, les décors géométriques sont restés très simples, cantonnés à des stries parallèles (les marques dites « de chasse » !), des chevrons également parallèles ou opposés. Tels sont le bâton perforé de l'abri du Placard, la pendeloque au décor en quadrillage d'El Pendo, dans les Cantabres, les losanges de Marsoulas. Ces derniers documents datent des environs du XIe millénaire. Seul, le rhombe de Lalinde, du magdalénien, pourrait supporter la comparaison avec les décors abstraits d'Europe orientale : ce long ovale œuvré dans une plaque osseuse porte un décor de cinq rectangles contenant chacun trois longs traits gravés dans le sens de la longueur, séparés par des groupes de trois traits parallèles, correspondant aux largeurs... De l'abstrait pur, mais selon une grammaire originale, différente cependant de celle de Mézin.

Souvent, le motif abstrait s'associe étroitement à des animaux naturalistes. À partir de la fin du magdalénien, les exempes seraient nombreux. Parmi les documents du grand atelier d'Alliat, signalons le « Lissoir aux lions » (10 900 avant notre ère). Au-dessus de la frise des animaux, sont gravés des triangles, la pointe en bas, formant comme un dais. Les triangles sont hachurés de petits bâtonnets courts, parallèles au premier côté descendant de chaque triangle. Tel est le décor typique de la céramique incisée, dite de « Chassey » des IVe et IIIe millénaires.

Dans les civilisations terminales de l'Arctique, chevrons et dents de scie se rencontrent, gravés, en liaison avec les élans naturalistes, comme pour la peinture de Møre og Romstad, comme

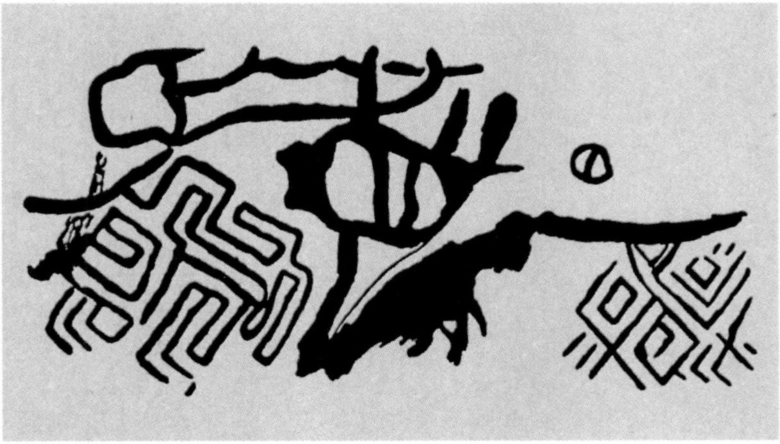

Motif décoratif à méandre peint sur une roche de Hinna, Møre og Romsdal (Norvège).

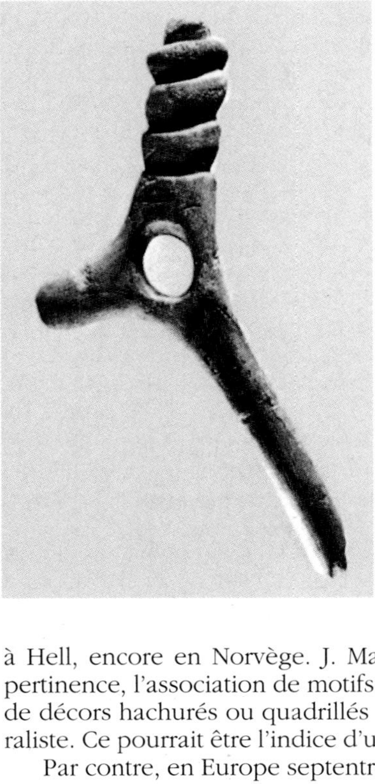

Bâton perforé à décor en spirale, provenant de l'abri du Placard (Charente) (Saint-Germain-en-Laye, Musée des Antiquités Nationales).

à Hell, encore en Norvège. J. Maury a noté, avec beaucoup de pertinence, l'association de motifs anguleux, de signes rectilignes, de décors hachurés ou quadrillés avec les animaux de style naturaliste. Ce pourrait être l'indice d'une lointaine influence orientale.

Par contre, en Europe septentrionale, dans l'aire de la Baltique et de la mer du Nord, les motifs abstraits seraient issus des traditions magdaléniennes. Le décor géométrique est fréquent sur les manches de bois de cerf mais, originalité, ces décors sont traités en fins pointillés. Ils se retrouvent sur des objets d'ambre de la Baltique, sur des pendentifs comme sur les animaux, tel cet admirable poney d'ambre, aux décors pointillés, provenant de Woldenberg, près de Friedeberg, dans le Brandebourg.

En Europe occidentale, le décor abstrait se partage nombre de galets peints du Mas-d'Azil, avec la tradition naturaliste : dents de scie, chevrons emboîtés, quadrillages... Les galets gravés sont identiques à ceux, magdaléniens, de l'atelier d'Alliat. Beaucoup de parentés également avec les galets gravés de l'abri de Rochedane, sur le Haut-Doubs, datés de 8 200 avant notre ère.

Un jalon précieux est fourni par un lissoir en bois de cerf décoré, provenant du gisement du porche de Rouffignac, daté approximativement au C 14 des environs de 7 100 avant notre ère. Très élaboré, le décor comprend deux thèmes opposés, chacun constitué par trois bandes rectilignes, une verticale, une horizontale, suivie d'une verticale toujours à angle droit ; ce motif, répété trois fois est parfaitement emboîté. Les bandes sont couvertes d'un fin quadrillage. Un seul ensemble de ces trois bandes n'est pas sans suggérer une moitié de svastika ! Document isolé, pour des dizaines de sites de même époque, s'étendant sur trois à quatre millénaires, ce jalon renforce singulièrement l'hypothèse des disparitions de nombreux témoins. C'est dans la péninsule Italienne que nous retrouvons des décors géométriques similaires, par exemple dans la grotte Polesini, gravés sur os, en contact avec des galets gravés de chevaux naturalistes. L'association permanente du motif animalier naturaliste et du décor géométrique abstrait semble une constante de l'épipaléolithique italien, se manifestant généreusement dans les objets mobiliers de Romanelli, de la Grotta del Cavallo (bandes hachurées, chevrons emboîtés), de la Grotta Riparo Maritza à Avezzano (dents de scie), Grotta del Romito à Cosenza (dents de scie, chevrons et même rectangle gravé, comme à Lalinde).

Dans la même province artistique méditerranéenne, nous avons vu la date tardive de la grotte de La Pileta, 8 280 avant notre ère au C 14. Son art pictural dure fort longtemps et se terminera en plein âge du Bronze. Nous évoquerons cette phase avec la fin de l'art pariétal des grottes occidentales. Pourtant, certains thèmes, dessinés au trait noir, pourraient se situer dans une phase chronologique intermédiaire entre celle du grand poisson, des chevaux et des bouquetins et celle des motifs solaires et oiseaux schéma-

Baguettes en bois de renne gravées de décors abstraits, provenant d'Arudy (Pyrénées-Atlantiques) (Saint-Germain-en-Laye, Musée des Antiquités Nationales).

tiques. Il s'agirait notamment de grands quadrillages réguliers, dont le plus caractéristique est une grille comportant trois rangées horizontales de cinq carrés, quinze au total. La position chronologique de ce quadrillage est délicate. Les animaux naturalistes restent éloignés de ce quadrillage et, par contre, un oiseau schématique est fort proche. Avons-nous le droit de voir deux phases distinctes, sur un même panneau ? Le quadrillage reste, et restera sans doute longtemps, un thème volontiers achronologique. Une observation évolutive vient encore compliquer le problème : la très longue durée de ce thème du quadrillage. Nous le trouvons dès l'école périgordienne de Lascaux, avec une « grille » de deux rangées de quatre carrés, devant « la Vache sautant » ; une grille de trois carrés sur trois, entre les deux bouquetins ocre et noir, au ponctué baveux ; dans les mystérieux « blasons » de Lascaux, avec trois carrés sur trois, remplis de couleurs.

Un fait subsiste cependant avec la pérennité de ce motif : son ascendance périgordienne et sa descendance méditerranéenne ! Confirmation nouvelle des liens étroits unissant ces deux styles et ces deux aires géographiques. Logiquement, à côté des motifs à éléments rectilignes, devraient ou pourraient figurer des motifs à éléments curvilignes : cercles, spirales, torsades de types divers... Ils sont pratiquement absents, sauf une exception notable, dans les Pyrénées occidentales.

Les tracés serpentiformes ne sont pas suffisamment caractéristiques pour mériter une longue étude. Ils accompagnent souvent les tracés digités, comme à Rouffignac, Altamira, Baume-Latrone, et plus tardivement à La Pileta. On les rencontre finement gravés sur bloc calcaire à Romanelli : mais dans les sites apparentés à ces deux dernières grottes, ils sont très épisodiques. Par contre, dans les gisements d'Arudy (Basses-Pyrénées), Lourdes (Hautes-Pyrénées), Lespugue (ouest de la Haute-Garonne), des motifs curvilignes connaissent un développement et une technique remarquables. Ce sont des décors gravés profondément sur os, sur la partie concave de baguettes osseuses, dites « demi-rondes ».

Ils représentent, du plus simple au plus complexe, des cercles, des cercles pointés au centre, des cercles doubles concentriques, des spirales simples partant d'un point bien marqué, et même des spirales doubles inversées... La présence, ici, dans un magdalénien terminal, de l'ordre de 11 000, de la spirale vraie est étonnante. Elle n'a pas d'antécédent dans l'art paléolithique. Nous ne trouvons aucun élément décoratif intermédiaire, aucun élément simple pouvant l'annoncer, à partir du cercle, par exemple... Pour Mézin, la genèse de la grecque, si complexe, était préparée par les jeux complexes de chevrons et assurée par un décalage providentiel de bracelets étroits. Rien de comparable ici. Des décors en demi-cercles emboîtés et « décalés » prépareraient spirales et torsades... mais ne sont pas connus. Il est logique de penser alors à une création propre à cette aire pyrénéenne occidentale, création due à un artisan-artiste au génie créateur original. Sa source d'inspiration n'aurait-elle pas été une observation naturaliste : celle d'éléments curvilignes et même de spirales, observés concrètement, dans la nature même ? Et de penser à l'enroulement hélicoïdal de coquilles marines ou terrestres. L'océan n'est éloigné que de 150 kilomètres, en descendant la vallée du gave de Pau. Les sites archéologiques de l'époque montrent que les coquillages entraient dans l'alimentation quotidienne. L'artisan grave ou peint les animaux familiers, bouquetin ou bison. L'artisan d'Arudy grave des motifs inspirés de la coquille ! Or, l'un des motifs courants de ces baguettes demi-rondes est formé par un cercle, réservé sur la surface de l'os et, partant de ce cercle, on trouve, gravés, un faisceau d'une demi-douzaine de rayons divergents, courts aux extrémités, plus longs au centre. C'est, vue en plan, la gravure d'une coquille Saint-Jacques !

Les motifs abstraits d'Arudy dérivent d'une observation naturaliste, schématisée et interprétée. C'est un abstrait dérivé d'une forme réelle, ce n'est nullement une création d'abstrait pur ! Isolat géographique, la petite école artistique d'Arudy est également un isolat artistique, ne devant rien à ses prédécesseurs, n'apportant rien à ses successeurs, tout finissant avec elle ! La vraie spirale n'apparaîtra comme motif décoratif, et motif fondamental, que sept à huit millénaires plus tard, avec une origine bien lointaine...

Figure d'homme armé gravée à Vitlycke (Norvège).

Chapitre V

L'ART DES PASTEURS ET PAYSANS

1. Le Bego et l'ouest de l'Europe

L'abandon des grottes, vers les XIe, Xe et IXe millénaires eut des répercussions considérables sur l'expression artistique. Perdant sa valeur et sa profondeur religieuses, l'art y gagne liberté, spontanéité, dynamisme et prend une valeur anecdotique certaine. Il abandonne la magie et sa double facette, créatrice et destructrice, pour devenir récit et souvenir. Mais la chasse restant encore l'essentiel de son économie, les thèmes d'inspiration resteront liés au monde animal et fidèles, pour un temps encore, au naturalisme. C'est encore un art d'observation... Vers les VIIIe, VIIe, VIe millénaires, le monde connaît les premiers effets de la révolution néolithique. Celle-ci affirmera ses nouveaux genres de vie, aux Ve, IVe, IIIe millénaires.

Il importe de donner des « fourchettes » chronologiques, car ces bouleversements économiques ne s'introduisent pas en bloc dans les économies chasseresses, ne se produisent pas simultanément. Certaines régions du globe réalisent des avances alors que certaines stagnent... quelques-unes même en sont encore réduites à l'économie de pure collecte (sur les confins du Kalahari, les peuplades Kung), de chasse exclusive (au nord Labrador, les Eskimo « mangeurs de viande crue ») ou d'élevage intégral (au nord de la Tanzanie et sud du Kenya, les Massaï).

L'abandon progressif de la chasse, le développement de l'élevage, l'exploitation plus rationnelle des ressources végétales et l'agriculture enfin ont des conséquences également « révolutionnaires » dans le domaine artistique. Le pasteur et plus encore le paysan connaissent une sédentarité relative et l'appréciation du

1

1. Vue du mont Bego, dominant la Vallée des Merveilles (Alpes-Maritimes).

2. Gravures de couteaux-poignards et de « cornus » dans la Vallée des Merveilles.

2

milieu devient toute nouvelle et toute différente. On ne suit plus des heures durant un cerf qui s'enfuit, mais on dénombre les têtes d'un troupeau. On ne s'enfonce plus dans le noir d'une caverne pour y créer quelque gibier mais on inspecte le ciel, on prévoit la pluie et l'on attend le soleil ! La transformation est considérable et s'effectue en moins d'un millième du temps qu'a connu l'humanité ! (La Révolution française, jusqu'en Thermidor, occupe 3 pour mille de nos temps historiques !) Le problème démographique aura également ses répercussions sur les conceptions artistiques nouvelles. Entre 5000 et 2000, notre territoire passe de 50 000 habitants à quelque 5 millions et le globe, de 30 millions à sans doute 300 millions d'habitants, décuplement qui se renouvellera entre – 2000 et nos jours ! Il serait proprement inconcevable que l'art ne subît point le contrecoup de semblables bouleversements.

L'essentiel serait peut-être la fin de la religiosité liée à l'œuvre d'art durant tout le paléolithique final ; la fin aussi des écoles d'art, en déclin depuis la désertion des grottes. L'exécutant d'une œuvre,

gravure ou peinture, n'ayant plus les exigences d'une fonction sacerdotale, est descendu d'un « cran » dans la hiérarchie de la création esthétique. N'étant plus qu'un artiste, dans les nouvelles économies pastorale et paysanne, il devient artisan... Il redevient artisan, comme il l'était trois millions d'années auparavant. Un cycle immense se termine (d'autres suivront, heureusement pour l'art...) Ainsi s'expliquerait peut-être le médiocre des œuvres pastorale et paysanne. S'expliquerait aussi leur inspiration différente, toute nouvelle. Les soucis majeurs, la tête de bétail, le champ, la pluie, le soleil s'adapteront au schématisme, qui déjà gagnait l'art depuis le Xᵉ millénaire. Ce schématisme s'avère être une école de facilité et tout pâtre est capable de graver sur un rocher quelque tête de « cornu » comme au mont Bego, tout paysan peut graver une « rouelle solaire » sur un rocher de Galice. Jusqu'au moment où ces artisans piquetant les roches se prendront à leur propre jeu, se surpasseront et redeviendront artistes. L'écriture sera bien proche...

Monde étrange, au charme envoûtant, la vallée des Merveilles s'étend en haute montagne, entre 2 100 et 2 400 mètres d'altitude, au pied du mont Bego qui culmine à 2 872 mètres. Du sommet, par temps clair, par la trouée de la Roya, on devine, par-delà la Méditerranée, la cime la plus élevée de la Corse, le mont Cinto. Sur ces hauts alpages, que rongent encore les névés en plein mois de juillet, s'étalent quelque 40 000 gravures rupestres (36 000 recensées, 50 000 gravures disent certains !). Beaucoup plus que

2

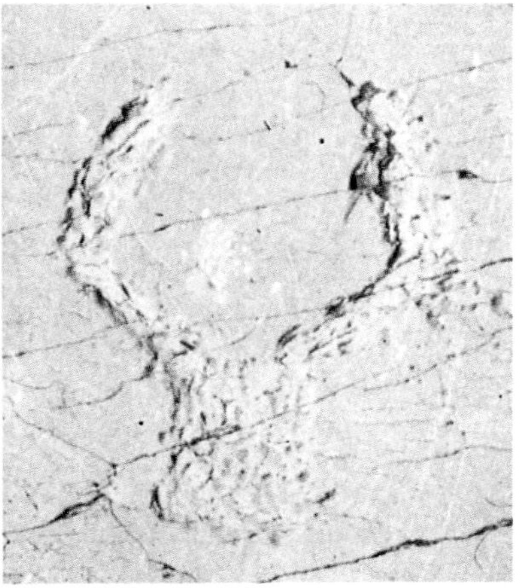
3

1. Bovidés sous le joug, traînant un « tribulum ».
2. Groupe de cornus.
3. « Cornu » caractéristique.

de l'art, c'est de l'artisanat. Les techniques restent très simples : soit de fines incisions sur le rocher, soit un piquetage pour délimiter un contour, une forme, que l'on remplira en partie ou en totalité par piquetage généralisé. La première technique, essentiellement « linéaire », offre des traits fins, de l'ordre du millimètre ou même moins, difficiles à discerner, exécutés par une arête de roche dure, un quartz par exemple, incisant des surfaces schisteuses, unies et polies par les glaciers. Des pointes métalliques, aiguille ou poinçon de cuivre ou de bronze, auraient pu exécuter

Enceinte agricole, « cornus » et figures géométriques diverses gravés à Fontanalba (Alpes-Maritimes).

certains traits. Ce « linéaire » est parfois antérieur au « piqueté », parfois postérieur. Les thèmes en sont variés : des quadrillages, des enclos, des schémas en « arêtes de poisson » ou en arbres, genre sapin, des figures anthropomorphes schématiques ou caricaturales. Il comprend un millier de thèmes.

La seconde technique est celle du « piqueté » avec des fragments de quartz comme percuteur. Elle s'applique aux 40 000 ou 50 000 gravures. Les impacts sont d'un diamètre de un à cinq millimètres pour une profondeur du même ordre. Devant des contours de grande pureté de ligne, on est conduit à envisager un véritable « décalque » de l'objet à représenter : un couteau-poignard, par exemple, serait posé sur la roche, finement contourné, puis la surface complètement piquetée pour lui assurer un relief « en creux » et une surface granuleuse qui s'oppose à la roche voisine polie par l'érosion glaciaire. L'effet d'opposition est la

grande recherche esthétique. Les thèmes, peu nombreux, sont d'une affligeante monotonie. 50 % des gravures sont des têtes d'animaux, têtes schématisées, réduites aux cornes, d'où le terme général dont on les affuble, les « cornus ». Viennent ensuite les outils et les armes, pour 20 % de l'ensemble des gravures, enfin les formes plus ou moins géométriques, les « enclos » 20 % également.

Les « cornus » portent une paire de cornes très nette, mais il reste difficile, devant leur schématisme de leur attribuer une valeur spécifique. La plupart sont des bovins, mais existent également la chèvre, le mouton, le mouflon, tous animaux de pâture venant « estiver » à la montagne, en quête de nourriture, alors que la plaine se dessèche. La chasse n'est pas dédaignée et nombre de cornus sont des chamois, des bouquetins des Alpes aux cornes annelées. Les cornus évoquent donc une vie pastorale transhumante et sont gravés par leurs bergers venus à la montagne accompagner leurs troupeaux, d'où le caractère plus « artisanal » qu'artistique de ces gravures.

Les armes sont triangulaires, avec soie, poignée ou manche. Certaines permettent une datation : ce sont des poignards, parfois à rivets, de l'âge du Cuivre ou du tout début de l'âge du Bronze (vers 2500 - 2000 avant notre ère). Plus que des poignards, avec le sens précis d'une arme, ce sont des couteaux de chasse et de berger. Pour le berger-paysan du Bego, le couteau est inséparable compagnon et, lors du Colloque de Casterino (juillet 1960), lui fut préférée l'expression « couteau-poignard ».

De nombreuses lames à soie ne sont pas des couteaux-poignards non emmanchés, mais des socs d'araire triangulaires, avec une longue soie pour l'insérer dans le longeron de bois. Le métal étant trop précieux pour être abandonné plusieurs mois dans la plaine, le berger-paysan monte avec lui son araire. Figurent également gravées des haches, des faux à lame droite, des faucilles à lame courbe, des marteaux, des maillets. Des faux emmanchées, avec leur long manche et le petit manneton coudé pour la préhension sont identiques aux faux modernes.

De véritables scènes, rares il est vrai, montrent des paysans, quatre ou cinq, en ligne, battant le grain avec les fléaux au-dessus de leur tête. Dans le secteur de Fontanalba, on dénombre plus de 80 araires, parfois tirés par des bœufs attelés sous leur joug. Le laboureur, toujours très schématique, est parfois représenté de quelques traits piquetés. Des attelages, traînant un long rectancle compartimenté sont des *tribulum* pour dépiquer le blé sur l'aire de battage.

Quant aux enclos, ils sont la reproduction, parfois maladroite, de cabanes ou de capitelles (cabanes circulaires de pierres sèches, fréquentes dans le monde pastoral méditerranéen), de structures agraires, de champs, de prés, de vergers... L'ensemble des gravures du Bego se révèle très homogène, uniforme aussi. Il répond parfaitement à une économie transhumante pastorale et paysanne, de la fin du IIe millénaire. Ainsi s'explique ce formidable ensemble de gravures artisanales, de haute montagne.

Très nombreuses seront à cette époque les aires riches de gravures pastorales, dans toute l'écharpe méditerranéenne.

Dans le Capcir (Pyrénées-Orientales), le style linéaire est seul adopté. À la Peyra-Escrita, un nom significatif, figurent des cerfs et des hommes stylisés, des signes représentant des arbalètes, des motifs purement géométriques, des pentacles, des rouelles solaires.

Paysan avec araire et bœufs attelés sous le joug, scène gravée à Fontanalba (Alpes-Maritimes).

Sur les contreforts élevés du Massif central, les sites sont nombreux de cet art schématique. En Vivarais, à Meygris, au Lautier, dans les secteurs d'Ailhon et de Lanarce, ce sont encore des linéaires avec anthropomorphes à peine reconnaissables, des croix (la forme humaine la plus schématique), des rouelles, des « fers à chevaux », parfois associés à des cupules.

Plus au sud, dans la région d'Olargues, un autre site « Peyro-Escrito », étudié par R. Guiraud, livre anthropomorphes, cruciformes, symboles solaires, pentacles, plans schématiques de maisons...

À l'ouest du Massif central, en Vendée, les roches de Saint-Aubin-de-Baubigné accumulent cercles gravés, cruciformes, rouelles solaires. Dans le Massif armoricain, les supports de dolmens se prêtent volontiers à des gravures apparentées, notamment dans la région de Carnac : dessins de structures agraires, cupules, haches emmanchées, motifs mystérieux vaguement anthropomorphes, indistinctement baptisés « écusson » ou « poulpe »... le propre du schématique ! Sur un montant du dolmen du Mané-Lud, sur un piédroit du cairn de Barnenez sont gravés des navires aux deux extrémités relevées, avec de petits traits verticaux pour figurer les marins. Des gravures comparables seront fréquentes sur le littoral scandinave, où nous les retrouverons, superposées aux gravures de tradition chasseresse de l'Arctique. Ces sites bretons du début du IVe millénaire sont tout proches de la mer !

Les îles britanniques n'échappent pas aux manifestations de cet art schématique de gravure, des deux poignards gravés sur un pilier de Stonehenge jusqu'aux innombrables rochers d'Écosse, gravés de multiples *cups and rings*, comme Balnachraig...

Au nord-ouest de la péninsule Ibérique, la région de Chaves offre cruciformes, carrés compartimentés, araires, tous profondément gravés dans un dur granite. Mais le site majeur est la région de Pontevedra, vers Campo Lameiro. Secteur extrême de la Péninsule, proche de l'Atlantique des rias galiciennes, les gravures portent encore l'influence animalière et naturaliste des anciens chasseurs de l'épipaléolithique. Des gravures de cervidés, les bois en perspective tordue, y sont d'une belle vigueur, fortement burinés et piquetés dans le granite. Mais le souci de la chasse est bien estompé. L'un d'eux, porte sur son flanc droit une magnifique rouelle, lui donnant la signification symbolique d'un cerf solaire... comme la signification du cygne solaire, sur les rives orientales de l'Onega. Poignards, identiques à ceux du Bego, cupules aboutissant à des cercles concentriques, de mystérieuses « palettes » que nous retrouverons au Camonica, dans les Alpes, se comptent par dizaines, sur les roches galiciennes.

1

2

1. Cercles concentriques gravés à Pontevedra (Galice, Espagne).

2. Figure de cervidé gravée à Pontevedra *(Ibid.)*.

De ces nombreux exemples, à l'ouest des Alpes – les multiplier serait fastidieux – se dégagent, tant pour le style linéaire que pour le style piqueté, des originalités et des adaptations locales dans un vaste complexe uniforme où le schématisme reste omniprésent.

2. Le Val Camonica et l'est de l'Europe

Si la vallée des Merveilles est le cadre d'une économie pastorale de transhumance, dans l'âpre paysage que domine le Bego, dans la vallée de l'Oglio, au nord du lac d'Iseo, le Val Camonica est terre de refuge et d'accueil pour des populations pastorales et paysannes, chassées des riches plaines. Remontant la vallée plus

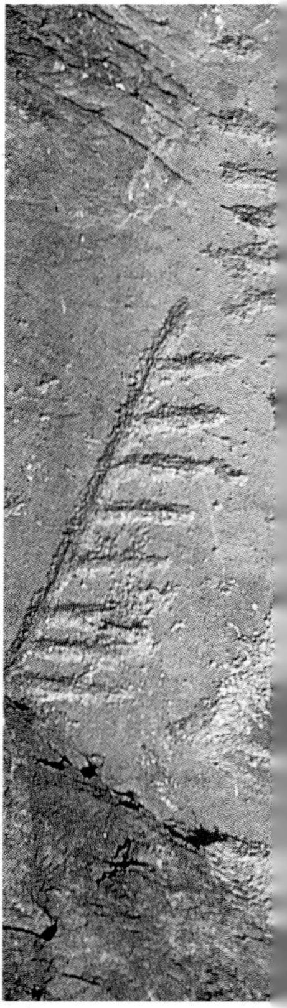
1

1. Figures de cervidés gravées à Cemmo (Val Camonica, Italie).

2. Gravures de couteaux-poignards *(Ibid.)*.

2

ou moins déserte, ils ne rencontreront que de rares chasseurs, conservant la tradition de graver encore leur gibier sur les roches de la vallée, tel ce grand cerf de Luine, d'un format dépassant le mètre, le cou entravé d'un collier et pouvant dater de 6000 - 4000 avant notre ère. Après 4000 sans doute, les populations affluent, s'installent et développent un art rupestre exceptionnel, et par sa qualité, et par le nombre. Ces gravures, parfois linéaires mais pour la très grande part de style piqueté, étaient au nombre de 20 000, voici une vingtaine d'années, dans les secteurs de Naquane et de Cemmo, de part et d'autre de Capo di Ponte.

Les recherches effectuées depuis, par E. Anati et son école, notamment dans la région de Boario, à Luine notamment, ont sans doute doublé le chifre des pétroglyphes. Nous n'aborderons pas

1. Personnage gravé à Cemmo (Val Camonica, Italie).

2. Attelage et chariot à quatre roues *(Ibid.)*.

1

2

les problèmes complexes de chronologie, qui échappent largement aux préoccupations esthétiques, mais il convient de souligner que l'ensemble des gravures camuniennes couvre quelque trois ou quatre millénaires. Les ultimes gravures subissent les influences de populations de l'âge du Fer, des influences étrusques et cet art succombera, comme bien d'autres, à la conquête romaine des montagnes, aux environs de notre ère. Seules, les gravures les plus anciennes, images directes et vivantes de l'économie pastorale et paysanne seront rapidement évoquées. Les parallèles sont nombreux avec les thèmes du Bego, dont nous avons souligné la médiocrité et l'uniformité de traitement, mais ici, ces mêmes thèmes sont traités avec une diversité, une richesse, un art de la

1

1. Scène agricole : laboureur conduisant son araire avec attelage, suivi de paysans armés de houes brisant les mottes ; gravée sur une roche du Val Camonica.

2. Dessin d'habitation agricole, base en pierre, grenier charpenté ; gravée sur une roche de Naquane (Val Camonica, Italie).

2

composition qui nous donnent véritablement des œuvres d'art. Le Bego est un art de pasteurs transhumants, pressés, ne vivant que quelques mois en haute montagne. L'art camunien correspond à une vie et une économie stables, et il est certain que des « spécialisations artistiques » s'y recréent ; que des artisans y ont le temps de travailler leurs techniques, de redevenir des artistes. Cela semble particulièrement valable pour les gravures les plus anciennes, celles qui sont encore fortement imprégnées par les survivances de la vie chasseresse. Les plus médiocres gravures sont celles en contact avec l'histoire. La grande roche de Cemmo, sur la rive droite, offre ces panneaux de cerfs, de bœufs, schématiques certes, mais d'une gravure nette et précise, avec une composition parfaitement ordonnée. Ce sont des hardes et des troupeaux entiers qui cheminent. Ces plus belles gravures sont sans doute les plus anciennes. Des scènes de chasse, plus libres, mettent le chasseur à l'action, avec un dynamisme qui n'est pas sans rappeler celui du Levant. Dans la grande roche de Naquane, sur la rive gauche, le cerf, gibier principal, représente 30 % des figures animales, bouquetins et moutons 10 %.

Les rares gravures de « cornus », style Bego, sont plus récentes. Les enclos du Bego se retrouvent, notamment à Bedolina mais avec une ampleur et une précision qui permettent de parler ici de « cartes » ou de « cadastres ». Les champs, les vergers, avec de petits points réguliers pour représenter les arbres, les cabanes circulaires ou les puits, les chemins de desserte rurale y sont portés avec une précision telle que l'on songe à un relevé d'architecte ou d'agent du cadastre ! Une forme d'art nouvelle apparaît. Les scènes agricoles sont nombreuses, notamment dans les sites nouveaux de la région de Luine que j'ai pu étudier en 1972. Même traitée schématiquement, telle scène de labour, avec son attelage et son araire, le paysan aux mancherons, suivi d'une demi-douzaine d'aides, armés de houes et brisant les mottes de terre, est singulièrement vivante et évocatrice. Armes-outils sont fréquemment représentés en main, avec une variété qui s'explique ici par la durée de l'occupation humaine. Nombre de thèmes « pittoresques » sont figurés, personnages en activité, courant ou dansant, en procession, « orants » les bras levés vers le ciel, priant même : certaines de ces attitudes impliquent une véritable religiosité, absente des anthropomorphes des pasteurs du Bego. Des gravures précises de chalets paysans, vus en élévation, rappellent encore des graphies d'architecte. Ces chalets ont leur base, le rez-de-chaussée complètement piqueté, correspondant à une construction de pierre, alors que le premier étage ne porte que les croisillons de bois des colombages. Le grenier, très aigu, au-dessus, avec son toit à doubles pans, abrite parfois quelque animal domestique... Rien d'étrange à ce fait : dans ces chalets adossés à la montagne, le grenier est de plain-pied avec la pâture. Nombreux également les grands chars paysans à quatre roues, avec leurs animaux de traction que sépare le long timon central. Ces scènes, d'où la naïveté n'est pas absente, sont autant de tableautins de genre, au charme indéniable Même dans ces gravures piquetées, au tracé schématique, on retrouve un don certain d'observation, un profond naturalisme qui les sauve et les élève. Au-dessus de Capo di Ponte, dans une cour de ferme de Breonio, je retrouvais ces mêmes chalets à colombage solidement assis sur leur base pétrée, ces

Figures schématiques peintes à Beldibi (Anatolie, Turquie).

mêmes longs chariots que l'on pourrait suivre des Alpes aux Carpates et dans l'Europe orientale. Cet art schématique du Camonica est à la fois naïf et vivant, « primitif » dans le bon sens esthétique du terme et ces conjonctions heureuses en font une admirable réussite esthétique.

Étroitement associés à ces « scènes de genre », on trouve des motifs abstraits, cercles et symboles solaires, empreintes gravées de pieds ou complètement piquetées, des « palettes » et des signes étranges genre « méduse », dont il serait intéressant d'étudier la répartition géographique mais ce serait sans doute un autre sujet que celui de l'esthétisme... Exceptionnel par sa qualité, l'art camunien l'est aussi par son étroite localisation. L'art rupestre schématique des pasteurs abonde en maintes hautes vallées alpestres. Jamais il n'atteint semblable niveau, ce qui renforce l'hypothèse d'écoles et d'artistes dans le Val Camonica.

En Valteline, dans le secteur de Grosio, nous retrouvons un art schématique de qualité, disons « plus ordinaire » : des bouquetins, accompagnés parfois de chiens, au corps complètement piqueté, des hommes, des orants au tracé réduit à un seul trait piqueté, des enclos de types divers, des champs de cupules, le tout de dimensions variées, sans rapport de proportion, sans scènes ordonnées, autant de thèmes qui sont fréquents dans le monde montagnard et même au-delà.

Dans le val sauvage du Germanasca, au-dessus de Perosa Argentina et de San Germano, le cirque de Pramolo n'offre guère que des symboles solaires et des cruciformes, dont une fort belle étoile à huit branches, des jeux et des semis de cupules et de rigoles. Un style fort proche de celui de Chaves, ou de certaines régions galiciennes, un style que nous trouvons dans plusieurs vallées des Alpes occidentales (côté français) et dans le Valais suisse.

À Carschenna, dans les Grisons, cupules, nombreux et fort beaux cercles concentriques, jusqu'à une dizaine de cercles centrés sur point intérieur, accompagnent un magnifique signe solaire, cercle pointé auréolé de dix rayons.

À Valle Dorizzo, dans le secteur de Bagolino, province de Brescia, c'est encore un « soleil » avec une vingtaine de rayons. On pourrait multiplier ces sites secondaires, lesquels montrent pourtant l'extrême diffusion montagnarde de cet art schématique où le soleil reste un thème capital. Si le renne ou le mammouth sont symboles de vie chasseresse, le soleil accompagne ces économies pastorales et paysannes. N'est-il pas dispensateur de lumière et de chaleur, indispensable à toute culture, et plus encore dans l'économie montagnarde ?

Dans la montagne albanaise de Spiloja, non loin de la grotte de Treni, une peinture schématique (la seule de la péninsule balkanique) représente une scène de chasse au cerf, avec chiens et trois cavaliers armés de lances. Plus tardive que les documents qui nous intéressent ici (elle se placerait au premier âge du Fer),

Bouquetins de style linéaire gravés à Palanti (Anatolie, Turquie).

son intérêt est de nous montrer la longue persistance de cet art schématique.

Les îles montagneuses méditerranéennes, terre d'élection pastorale, sont également touchées par l'art schématique. Dans l'île de Naxos, dans les Cyclades, de nombreuses dalles calcaires portent, gravées, des scènes de chasse au cervidé, toujours ressource d'appoint, des capridés et divers personnages. Une embarcation, avec ses deux passagers, rappelle des scènes armoricaines et scandinaves.

Sur la côte méridionale de l'Anatolie, près d'Antalya, à Beldibi, des peintures rassemblent des personnages, des cruciformes et un cerf aux très longues cornes, aussi longues que le corps même de l'animal.

Mêmes thèmes, gravés cette fois, dans l'Anatolie centrale, à Palanli, avec quelques grands bouquetins de style linéaire, au trait extrêmement fin, d'une graphie très « méditerranéenne » et pouvant appartenir à une phase plus ancienne.

Dans une étude récente, E. Anati évoque divers sites analogues, en Anatolie. Dans la région de Çatak, au sud du lac de Van, se retrouvent, en gravures incisées fines ou épaisses, les mêmes cervidés à longues cornes. La grotte Camuzla, au pied du mont Ararat, plus au nord, semblerait proche des scènes de Cemmo, au Camonica, avec de nombreux cerfs, traités cette fois en perspective tordue, accompagnés de chiens et de chasseurs. La densité des animaux, une trentaine sur un seul panneau, dans une composition même peu ordonnée, contraste avec les nombreux sites n'offrant qu'une scène unique : un cerf et un ou deux chasseurs. La valeur de souvenir, d'anecdote, est vraisemblable, comme un ex-voto qui rappelle et perpétue une chasse heureuse.

Une des originalités du site de Varegös, dans le mont de Sat, au Kurdistan, étudié par le professeur Leonardi, est l'association de ces cervidés à longues cornes, qu'il pense être des égagres, avec un long serpent piqueté, se tordant sur lui-même et sortant d'une fissure rocheuse. Quelque réminiscence fort ancienne des mythes paléolithiques ?

Nous terminerons ce tour d'horizon, non exhaustif, qui devrait se poursuivre sans doute très loin vers l'Orient, pour assurer (peut-être) une liaison avec les gravures extrême-orientales de Sibérie, par deux sites qu'il nous a été donné d'étudier, en Crimée et sur la mer d'Azov.

L'abri de Tach Aïr, en Crimée, dans la région de Bachisaraï est impressionnant de hauteur, en léger surplomb. Il porte des peintures noires, au trait relativement fin, représentant des anthropomorphes, un signe solaire plus épais, un signe arboriforme et, figures originales dans cette région, deux chariots à deux roues. Deux cercles allongés, à peine jointifs, et un trait perpendiculaire pour le timon est certainement la graphie la plus simple que l'on puisse trouver, un pictogramme bien proche de l'idéogramme et de l'écriture. La base de l'abri a livré du Bronze et nos collègues soviétiques y trouvent élément vraisemblable de datation. Une figure plus curieuse encore représente un traîneau, dont le modèle existe en pierre dans les kourganes de l'âge du Bronze. Confirmation chronologique.

La butte de Kamyana Mogyla, dans la région de Melitopol se présente comme une vaste colline de blocs gréseux, dominant les plaines environnant la mer d'Azov, un empilement naturel de gros blocs, particulièrement propices à des gravures (comme les grès de Fontainebleau). Certains blocs gravés ont été ébauchés et transportés à l'institut de Kiev où j'ai pu les étudier. Les gravures de Kamyana Mogyla s'ordonnent en deux groupes bien distincts, tout en étant étroitement associés.

Le groupe « naturaliste » comprend une gravure de taureau aux longues cornes projetées en avant, des cervidés gravés sur les plafonds des blocs formant grottes, une belle et profonde gravure d'un daim, arc-bouté sur son arrière-train et, surtout, gravure typique et datable, deux cornus (comme ceux du Bego), sous le joug, traînant un rectangle à quatre compartiments ! C'est un attelage de *tribulum* caractéristique.

Le second groupe comporte de nombreux traits gravés, souvent profonds, comme des rainures de polissoirs : des stries en tous sens, en perpendiculaires, des « dents de scie », de ces rainures sub-parallèles et divergeant légèrement, où l'on voudrait voir une main, des empreintes de pas gravés... J'avouerais volontiers un certain scepticisme devant la profusion et l'hermétisme de ces rainures creusées dans un grès tendre. La présence de jeunes enfants, munis d'une boîte métallique et jouant sur le site m'a conforté dans ma prudence... une prudence toute bellifontaine !

3. Les dernières traditions de l'Arctique

La grande forêt et l'élan, du fleuve Amour au fjord de Trondheim caractérisent le développement et l'inspiration majeure de cette grande civilisation du naturalisme animalier, cette civilisation de l'Arctique héritière de lointaines réminiscences périgordiennes, quelque part en Eurasie.

Les derniers millénaires de l'aventure humaine, à partir de 5000, de 4000 avant notre ère, ne modifieront guère la graphie animale, puisque la forêt, éternelle en ces hautes latitudes, subsiste et qu'elle accueille toujours son hôte favori. La grande nouveauté est l'apparition, le développement de la représentation humaine. L'homme désormais se partage les rochers, avec l'élan ou le renne,

Figures d'élans compartimentées et spirale gravées à Ausevick (Norvège).

dans les témoignages rupestres. Parfois, il deviendra majoritaire et même exclusif. Une séparation capitale qui sera riche de prolongements dans l'histoire.

Pourquoi cette progression de l'image humaine dans l'art ? Sans doute pour une meilleure et plus complète communication avec ses semblables, pour s'exprimer par cette forme, en attendant l'écriture, sur les grands problèmes qui l'assaillent : le problème de la vie et de ses sources, le problème de la mort et de ses mystères, le problème du monde qui l'environne. Même si la chasse reste active, une économie nouvelle se forme et se développe, avec des ressources nouvelles. Dans la région d'Irkoutsk,

le site de Goreljles utilise la céramique dès 6494 avant notre ère selon le C 14. Une économie paysanne incite davantage à la réflexion, à la méditation, que la vie active du chasseur. Des mythes nouveaux se créent, souvent aux dépens de la primauté animale. Le soleil, lumière et chaleur, vivement apprécié sous ces hautes latitudes, devient le Soleil-Dieu, remplaçant l'Animal-Dieu !

L'art naturaliste, devenu anecdotique, tend à devenir langage. Il se popularise, se schématise... et s'il est parfois hermétique pour nous, modernes, sans doute ne l'était-il pas pour ses créateurs et ses contemplateurs. Cette évolution nuancée s'illustre dans les ultimes traditions du monde septentrional.

Dans le bassin de l'Amour, les représentations animales conservent leur qualité mais les représentations humaines – anthropomorphes serait plus exact – y sont de plus en plus fréquentes, et ces gravures se limitent souvent à la tête seule, d'une graphie médiocre d'ailleurs. Ce sont des masques, des figures tatouées, se transformant en symboles solaires ! Un suggestif rapprochement met en parallèle ces visages rupestres avec un décor de vase néolithique, vase provenant des fouilles d'Okladnikov à Vosnesenovka, dans l'extrême est de la Sibérie. Ce vase offre, profondément incisé, un masque identique à celui des gravures. La copie est poussée au point de piqueter régulièrement le visage, selon la technique du graveur rupestre. Seuls, les yeux et l'extérieur du visage sont réservés et offrent la surface lisse de la pâte originelle. Le site date de 3 590 avant notre ère. Ces gravures anthropomorphes de l'Amour, avec leurs « tatouages » profondément incisés sur la roche, suggèrent également des masques en bois, répandus dans toute la grande zone forestière européenne, sculptés dans les souches. Ce sont les mêmes techniques de coups de gouge, dans la pierre comme dans le bois. Ces masques de souches prennent profonde signification, car œuvrés dans les racines de l'arbre, un symbole de la vie. Je les ai retrouvés à Oppdal, dans la pénéplaine de Norvège ; aussi étranges que sur les rochers de Sibérie, mais également en Forêt-Noire et en Valais, forêts reliques de la grande sylve d'Eurasie.

À côté de gravures d'élans, disons « classiques » car naturalistes, nous voyons apparaître, dans cette région de l'Amour, des élans aux corps rayés de grandes stries verticales, d'autres avec des rayures plus complexes, des traits curvilignes pouvant représenter les côtes de l'animal, des cercles concentriques à la place des viscères, toute une anatomie, fantaisiste mais d'un très bel effet décoratif. Ce thème se retrouve dans toute l'aire arctique jusqu'en Norvège, où nous en reparlerons. Il se retrouve également, plus tardivement dans un motif de tapis de Pazyryk, du ve siècle avant notre ère, dans l'Altaï. Les correspondances entre rupestre, art du bois et tissus expliquent les plus lointaines transmissions artistiques. Nombre de décors de l'art roman doivent beaucoup aux tissus sassanides ! L'origine géographique et chronologique de ce thème « anatomique » serait du plus grand intérêt.

Pour la région d'Irkoutsk, les relevés des équipes du Professeur Okladnikov ont été rassemblés dans deux énormes volumes, *Rupestres de Trans-Baïkalie et Cis-Baïkalie*. Les beaux et bons élans de l'art arctique se retrouvent, mais des formes plus schématiques – ou plus maladroites – sont également présentes avec

Figure d'élan gravée à Drammen (Norvège).

des ébauches, une gravure d'élan sans ses pattes, une tête sans son corps, une esquisse avec le corps barré de quatre stries verticales, approche de la graphie anatomique. Les hommes, les anthropomorphes, les masques deviennent nombreux. L'étrange, la fantaisie s'y expriment. Un anthropomorphe s'orne d'une longue queue fourchue ! Le Moyen Âge en ferait un diable. Nouveautés aussi, sur le plan économique et se traduisant sur la pierre, des gravures de bateaux, vraisemblablement des pirogues monoxyles, montés par six à huit hommes, figurés fort simplement par de petits traits verticaux. Un trait, deux traits, deux hommes. La schématisation ne fera que se développer. De hautes falaises calcaires, dont les strates de la roche forment des bandeaux successifs, sont décorées de minuscules personnages, en bande, comme le cadre naturel le suggère.

Très tardives, des gravures de l'âge du Fer nous font entrer dans le médiocre. Des traits incisifs faits au métal tentent de nous donner l'image de chevaux tout raides, flanqués de leur cavalier, des chevaux étranges, avec la queue en arête de poisson ! Parfois, rarement, une graphie pleine de mouvement, tel ce jeune élan

1. Figure de poisson au corps compartimenté gravée à Drammen (Norvège).

2. Figure d'élan compartimentée gravée à Vingen.

1

2

tracé en six traits gravés, dont l'exécution rappellerait volontiers la souple silhouette de la belette de Niaux.

Mêmes thèmes sur la Léna : élans, bateaux et, tardive, une rouelle solaire. Les mêmes encore dans la vaste région de Tomsk, qui occupe une position géographique centrale, sur le cours de l'Ob, à mi-chemin du Baïkal et de l'Oural. Le bassin de l'Ob et la partie occidentale du bassin de l'Ienisseï peuvent avoir joué un rôle important dans la genèse de cette civilisation de l'élan. Le nombre considérable des gravures reconnues montre que les traditions de cette civilisation y sont profondément ancrées. Le Professeur Okladnikov constate, à partir de cette région, des départs d'influences en direction de l'ouest, par la presqu'île de Kola, vers

1

1. Figures animales et humaines s'opposant gravées à Fossum (Tanum III) (Suède).

2. Gravures rupestres dans la vallée de la Léna supérieure (Russie sibérienne).

2

la Scandinavie ; en direction de l'est, vers le Baïkal, l'Amour et, par le seuil de Behring, il entrevoit même le Nord-Amérique...

Il est certain qu'en Asie centrale, l'élan restera un thème de prédilection. Dans les kourganes de Pazyryk, des environs du ve siècle, on connaît des éléments décoratifs comme des cuirs découpés en forme d'élan, pour un sarcophage ; des têtes d'élan sculptées en bois pour harnais.

La plaque de bouclier, en or repoussé, provenant de Koul Olba, du IVe siècle av. J.-C., dite « en forme de cerf couché », présentée fin 1975 à Paris, à l'exposition des « Trésors soviétiques », est plutôt un élan : la lippe de la mandibule inférieure est suffisamment prononcée et caractéristique !

Signes et figures schématiques gravés à Vitlycke (Norvège).

Les gravures de l'Onega sont riches en figures humaines variées, des filiformes, aux bras étendus et aux jambes écartées, un « porteur d'haltères », un grand « démon » que ne renierait pas un « cubiste » contemporain, une scène d'accouplement, etc. Les « signes » échappent peut-être à l'art. Ils sont également variés, depuis des « arboriformes » jusqu'à des cercles gravés, munis de deux appendices, qui ne sont pas sans évoquer quelque méduse... Mais les gravures les plus caractéristiques restent celles des grands cygnes, précédemment évoqués, dont le corps porte les demi-cercles concentriques symbolisant le soleil. Leur position sur les roches n'est pas indifférente, car les rayons du soleil couchant viennent les éclairer longuement, lors des longs crépuscules du Grand Nord.

Des milliers de gravures tardives scandinaves, nous ne retiendrons que quelques thèmes. Les bateaux deviennent extrêmement nombreux, des panneaux en portent dix, vingt, parfois de plusieurs mètres de long, chargés de leurs équipages. Presque tous portent un élan en figure de proue, mais les formes, les techniques représentées permettraient de subtiles distinctions nautiques. Cette prédilection maritime correspond naturellement à la vie et à l'économie de ces côtes norvégiennes, riches en fjords et en îles, où la navigation est d'une nécessité vitale. Il s'ébauche sur ces côtes septentrionales de l'Europe une civilisation de navigateurs et de pirates qui annonce les Vikings. Une scène d'Aspeberget, dans la région de Tanum, illustre ce goût de l'anecdote, du récit imagé qui reste une des marques fondamentales de l'art post-glaciaire.

Il s'agit d'un reportage de l'époque : une grande bataille navale. Au centre, une grande escadre d'une douzaine de navires, la coque traitée d'un gros trait épais. Ce sont des pirogues de bois, lourdes et peu maniables. Elles sont alignées, bord contre bord, très serrées les unes contre les autres, trop serrées même pour pouvoir manœuvrer. Les attaquants sont montés sur de plus hautes embarcations, représentées par deux traits parallèles, avec des entretoises. Ce type, très différent des monoxyles, correspond à des bateaux à armature, d'où le dessin, l'armature de bois étant enveloppée de peaux cousues. Ce type de bateau s'est perpétué de nos jours, en mer du Nord, notamment sur la côte orientale d'Irlande. Ce sont les *curraghs*, ou encore les *coracles.* Ces navires sont légers, faciles à gouverner. En formation dispersée, ils entourent la lourde flotte, restent séparés les uns des autres pour manœuvrer... Ils sont une dizaine mais l'issue de la bataille ne fait aucun doute ! Voici donc un des premiers tableaux, si ce n'est le premier, d'une bataille navale ! Non loin, ce sont des paysans,

Embarcations pontées gravées à Vitlycke (Suède).

1 

2 

1. Scène de labour gravée à Aspeberget (Tanum III) (Suède).
2. Char à deux roues gravé à Begby *(Ibid.)*.

avec un attelage de bœufs, cornures en perspective tordue, conduisant un araire. Tels sont ces deux tableaux qui nous donnent idée de la vie maritime et paysanne, correspondant à cet art issu des lointaines traditions de l'Arctique.

Les scènes symboliques ont mérité leur artiste. Un grand cercle gravé s'entoure de huit signes schématiques qui ne peuvent guère être autre chose que des personnages attablés. Les chevaliers de la Table ronde ? À vrai dire, le chef est gravé aussi : il se tient debout, les deux mains s'appuyant sur le rebord de la grande table. Nous retrouverons la même scène, peinte, dans la grotte de Porto Badisco, à l'extrême sud de la péninsule italienne, à

Figure d'homme armé gravée à Vitlycke *(Ibid.)*.

2 400 kilomètres ! Je pense qu'il est permis de faire le rapprochement, car les deux thèmes sont vraisemblablement de la même époque, fin du IIIe ou début du IIe millénaire.

Des gravures tardives, datées par l'armement des guerriers, un bouclier, une hache de bronze brandie au-dessus de la tête ; un char à deux roues, un *bige*, des archers, nous reportent à l'âge du Bronze... Des chars, de gros navires pontés, des hallebardes sont gravés côte à côte, sur les grandes roches plates de Simrislund, dans le sud de la Scanie. Ce sont les premières gravures rencontrées, en abordant la péninsule scandinave par le sud. Elles témoignent d'une base de débarquement des populations continentales de l'âge du Bronze. Mais leur style, leur inspiration restent bien différents des gravures parvenues en Scandinavie par le Nord. Pourtant il y a eu contact, influences réciproques. Les grands bateaux de Simrislund portent, eux aussi, des élans à la proue... comme en porteront encore les drakkars vikings venant camper aux portes de Paris à l'époque de Charlemagne.

4. Peintures et gravures des pasteurs et paysans en Eurafrique
(Du Levant espagnol au Sahara et au Nil)

Héritier d'anciennes et confuses traditions périgordiennes, l'art du Levant contant les exploits et les anecdotes de la chasse au cerf, entre en contact vers le IIIe millénaire avec les civilisations pastorales et paysannes qui gagnent les plateaux calcaires intérieurs. Le style pictural s'en trouvera modifié, et dans ses thèmes, et dans ses moyens d'expression. Si le chasseur trouvait intérêt à garder souvenir de son exploit, le paysan n'a pas les mêmes motivations. Deux ou trois scènes de collecte du miel pour des milliers d'aventures cynégétiques ! Peindre sous un auvent rocheux une recherche au bâton à fouir ou une scène de labour manque sans doute de panache ; ce que font médiocrement les graveurs du Bego et, d'une graphie vraiment exceptionnelle, les artistes du Camonica. Mais les artistes ibériques trouveront finalement un thème digne de leur pinceau. La sédentarité paysanne, les conflits avec les pâtres, l'expansion démographique, les problèmes d'une économie difficile dans un pays méditerranéen au climat sec déjà dévasté par les troupeaux, la transformation en trois ou quatre millénaires d'un plateau feuillu en un « plateau pétré » où croît avec peine la garrigue, provoquent un phénomène social nouveau, le conflit armé entre hommes, la *guerre* ! Elle sera nouvelle source d'inspiration, le début d'un nouveau genre, la peinture militaire, comme aux mêmes époques, la bataille navale de Tanum inaugurait aussi un genre nouveau.

Un archer isolé, ses flèches en main, peut aller à la chasse ou à la guerre, mais les archers de l'abri des Dogues, dans les gorges

Reconstitution du grand panneau de Peñarrubia (Espagne).

Signes schématiques peints dans l'abri de Los Letreiros à Vélez Blanco (Espagne).

de La Gasulla, ordonnés en deux bandes rivales, s'affrontent furieusement. Les arcs bandés, les flèches décochées qui pleuvent, les corps tendus, le galop impétueux, les deux jambes à l'horizontale, un vrai galop volant humain, toute la scène, violente, est riche d'un dynamisme étonnant. La schématisation des corps filiformes ne fait qu'accuser le mouvement, ce mouvement héritage des grandes scènes de chasse de jadis. La représentation de la horde guerrière de la grotte du Val del Charco del Agua Amarga, près de Teruel, est de la même veine ; deux éclaireurs en tête, deux petites escouades suivent, légèrement décalées, la plus proche du spectateur traitée en plus gros plan. À Morella la Vieja, trois archers filiformes attaquent un adversaire, mais quatre compagnons se précipitent à son secours. Ces thèmes héroïques, étonnants de mouvement, resteront toutefois exceptionnels, par leur qualité comme par leur nombre. Ils restent le chant du cygne du grand art mouvementé du Levant. Des thèmes plus modestes les côtoient

et se développent. Dans un vaste panneau de Peñarrubia, voici des couples paisibles ; une femme tenant son âne à l'attache, sous la garde d'un chien ; un couple que domine un soleil au-dessus de leurs épaules. Les personnages n'ont pas la vigueur des représentations chasseresses. Ils s'empâtent. Dans la grotte de Doña Clotilde (Albarracin), au contraire, les personnages entourant un arbre sont devenus disproportionnés et filiformes, des bras ridiculement courts, de petites jambes que sépare un tronc démesuré. Lorsque la signification épique d'une scène disparaît, mouvement et exactitude du trait disparaissent également, et nous entrons dans le schématisme. Breuil a consacré de longues années à ces formes nouvelles d'art, où l'art tend peut-être à disparaître. À Puerto Alonso, vers la Cabeza del Buey, l'abbé relève un panneau, typique par son schématisme et son hermétisme. Des traits nombreux, verticaux, sont à interpréter comme des personnages, certains détails ajoutés permettent de le supposer : des bras courbés

Figures de chèvres peintes dans l'abri sous roche de Las Cabras Pintadas (Espagne).

au-dessus de la tête par exemple. Les signes se développent, des cercles concentriques pouvant signifier l'eau ou le soleil ! À Roca de San Blas, en Albuquerque, ce sont des personnages étranges, certains normaux, d'autres munis de 6 ou 7 paires de membres... on n'ose parler de mille pattes ! À Beniatjar, dans la province de Valence, c'est un oiseau étrange, les ailes suggérées par trois traits parallèles. À Vélez Blanco (Almeria), sous l'abri de Los Letreros, toponyme révélateur, semble voltiger, peints en rouge vif, un essaim de papillons ou un vol d'oiseaux. À moins que ce ne soient des hommes schématisés, que nous retrouvons au-dessus, formés par deux triangles incurvés identiques, accolés par leurs pointes. Cet abri de Los Letreros est cependant celui qui m'a accordé la meilleure vision, étant dans un remarquable état de fraîcheur. En excellent état également, l'abri perdu dans la profonde vallée isolée des Batuecas, par-delà le monastère : l'abri de Las Cabras Pintadas. De petites chèvres rouges, aux longues cornes courbes,

certaines aussi longues que l'animal entier, sont identiques à nombre de gravures de même époque précédemment évoquées. Les rapprochements sont nombreux et faciles entre peintures et gravures. Les soleils se retrouvent, cercle à rayons de Vélez Blanco, de la Piedra Escrita à Fuencaliente, de Zarzalon dans les Batuecas... Quant aux cerfs, ils se réduisent parfois aux ramures, mais en portent cinq ou six paires successives, par compensation. Cet art schématique qui perdure en plein âge du Bronze devient ésotérique et, pourrait-on dire, *pictographique*. Le schéma devient symbole, le symbole se transforme en schéma et, comme dans maintes gravures tout aussi hermétiques, on pressent l'arrivée proche de l'écriture. Née en Méditerranée orientale, elle rencontrera en Occident un terrain intellectuel prêt à l'accueillir et à l'adopter. Cet art schématique reste une forme de communication et, selon l'expression heureuse de l'UNESCO, avec ses surplombs peints et ses schistes gravés, c'est bien « le rocher prélude du Livre ».

2

1. Détail d'une scène avec couple, archer et chien, peinte à Séfar (Algérie).

2. Gravures animalières de cervidés et cavaliers d'El Beyed (Mauritanie).

1

Bovidé et fennec de Bou Slam, au nord-est de la dorsale tunisienne, m'avaient autorisé à voir peut-être un jalon entre ces mêmes arts de chasseurs, au nord et au sud de la Méditerranée. Les personnages qui accompagnent les deux animaux, fléchis et les bras levés en quelque attitude de danse (un danseur est certain, jambes écartées et bras levés) sont d'un schématisme très apparenté avec celui du Levant espagnol (nous verrons ultérieurement l'importance exceptionnelle du schématique peint de Levanzo, au large de la Sicile, second jalon !). Deux tout petits personnages, inscrits sous le ventre du fennec, postérieurs donc, entreraient aisément dans un panneau peint d'Andalousie. Un troisième jalon pourrait être envisagé, avec le site d'Olmetta, dans le cap Corse, à l'extrémité septentrionale de l'île. Un panneau peint, d'état assez médiocre, offre de petits personnages très voisins de ceux de Bou

Slam et de maints abris espagnols. La grotte de Magara Sanar, secteur de Beni Iusef, au nord du Maroc, avec ses longues lignes droites ou courbes de points et ses figures schématiques peintes, mériteraient plus sérieuse attention, comme autre jalon éventuel.

Les prospections futures devraient s'orienter vers des recherches d'abris peints, malgré leur lisibilité difficile et leur altération qui ne peut que croître ! Le monde saharien, de par sa richesse, impose un choix difficile pour y suivre les scènes peintes correspondant à notre étape pastorale. Celle-ci est généralement dénommée l'époque « bovidienne », avec les innombrables troupeaux, aux bœufs à robe tacheté, dont nous avons trouvé les premiers représentants dans les peintures ou gravures de l'époque antérieure, comme à Terrarat. Cette phase bovidienne, offrant par exemple un troupeau de 65 têtes à Tamrit, correspond à une économie néolithique de pasteurs, dont les dates de gisements les plus anciens dépassent parfois 6 000 avant notre ère, comme le site à céramique de Fozzigiaren, dans l'Acacus daté de 6 122 avant notre ère. Le Tassili offre une vaste et puissante économie pastorale, plus riche et plus ancienne que les économies équivalentes occidentales. Les troupeaux de Jabbaren, de Tissoukaï, du djebel Aouenat, de Séfar sont traités avec beaucoup de naturalisme, en petit format, à teinte plate, comme les peintures levantines. Dans un des abris du secteur de Séfar, j'ai retrouvé un avant-train de bovidé parfaitement inscrit dans un mystérieux rectangle de « ravivage », celui qui sévit sur la femme « masquée » (p. 283). On pourrait s'étonner de la qualité de cet art « bovidien » de pasteurs. Mais il s'agit d'une économie mixte, où la chasse continue de jouer un rôle important et les animaux chassés sont traités avec le même bonheur, comme dans l'art levantin. Le gibier est divers, fort important : rhinocéros, hippopotame, girafe, antilope, gazelle... La savane saharienne arborée porte de riches et hautes herbes grâce aux pluies abondantes qui alimentent les oueds. Sous un auvent d'Aouanrhet, des hommes montés en pirogue chassent trois hippopotames. Les embarcations ne sont pas rares, dans les fresques sahariennes : à Jabbaren, deux embarcations aux extrémités relevées sont peintes au-dessus d'un troupeau que gardent des pasteurs au corps élancé ; à Séfar, une barque longue et élégante, à la coque renforcée, s'orne d'une magnifique tête d'antilope en figure de proue. Une tête d'élan et nous serions dans l'Arctique, mais l'inspiration reste la même. Ces embarcations sont parfois appelées « nilotiques ». Or, ces datations, précédemment rappelées, auraient plutôt tendance à situer ces barques chronologiquement avant celles de la vallée du Nil.

Les peintures rupestres de navires égyptiens du Wadi Hammamat sont à rapprocher des décors peints sur poterie du Gerzéen. Plus logiquement, ce seraient des « barques sahariennes », même si l'expression étonne quelque peu. C'est vraisemblablement la lente dessication saharienne (qui est aussi un fait climatique universel) vers le IIIe millénaire qui déclenche une puissante diaspora des pasteurs et des paysans, lesquels se réfugient et se concentrent dans les Mésopotamie, du Nil au Tigre, à l'Euphrate, à l'Indus, au Hoang Ho... provoquant et permettant les civilisations de l'Histoire.

Au Ve millénaire, les archers sahariens sont comparables à ceux d'Europe. Certains se « schématisent » comme ceux d'une chasse de Tamrit, ou d'Oua Molin, sur les confins libyens. De vraies scènes de genre rassemblent des femmes accroupies, en repos, ayant encore en main le long bâton à fouir ou à planter. Même scène paysanne dans le Tadrart Acacus, avec deux groupes de trois paysannes, accroupies en cercle.

Schématisation encore plus poussée pour cinq petits personnages, peints en blanc, dans un des abris de Séfar. Les personnages « bitriangulaires », à la taille fine formée par la jonction de deux triangles par la pointe, fréquents en Europe, se retrouvent également à Séfar, dans l'oued Djérat... ils sont chasseurs, promeneurs, danseurs... Certains sont d'une finesse et d'une pureté de ligne qui feraient penser à quelque figure rouge d'un vase grec. Rencontres plus curieuses : trouver des mains rouges, positives, peintes sur le rocher, comme à Timinzezine et parfois le bras tout entier, comme à Séfar. À se demander, devant ce dernier site, comment l'artiste a pu prendre position pour apposer son bras sous le surplomb rocheux !

Dans une étude des pièges divers utilisés pour la chasse, J. Leclant et P. Huard montrent l'unité de ces techniques apparaissant dans d'innombrables gravures du Sud marocain, du Moyen-Draa, du Sahara atlantique et du Sahara algérien, du Tassili, du Fezzan, de Nubie et de Libye, du Tibesti et du Borkou, du Sahara tchadien, de la vallée du Nil...

Si les peintres pastoraux offrent des œuvres de qualité, les graveurs se contentent souvent de tracés piquetés médiocres.

Le grand style est fort éloigné, dans ces gravures récentes. (Nous n'évoquerons pas ici les gravures du Haut-Atlas, ni celles des phases des chars garamantiques et des gravures « camelines » trop proche de l'Histoire et même y débordant...) À l'extrême ouest de l'Afrique, dans le désert mauritanien, antilopes, autruches, bovidés se signalent par leur médiocrité de forme, comme d'exé-

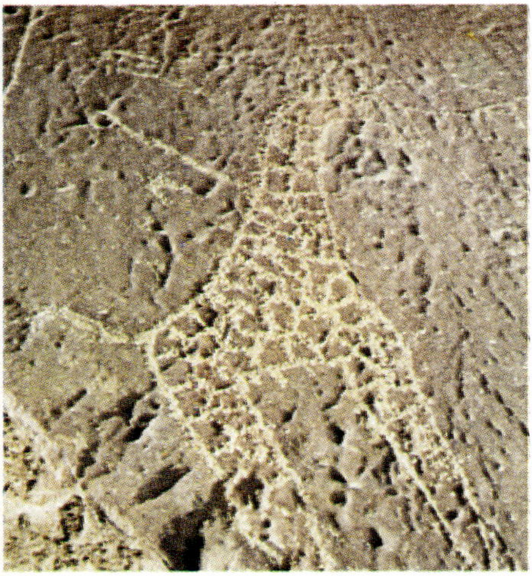

Gravures animalières : girafe et bovidé d'El Beyed (Mauritanie).

cution. Le piqueté est peu profond, donnant des traits irréguliers. Même médiocrité dans des silhouettes animalières du Bardaï, pour des bovidés ou des gazelles traités en perspective tordue. Une fois de plus se vérifie l'adage : « peintures (ou gravures) de qualité = phase ancienne », « peinture médiocre = phase plus tardive ». Adage qui, naturellement, ne vaut que pour l'art préhistorique !

5. Phases artistiques dans les trois A : Afrique australe, Australie, Amériques

Les doubles parallélismes entre motifs et sources d'inspiration d'une part, techniques d'autre part, entre l'art occidental et l'art africain au nord de la grande forêt incitent naturellement à envisager de réelles parentés, des filiations et des fraternités. Dans ces deux immenses régions, se marquent des étapes semblables, dans le même ordre de succession. Si, chronologiquement, on constate des décalages, ceux-ci sont de même sens, de l'Occident vers l'Afrique.

Partout, on passe d'un art animalier et naturaliste, avec des grandes figures peintes ou gravées, à un art de scènes de chasse de petit format où grouillent des archers dynamiques, pour aboutir à un art de plus en plus schématique, où triomphent l'abstrait, le géométrique qui expriment des symboles nouveaux. L'Occident, l'Arctique, le Méditerranéen, l'Africain au nord de la grande forêt équatoriale semblent bien adopter ce schéma évolutif. Le voisinage relatif de ces grandes aires géographiques, la forte densité des sites d'art, certaines nappes superposées d'aires culturelles et artistiques, autant de faits concrets qui conduisent à trouver une unité réelle artistique. Ce que résumait Breuil en une formule lapidaire : « l'Occident, patrie du grand art rupestre ».

La recherche et la découverte de jalons intermédiaires, par des analogies, le style, la chronologie et la situation géographique, entre le Levant espagnol et l'art pictural saharien notamment, viendront consolider l'hypothèse, hypothèse nettement monogénique. Ce qui n'empêche nullement le développement et l'épanouissement d'écoles originales, comme celle des « Têtes rondes » sahariennes, dont la spécificité est rebelle à toute filiation ou même parenté avec qui que ce soit.

Mais en est-il de même lorsqu'il s'agit de continents lointains,

Le « couple », gravure rupestre d'Aïn Naga (Djelfa, Algérie).

Détail d'une scène de chasse peinte à Zamenkornst (Le Cap, Musée Sud-Africain).

séparés de cette « aire fondamentale » précédemment définie, par 4 000 ou 6 000 kilomètres : le vaste continent indien, en grande partie méconnu, le continent chinois dont nous ne savons pratiquement rien et l'Afrique australe, les deux masses américaines ?

L'art rupestre de l'Inde, surtout les peintures, se trouverait réparti dans quelque trois cents grottes et l'on peut y définir trois styles, par ordre chronologique : le naturalisme animalier avec de grandes figures souvent rouges, comme le buffle et la girafe de la grotte de Hoshangabad, le rhinocéros de Mirzapur, espèce aujourd'hui éteinte ; le narratif dynamique, avec chasse à l'arc, combats parfois, comme nous le montrent les sites des collines de

Mahadeo, de Kupgallu ou les rochers de Singanpur que l'on a comparés à Cogul ; le schématique enfin dont de nombreux thèmes passeront ultérieurement sur les décors céramiques. Ces ensembles sont-ils autonomes, correspondant à de nouveaux foyers artistiques, ou sont-ils, eux aussi, dépendants du foyer occidental ? Doivent-ils leur air de parenté avec l'Occident à des jalons intermédiaires précis, à trouver, ou au fait qu'en tant qu'œuvres humaines, ces peintures n'ont en commun que leur humanité ?

Avec moins d'acuité, le problème se pose pour l'Afrique australe. Les archéologues y proposent des chronologies, les uns en

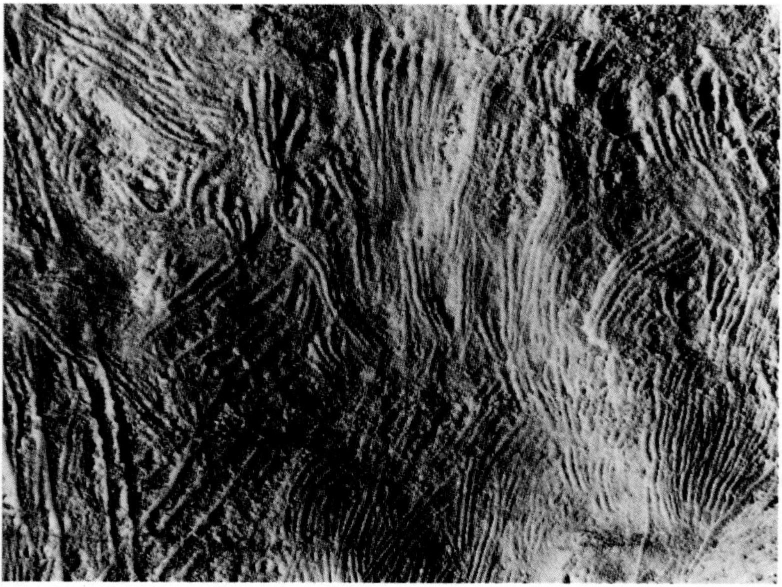

Tracés digités sur argile dans la grotte de Koonalda (Australie).

millénaires, les autres en siècles, avec tous, les meilleurs arguments et la plus entière bonne foi. Le parallélisme avec l'art au nord de l'équateur est cependant précis et continu. Dans les phases tardives de la civilisation de l'Éland, pouvant se placer du IIIe millénaire aux environs de notre ère ou nos premiers siècles, l'économie pastorale inspire de grandes fresques peintes, mettant en scènes vivantes des pasteurs de bovidés, parfois armés d'arc, gardant d'immenses troupeaux, des scènes répliques parfaites de celles de Séfar ou de Jabbaren. Les scènes agricoles présentent volontiers des femmes, parfois stéatopyges, maniant le bâton à fouir ou à planter, ou marchant en procession, le bâton en main. Les bergers, les archers sont réduits en taille, schématisés, parfois filiformes, avec des corps exagérément allongés. Comme au Tassili, les scènes de chasse, ressources toujours complémentaires, sont fréquentes, chasse à l'éland et parfois c'est le chasseur lui-même qui est chassé, comme dans le Levant. Les archers sont absolument identiques ! L'étude de Patricia Vinnicombe nous précise que 71 % d'entre eux tiennent leur arc à la main, que 34 % portent également en main leur poignée de flèches, alors que 56 % les portent derrière le dos. Certes, nous n'avons point semblables précisions pour le Levant, mais existe-t-il cinquante façons de porter arc et flèches? Ce qui nous importe ici, c'est leur exécution artistique : format, stylisation des corps, mouvement et gestes, couleur, tout correspond fidèlement. Aux scènes de chasse s'ajoutent des scènes de pêche, des embarcations montées entourant les bancs de poissons comme dans une scène des monts Fletcher. Je pense que, sans les environnements climatiques et végétaux, totalement différents, on pourrait se croire à Zalavrouga sur les rivages de la mer Blanche.

La qualité et la précision de ces nombreuses petites figurations humaines sont telles que l'on peut parfois y reconnaître des traits ethniques, surtout ceux des Boschimans. Ils seront refoulés vers le désert du Kalahari, par les Bantous apportant le fer. Certaines régions ne le connaîtront qu'au XIIIe siècle et les fresques les plus tardives verront apparaître les cavaliers boers, armés du mousquet. L'art d'Afrique australe finit comme celui de Mauritanie, en pleine histoire, avec les selles à troussequin sur les chevaux et le mousquet!

Avec le monde australien, on pourrait penser que les problèmes de monogenèse de l'art ne se posent pas! Un vrai continent, isolé, peuplé tardivement ne devant rien (ou presque rien) au monde extérieur et notamment à l'art eurafricain. Rien n'est moins assuré. Plus qu'une civilisation matérielle, un art ne peut sortir du néant. Il exige des expériences millénaires plus ou moins précises, plus ou moins confuses dont un génie fera un art nouveau.

Le collectif obscur et millénaire est aussi nécessaire que la brillante individualité. Or, par les nouvelles découvertes de ces dernières années, l'Australie entre dans l'œkoumène au moins à partir du XXe millénaire. Une grotte du Sud, Koonalda, dans une lointaine galerie d'accès difficile, possède de nombreux tracés digités sur argile, comparables à ceux d'Altamira et Rouffignac, qui seraient datés de 17050 avant notre ère. Le doigt est vraiment le premier burin et le premier pinceau de l'homme démuni!

Au nord-ouest, dans l'archipel de Dampier, K. Dix et F.L. Virili relèvent sur la côte continentale et sur des îles proches, des gravures piquetées, à thèmes naturalistes, mais d'une exécution médiocre, comme les gravures des civilisations pastorales. Ce sont des kangourous, des poissons, des oiseaux, un mammifère portant de grandes raies verticales gravées, énigmatiques, exécutés sur dalles ou rochers; des anthropomorphes très variés, corps épais ou filiformes. Un personnage, bras écartés, tête entourée d'une dizaine de rayons dominant des gravures d'anthropomorphes, de tortues et de kangourous serait volontiers baptisé « sorcier » : autant de thèmes communs à bien des gravures du monde. En Nouvelle-Galles du Sud, le même style piqueté s'applique à des personnages très schématiques – un trait vertical barré de deux traits secondaires pour bras et jambes –, à des animaux, des poissons, des kangourous et des oiseaux divers. Des gravures dites « de labyrinthes » sont des enclos, souvent circulaires et fréquemment accolés. Un site daté de 2200 avant notre ère donne une datation singulièrement apparentée aux chiffres occidentaux !

Le site d'Ayers Rock, en Australie centrale, offre des peintures noires sur rocher, lignes pointillées, traits parallèles, faisceau de traits divergents, cercle de points, vagues et médiocres anthropomorphes, qui, isolées de leur cadre se placeraient tout aussi bien à La Pileta qu'à Porto Badisco. Le style simplet et médiocre se révèle universel, souvent hors chronologie, de surcroît ! Rappelons pour mémoire les peintures sous aplombs rocheux, les « Wondchina » : figures étranges représentant généralement un homme couché, « le visage entouré d'une sorte de halo, en forme de fer à cheval, tracé à l'ocre rouge ou jaune ». Elles sont récentes mais leur conception semble s'apparenter aux « Têtes rondes » tassiliennes, ici convergences d'artistes ! Dans l'extrême Nord, en Terre d'Arnhem, K. Kupka recueille bois scrulptés et peints, écorces peintes surtout, vieilles de quelques décennies seulement... à peine antérieurs à 1960 quelquefois. Ces peintures sur écorce, d'une étonnante fraîcheur (car récentes) nous donnent une juste idée de l'éclat, de la magnificence que pouvaient avoir les peintures préhistoriques. Les couleurs « traditionnelles » sont seules utilisées : les ocres, le noir et le blanc. Les animaux familiers, traités schématiquement, sont représentés : poisson, serpent, tortue aquatique, kangourou. Figurent également des poissons en « peinture anatomique », avec colonne vertébrale et arêtes, des scènes de chasse au crocodile, à côté de décors purement géométriques : des bandes parallèles avec jeux de fond et quadrillages richement colorés. Enfin, n'est-il pas émouvant de retrouver mains positives et mains négatives exécutées au pochoir – comme les inventaient les Périgordiens d'Occident, voici quelque vingt à trente millénaires – sur les rochers d'Arnhem et vieilles de vingt à trente ans seulement ! Si la continuité artistique ne peut encore se prouver, quelle admirable continuité de l'esprit humain !

De la longue étude et prospection sur le terrain de Michel Lorblanchet, nous retiendrons – pour réflexion et méditation – quelques éléments de ses conclusions (1992) :

Peintures rupestres de la grotte d'Ayers Rocks (Australie).

« Un des avantages de l'Australie est de présenter à la fois un vaste et important ensemble d'art rupestre préhistorique dont l'ancienneté est équivalente à celle des grottes ornées européennes (dans le nord et dans le sud du continent, des gravures, dans un cas situées dans une grotte profonde, ont été datées de 15 à 20 000 ans par le C 14 et par des recouvrements stratigraphiques), un grand ensemble d'art rupestre « récent » venant tout juste de s'éteindre (au cours des décades passées, ethnologues et anthropologues ont parfois collecté de précieuses informations auprès des auteurs même des peintures), enfin quelques exemples d'art rupestre survivant en certains points isolés mais en voie de rapide et complète extinction.

Une telle gamme donne une vision complète d'un art à différents moments de sa vie et de sa mort, et permet ainsi d'acquérir une vue plus claire et plus concrète des modifications diverses qu'implique une telle évolution. Ceci ne peut être que profitable à l'étude de l'art paléolithique. »

Ces conclusions retrouvent la diversité, la richesse, la temporalité largement étendue de tout l'art préhistorique. Tous faits que j'exprimais en 1953, dans le premier article du futur institut d'art préhistorique de Toulouse, par la formule ramassée de « pluralisme explicatif », pour tenter une globale explication de cette éternelle « communication », de cette « merveilleuse communication » qu'est l'art dans le monde.

Le double continent américain se révèle riche en gravures et peintures rupestres, mais nulle synthèse n'en a encore été tentée. On ne dispose que de données fragmentaires, rarement de monographies indispensables. Le Brésil, l'Argentine ont réalisé ces récentes années des recherches plus systématiques mais les lacunes restent considérables, et de nombreux jalons manquent pour construire une évolution artistique, tant sur le plan géographique que sur le plan chronologique.

Chose étonnante, en 1834, un Français, J.P. Debret, cousin du peintre David, publie le récit d'un voyage effectué en 1816 et y évoque déjà l'art rupestre du Brésil. Deux énigmes majeures se posent concernant l'art des Amériques, son origine (à moins qu'il ne soit autochtone) et sa chronologie. La solution d'un de ces problèmes entraînant peut-être la solution de l'autre. Gravures et peintures les plus anciennes représentent, ici comme dans le Vieux Monde, des scènes de chasse, et plus particulièrement d'un gibier typique en Amérique du Sud, le guanaco, variété de lama. Sa taille atteint 1,20 mètre au garrot, 1,60 mètre au sommet de la tête. Il fréquente les hautes cimes pendant la saison humide et les plaines littorales ou les fonds de vallée aux saisons sèches. Il est le symbole d'une civilisation chasseresse comme le renne en Eurasie, l'élan dans l'Arctique et l'éland en Afrique du Sud. En Amérique, le guanaco donne naissance à des scènes de chasses vivantes, de longues hardes poursuivies, des scènes où la technique de chasse entre en compte, avec chasseurs, archers parfois. Rien à voir avec les représentations des écoles périgordienne et magdalénienne. Ces scènes sont de la même famille que celles du Levant, du Tassili, du Drakensberg... Les rares datations dont nous disposons accusent ce parallélisme. C.J. Gradin propose, pour ces peintures d'Argentine, le VIIIe millénaire, avec des datations archéologiques au C 14. Dans le Sud Pérou, des occupations de chasseurs, en rapport direct avec les peintures, donnent des datations de 7630 et 7490 avant notre ère. Les plus anciennes peintures de Patagonie seraient à placer entre 9 000 et 7 000. Ces dates sont synchrones des prolongements des écoles chasseresses occidentales et les

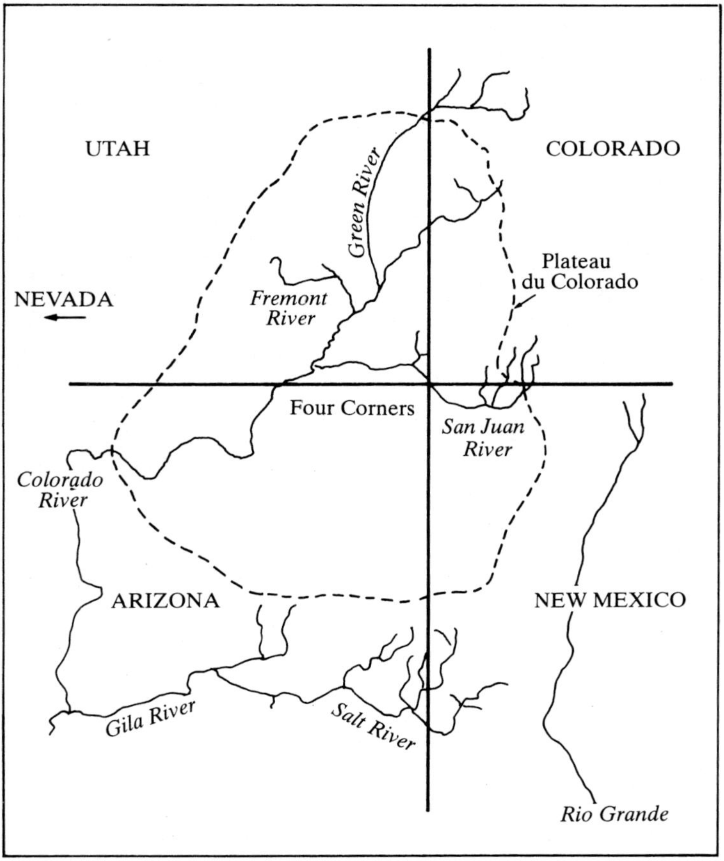

L'art rupestre en Amérique de l'Ouest.

manifestations artistiques se poursuivent, contemporaines de l'art des pasteurs et des paysans d'Occident. Les chasseurs de mammouths sont datés de 9033 à Tepexpan, proche de Mexico, mais ils n'ont laissé aucun témoignage artistique.

Ce jalon septentrional renforce les dates méridionales car, s'il y a influence extérieure, elle n'a pu cheminer que du nord au sud, en ayant gagné le continent par le détroit de Béring... Les origines d'influences artistiques possibles sont à rechercher en extrême Asie orientale et, là aussi, les lacunes de nos connaissances sont considérables. Atlantique et Pacifique étant barrières infranchissables pour ces lointains millénaires, faut-il envisager une lointaine

1

1. 2. Blocs avec gravures du monde Hopi (Arizona).

et difficile filiation avec l'art arctique des chasseurs d'élan, ou faut-il admettre une genèse autochtone, sur le continent américain ? Cette dernière hypothèse me semble difficile à accepter, étant donné les parentés de thèmes et de style que nous allons rencontrer entre Nouveau et Ancien Monde.

C'est pourquoi nous adopterons le plan logique d'une esquisse de l'art d'Amérique, entre 8000 et l'Histoire, du nord au sud.

Le Museum of the American Indian de New York expose un gros bloc rocheux, provenant du nord-ouest des États-Unis, jalon géographique précieux, car c'est en suivant le littoral ou les vallées profondes des Rocheuses que purent descendre les influences.

Ce bloc porte une frise de mouflons, traités entièrement en piquetage total, deux adultes et, dessous, une frise de six jeunes, les cornes divergentes vues de face. Nous en ignorons la datation. En Californie, les sites de Santa Barbara, d'Inyo Conty, de Tulare, parmi d'autres, livrent des peintures et gravures rupestres. Les personnages sont schématiques, fort simples et de petit format, comme les animaux, selon le modèle rencontré au Levant ou au Tassili ! A Inyo Conty, un grand personnage est gravé, allongé, la tête entourée d'un cercle et de rayons. Un grand panneau rectangulaire porte un décor de rangées de dents de loup piquetées, se détachant nettement sur la roche d'alentour. Une datation des tout derniers millénaires serait plausible, contemporaine du Bego ou du Camonica.

Au Texas, une grotte, secteur de la rivière Pecos, abrite un

2

grand personnage peint en blanc, la tête dressée, dans l'attitude du « Dieu de Séfar ». Des chasseurs poursuivent des cerfs, certains blessés par des lances à contrepoids ovales, comme les lances de La Colombière dans l'Ain. Un personnage « équarri » style Bego est gravé à San Cristobal au Nouveau-Mexique.

Les loisirs d'une retraite universitaire me permirent en 1988 une exploration et l'étude *in situ* des gravures rupestres de l'Ouest américain, essentiellement autour de « Four Corners » où convergent à angle droit les quatre États rassemblant le plus riche ensemble d'art, le Colorado et le Nouveau-Mexique à l'est ; l'Utah et l'Arizona à l'ouest. A ceux-ci il faut adjoindre le Nevada. Cet examen conforte l'idée d'une descente géographique des populations préhistoriques par l'étroit couloir qui a toujours existé entre les Rocheuses et les puissants glaciers de l'Arctique. Après – 10 000 - 8 000, par ce couloir, mammouths et hommes de Sibérie déferlèrent. Seul, le mammouth ne dépassa pas l'isthme de Tehuantepec, s'arrêtant dans les marais de Texcoco, vers Mexico.

Les peintures et gravures occupent volontiers les flancs élevés et raides des canyons qui tranchent en vallées profondes les hauts plateaux calcaires de l'Ouest américain. Mais, sur la périphérie, à l'est, des gravures occupent les roches anciennes du primaire, comme dans la région d'Albuquerque.

La connaissance de ces régions débute en 1540, par la pénétration espagnole de Coronado et son établissement permanent

2

1. Panneau riche et varié de pétroglyphes de la « forêt pétrifiée » (Arizona).

2. Figures peintes rupestres du canyon de Chelly (Arizona).

1

vers le futur Nouveau-Mexique. Dès 1583, le site d'El Morro fut connu et exploré. Il était « inscrit » dès 1605. Les trappeurs et gardiens de troupeaux explorent vers 1800 l'Utah et la région de Four Corners.

Depuis 1960, les études sérieuses se multiplient et associent cet art rupestre aux civilisations des « Basket Makers », les fabricants de paniers, jusqu'au milieu du Ier millénaire avant notre ère, aux Anasazi ensuite, de 700 à 1200, au groupe dit « Fremont » de 400 à 1200 – 1300. Leur datation se révèle donc relativement récente. Une remarquable extension vers Four Corners se situerait vers 700. Généralement, on distingue quatre phases. Les deux premières comprenant pétroglyphes et pictogrammes. Les deux dernières, figuratives et parfois stimulées par les contacts avec les Européens du continent américain. Des lézards au Dinosaur National Monument ; des thèmes figuratifs variés : des serpents, des traits ondulés, des symboles solaires, de très belles mains négatives au canyon de Fish Creek (Utah) ; des personnages triangulaires ou quadrangulaires dans le secteur de Galisto ; de magnifiques troupeaux de cervidés poursuivis par des cavaliers, thème donc postérieur à l'introduction du cheval par les Européens, en

Roche avec nombreux pétroglyphes de Newspaper (Utah), vrai « journal sur rocher ».

1492 (canyon de Montezuma, Utah). Le cheval joue un rôle chronologique précieux, tout comme le chameau introduit au Sahara, vers notre ère et qui détermine un style précamelin et un style plus récent, dit « camelin ». On trouve encore des personnages « quadrangulaires », aux doigts des membres très schématisés (canyon de Chelly, Arizona) ; des guerriers schématiques sexués, armés de glaives, protégés par un bouclier rond, sont identiques à des gravures du Camonica (Glen Canyon, Utah) ; des personnages « aux longs corps », le corps parfois dix fois plus long que la tête, tête très courte, « en bouton » dans le canyon d'Horsehoes (Utah) ; un de ces personnages « au long corps » charme un serpent, tête dressée, lové en spirale à San Rafael Well (Utah) ; des chasseurs armés d'arc, poursuivant un ours massif ou des bouquetins, sur le versant du Colorado (Utah) ; des figures étranges, grosses

têtes et corps ramassé du canyon de Salt Creek (Utah). Le Parc de la Forêt pétrifiée (Arizona) offre des gravures de curieux rectangles allongés, aux remplissages « scalariformes », de vastes ensembles mixtes, composés de mains, de pieds, de personnages filiformes, de soleils, de lézards, de cervidés...

Les styles se révèlent aussi fort divers. Ils semblent avoir une valeur très personnelle, propre à leur auteur plus qu'une valeur chronologique. Ainsi, le style du canyon d'Horsehoes (Utah) avec ses corps longilignes rappellerait certainement, pour un observateur superficiel, les figures des « Têtes rondes » du Tassili, le grand « Martien » de Séfar. Cette remarque conforte bien des appréciations « pluralistes » émises pour nombre de manifestations picturales de l'Ancien Monde.

Comme en Europe, en Afrique, ces témoignages de l'Ouest

américain sont victimes de détériorations, parfois même de destruction du fait des conditions climatiques extrêmes de ces canyons désertiques (exfoliation) et du fait aussi de l'homme. Déplorons les destructions et les vols (tels ceux des gravures du Bego, détachées au marteau ou même au marteau piqueur, les vols des plaquettes gravées du Tassili (autruches ou girafes trop longues sont décapitées pour entrer dans les cantines), la tentative heureusement avortée de l'abri du Poisson, aux Eyzies, grâce à l'intervention de Denis Peyrony, en 1912).

Des panneaux de peintures rupestres ont été effacés ou défigurés par des copies malheureuses (comme la *Femme masquée* de Séfar), par des graffiti modernes... Une des premières roches d'El Morro offre des graphies historiques, certaines en belle écriture « à l'anglaise » des XVIIe et XVIIIe siècles. Celles-ci, gravées sur paroi vierge, n'ont rien défiguré. Mais souvent, des nettoyages intempestifs ont altéré des panneaux du Parc des Arches (comme le firent de jeunes spéléologues tout récemment, en Tarn-et-Garonne !). Par l'Archaeological Resources Protection Act of 1979, voté par le Congrès, fut codifié une protection légale et efficace prévoyant des amendes jusqu'à 100 000 dollars ou un emprisonnement de cinq ans.

Le canyon de Chelly en Arizona n'est visitable qu'avec des véhicules et des guides assermentés. Dans le Navajo National Monument, dans le Mesa Verde, au Colorado, les guides officiels surveillent et des « rangers » obligeants et compétents vous guident. La surveillance du site d'El Morro, au Nouveau-Mexique est originale. Avant la visite, vous passez devant un énorme bloc rocheux, en grès tendre. Quelques morceaux de quartz ou de grès durs gisent au pied. Et l'avis : « Si vous avez des complexes à assouvir, des envies ou des manies incoercibles de graver ou de peindre sur murs et rochers, déculpabilisez-vous sur ce bloc rocheux... Mais après ! interdiction formelle. » Et les sanctions éventuelles seraient appliquées très sévèrement.

Peut-être pourrait-on introduire cette technique originale de défoulement pour nos murs de villes ou de banlieues ? Les quelques documents présentés dans ce volume sont localisés géographiquement et non « chronologiquement » ; je n'ai pas voulu prendre de responsabilités en la matière. Je laisserai volontiers celle-ci à F.A. Barnes et ses collègues scientifiques. La bibliographie du volume fondamental de F.A. Barnes, *Prehistoric Rock Art*, de 1982, comporte 95 numéros.

Les ensembles de Newspaper (Utah) plus encore que les plus riches panneaux de la Forêt pétrifiée (Arizona) sont étonnament riches et variés. Ils comportent des personnages massifs ou filiformes, des empreintes de pieds, de mains, les animaux les plus divers, bouquetins surtout, serpentins, rectangles rouelles, archers à cheval, formant un véritable langage en image, complexe à dater et à interpréter.

Ces roches peintes de Newspaper portent un nom significatif. Comme la cueva de Letreros, à La Pileta, la Peyro Escrito d'Olargues, la Montagne aux Écritures saharienne... D'où l'importance de l'étude de la toponymie et de la paléotoponymie surtout, pour la prospection des sites archéologiques.

Les peintures rupestres de Basse-Californie occupent les vastes parois des profonds canyons calcaires. Au nord de San Borjo dominent les thèmes géométriques et abstraits, de petites dimensions. Il en est de même, au sud, dans la région de La Purisima. Dans le canyon de Santa Teresa, sierra de San Francisco, une importante cavité, la « Cueva Pintada » – encore les toponymes ! –, longue d'une cinquantaine de mètres, offre de nombreuses peintures de « longs corps » très géométriques, plus importants encore que ceux de l'Ouest américain. Certains ont 9 mètres de haut. Ils sont associés à des cervidés plus réalistes, également de grandes dimensions. Dans la cueva de Candelaria, une élégante figure de cervidé se retrouve dans la cueva de los Venados, en Sierra de Guadalupe, dans la cueva Pintada. Leur graphie évoque les cervidés de Lascaux.

A la base de la cueva de la Trinidad, figurent des chasses aux cervidés, l'animal couché sur le dos, le tronc rayé de stries blanches parallèles. On les retrouve dans la cueva de San Julio, en sierra de San Francisco. Dans la Pintada, au milieu de riches figures complexes surgissent des oiseaux stylisés, le bec ouvert, les ailes déployées, dont l'attitude se retrouve dans les peintures de Patagonie.

La cueva de San Borjitas, au sud du Guadalupe, présente un plafond élevé dont les peintures supposent un échafaudage, comme à Lascaux et à Rouffignac. De « longs corps », des cercles concentriques, des soleils pourraient laisser supposer une exécution plus tardive !

En Bolivie andine, un sanctuaire des Indiens Chimanes, secteur du Rio Padene, comprend d'énormes roches portant des dizaines de vulves, profondément gravées. La ressemblance est parfaite avec les blocs gravés de vulves, à La Ferrassie, en Dordogne.

Au Sud-Pérou, dans les massifs de Tacna, l'abri de Toquepala, s'ouvrant à 2 210 mètres au-dessus de la mer, renferme des

Peintures rupestres de la région de Januaria (Minas Gerais, Brésil).

centaines de figures de chasse, des guanacos de grande et de petite taille. C'est cet abri qui fut récemment daté de 7 600 et 7 490 avant notre ère par le C 14.

Plus de 100 abris sont recensés dans la région de Tarata. La grotte de Chaclarragra, sur 1,40 mètre de long, offre une vivante chasse de guanacos, une douzaine d'animaux, dont le premier seul est blessé. Sur la gauche, le chasseur est armé d'un bâton ou d'un arc !

Des cupules se trouvent sur le rocher de Las Cenizas, au Chili central.

Le Brésil se révèle très riche, notamment en peintures. 15 États sur 21 en possèdent. Des sites importants sont étudiés dans la région calcaire de Lagoa Santa, où abondent les surplombs, et dans celle de Montaviana. Cervidés, oiseaux, tatous, poissons sont nombreux avec quelques jaguars, animal précolombien d'importance exceptionnelle. Des figures anthropomorphes et un stock considérable de signes, simples ou complexes, souvent géométriques, y compris la spirale, suggèrent une date tardive. Des fouilles récentes exécutées par A. Laming-Emperaire, dans des niveaux archéologiques recouvrant les peintures ont donné 1 850 avant notre ère. Les peintures seraient donc des IIIe et IIe millénaires.

Dans l'État de Minas Gerais, se retrouvent les trois étapes classiques : naturaliste, schématique, géométrique. Des scènes de chasse y seraient estimées vers 8 000. Évolutions stylistique et chronologique sont les mêmes qu'en Occident !

En Argentine, province de Santa Cruz, des abris du Rio Pinturas possèdent de nombreuses hardes de guanacos très schématiques, des personnages filiformes accroupis, des décors géométriques dont des cercles concentriques. Enfin, des mains nombreuses, positives ou négatives et des bras entiers, traités selon la même technique du pochoir (le bras est rare... et se trouve aussi au Tassili). Les datations iraient du VIIIe millénaire au milieu du second millénaire, en se perpétuant, pour certaines œuvres jusqu'aux premiers siècles de notre ère.

Frise de mouflons gravée, dalle provenant de Inyo County (New York, Museum of the American Indian).

Figure gravée, provenant de Chalfant (New York, Museum of the American Indian).

Les mains se retrouvent plus au sud, en Patagonie centrale, avec des mains blanches dans la zone interne de Comodoro Rivadavia et dans la civilisation de Los Toldos, province de Santa Cruz, datée de 9 000 à 7 000. Dans la région du Rio Chubut, les mains, adultes et enfants (comme à Gargas) s'accompagnent de personnages masqués et de danseurs, d'empreintes pédiformes d'hommes et d'animaux, de décors géométriques, grecques et labyrinthes, rectangles, cercles, soleils, éléments vraisemblablement plus récents. Quelques rapprochements isolés entre des thèmes d'Amérique et d'Europe n'ont guère de valeur. Mais, si les rapprochements portent sur de véritables séries de faits, ils impliquent une correspondance d'atmosphère qui ne peut laisser indifférent.

2

1. Mains négatives peintes dans un abri de Santa Cruz (Argentine).

2. Peintures de mains négatives et positives associées à des guanacos *(Ibid.)*.

1

Serait-il possible que deux arts identiques, d'aires diverses, n'aient pour explication que le seul fait d'avoir été créés par l'homme, en excluant tout contact direct ?

6. Les dernières grottes, au temps du symbolisme des pasteurs et des paysans

L'art du Levant a libéré l'homme des ténèbres et des profondeurs des grottes que les froids de la dernière glaciation avaient incité à rechercher, au moins pour y loger ses sanctuaires. Pasteurs et paysans, à leur tour, se libéreront des surplombs rocheux pour adopter les rochers de plein air. L'écriture, à son tour, les fera

Scène agricole peinte dans la grotte de Porto Badisco (Italie).

abandonner au profit de l'argile des tablettes ou du cuir des parchemins... puis du papier... puis... de plus rien. L'*Homo vulgaris* n'écrit plus. Il écoute ! Il parle ! Ainsi les abris et les supports de la pensée perdent-ils leur hermétisme et leur monumentalité.

Des traditionalistes conserveront parfois les supports d'un autre âge et c'est ainsi qu'à la fin du IIIe millénaire et dans la première moitié du IIe, en gros entre 2000 et 1500, certaines grottes, peu nombreuses il est vrai, accueilleront encore des peintures rupestres, de style plus récent, comme si le symbolisme et l'ésotérisme de cet art puisaient encore dans les ténèbres une force nouvelle ! Ces grottes sont d'ailleurs méditerranéennes, et l'ardeur et la sécheresse des étés les rendent aussi hospitalières que les froids et les vents du périgordien ou du magdalénien.

Quatre de ces grottes retiendront notre attention, pour leur importance et pour la connaissance personnelle que nous en avons. Il s'agit de La Pileta (pour sa phase ultime III), de Levanzo

(pour sa phase ultime II), de Porto Badisco et de Magoura. Leur importance tient à ce qu'elles sont de véritables conservatoires de ces représentations de l'âge du Bronze ancien.

C'est dans la salle du Grand Poisson de La Pileta que se rassemblent la plupart des signes peints en noir, d'un trait souvent gras, assez épais, pouvant se placer en cette phase récente. Je les classerais volontiers en six groupes.

Au premier appartiennent de rares figures animalières, des cervidés, certaines bien reconnaissables, d'un héritage naturaliste, réduites à l'avant-train, passant à des schémas de cervidés, réduits à quelques traits rigides. Quatre petits traits verticaux pour les pattes, un long horizontal pour le corps, au-dessus deux petits traits divergeant à l'avant pour les cornes, tel est le modèle le plus simple. De ce prototype, découlent de multiples variations, de plus en plus ésotériques. On aboutit à des « peignes », un trait horizontal, portant sous lui, 4, 5, 6 traits verticaux ou davantage.

En réalité, c'est un cervidé... ou plusieurs ! Parfois l'animal est vu de face : des deux traits parallèles au-dessus du corps et figurant les bois, partent de courtes hachures pour représenter les ramifications des bois.

Les personnages figurent dans le second groupe : une petite tête ronde surmonte le trait droit du corps, flanqué de deux longs traits courbes pour les bras. Quelques traits donnent ici un archer au galop volant. Mais les représentations les plus étranges et les plus originales de ces personnages ne sont pas sans faire songer à des images d'oiseaux ! Toujours un trait vertical pour le corps, et les traits des membres sont pourvus de courtes hachures faisant songer à des plumes d'aile ! Il faut posséder les intermédiaires pour les reconnaître comme humains. Serpentins et dents de scie n'ont plus de valeur naturaliste.

Scène de chasse au cerf avec archer et chien, peinte dans la grotte de Porto Badisco (Italie).

Animaux « pectinés » peints dans la grotte de Porto Badisco (Italie).

Dans le cinquième groupe, entrent les quadrillages : cinq carrés sur cinq, cinq sur deux, ce qui n'est certainement pas fortuit.

Enfin, apportant un facteur chronologique à l'ensemble, de magnifiques et typiques soleils. La Pileta offre donc une gamme riche et variée et certains de ces signes, prennent une valeur de hiéroglyphes et sont l'annonce d'un langage.

Malgré des thèmes moins nombreux, les peintures noires également de Levanzo sont riches d'enseignement. Les animaux sont des poissons aisément reconnaissables et des bovidés aux traitements variés. En teinte plate, ils sont peints de profil, de plan, toujours schématisés. Parfois, la tête seule est représentée : exactement un « cornu » du Bego, mais peint. Les hommes se réduisent aux quelques traits indispensables, parfois épais, parfois un double trait pour le corps. Si, à La Pileta, certaines figures anthropomorphes faisaient songer à un oiseau, ici ce serait à un insecte. Les motifs les plus originaux de Levanzo, éléments à valeur chronologique, sont les « idoles », de type méditerranéen, les unes

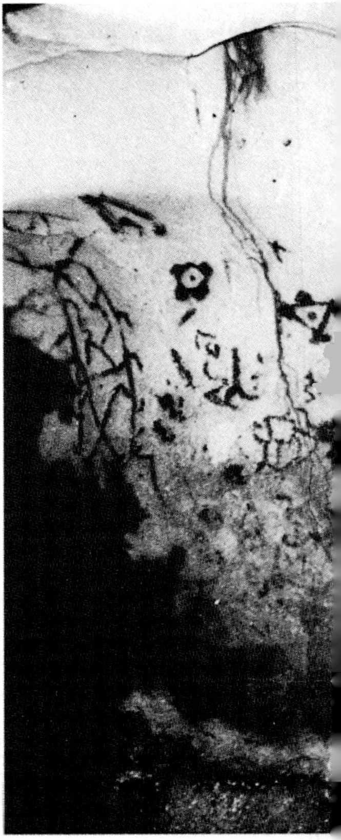

Signes schématiques et symboliques *(Ibid.)*.

droites de corps, les autres en « forme de violon », évoquant les idoles des Cyclades traitées en marbre. Matériau et technique changent, mais la forme est immuable : ici peinture sur rocher, là, sculpture marmoréenne. Ici, œuvre fixe, là, mobilière.

Porto Badisco dont le Professeur Graziosi me fit l'honneur de la visite, lors de sa découverte, possède une richesse encore plus étonnante de peintures noires. Les nombreuses chasses au cerf y connaissent des schématisations variées, certaines très poussées, certaines très style Pileta et, ici encore, les intermédiaires permettent seuls une interprétation. Nombre de cerfs sont traités en peigne. La figure humaine est bitriangulaire, en forme de croix, déformée en spirale, et plusieurs figures associées y donnent des

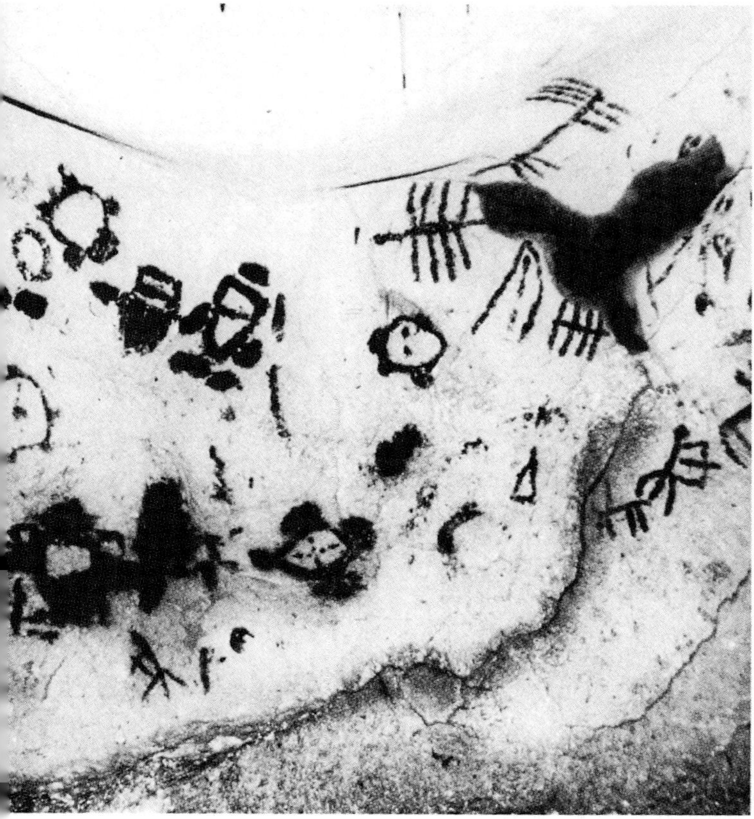

formes complexes. Les mains sont présentes, plus ou moins essuyage de la main, sur la paroi blanche. Dans les signes, on distingue des dents de scie, des symboles solaires et des soleils, des quadrillages (une formule 5 sur 3, légèrement différente des formules de La Pileta, 5 sur 5 et 5 sur 2), et des spirales étonnantes. La plus étrange est formée par deux serpents aux têtes renflées bien visibles, lovés en sens inverse et donnant la spirale. Ce motif si particulier de la spirale a donc, ici, une origine naturaliste et n'est pas une création d'abstrait pur comme la grecque de Mézin ! Un passionnant aspect de la lutte décorative entre motif d'ascendance naturaliste et d'abstrait total. Une spirale double inversée a sans doute même ascendance.

La grotte Cosma, près de Santa Cesarea, dans la province de

Scène de chasse au cerf et signes cruciformes et schématiques dans la grotte de Porto Badisco (Italie).

Lecce, toujours au sud de la péninsule Italienne, est parfaitement apparentée à Porto Badisco. Mais la couleur est empruntée à l'argile même de la grotte. Personnages, figures serpentiformes et spiraliformes, deux aspects d'une schématisation du serpent rappellent la grotte voisine. Ici encore, un svastica curviligne est certainement issu du serpent, et non abstrait pur.

La grotte de Magoura avec ses 3 500 mètres de développement est la seule cavité ornée des Balkans. Elle se situe au nord-ouest de la Bulgarie, dans la région de Vidin, sur la rive droite du Danube. Les peintures, exécutées au guano, fait unique, je crois, s'organisent en deux ensembles : la galerie de chasse et la salle terminale « du Soleil » pouvant se situer au Bronze ancien.

La galerie offre une chasse typique à l'outarde, avec chasseurs

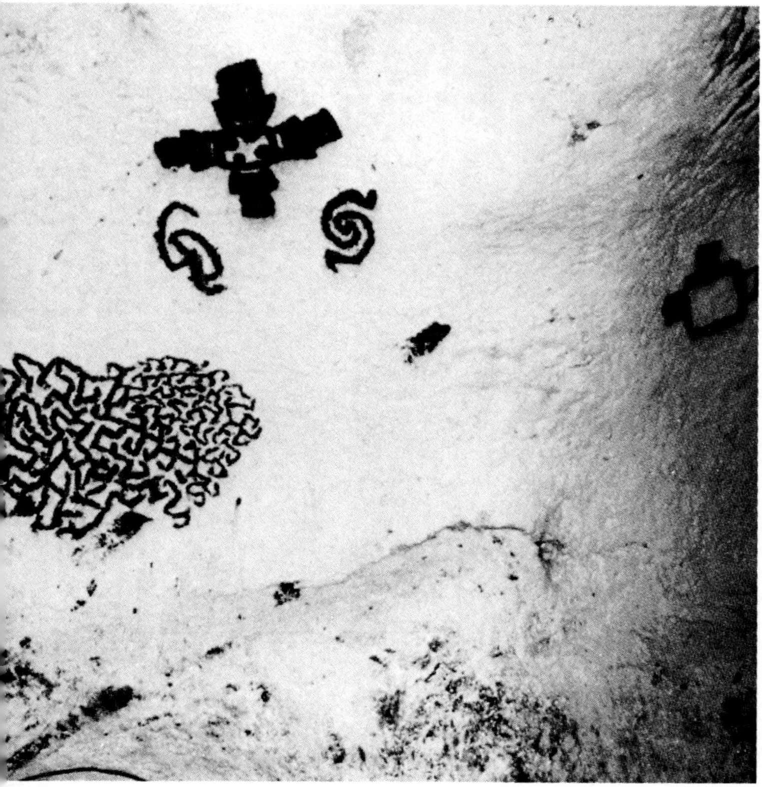

armés de l'arc, aidés par un chien. Les autres scènes présentent des ballerines, en tutu de danse, l'une d'elles encadrée de deux animaux, belle composition ternaire permettant d'évoquer le mythe d'Orphée. Les personnages, archers et ballerines, présentent une gamme très étendue de schématisation. Nous y trouvons des personnages schématiques « classiques » au trait mince ; certains en position de galop volant ; beaucoup ont les bras arrondis au-dessus de la tête, comme les ballerines ; certains sont réduits à un lourd piquet, surmonté d'une grosse boule pour la tête ; un cercle presque fermé pour les bras reposant sur une barre verticale pour le corps ; ces mêmes bras reposant sur une croix ; plus simplement un T figure parfois le personnage.

Les ballerines, toujours gracieuses, sont mieux représentées. Si elles conservent leurs bras au-dessus de la tête, la taille est

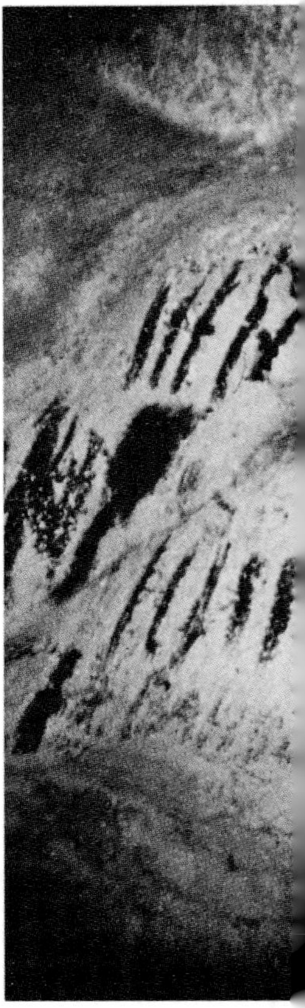

Les «ballerines» peintes dans la grotte de Magoura (Bulgarie).

mince, parée d'un énorme nœud papillon. À se demander si, parfois, le papillon n'a pas valeur anthropomorphique ? Beaucoup ont le corps bitriangulaire, graphie très répandue dans le monde méditerranéen. La salle terminale du Soleil, légèrement plus tardive, marque le sommet du schématisme magourien. Ce ne sont que des personnages en T, avec des cercles, un rectangle en damiers alternés, et deux soleils rayonnants.

Ainsi ces grottes méditerranéennes, de l'Andalousie aux Balkans, alignent un répertoire très complet de l'art schématique, au début du IIᵉ millénaire. Un schématisme réalisé dans une large mesure, à partir d'éléments naturalistes, dont la spirale serpentiforme est l'exemple le plus caractéristique. Ces exemples stables,

puisque pariétaux, sur supports limités, vont aussi se transcrire sur des supports nouveaux, sur des dalles de pierre, sur des stèles et surtout sur un support nouveau, populaire s'il en fut, l'argile cuite des céramiques !

Le grand art naturaliste des grands chasseurs exigeait des écoles et des maîtres. Avec la libération des grottes, les exécutions artistiques se multiplient. Quant au schématisme, il va s'étendre, se populariser et retrouver pour son exécution l'immense foule des artisans. Mais le grand art céramique sera celui des artisans supérieurs ! Après deux millions d'années, d'après Oldoway, c'est le bon artisan qui redevient artiste !

Le Cromlech d'Avebury (Angleterre).

Chapitre VI

BÂTISSEURS ET ARTISANS

1. Les bâtisseurs de grand appareil

Peut-on légitimement, en histoire de l'art, parler d'un art mégalithique ? Une énorme pierre, fichée dans le sol, de 40 tonnes, peut avoir une valeur symbolique, religieuse ou simplement commémorative, ce qui a son intérêt humain, mais a-t-elle valeur artistique ? Ce n'est pas le poids qui fait l'art, comme ce ne sont pas les millénaires qui donnent quelque valeur artistique à un tracé digité sur argile. Une différence profonde est cependant à noter : le mégalithe est volontaire, résultat d'efforts considérables et, surtout, fruit d'une technique parfois très élaborée. Il est préface à l'architecture et, rien qu'à ce titre, mérite étude. Sans vouloir rechercher systématiquement le paradoxe, il est possible de penser que l'ensemble mégalithique de Stonehenge, ou celui de New Grange ou de Gavr'inis, ont posé et résolu plus de problèmes architecturaux que les pyramides de Sakkarah ou de Cuicuilco !

Dolmens, menhirs entrent donc dans nos préoccupations, par leurs masses et leur présence certes, mais aussi par les techniques mises en œuvre, par nombre de détails d'exécution et de finition qui marquent magnifiquement le travail artisanal de masses d'hommes ordonnés, hiérarchisés, poussés souvent vers une perfection artistique.

La mise en œuvre de pierres énormes, disons « le rite mégalithique » remonte à quelque 40 millénaires. Les Neandertaliens de La Ferrassie reposent sous une dalle de 700 à 800 kilos, de même un ours dans les galeries du Regourdou. Une dalle calcaire recouvrant une sépulture implique la connaissance et l'utilisation du levier, vers 15 000 avant notre ère, à Altenburg (ex-R.D.A.). Vers le XIe millénaire, la tête d'un Magdalénien inhumé à Saint-Germain-la-Rivière, est préservée par un linteau de pierre soutenu par deux piédroits fichés dans le sol. Un « micro-dolmen », disait Breuil.

Présentement, ce linteau est la première architecture connue. Le développement mégalithique et même architectural est en germe dans ces trois pierres ainsi assemblées, dans l'extrême Occident.

La construction mégalithique pose de nombreux problèmes. Les premiers, pour les énormes blocs bruts, sont des problèmes de soulèvement, de transport puis finalement d'érection. De longs madriers de chêne sont nécessaires, en utilisant un petit bloc comme point d'appui. Une dalle soulevée nécessite des leviers et des blocs de calage. Dans le Vivarais calcaire, vers La Villedieu, j'ai pu repérer et étudier une grande dalle calcaire, en cours de déplacement. Un bloc de calage en basalte, coincé entre le sol et le dessous de la dalle servait à la maintenir soulevée et facilitait l'introduction des leviers. Des chemins de rondins, des basculements successifs permettaient le déplacement. Devant le temple de Tarxien, à Malte, de gros blocs sphériques sont énigmatiques. Je penserais volontiers qu'ils ont pu servir de bloc de calage plus ou moins permanent, permettant de faire pivoter et avancer les dalles en roulant cette sphère de pierre suivant le principe de la brouette : le bloc remplace la roue future ! Des plans inclinés ont permis le basculement des dalles dans les fosses préparées. Tout est question de nombre pour les blocs les plus considérables. Il faut plus de 2 000 hommes ou 300 bœufs pour faire cheminer le menhir de 348 tonnes de Locmariaquer, sur une pente de 2 %. Très rapidement, s'est fait sentir le besoin de débiter de trop gros blocs. La technique des mortaises est employée : on creuse de profondes encoches tous les dix centimètres par exemple. On y enfonce des coins de bois que l'on mouille. Le bois se dilate et la roche se fend. Or, cette technique est visible sur des dalles mégalithiques, des piédroits par exemple, recouverts par des linteaux. Elle était donc utilisée avant leur construction, ce qui nous reporte aux IVe et IIIe millénaires, ainsi que j'ai pu le constater au Mané Rethual en Bretagne, à Corbetella en Catalogne, à Antequerra II en Andalousie... Les carriers égyptiens connaissaient cette technique en 2800 avant notre ère, donc après l'Occident ! (Les Incas également, monogenèse ou polygenèse de cette technique ?) Autre facilité également pour déplacer les blocs : réserver des proéminences dans l'épannelage, des tenons de bardage, comme dans le menhir de Kerloas. Deux bosses à la base permettaient d'y amarrer des câbles de transport. Ce que certains auteurs ont volontiers interprété comme signification phallique... Souvent, ces tenons de bardage sont réservés par paire sur la roche... et de parler de seins !

Enfin les tenons d'assemblage, s'ajustant dans des mortaises,

1. Dolmen de Marie Kérioued à Carnac (France).
2. Vue du complexe de Stonehenge (Angleterre).

sont connus et le plus bel exemple sera à Stonehenge. Les piliers des grands trilithes portent un tenon sur leur section supérieure, à 8 mètres de haut. Le linteau porte une mortaise à chacune de ses extrémités. L'assemblage s'est donc réalisé à 8 mètres, avec ces blocs de 50 tonnes. Les plus lourds blocs de la pyramide de Chéops ne dépassent guère 15 tonnes ! Dans la plaine de Salisbury, le mégalithisme devient architecture. Les problèmes de finition, équarrissage des blocs, piquetage régulier des parois, angles parfaitement arrondis, petits blocs ajoutés pour un équilibre parfait sont souvent admirablement réalisés, même s'ils n'attirent pas toujours l'attention. Nous n'entrerons pas dans les problèmes de répartition et d'expansion du phénomène mégalithique, mais notons qu'il s'étend de l'Occident, avec ses lointaines origines sur lesquelles nous reviendrons, vers l'Est, le Caucase, les Indes, l'Extrême-Orient, selon des chronologies de plus en plus proches. Des rescrits impériaux, voici quelques siècles, interdisaient le mégalithisme au Japon ! C'est en Occident également que la densité est la plus forte. Dans un recensement ancien, le département de l'Aveyron était en tête, avec près de 500 monuments, suivi de l'Ardèche, 400 et ensuite Finistère et Morbihan, avec plus de 300. Ces chiffres sont très largement dépassés par des recherches récentes. Deux étudiants toulousains, J. Maury et J. Clottes, ont

Détail d'un pilier avec tenon ménagé *(Ibid.)*.

Détail d'un linteau avec mortaise *(Ibid.)*.

dénombré 524 dolmens dans les Grands Causses (en partie l'Aveyron), 500 dans le Lot, 800 dans le Quercy... On pourrait multiplier ces exemples. Combien de mégalithes furent détruits depuis trois millénaires? et surtout avec l'agriculture historique, car ils gênaient le paysan, qui y trouvait de surcroît des matériaux à bon compte. Nous nous contenterons donc d'évoquer quelques mégalithes majeurs, pour lesquels d'ailleurs la valeur esthétique s'impose.

Le plus lourd monument d'Occident est le grand dolmen sous tumulus d'Antequerra I en Andalousie. Les pierres le construisant pèsent un total de 1 600 tonnes et elles ne sont que... 31! Édifiée sans doute entre 4000 et 3000, cette chambre funéraire monumentale mesure 24,50 mètres de long pour une largeur moyenne de 6,50 mètres et une hauteur de 3,30 mètres. Nombre d'églises du premier art roman sont plus petites! La chambre utilise sept dalles-supports de chaque côté, une vaste dalle de fond et quatre seulement pour la couverture. Pour résoudre le problème de la portée, trois piliers divisent la chambre en deux nefs. La pierre record est la grande dalle de couverture du fond, gigantesque monolithe de 10 à 12 mètres de long, 6 à 7 de large, pour une épaisseur de 2 mètres. Poids : 320 tonnes! Plus que le monumental, la finition est remarquable. Blocs régularisés, soigneusement épannelés par piquetage, angles soignés, juxtaposition parfaite des piliers et des dalles de couverture, laissent une profonde impression.

2

1

1. Gravures sur dalle, provenant du tumulus funéraire de New Grange (Irlande).

2. Reconstitution du complexe mégalithique d'Hagar Quin (La Vallette, National Museum, Malte).

Le linteau une fois inventé, en les multipliant, on obtenait de longues « allées couvertes » dont le plus prestigieux exemple est celle de Gavr'inis, dans une petite île du Morbihan. La galerie s'étend sur plus de 12 mètres avec une largeur d'1,40 mètre. Tous les blocs sont en granit, sauf deux piliers en quartz. Le quartz aussi entrera dans la construction de New Grange, en Irlande, dans les pierres de la façade : choix intéressant du matériau, sans doute pour des raisons esthétiques, pour son aspect brillant qui s'oppose au sombre du granit. Le quartz de New Grange provient des collines de Dublin à 70 kilomètres de là. L'amas de galets recouvrant l'allée couverte a pour origine les plages voisines, à 30 kilomètres de distance. L'orientation de New Grange est stupéfiante d'intérêt, de précision. Le sol de la salle funéraire centrale est 2 mètres plus haut qu'à l'entrée. Une ligne horizontale allant de la chambre vers l'extérieur passerait, non par la porte de la galerie, mais par une fenêtre rectangulaire aménagée au-dessus de cette porte. L'orientation du monument est telle que, lors du solstice d'hiver, le 21 décembre, les rayons du soleil viennent *éclairer* la chambre centrale, de 8 h 58 à 9 h 15, soit pendant 17 minutes. Semblable « organisation astronomique » est connue au temple souterrain d'Abou Simbel en Haute-Égypte. Or, l'argile qui colmate les pierres du tumulus de New Grange est datée de 2500 avant notre ère par le C 14. Abou Simbel fut creusé sous Ramsès II, 1301-1285 avant notre ère. La galerie de New Grange est même antérieure au tumulus qui la recouvre ! Soit un millénaire et demi d'avance de l'Occident !

D'énormes blocs sont utilisés également dans les temples maltais, comme à Tarxien, à Hagar Quin, avec des estimations chronologiques de semblable valeur. L'appareillage du linteau central et de la façade d'Hagar Quin avec sa première assise d'énormes blocs carrés, surmontée de deux assises de longues dalles rectangulaires, est d'une remarquable précision. Des mégalithes entreront comme éléments constitutifs de nombreux monuments méditerranéens : *talayot* de Clova des Xot à Majorque, enceinte de Capocorp et poterne de Ses Païses dans la même île, *taula* de Talati de Dalt à Minorque...

Les monuments majeurs ont volontiers, en totalité ou en partie, des dalles décorées de profondes gravures. Les supports de Gavr'inis sont ornés d'étranges éléments curvilignes, concentriques, évoquant des empreintes digitales. Le monolithe d'entrée de New Grange et les dalles périphériques offrent une merveilleuse gamme de cercles concentriques, de spirales, de losanges curvilignes s'inscrivant entre quatre cercles, de triangles piquetés..., mais le motif le plus caractéristique est la double spirale inversée. Ces décors abondent en Irlande : Locktown, Longhcrew... Nous la retrouvons d'un type différent, lancéolé à Tarxien, avec des frises animalières en demi-relief (écho d'un lointain naturalisme), et des dalles creusées d'innombrables cupulettes régulières, comme sur le linteau du « saint des saints » du temple de Mnajdra, également à Malte. Reconnu à la fois dans les grottes et les mégalithes, ce thème de la spirale se retrouvera dans les céramiques : un symbole des premiers mondes paysans, pour suggérer l'eau, bénéfique et indispensable à toute vie rurale.

2. Les bâtisseurs de petit appareil

Le linteau aux piédroits verticaux n'était pas sans poser des problèmes d'équilibre et de poussées. Le poids énorme des tables, 90 tonnes à La Ferté-Bernard, 75 tonnes à Saint-Fort-sur-le-Né, surtout si le sol n'était pas stable, pouvait, par sa poussée, déséquilibrer et faire pencher les dalles-supports, jusqu'à l'écroulement. Une astuce architecturale, adoptée dans la grande allée couverte de Bagneux, près de Saumur, fut d'incliner ces dalles vers l'intérieur, au moment de la construction, donnant ainsi une plus large base. De petits dolmens, comme celui de Grammont dans l'Hérault, adoptèrent cette technique. De cette façon, la largeur de base pouvait être plus grande que la largeur au plafond. Cette constatation devait trouver une application plus générale dans les constructions en petit appareil. Ainsi sera résolu, au moins en partie, le problème de la construction architecturale dans les régions ne possédant pas d'énormes blocs. Dans nombre de pays

Chambre funéraire de Cairn Liath près de Golspie (Écosse).

calcaires, la roche se présente en bancs horizontaux lités de faible épaisseur, que l'érosion débite en plaquettes. Ces plaquettes naturelles, ou très faciles à régulariser, vont constituer un matériau de choix et susciter une multitude de monuments par la technique de l'encorbellement. Le principe est simple : monter des murs en superposant les plaquettes, chaque plaquette dépassant légèrement de la précédente. Une armature charpentée amovible aidera à l'équilibre, jusqu'au moment où deux murs parallèles pourront s'unir par une dalle de couverture. Équilibre délicat mais résolu, comme il le sera également pour des constructions circulaires ou, plus complexes encore, comme celles des « naviformes ». Le problème de l'écoulement des eaux sera facilité en inclinant légèrement vers l'extérieur toutes les plaquettes. On disposera d'une salle centrale, parfaitement sèche, habitable pour les vivants comme pour les morts. Ces capitelles, construites ainsi en encorbellement, marquent un progrès décisif de l'architecture occidentale. Sans doute offrent-elles une certaine fragilité. Qu'une pierre vienne à sauter, pour quelque raison, l'équilibre est rompu et tout risque de s'effondrer. Mais les matériaux sont immédiatement récupérables et la capitelle peut aisément se reconstruire. Dans ces économies de la fin du néolithique, où le temps et l'effort n'ont pas la valeur des temps modernes, ce problème est mineur. C'est pourquoi ces constructions fragiles, toujours faciles à reconstruire, parviendront souvent jusqu'à nous. Forme et matériaux peuvent être d'époque (néolithique), même si l'ajustement des pierres est postérieur. Cette technique a pu être datée par des capitelles enfouies, préservées, sous une chape de pierraille, capitelles des cairns, utilisées comme chambres sépulcrales. Les chambres à encorbellement les plus anciennes connues présentement se trouvent dans les îles, au nord de la Bretagne. Les datations par le C 14 de cendres recueillies dans ces sépultures donnent 3850 avant notre ère, 3200 et 3030 avant notre ère. Il est certain que cette technique n'est pas née dans un îlot minuscule comme l'île Bono ou l'île Carn (un toponyme intéressant, le même d'ailleurs, sous une forme légèrement différente, que le « cro » du magdalénien !). La technique est continentale, armoricaine, et peut se situer aisément vers 4000 avant notre ère, si ce n'est au ve millénaire. La parenté est évidente avec les tholos mycéniennes, d'Atrée ou de Clytemnestre. Certes, celles-ci sont édifiées en pierres appareillées, en encorbellement, puis ultérieurement taillées sur la face visible, pour donner la magnifique courbure que nous admirons, comme les rainures des colonnes doriques seront creusées sur les fûts cylindriques préalablement mis en place. Ce sont là des techniques

Détail de la voûte de la tholos d'Antequerra III (Espagne).

Vue aérienne du village de nuraghes de Barumini (Sardaigne, Italie).

de finition, qui ne préjugent pas de l'idée architecturale créatrice. Or, les tholos brutes de l'Occident ont deux à trois millénaires d'antériorité ! Temps largement suffisamment pour imaginer des finitions ! Dans le ravin, au pied de Mycènes, j'ai pu observer plusieurs tholos creusées dans le versant, stade initial intéressant.

Antequerra III, ou Romeral, est le monument typique de cette nouvelle architecture. Un long couloir conduit à deux coupoles successives, séparées par un court passage. C'est, dit-on, la « basilique de la préhistoire ». Le couloir d'accès est construit en petit

appareil, avec un fruit très prononcé des parois, recouvertes par des dalles.

Cette section trapézoïdale va devenir très caractéristique. L'encorbellement permet une grande surface au sol, des dalles de couverture réduites (ce que retrouveront les Mayas de l'Ancien Empire). La plus grande des deux coupoles atteint 4 mètres de haut. Le mégalithe servant de clé de voûte possède un diamètre égal à la surface au sol, admirable équilibre conforté par la chape de pierrailles qui recouvre l'ensemble.

L'utilisation systématique du petit appareil, du fruit pour

monter les parois, de l'encorbellement, l'utilisation de mégalithes pour les linteaux ou les clés de voûte, qui donnent solidité au petit appareil, tous ces faits techniques vont se trouver dans les architectures des IIIe et IIe millénaires. Chaque pays donne un nom particulier à ces diverses constructions qui possèdent une profonde unité et une répartition presque universelle. Font véritablement exception les grandes écharpes forestières, celle de la taïga comme celle de la profonde forêt équatoriale où le bois reste le matériau par excellence, les grands bassins sédimentaires qui manquent de pierres propres à cette technique. Encore l'imite-t-elle, car la brique d'argile cuite n'est jamais qu'une copie de la plaquette naturelle de calcaire.

Quelques exemples seront choisis, pour leur valeur démonstrative, sans qu'il soit possible dans le cadre imparti de donner à la chronologie l'importance qu'elle mériterait. Partant de l'extrême ouest, les *brochs* des îles Britanniques, particulièrement d'Écosse et des petites îles côtières, donnent de multiples applications. Constructions circulaires creuses, aux parois s'évasant vers les parties supérieures, ils ont un rôle défensif souvent, d'habitat parfois. Dans l'épaisseur de la muraille, serpentent des escaliers, à la voûte encorbellée, des logettes circulaires, également en encorbellement, véritables mini-tholos. On les trouve dans les Orcades, comme Taiverstuick, à Ronsay ; dans les Shetlands comme Mousa

Installation fortifiée de Dun Telve (Glenelg, Inverness-shire, Écosse).

Nuraghe de Sant'Antine à Torralba (Espagne).

au profil élégant. Jarslhof s'est entouré de constructions communes, de plan circulaire en pierres sèches et un cliché aérien ferait difficilement la différence avec l'ensemble nuragique de Barumini, en Sardaigne. Ces *brochs* jalonnent les côtes de l'île de Skye ou d'Écosse, comme Dun Suledale. En Irlande, ce sont les *forts* comme Fort Staigue dans le comté de Kerry, de vastes enceintes comme Dun Aengus, dans les îles d'Aran. Des tholos plus récentes, de faibles dimensions, hautes d'1,50 mètre, se nichent dans l'énorme enceinte de Grianan of Aileach, sans doute réserves de vivres ou de projectiles. En Angleterre, les structures en encorbellement sont nombreuses et classiques...

L'Andalousie possède des monuments typiques de petit appareil, avec tholos et, latéralement, des demi-tholos, comme l'allée couverte d'Alcalar, entre Lagos et Portimao. Les demi-tholos latérales offrent la voûte en cul-de-four typique. Minorque offre la gamme variée de ses *talayots,* de plan circulaire, le plus souvent, plus rarement rectangulaire. La base est souvent en blocs méga-

Naveta de Es Tudons à Ciudadela (Baléares, Espagne).

lithiques et l'élévation de matériaux plus réduits, finissant en petites dalles. Technique d'économie, les mégalithes constituent la base solide, les dalles peuvent se monter aisément. Na Patara est rectangulaire, Torello circulaire, Trepuco est un *talayot* plein et Bini Cudrell est flanqué d'une rampe hélicoïdale, autant de types différents.

Les *torre* de Corse sont de la même famille, comme le site éponyme de Torre, Cucuruzzu, alliant petit appareil et linteaux plus importants. En Sardaigne, ce sont encore les mêmes tours, plus imposantes, les nuraghes. Mycènes et ses casemates font figure de pâle imitation devant la majesté de Barumini, de Sant' Antine, de Losa, de Torello, de Palmavera, et il existe des centaines de nuraghes...

Une forme exceptionnelle est celle des *navetas* de Minorque, constructions funéraires, de forme rectangulaire, droite à l'avant, arrondie en abside à l'arrière. Voûtée en encorbellement, mais avec une arête sommitale, la *naveta* offrirait de grandes ressemblances avec un navire renversé. D'où leur nom. La *naveta* d'Es Tudons est la plus intéressante, avec des lits parallèles de pierres, régulièrement décroissants. Celle de Rafal Rubi, ruinée, permet d'en voir les structures internes. Ces formes exceptionnelles de construction carénée se retrouvent en Irlande, dans le comté de

L'« Ermitage de Gallarus » *(Ibid.)*.

Kerry, dans la construction dite de « l'Ermitage de Gallarus », et dans les îles de Skellig Michael. On placerait volontiers l'Ermitage vers le VIIIe siècle après notre ère, mais il appartient indiscutablement à la vieille tradition néolithique – début du métal, des constructions de petit appareil. De même les huttes à coupole, les *Bee-hives huts* des côtes orientales d'Irlande et, sous des noms divers, les capitelles, bories, gariottes de l'Occident, répandues en Périgord comme en Languedoc, dans les Pouilles comme en Catalogne, en schistes, en calcaire, selon les terroirs. Parmi les plus intéressantes, celles de Gordes, en Vaucluse. J'en connais à la voûte carénée comme Es Tudons et Gallarus !

3. Les érigeurs* de mégalithes

Ériger une immense aiguille de roche vers le ciel reste comme un symbole du mégalithisme. Qu'elle soit de granite ou de calcaire, trouvée ou découpée sur place par la technique des mortaises ou transportée depuis la carrière originelle sur des centaines de

* Ce terme a été créé pour ce livre, faute d'un terme existant adéquat, à partir du verbe *ériger*.

mètres ou des dizaines de kilomètres, on ignore le pourquoi de cette difficile érection, sa signification précise. Ces pierres plantées annoncent cependant toute une série de stèles et de monuments de l'histoire, de plus en plus hauts, de plus en plus audacieux.

Les architectes « mégalitheurs » ne seront pas inférieurs à leurs successeurs : les maîtres d'œuvre qui dirigèrent les opérations étaient déjà ingénieurs ! Le grand menhir de Locmariaquer, sans doute brisé par la foudre, dépasse les 20 mètres, pour une masse de 348 tonnes. 300 hommes étaient nécessaires pour le soulever, à l'aide de leviers. 1 750 hommes ou 250 bœufs pour le traîner ! Dressé, il dominait le golfe du Morbihan, signal pour les naviga-

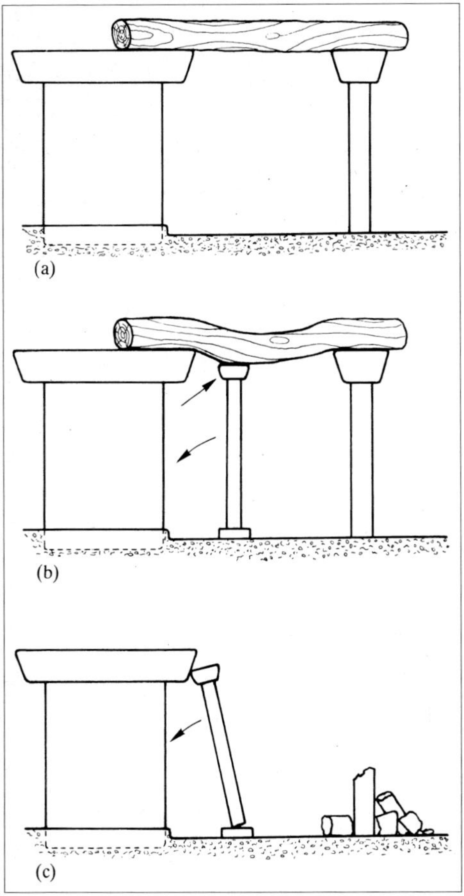

Reconstitution évolutive de la *taula* de Talati de Dalt (Baléares, Espagne).
a, situation initiale ;
b, restauration ancienne ;
c, situation actuelle.

Taula de Torre Trencada à Ciudadela.

teurs ? Symbole de puissance sans doute, superbement inutile comme souvent les grandes œuvres des hommes, qui deviennent des œuvres d'art. Recollés, ses cinq morceaux (les ingénieurs modernes y ont renoncé, faute de crédits) atteindraient la hauteur d'une maison de six étages. L'Histoire connaîtra à peine mieux. Si les monolithes du Trilithon de Baalbek font 750 tonnes chacun,

2

1. *Taula* de Torre Llafuda à Ciudadela.
2. Alignements du Ménec, à Carnac (Morbihan, France).

1

ils ne sont que posés et non érigés. Le bloc inachevé, de 21 mètres de long, longueur de Locmariaquer, gît encore en place avec ses 2 000 tonnes qui auraient exigé 4 000 hommes pour le déplacer. L'obélisque inachevé d'Assouan, 36 mètres de long et 1 000 tonnes, reste amarré à la roche. La plus grande dalle de couverture d'Antequerra, qui pèse 320 tonnes, a été soulevée de 3 mètres lors de sa mise en place.

Ces pierres dressées se rencontrent brutes ou parfois taillées, isolées avec une symbolique toute particulière ou groupées avec un rôle de support. Les plus hauts menhirs encore en place dépassant 10 mètres de haut sont Plésidy et Kerloas. Dans la plaine de Dol, le menhir du Champ Dolent atteint encore 9,30 mètres. Encore faut-il compter la partie enterrée, inconnue, pour apprécier la masse totale d'un mégalithe.

Le Kergadiou renversé, le Kerloas sont régularisés, par un long bouchardage qui leur donne une forme effilée d'une haute élégance. Leur finition poussée, plus que leur masse, en fait des œuvres d'art. Certaines particularités naturelles sont utilisées, telle

Détail du cromlech d'Avebury (Angleterre).

l'érection de longues roches percées, comme le menhir de Maillé, à Sainte-Maure, la «pierre des Arabes», ou le piédroit d'une *taula* de Talati de Dalt à Minorque. Le menhir dressé de Penmarch recherchait la difficulté, planté sur sa partie la plus pointue, son éventail de pierre dressé sur le ciel, comme le menhir de Lugasson en Gironde.

Ces flèches de pierre ont parfois leur utilité comme support, comme dans les salles hypostyles de Minorque. Torre d'en Gaumes évoque volontiers Mycènes, sans atteindre la grandeur de Karnak. Mais très vite, les ingénieurs surent diviser la difficulté en fragmentant les «colonnes», en empilant une série de mégalithes-tambours, les uns sur les autres, comme dans la salle hypostyle de Bini Gaus. Les *taula,* toujours à Minorque, posent des questions. Ce sont des menhirs taillés, parfaitement quadrangulaires, 4,20 mètres à Trepuco, près de 15 tonnes, surmontés d'une table, sorte d'énorme chapiteau, lui aussi taillé. À Trepuco, la table mesure 3,50 mètres de long, plus d'1,50 mètre de large, pèse plus de 3 tonnes. Elle dépasse nettement de son piédroit. Les archéo-

logues ont beaucoup discuté et même disputé sur le rôle de ces « bilithes », plantés au centre d'une haute enceinte circulaire. L'ensemble constitue-t-il un enclos ouvert, de fonction religieuse avec le bilithe fiché au centre, ou celui-ci a-t-il un rôle constructif de vrai support, le rôle d'un véritable chapiteau ? La *taula* de Son Saura Nou, en ruine, montre encore deux piliers, dont l'un soigneusement épannelé, portant chacun une table-chapiteau. Ces tables supportent encore un linteau, fruste monolithe. Intéressante expérience de construction architecturale, les chapiteaux permettent une meilleure assise des linteaux et autorisent des linteaux plus courts. Dès 1888, E. Cartailhac soutenait ce rôle fonctionnel du bilithe.

Le monument qui nous occupe était une salle circulaire, avec un énorme pilier central, le bilithe ; une couverture (des rondins sans doute) était jetée du chapiteau vers la périphérie.

Cette hypothèse logique et rationnelle a été vivement combattue. On a préféré voir dans le bilithe je ne sais quel autel (à 4 mètres de haut) ou pierre à sacrifices, pierre d'exposition ?

L'étude de la *taula* de Dalati de Dalt me permet de reprendre le problème, et de transformer l'hypothèse de mon prédécesseur à l'université de Toulouse en toute certitude. La *taula* de Dalati est la plus imposante de l'île. Pesant 15 tonnes, le piédroit atteint 3 mètres de haut, la table-chapiteau dépasse 10 tonnes. Le bilithe est implanté au centre d'une enceinte de grosses pierres, parsemée à intervalles réguliers de bilithes plus modestes, mais de même hauteur, en grande partie ruinés. Actuellement, un bilithe modeste s'accole à la table centrale, très incliné et semblant la soutenir. Il vient épauler et consolider le massif bilithe du centre, pense-t-on généralement. Un examen attentif montre qu'il n'en est rien, qu'il ne supporte rien, et que, d'ailleurs, le piédroit central enfoncé dans le sol n'a nul besoin d'un étai. La base du piédroit incliné repose sur une petite dalle, nouveau point d'équilibre instable ! Comment a-t-il pu tenir droit un jour ? Enfin, il n'apppartient pas à la couronne des piédroits de l'enceinte. Il est même exactement au milieu d'un rayon. L'explication est simple (Cf. p. 420). Une lourde couverture de rondins (aucun débris de pierres dans l'enceinte) unissait, d'une façon rayonnante, le chapiteau central aux chapiteaux périphériques, formant une salle couverte circulaire à pilier central (croquis a). Un affaissement a exigé un soutien pour éviter l'effondrement. Au milieu, on a édifié un bilithe pour étayer. Comme la place manquait pour faire basculer le piédroit dans une fosse qui l'aurait maintenu vertical, on a utilisé une dalle de base. Le chapiteau a été introduit en force entre le piédroit et le rondin fléchissant. Contrôle intéressant : ce bilithe de soutien mesure 40 à 45 centimètres de moins que les bilithes originels (croquis b). Avec le temps, la charpente pourrit lentement, le bilithe n'est plus calé et s'incline lentement. Il se serait effondré s'il n'était venu buter sur l'énorme table centrale. Non seulement il n'a aucun rôle de secours, mais c'est lui qui est secouru (croquis c, situation actuelle).

Les astuces montrant la parfaite maîtrise des architectes des îles Baléares sont nombreuses. À Torralba d'en Salort, le piédroit possède un épais bourrelet au centre, augmentant l'assise de la table. C'est, déjà, un pilier semi-cruciforme. À Torre Trencada, la pierre chapiteau représente 76 % de la masse du piédroit. Un affaissement a dû inquiéter, d'où un pilastre de soutien jouant son rôle grâce à un véritable coin de pierre. À Torre Llafuda, la surface inférieure de la table est évidée sur 7 centimètres de profondeur, pour une surface identique à la section du piédroit. Celui-ci joue, en totalité, le rôle de tenon, pour s'ajuster avec précision à la mortaise.

Vue du cromlech de « Long Meg and her Daughters » à Little Salked (Angleterre).

Les alignements de menhirs n'offrent pas d'intéressants problèmes architecturaux : une enfilade, souvent avec taille décroissante des composants. Près de 1 200 menhirs au Ménec, près de Carnac. Près de 1 000 à Kerlescan où le plus haut atteint 6,40 mètres. Les alignements se terminent souvent par une enceinte demi-circulaire de menhirs plus hauts et plus serrés.

Des groupements plus originaux sont les cercles de menhirs, les cromlechs. Le double cromlech d'Er Lannic, en partie submergé par suite de l'affaissement des lignes de rivage, en est un exemple célèbre. À Avebury, dans la plaine du Wiltshire, on peut encore discerner trois petits cromlechs d'une centaine de mètres de diamètre, emprisonnés dans un énorme cromlech plus récent, de 1 350 m de circonférence, avec une centaine de menhirs puissants.

Dolmen près d'Aahrus (Danemark).

Ce groupement tripartite n'est peut-être pas occasionnel, comme l'indiqueraient les cromlechs des Hurlers, également un groupe de trois, en Cornouailles. Le sanctuaire d'Avebury était, à l'origine, en bois, avec six cercles concentriques de poteaux ; ceux-ci furent remplacés par des pierres !

Dans le Cumberland, le cromlech de « Long Meg and her Daughters » est fort curieux. Il possède une orientation indiscutable, assurée par un menhir extérieur de 1,5 mètre, hors du cromlech baptisé « Long Meg ». Ce qui donne, avec deux menhirs opposés sur un diamètre, les trois points indispensables pour une orientation. La « pierre du Talon » à Stonehenge joue le même rôle. Dans le site de « Long Meg » le cercle n'est pas parfait. Il n'est pas fermé et trois menhirs d'une extrémité viennent en quelque sorte doubler les trois menhirs de l'extrémité opposée en formant comme une ébauche de spirale. La légende locale veut que ces

pierres soient les filles, les danseuses de Long Meg. Si elles font leur ronde en dansant vers la droite, elles pénètrent dans le cercle « magique ». Si elles dansent vers la gauche, elles s'évadent..., ce qui pourrait leur être maléfique !

Dans le monde nordique, au Danemark et en Scandinavie, des menhirs sont plantés pour former une enceinte en forme de navire. Les menhirs de chaque extrémité sont les plus hauts, telles les figures de proue et de poupe que nous avions trouvées dans les gravures de Tanum ou de Simsrislund. Ces structures mégalithiques restent durables... On les retrouve variées, dans le vaste cimetière viking de Lindholm Hóje, près de Aalborg, au Danemark.

À l'autre extrémité du continent, le Japon nous offre de petits cromlechs, avec un grand menhir central, comme celui de Nonakado, dans la province d'Akita. Sans doute se place-t-il au Ier millénaire avant notre ère.

Moulin du Wiltshire (Angleterre).

4. Statues-menhirs, stèles et statues mégalithiques

Dépassant les murs du temple maltais de Mnajdra, un menhir massif semble annoncer au loin la présence du temple qui se confond aisément avec le chaud calcaire du sol. Nous avons vu le rôle « orienteur » des menhirs britanniques échappant aux cercles de pierres et donnant une droite de visée. Valeur commémorative parfois, symbole de puissance surtout. N'y aurait-il pas accord, social et politique, entre la mégalomanie et le mégalithisme ? Le menhir est « aniconique », ce qui peut expliquer ses ambiguïtés, alors que la statue-menhir, de dimensions plus modestes et ne dépassant pas 4,50 mètres pour les plus importantes, porte profondément gravé, parfois en mini-relief, un personnage énigmatique. Malgré sa « personnification », la statue-menhir n'est pas sans poser également ses problèmes. Une des plus typiques et des plus anciennement connues est celle de Saint-Cernin, en Aveyron. Le sommet de la dalle, en pointe, forme la tête, avec les deux yeux profondément marqués par un taraudage de la roche. Trois traits horizontaux parallèles marquent curieusement les joues. Le personnage – qui est une femme – porte un énorme collier à six brins, formant comme un pectoral, et un long « pendentif » tombant d'entre les seins jusqu'à la ceinture. La femme porte enfin une large ceinture avec deux longues franges pendantes. La face antérieure permet de voir qu'elle s'enveloppe d'une longue houppelande, tout entière coupée par la ceinture, lâche, d'ailleurs. La stèle mesure 1,20 mètre et doit peser dans les 600 à 700 kg, chiffre modeste. Une des plus hautes de la région, la statue-menhir des Maurels, atteint 2,10 mètres et pèserait 1 200 à 1 500 kg. Dans les monts de Lacaune, la « pierre plantée des Abents », une statue-menhir, atteint 4,50 mètres. Chronologiquement, ces statues-menhirs se situent vers la fin du néolithique et les phases de l'âge du Bronze ancien.

Quelle est leur signification ? Elles sont parfois féminines, celles portant des seins bien marqués, mais il ne s'ensuit pas que les autres soient toutes masculines. Nous sommes ici en présence d'un art nettement schématique et une interprétation précise et naturaliste reste délicate. La meilleure preuve en est l'interprétation de certains objets portés sur ces statues-menhirs, dont le plus célèbre est simplement baptisé l'« objet » !, terme aussi vague qu'il est possible ! L'objet est triangulaire comme une lame, et la partie haute et large se termine par un anneau cerné d'un bourrelet. Souvent, il se porte en bandoulière, à l'aide d'un baudrier traversant le dos en diagonale. On a voulu rapprocher cet « objet » d'un poignard en bois de cerf, de 14 centimètres de long, trouvé en grotte, ce qui paraît plausible. Mais d'autres objets accompagnent souvent ces statues-menhirs, des sortes de bâton coudé, en forme de crosse. Rarement ces statues s'ornent d'une hache, d'arc et de flèche. Ajoutons que ces statues-menhirs (au nombre de 400) se découvrent, dans les champs, au hasard de labours, en Rouergue, en Languedoc surtout. Tout semble concourir pour y voir des figures pastorales, des représentations de bergers ou de bergères : leur localisation dans des régions pastorales néolithiques ; la cape, vaste houppelande du berger, pour se préserver des vents violents et du froid qui règnent sur les Causses ou les monts de Lacaune ; les attributs même du berger, le couteau-poignard et surtout le bâton coudé qui est comme le symbole de l'activité pastorale. Il est à l'origine de la crosse de l'évêque, pasteur des âmes ! Le poids

Statue-menhir féminine ; grès (Rodez, Musée Fenaille).

Statue-menhir masculine ; grès (Rodez, Musée Fenaille).

1

1. Stèle funéraire masculine, provenant de Pontevecchio (La Spezia, Museo Civico, Italie).

2. Stèle funéraire féminine, provenant de Pontevecchio *(Ibid.)*.

2

Vestiges des murs de Zimbabwe (Afrique orientale).

réduit, le schématisme tendant à la médiocrité, supposent des communautés peu importantes, comme le sont les communautés pastorales.

En Provence, les statues-menhirs sont quelque peu différentes par les décors plus évolués et plus symboliques : des gravures de chevrons emboîtés, des lignes en dents de scie, motifs dont nous avons vu la vaste répartition (stèle de Saint-Roch, dans le bassin de la Durance). Un soleil très explicite est gravé sur une stèle du Rocher des Doms, en Avignon. Dans le bassin de la Magra, autour de La Spezia, les statues-menhirs sont nombreuses, de dimensions plus moyennes. Les masculines portent un poignard à lame triangulaire, pommeau demi-sphérique, identique à nombre de figurations du Val Camonica. Plus que des armes, ce sont des couteaux... Voici une quinzaine d'années, le petit épicier de Capo di Ponte, au Camonica, débitait ses fromages avec un couteau-poignard identique. Et comme je lui en demandais l'origine : « Plus haut, par-delà le Brenner... ».

Dans les Alpes méridionales, en Valtelline notamment, les stèles anthropomorphes sont plus finement travaillées, le piquetage est plus précis, les traits soignés. Les motifs sont beaucoup plus élaborés : des poignards encore, des chevrons, comme sur les monuments de la région de Merano, des cercles concentriques et une sorte d'immense pectoral comme à Sondrio, en Valtelline. La stèle de Bagnolo, dominée par un soleil, est décorée de haches et de poignards identiques à ceux de Cemmo, sur la grande roche, rive gauche de l'Oglio, au Camonica. Chaque région, Rouergue, Provence, bassin de la Magra, Valtelline, possède son décor et son style propre. Chaque région correspond à des traditions, des techniques d'école. Si la statue-menhir du Rouergue est dressée par un groupement de bergers du Causse aux techniques rudes, les stèles du Valtelline semblent bénéficier de techniques nettement plus élaborées.

Le groupe insulaire corse possède lui aussi ses originalités. Poignard à béquille, épée, couteau-poignard sont gravés fréquemment. Le berger a toujours été armé, autant que le guerrier parfois, et la défense du troupeau l'exige. Certaines têtes de Filitosa porteraient, dit-on, des cupules profondes pour y insérer des cornes, qui suggéreraient les casques des Shardanes, fraction des peuples de la Mer. La très faible profondeur de ces cupules, leurs emplacements enfin ne m'ont pas convaincu de cette explication guerrière. Pourtant la vie quotidienne de l'île semble plus troublée qu'ailleurs, comme en témoignent les nombreuses stèles de Palaggiu, 200 en tout, alignées nord-sud, face ornée plein est et dont beaucoup sont renversées. De même, dans la plaine des Stantari, de même à Filitosa. Nombre de statues-menhirs ont été redressées ces récentes années, sans que l'on puisse d'ailleurs assurer l'exactitude de leur implantation actuelle. Les remparts cyclopéens ou de pierres sèches de moyen et petit appareil en emprisonnent encore, plus ou moins fragmentées.

Dans cette esquisse mégalithique qui porte essentiellement sur le « construit », en gros appareil mégalithique ou en petit appareil, il importe de souligner que cette vague de construction est proprement universelle, d'avant la connaissance de l'écriture. Les études régionales laissent des blancs trop importants, les chronologies ne sont pas suffisamment sûres, quand elles ne manquent pas totalement, pour tenter une synthèse. On ne pourrait que placer quelques jalons mais avec des intervalles considérables, et dans l'espace, et dans le temps. Ainsi, le Nord-Afrique connaît les

Reliefs des « danseurs » à Monte Albán (Mexique).

Reliefs des « danseurs » à Monte Albán (Mexique).

constructions dolméniques, et une étonnante variété de monuments régionaux, comme les *bazina,* assises à plusieurs degrés, de formes variées : cercles concentriques, ellipses ou rectangles emboîtés. Le Souk el Gour a 45 mètres de diamètre. La grande tour de Zimbabwe, en Rhodésie, avec ses 10 mètres de haut, remontant à quelque neuf siècles de notre ère, reste dans une tradition millénaire. Au Sénégal, vers la Casamance, les sites de Diamlloumbéré et de Sine N'Gayene offrent de nombreux cromlechs, avec des menhirs de petite taille, guère plus d'1 mètre de haut, soigneusement épannelés, de section carrée, fort proches les uns des autres. Les menhirs ne sont visibles qu'en brûlant les

1. Tête colossale sculptée de la civilisation olmèque (île de La Venta), transportée au parc de Villahermosa.
2. Tête colossale de La Venta (le personnage donne une échelle intéressante).

herbes du site ! Combien encore de sites inconnus de ce genre restent à découvrir ?

Pierres plantées, stèles, se suivent du bassin de l'Amour à l'Atlantique. Le Nouveau Monde n'échappe pas à ce type de construction. Deux formes semblent nettement privilégiées : les grandes dalles fichées en terre, portant de fines gravures anthropomorphes, souvent alignées pour former un ensemble, tels Monte Albán ou Cerro Sechín, respectivement apparentés aux Mixtèques et à la civilisation Chavín ; d'autre part la stèle anthropomorphe puissante, traitée en ronde bosse, comme les têtes olmèques de La Venta ou de Tres Zapotes, dont certaines pèsent 50 tonnes et, en Amérique du Sud, les stèles mégalithiques de San Agustín, de Huairas. Dans les vastes temples, sont érigées d'énormes statues monolithiques comme à Tihuanaco, quand elles ne sont pas assemblées par des tambours à tenon et mortaise comme à Tula.

La célèbre région de San Agustín chevauche les hauteurs du río Magdalena et de ses affluents supérieurs, au cœur des Andes colombiennes, à quelque 2 000 mètres d'altitude. Malgré des crêtes élevées, rectilignes et continues supérieures à 4 000 mètres, le volcan Petacas, 4 300 mètres, le volcan Sotora culminant à 4 580 mètres, malgré des seuils et des cols aux environs de 4 000 mètres, les circulations sont aisées, dans le sens méridien, par les vallées profondes et basses.

Présentement, la région correspond au département de Huila, englobant les territoires des municipalités de San Agustín, de San José de Isnos et de Saladoblanco, de l'ordre de 2 000 km².

Géographiquement, le secteur est encore d'accès difficile. Autour de la région de San Agustín se répartissent une dizaine de sites archéologiques, célèbres par leurs sépultures souterraines que gardent jalousement de monumentales statues. Ces visages massifs au terrible sourire laissent voir des dents où pointent de menaçantes canines.

Dès 1537, une troupe de conquistadores commandée par le capitaine García de Tovar, s'étant séparée de la troupe de Pizarre à Quito (actuellement en Équateur), réalise une liaison transandine. Il part de Popayán, entre la Cordillère occidentale et la Cordillère centrale, remonte les abrupts de cette Cordillère centrale pour atteindre et descendre le bassin du Magdalena, par la région de Isnos.

Mais les premières sculptures, représentant des statues

Stèle d'un personnage monumental de San Agustín.

Endroit d'une « allée couverte », piédroits sculptés d'anthropomorphes de San Agustín.

humaines monumentales, et un vaste sarcophage monolithique, semblent devoir être signalés par Fray Juan de Santa Gertrudis, en 1757. Il serait du plus haut intérêt historique de reprendre systématiquement tous les récits des conquistadores, car les plus obscurs ou les plus ignares ne purent manquer d'être frappés par la monumentalité et l'étrangeté de ces statues agustiniennes et d'en faire au moins mention dans leurs écrits. Le général Agustín Codazzi vient étudier ces sites archéologiques qui entrent dans la connaissance, vers 1857, mais la phase de recherches plus étendues sera l'œuvre de Konrad Theodor Preuss, entre décembre 1913 et avril 1914. Des fouilles archéologiques seront publiées à Berlin, dans un volume superbement illustré, *Arte monumentale Prehistorico*.

En 1938, le gouvernement colombien charge un archéologue espagnol, José Perez de Barradas, de nouvelles fouilles, lesquelles seront publiées dans *Arqueología Agustiniana*. Les recherches

seront poursuivies, à partir de 1945, par un archéologue colombien, Luis Duque Gomez et publiées à Bogota en 1963. Gerardo et Alicia Reichel-Dolmatoff réalisent les premières recherches stratigraphiques, dès 1966, et les publient en 1975.

L'ensemble de ces recherches recense les statues-stèles monolithiques qui atteignent le total impressionnant de 486 ! La région n'est pas uniquement une vaste nécropole mais c'est aussi une région sacrée, un grand centre cérémoniel, dédié au culte des morts. Elle est vouée aussi, peut-être, à des déesses bien vivantes ! Les statues ne sont qu'un des aspects, tôt remarqués, d'une antique civilisation, complexe et remarquable. Les gisements les plus suggestifs, au nombre d'une trentaine, sont ceux de Mesitas, Matanzas, Lavapatas, Alto de la Guacas, Alto de los Idolos, Ullumbe, la Estrella...

Les archéologues qui ont étudié ces problèmes de San Agustín ont insisté volontiers sur la sculpture, estimant l'architecture peu développée. Or il n'en est rien. Les formes architecturales y sont fort variées, au moins pour un archéologue occidental, même après un contact rapide.

Les architectures sont variées par leur structure propre : tous les types fort divers de dolmens, de dolmens à couloir, d'allées couvertes, etc. ; par leur implantation et par leur agencement : monuments enfouis sous terre ou recouverts par un tumulus.

D'une étude préliminaire de ces architectures, peut découler la fonction des statues et permettre de trancher au sein des hypothèses actuelles : repères pour les tombes, caryatides de temples, commémorations de dieux ou de défunts... Ces documents archéologiques sont nombreux, répartis sur les plateaux désignés A, B, C et D, la « Fontaine de Lavapatas » et les « Hauts de Lavapatas ». Ils forment le *Parque arqueológico nacional* qui s'étend sur une centaine d'hectares. Au nord du haut río Magdalena, sur la rive gauche, un second centre cérémoniel est constitué par l'« Alto de los Idolos » où de nombreuses tombes ont été récemment mises au jour. Le site se localise à San José de Isnos, à 29 kilomètres de San Agustín par la route. À « Alto de las Piedras », à une trentaine de kilomètres, s'érige la statue célèbre du « Double Moi », deux profils superposés verticalement.

Les travaux récents suggèrent pour le développement chronologique de la civilisation agustinienne une séquence comprise entre 1 200 et 1 000 avant notre ère, dans une phase « formative colombienne ».

En octobre 1980, une fructueuse expédition dans le secteur archéologique de San Agustín me permit quelques observations. Les statues sont volontiers dites « à l'intérieur des monticules funéraires » ou « à l'extérieur des monuments », mais leur situation très précise est certainement fondamentale. Plus que la nature intrinsèque de la statue, sa position exacte lui donne son vrai sens.

De même qu'une gravure ou une peinture rupestre préhistorique prend sa signification profonde du choix précis et volontaire de son exécution, de même une statue prend sa valeur, caryatide ou symbole funéraire, commémoration ou culte, en fonction de son implantation dans le système monumental qui la contient.

Il faut encore considérer que nombre de statues ne sont plus en place, soit qu'elles ont été découvertes fortuitement, déplacées pour leur sauvegarde indispensable, soit que les aménagements touristiques récents n'aient pas toujours tenu compte de leur enracinement exact. Un déplacement de quelques centimètres peut se révéler grave de conséquences scientifiques. Des situations centrales, axiales, latérales peuvent impliquer des explications diffé-

Sépulture « mégalithique » enterrée de San Agustín.

rentes. Le regroupement dans le « Parc des statues » est une mesure précieuse de conservation, mais ne peut résoudre, pour les documents sauvés, les délicats problèmes de leur enracinement précis et leur signification profonde. La position topographique est fondamentale. Un fait s'impose cependant, les statues récemment découvertes le corroborent, ces statues sont en relation directe, proche ou lointaine, avec les sépultures monumentales. Ces constructions mégalithiques appartiennent à une gamme très riche, très variée, allant du dolmen simple aux types divers de dolmens à couloir et aux véritables allées couvertes.

Ces techniques impliquent un procédé de construction monumentale très classique, très « normal », très œcuménique. Les dalles constitutives ont été déplacées sur des rouleaux, les faces les plus régulières des dalles de couverture regardent systématiquement les fosses. Les faces irrégulières sont toujours les faces externes. Les piédroits ont été mis en place par cheminement sur rouleaux puis par basculement dans une fosse creusée au préalable.

Dans le monticule sud de la Mesita B, un couloir conduit à la chambre principale, couverte par une dalle de 2,40 mètres sur 1,40 mètre, pour une épaisseur de quelque 20 centimètres. Soit un poids de plus de 2 tonnes !

Des chambres secondaires, logées parfois dans les angles constitués par la chambre principale et le couloir d'accès, sans doute adventices et plus tardives se remarquent.

Les entrées des allées couvertes sont parfois constituées par deux piédroits sculptés d'anthropomorphes, considérés valablement comme des « gardiens du temple », ou mieux des « gardiens de la sépulture ». Le monticule 5 offre de nombreuses dalles verticales de monuments funéraires, portant des motifs peints, abstraits, de couleur rouge ou noire. Ces thèmes se retrouvent dans nombre de sépultures enterrées de l'Alto de Las Piedras. Ils font songer aux mêmes motifs que l'on trouve sur les dalles inclinées de la construction dolménique nichée au pied de la pyramide circulaire de Cuicuilco, proche de Mexico.

Le même site de Las Piedras utilise systématiquement des colonnes naturelles de roche volcanique, une andésite, de section polygonale, exactement comme dans les constructions des « enceintes » de La Venta, en pays Olmèque, sur les rivages du golfe de Vera Cruz. Convergence, utilisation astucieuse d'un matériau naturel aux formes précises ou influence ? Le problème devra se poser maintes fois.

La sépulture proprement dite s'abrite volontiers dans un sarcophage, un lourd monolithe creusé souvent à la forme du corps humain. Il en est ainsi de dimensions « très humaines », avec un étranglement marqué, à la hauteur du cou. Ce rite complexe – à savoir la déposition du défunt dans un sarcophage, sa préservation, par un vaste et lourd monument mégalithique, recouvert lui-même d'un tertre tumulaire – témoigne et de l'importance accordée à la mort et du prestige de chef attribué au défunt. Une véritable « hiérarchie » est évidente dans ces ensembles de San Agustín.

Certains « coffres monolithiques », présentés parfois sous le vocable de « sarcophage », sont certainement tout autre chose. Ainsi, le monticule 2 de la Mesita B de Alto de los Idolos offre un énorme parallélépipède monolithique, creusé d'une fosse régulière de quelque 2 mètres de long, sur plus de 1 mètre de large et presque autant de hauteur. Ces dimensions dépassent très notablement celles des sarcophages « classiques » des monticules 3 et 4, par exemple. Le vrai sarcophage est souvent peu profond, de l'ordre de quelques dizaines de centimètres.

Mais ce ne sont pas ces dimensions exceptionnelles, supérieures au gabarit humain, qui incitent à voir dans ce monolithe creusé une autre destination que funéraire. (Les dimensions du sarcophage monolithique, enfoui sous le temple des Inscriptions de Palenque, sont aussi de dimensions exceptionnelles, du même ordre de grandeur.) La face avant du monolithe porte une échancrure rectangulaire, au milieu de sa partie supérieure. L'on songe,

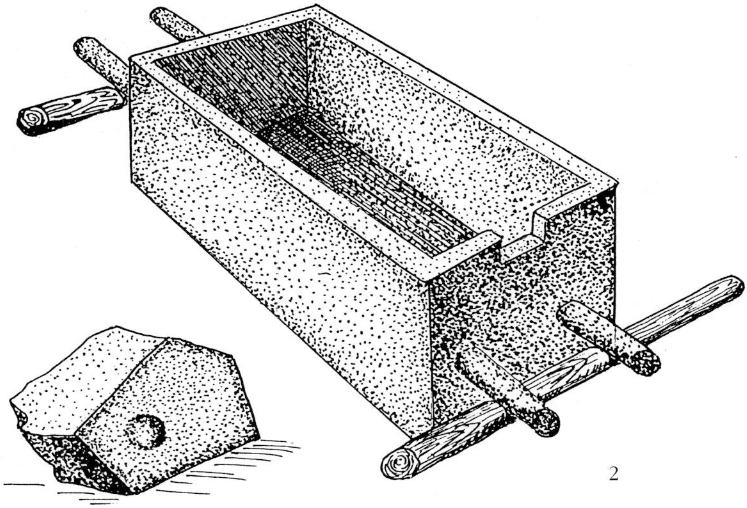

2

1

1. Schéma d'un « tenon de bardage », pour ficeler et haler un bloc de pierre. Muraille de Cuzco.

2. « Sarcophage » du monticule 2, de la Mesita B de Alto de los Idolos, secteur de San Augustín. Plus vraisemblablement une « cuve » avec échancrure - bonde pour l'évacuation du « trop-plein ».

tout naturellement, à une échancrure d'évacuation des eaux, à une bonde rectangulaire, creusée au sommet d'une cuve, pour libérer le trop-plein. L'hypothèse avancée localement d'un « trou de l'âme », pour permettre l'éventuel contact du défunt avec le monde extérieur, dans un souci de communication entre les morts et les vivants, n'emporte nullement l'adhésion.

Un détail est frappant. Cette face échancrée, comme la face antérieure opposée, conserve, réservés dans le monolithe, deux tenons allongés, parallèles, sur chacune des faces. Ces tenons sont ménagés dans la direction axiale de la cuve, perpendiculaires aux petites faces latérales. Il n'est guère possible de voir dans ces tenons originaux, exceptionnels, des tenons de bardage, pour ceinturer de liens le bloc monolithique et faciliter son déplacement. Les vrais tenons de bardage, si fréquents dans l'architecture de l'Amérique du Sud, au Pérou, à Cuzco, à Sacsahuaman, à Pisac, à Machu Pichu, sont des tenons courts, plus ou moins demi-sphériques. Ici, sur cette cuve de San Agustín, ces tenons sont en forme de cylindres allongés, de 20 à 30 centimètres de longueur, au moins. Ce sont des tenons de portage. Ces tenons permettent de faire reposer la cuve sur des troncs d'arbre, raisonnablement allongés, donnant ainsi à un nombre suffisant de porteurs la possibilité de soulever l'ensemble sur leurs épaules. Huit à dix porteurs sur chacun des quatre bras, avec des madriers de 5 à 6 mètres de long, seraient tout à fait opérationnels, pour le déplacement de la cuve, vide ou pleine selon les nécessités.

Cette nouvelle hypothèse d'une cuve, d'un bassin, et non d'un sarcophage, nous oriente logiquement vers le problème de l'eau.

Un trait géographique frappe dans le paysage de la région de San Agustín. L'importance omniprésente de l'eau est visible dans ces nombreux torrents très alimentés, dévalant des sommets des Andes, leur cours scandé par des chutes puissantes et vertigineuses, comme le Salto de Mortino ou le Salto de Bordones, une des chutes les plus spectaculaires de Colombie, avec plus de 200 mètres de dénivelée ! Ces chutes et ces canyons rendent la circulation très difficile, alors que celle-ci reste relativement aisée par les chemins de hauteur, sur les surfaces d'érosion régulières.

Cette omniprésence de l'eau a certainement joué un rôle important dans la vieille organisation ethnologique des Andes. À La Fuente de Lavapatas, une roche de plus de 50 mètres carrés a été vigoureusement taillée, sculptée dans le lit même du ruisseau, dans une section formant une rapide cascade. Un labyrinthe de reliefs réservés, des serpents, des salamandres, des anthropomorphes sont séparés par des bassins, des chenaux creusés, avec un écoulement perpétuel et bruyant d'eau vive. C'est là un site exceptionnel, avec l'eau, image de la vie, coulant et caressant, usant, creusant aussi ces reliefs des vieilles, très vieilles divinités chthoniennes. À La Chaquira, sur la rive droite du río Magdalena, des figures anthropomorphes, sculptées sur les versants de la montagne, regardent la vallée.

Un second trait géographique frappe enfin. Cette région des Andes, ce haut bassin supérieur du Magdalena, offre de larges et hautes surfaces d'érosion, avec d'amples paysages panoramiques. L'homme de San Agustín a recherché systématiquement ces hauteurs dégagées pour y implanter ses sépultures monumentales. Certes, celles-ci impliquent une organisation sociale évidente, mais leur implantation implique également une recherche géographique.

Les archéologues ayant étudié la région insistent volontiers sur les convergences ethnologiques du secteur de San Agustín. On

Tête colossale, aux influences olmèques, de l'« ombilic des Andes », à San Agustín.

évoque souvent un peuplement venu du sud, alors que le río Magdalena coule vers le nord. Il importerait, à mon sens, de préciser et approfondir cette analyse. Les tombes mégalithiques sont gardées par des statues monumentales monolithiques bien connues, mais appartenant à deux grandes familles archéologiques.

La première englobe les personnages humains, massifs, la tête soudée étroitement au corps, sans cou ou le cou très réduit. La bouche, fermée ou entrouverte, laisse percevoir l'alignement des dents. Même des lèvres closes, jaillissent, puissantes, menaçantes, acérées, les longues canines aiguës du jaguar !

Ce rictus caractéristique, ce leitmotiv obsédant des crocs du jaguar, évoque l'animal redoutable, ancêtre-dieu des Olmèques ! Partout, presque toujours, ces deux crocs supérieurs, comme les deux crocs inférieurs, dépassent la rangée régulière des dents, les crocs supérieurs généralement en position extrême dans la bouche, sur les côtés. Les rapprochements s'imposent avec les représentations du jaguar olmèque, avec cette langue du jaguar qui s'échappe des crocs, sous la forme d'un serpent ou d'un phallus, dans les phases anciennes, d'un serpent à tête humaine à la place de la langue, symbole de la fécondité. Dans les phases récentes, la langue prend la forme d'une tige végétale d'où partent des épis de maïs. Ainsi, même dans les civilisations agricoles du maïs, le jaguar ancestral reste présent. Ces crocs, que l'on retrouve dans l'aire olmèque étendue, à Democracia, au sud du Guatemala, dans les statues de Copan au Honduras, au temple du Jaguar de Palenque, au Castillo de Chichen Itza, ont une aire de genèse plus étendue que celles des énormes têtes monolithiques de La Venta, sur le golfe de Vera Cruz.

La seconde grande famille de statues rassemble des figures animalières, des serpents, des caïmans, des sauriens, des espèces animales intimement liées aux divinités chthoniennes. Elles sont attachées aux profondeurs, aux Enfers, aux eaux, mais aussi à l'eau vive, symbole de la vie pérenne, issue des profondeurs de la Terre. Or, ces figures chthoniennes nous les avons rencontrées dans les eaux vives de Lavapatas, avec ces grenouilles, ces poissons, ces serpents, ces crocodiles. L'hypothèse d'un sanctuaire de l'eau a été émise avec bonheur par Rebecca Carriou-Cachot.

Si le jaguar fait songer à la Méso-Amérique, à la civilisation mère olmèque, les sauriens, assimilés aux déesses de la pluie, sont abondants en Amazonie. Ils y furent même apprivoisés. Le monticule 5 présente un anthropomorphe (un guerrier?) portant un couteau dans la main droite, tenant un serpent dans la main gauche, la main « senestre », la sinistre !

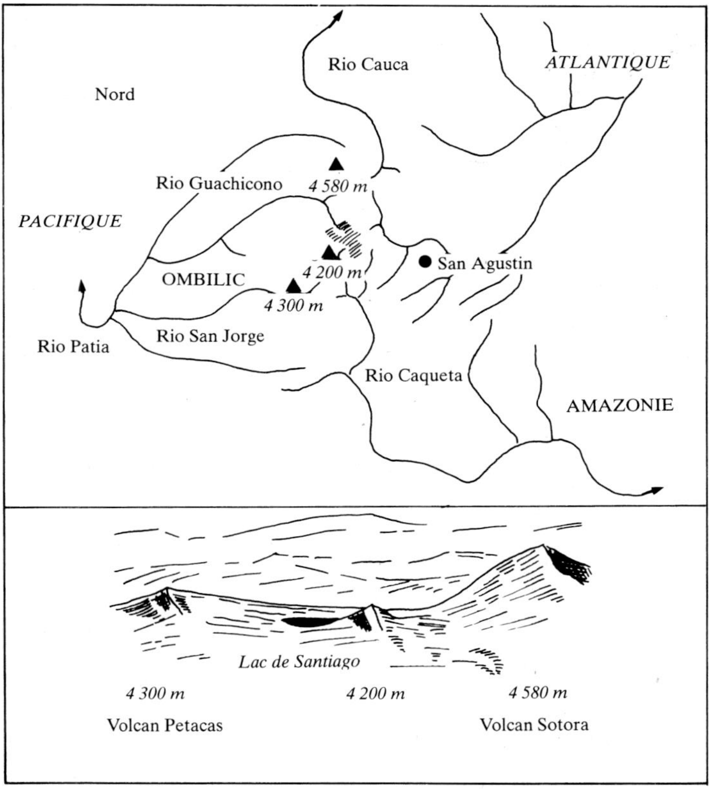

1

2

1. Le secteur de l'*« ombilic des Andes »*, d'après un plan-relief du Ministerio de Hacienda Público, plan levé en 1971 par l'Instituto geográfico Agustín Codazzi. Échelle au 1/500 000. Les reliefs ont été exagérés, échelle au 1/7. Au centre de « l'ombilic », entre 4 300 et 4 200 mètres d'altitude, se nicherait le petit lac de Santiago.

2. Vue perspective du secteur. Il se situe vers les altitudes moyennes de 4 000 mètres : au sud du volcan Sotora, de 4 500 mètres, dans les approches immédiates du lac Santiago.

Entre les deux Cordillères, la Centrale et l'Occidentale, le massif de Tierradentro est criblé d'hypogées de plan circulaire ou elliptique, aux toits plats ou en voûte, creusés au burin d'obsidienne dans une granidiorite friable. Le plus grand de ces hypogées mesure 9 mètres sur 6 et 3 mètres de haut. Les parois sont peintes, le rouge domine, avec des motifs à base de losanges, quelque peu apparentés à des motifs de Mitla au Mexique. La liaison paraît évidente avec la civilisation de San Agustín et les datations par le C 14, les font remonter au VIIe siècle avant notre ère.

Autour d'Inza, dans le département du Cauca, de nombreux sites sont dignes d'intérêt : San Andrés, El Rodeo, El Hato, El Tablón, Loma Alta... Mais un des sites les plus significatifs de l'ensemble agustinien est au-dessus de La Fuente de Lavapatas. La montée est très dure, heureusement aménagée, scandée par les larges marches d'un gigantesque escalier touristique, reprenant vraisemblablement un aménagement beaucoup plus ancien. Mais, au sommet, à l'Alto de los Idolos, quelle récompense : une croupe très amortie, avec des vues immenses, une nécropole type ! Ces vues sur les Cordillères permettent de comprendre sans doute le caractère géographique vraiment exceptionnel de cette région.

La région archéologique de San Agustín, au sens large, est la seule région du continent sud-américain qui soit située :

– au centre d'un complexe de vallées profondes descendant vers le río Magdalena par l'est, puis très vite vers le nord, en direction de l'Atlantique ;

– à quelques kilomètres, ou mieux à quelques heures de marche en direction du sud, vers les hauts affluents du río Caqueta, dont les eaux filent vers le puissant Amazone, un océan d'eau douce, une mer interne, un « dieu des Eaux » ;

– à quelques kilomètres également, à quelques heures de marche des premiers affluents du río Patia, lesquels filent rapidement, attirés par le niveau de base très proche et très abaissé du Pacifique.

Cette région agustinienne, quelques kilomètres carrés seulement, bénéficie d'une situation hydrographique exceptionnelle ; elle est le grand château d'eau de ce continent, la seule région d'où les eaux peuvent attteindre l'Atlantique, l'Amazonie et le Pacifique.

Celle-ci se limiterait étroitement à une aire englobant la source du río Guachino, affluent du río Patia coulant vers le Pacifique ; une source du río Caqueta, tributaire de l'Amazonie ; une source du río Magdalena filant vers l'Atlantique...

La zone se situe nettement à l'ouest de la région de San Agustín, à quelques heures de marche seulement. L'indécision géographique est fort limitée. Sans doute, le pays est-il fort difficile, avec de très hautes altitudes, de l'ordre de 4 000 mètres. Le volcan Sotora culmine à 4 580 mètres et, plus au sud, le Petacas est à 4 300 mètres. Un sommet intermédiaire plus bas, 4 200 mètres, un petit lac de haute montagne, le lac Santiago semblerait logiquement, topographiquement attirer les futures explorations, pour situer cet *« ombilic des Andes »*. Si j'étais colombien, c'est là que je partirais repérer, découvrir, explorer, sonder ce point précis, certainement facile à marquer sur le terrain, dans l'espoir fervent d'y admirer des points de vue, largement étendus sans doute, mais surtout d'y déceler enfouies dans ce haut lieu exceptionnel et sacré, de nouvelles et importantes sépultures mégalithiques que pourrait encore garder quelque monolithe animalier, au rictus de jaguar.

Ce pays des Trois Rivières est un point fondamental, de convergence et de divergence... Comme nous avons l'« ombilic des Gaules », dans le Val de Fleury, proche de la Loire, lieu où se réunissaient les chefs des Celtiques, nous avons dans la région de San Agustín un site comparable, un « ombilic des Andes », qui put jouer un rôle comparable pour les très vieilles civilisations andines.

On ne saurait clore ce chapitre sans parler de l'île de Pâques. Ses statues monolithiques atteignent de 60 à 80 tonnes et les « chapeaux », ou mieux les *pukao*, pèsent de 10 à 30 tonnes. Il fallut les hisser à leur place, au-dessus des têtes, à 6 ou 10 mètres de haut ! Rappelons qu'à Stonehenge les linteaux des trilithes qui sont à 8 mètres, pèsent 50 tonnes Les analogies pondérales et les élévations sont tout à fait comparables, comme si ces chiffres atteignaient le maximum de l'effort humain, sans le moindre procédé mécanique de levage ! Et le même problème, lancinant, revient toujours : comment peut-on expliquer ces analogies, ces parallèles, ces ressemblances... ces parentés ou ces convergences ?

Les statues géantes de pierre, aux faces tournées vers l'Océan ont en effet posé quelques énigmes. Leur corps est entaillé dans un tuf volcanique tendre, détouré par l'intérieur. Certaines statues, inachevées, restent encore attachées au sol, par leur ligne dorsale (comme certains mégalithes non détachés de Diamlloubéré, au Sénégal, comme l'obélisque inachevé d'Assouan, en Haute-Égypte). Ces statues sont surmontées d'une imposante coiffure, cylindrique, dont le matériau est débité dans des épanchements de scories rouges plus tendres encore que les tufs. La coiffure porte un tenon central, soigneusement réservé pour s'emboîter dans une mortaise crânienne, creusée dans la statue (comme pour les Atlantes de Tula, dans la civilisation toltèque du Mexique). Les statues reposent sur un mur élevé, de plusieurs étages, appelé *ahu*, regardant vers le large. Les *ahu* sont constitués de gros blocs, de plusieurs mètres cubes parfois, très soigneusement et très fine-

Tête d'un grand « moal » avec son lourd chapeau, ou « pukao » de l'île de Pâques.

ment appareillés. La statue de Rano Raraku, haute de 11,40 mètres, porte sur sa base, alors enterrée, la gravure d'un bateau de roseaux, aux extrémités, poupe et proue, relevées. Il est mû par trois voiles rectangulaires.

L'art mobilier de l'île de Pâques est riche de nombreuses sculptures de personnages aux côtes saillantes en bois local, le *toromiro*. Ces statuettes ont les yeux incrustés de cercles en os et de disques d'obsidienne. Des sculptures de reptiles et de poissons accompagnent ces figures humaines, victimes, selon le docteur Stephen Chauvet, d'une terrible déshydratation ! Les fouilles livrent de curieuses sculptures en pierre, représentant des bateaux de roseaux, comme celui gravé sur le Rano Raraku. La coque est entaillée de trois mortaises sur lesquelles s'emboîtent des voiles quadrangulaires, en pierre, également, trois ou quatre...

Des gravures sur rochers, dans des sites très localisés, représentent l'Homme-Oiseau ; et actuellement, des autochtones animent le site par de spectaculaires plongeons, dans l'Océan.

Thor Heyerdahl suggère par des comparaisons archéologiques multiples et diverses que la civilisation pascuane (l'île est située à l'extrémité orientale du monde océanien, et à 4 000 kilomètres de la côte chilienne) serait apparentée, originaire même, des civilisations andines de Tihuanaco ou de Sacsahuaman. L'ancien Pérou, et plus particulièrement la culture Mochica, de la côte du Pacifique, seraient déterminants. Les exploits transocéaniques de Thor Heyerdahl, sur des navires de roseaux, semblables à ceux qu'utilisent encore les Indiens sur le lac Titicaca, à plus de 4 000 mètres dans les Andes, les traversées du « Kon-Tiki » et du « Râ » montrent concrètement les possibilités humaines à réaliser de si étonnantes traversées. Les statues de Tihuanaco, les appareils en gros blocs très finement équarris et très soignement ajustés de Sacsahuaman, de Pisac ou d'Ollantayambo sont invoqués et comparés à l'appareillage des *ahu*. Mais cette perfection artisanale ne se retrouve-t-elle pas dans le monde, à des échelles plus modestes toutefois, dans l'oppidum de Saint-Blaise ou dans la base du mur sicilien de

Gravures sur rocher, dont « l'Homme oiseau », du secteur d'Orongo, pointe sud de l'île de Pâques.

Céla ? Thor rapproche les têtes pascuanes des têtes de pierre sans corps, insérées parfois dans des murs, à Tihuanaco. Mais nous trouvons les mêmes rites dans les têtes coupées d'Entremont, en Provence... et même dans les bois sculptés recueillis dans la source de la Seine, sans que des parallèles archéologiques soient valables. Il y a là, simple convergence de rites humains, si tant est que la « tête coupée » fut profondément « humaine »... Thor rapproche également le culte pascuan de l'île de Pâques aux mâts-totems de la Colombie britannique. On pourrait citer également l'intérêt des oiseaux peints sur les rochers de Basse-Californie, des oiseaux aux ailes largement déployées. Mais le thème de l'oiseau est fort ubiquiste. Il se retrouve dans les abris peints de Patagonie, comme dans les peintures plus ou moins schématiques de la grotte de La Pileta. Par ailleurs, j'ai dressé en son temps un carton de répartition mondiale de ce thème, de – 10 000 à – 5 000, parfaitement démonstratif de son ubiquité et de son œcuménisme. Les comparaisons orientées de Thor, tendant à démontrer l'origine américaine de l'art pascuan, sont controversées par de nouvelles études.

Pour expliquer ces « géants » de pierre, alors que le plus grand dépasse à peine 10 mètres, et que le grand menhir de Locmariaquer dépasse 20 mètres, on a parfois, avec complaisance, évoqué l'Atlantide et les « supra-terrestres »... comme on a parlé de « Martiens » au Tassili. Le surnaturel, l'invraisemblable seraient-ils payants pour certains esprits ? La récente destruction des géants pascuans a frappé l'imagination et sans doute nourri les légendes. En 1868, les marins anglais du « Topaz » arrachent un premier *moal* à Orongo et, en 1872, nos marins du « Flore » ne sont pas en reste et en renversent plusieurs autres. Un jeune aspirant, Julien Viaud, nous dépeint la décapitation à la scie d'un *moal* qui poursuivra son existence au musée de l'Homme, à Paris. L'aspirant deviendra célèbre pour de bien meilleures raisons, sous le nom de Pierre Loti.

On s'est étonné de voir s'ériger, et par quelle technique ? ces géants de pierre ! Les blocs de Stonehenge, appareillés par tenon et mortaise comme les *moal* et leur coiffure rouge, la construction d'Antequerra, le plus lourd monument du monde, n'étonnent plus.

Statue haute de 11,40 m, avec gravures enterrées à la base, située sur les flancs du volcan Rano Raraku (île de Pâques).

Par levier, avec des troncs de roulement et des masses humaines disciplinées, on arrive à tout. Des recherches scientifiques sérieuses et récentes montrent par l'analyse des pollens que certains arbres, les toromiros, aux troncs circulaires poussaient et avaient poussé dans l'île. Ils ont pu servir à soulever ou traîner les blocs de lave, à l'aide de cordes tressées dans des écorces d'hibiscus. Les travaux du Professeur Jean Dausset sur les analyses de sang démontrent que le groupe sanguin des autochtones pascuans appartiennent au groupe H.L.A., véritable marque génétique qui les apparentent aux Polynésiens et non aux autochtones du Sud américain.

La recherche archéologique pascuane connaît désormais les méthodes les plus modernes. Les 21 plaques de bois gravées, les *rongo rongo*, portant 14 021 caractères dont le langage n'est pas encore déchiffré, sont mises sur ordinateur. Quant aux rares peintures rupestres de l'île, dans la grotte d'Ana Kai Tangata, elles sont confiées à deux spécialistes français ayant élaboré Lascaux II.

Statues Akutahai de l'île de Pâques.

5. Les hypogées

Si, longtemps, les grottes furent des habitats, elles furent plus longtemps encore des tombeaux. Libéré de la grotte, l'homme ne l'en recherchait pas moins pour abriter les sépultures de ses défunts. Lorsqu'il était trop éloigné de grottes naturelles, lorsque la région qu'il habitait n'en possédait pas, il en fabriquait ! Mettre ses morts en terre, le plus profondément possible, pour qu'ils y trouvent l'éternel repos, à l'abri des bêtes et des hommes, semble bien être un caractère essentiel, si ce n'est pas le principal, de l'espèce humaine. *Homo faber* certes, *Homo religiosus* peut-être davantage.

L'homme construit donc des grottes : ce furent les constructions mégalithiques, énormes caveaux, de gros ou de petit appareil, souvent dissimulés sous une énorme chape de terre (tumulus) ou de pierres (cairns). Il creusa également des grottes artificielles, les aménagea pour leur fonction funéraire : les hypogées. Une logique

2

1. Coupe et plan de la « tombe royale » de Sant'Angelo di Muxaro (Italie).

2. Détail de la voûte de la tholos d'Antequerra III (Espagne).

1

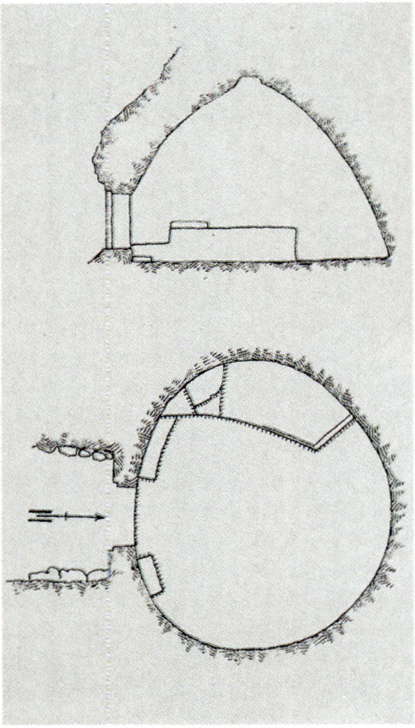

chronologique, semble-t-il, aurait dû nous inciter à évoquer, d'abord, ce creusement de grottes et d'hypogées. Or, nous verrons que le « creusé » n'est pas obligatoirement initial, ne s'oppose pas au « construit » et que ces techniques sont volontiers contemporaines et non successives. Souvent même le « creusé » copie le « construit » et nombre de détails techniques, architecturaux dans le « creusé » montrent qu'il a été très influencé par le « construit », qu'il en a copié les règles, sans bien se les assimiler, qu'il a, chose parfaitement inutile, creusé comme on construit. Les détails sont suggestifs. Ainsi, les ouvertures des hypogées de Pantalica en Sicile, creusés dans une puissante montagne calcaire, d'une solidité toute géologique, sont-elles de forme trapézoïdale, la grande base en bas, la petite base en haut. Si cette section s'impose, nous l'avons vu, dans la construction pour réduire la longueur des linteaux, dans le « creusé » cela est parfaitement inutile. Par contre, dans les hypogées hybrides de Provence, comme Bounias, la galerie funéraire est un fossé à ciel ouvert, creusé dans la colline calcaire, puis recouvert de grandes dalles plates. Ici, la section trapézoïdale, grande base en bas, facilite la couverture avec des dalles plus courtes.

S'il est logique et architecturalement utile de voir les couloirs en trapèze du nuraghe sarde de Palmavera, cette section se révèle inutile copie dans les entrées des hypogées d'Oniferi ou d'Anghelu Ruju. Dans ce dernier site, l'entrée interne de certaines chambres funéraires est également trapézoïdale et les piédroits et le linteau sont marqués par un piquetage régulier. ce « creusé » a décidément toutes les apparences du « construit ».

La « tombe royale » de San Angelo de Muxaro, en Sicile (on y a découvert deux coupes en or) offre un exemple encore plus significatif. Après un couloir très court, formant *dromos*, on pénètre dans une première rotonde creusée dans la montagne, de 9 mètres de diamètre, puis après un second couloir, très court aussi, dans la chambre sépulcrale de 4 à 5 mètres de diamètre, sur 2,50 mètres de hauteur. (Ces deux rotondes axées ne sont pas sans évoquer les plans des temples maltais.) Un détail caractéristique attire l'attention : un très net sillon circulaire court sur la voûte de la chambre. Quelle est sa signification ? L'examen d'une tholos construite y répond aisément. Regardons la tholos d'Antequerra III : les murs curvilignes, en petit appareil, montent vers le sommet de la tholos, avec leur surface accidentée par les pierres. La clé de voûte formée par la grande dalle, lisse et nue, s'oppose aux parois et une sillon circulaire sépare les deux types de construction. C'est le sillon qui a été copié à San Angelo.

À Minorque, la grotte n° 12 de Cala Morell est un hypogée creusé, d'une hauteur de 2 à 2,20 mètres. Malgré la solidité du calcaire, on a cru nécessaire de ménager, de réserver dans la masse, un pilier, pour étayer une grande salle, à demi-circulaire de 8 à 10 mètres de long sur 5 à 6 mètres de profondeur. Or, ce pilier possède une forme typique : celle d'un énorme « bilithe » de *taula*, avec un piédroit massif et une table-chapiteau épannelée. L'hypogée de Cala Morell est la réplique exacte d'une construction en *taula* avec sa couverture. À Malte, les hypogées d'Hal Safliéni, près de Tarxien, les plus anciens hypogées de l'île, d'après les archéologues locaux, complexes par leurs plans, possèdent niches, corniches, piédroits, linteaux, rotondes comme s'ils étaient construits en bonnes pierres appareillées.

La gamme des hypogées est étonnamment variée, les transitions d'un type à un autre sont nombreuses. L'hypogée vrai est complètement creusé. Il comprend une entrée, avec des feuillures pour une obturation par dalle de pierre ou parfois de véritables portes. Après un couloir, souvent court, on pénètre dans la chambre. On voit à San Angelo, deux salles sucessives. Parfois, elles sont plus nombreuses... Ce type est fréquent en Sicile, notamment dans la région intérieure de Pantalica. Les falaises sont constellées des points noirs de chaque ouverture, à pic de falaise. Elles ont souvent la forme d'un trapèze... Les falaises de Calas Coves, à Minorque, au-dessus de la mer, sont percées de semblables ouvertures. D'autres exemples existent : au nord du Népal, dans la haute vallée de la Kali Gandaki, entre Kagbeni et Jomossom sur la rive droite, entre Kagbeni et Khingar sur la rive gauche, s'ouvrent de nombreuses niches et grottes artificielles, creusées dans un tuf calcaire tendre, à l'érosion rapide, rappelant les tufs de Gorëm, en Cappadoce. De nombreux porches sont de forme trapézoïdale, abritant une, deux ou trois ouvertures. Même ici, au Népal, le « creusé » imite un « construit ».

Ce type d'hypogée de Pantalica perpendiculaire à une falaise, se retrouve en grand nombre en Tunisie, où il est connu sous le terme d'*haouanet*. Comme en Sicile, certains possèdent deux et trois chambres successives. Comme en Sicile également, ils sont volontiers groupés en immenses nécropoles. Liaisons géographiques, chonologiques et architecturales sont évidentes. À Anghelu Ruju, en Sardaigne, les hypogées sont creusés sous un plateau calcaire horizontal. Aussi, leur type est-il quelque peu différent, avec une longue tranchée qui descend jusqu'à atteindre une profondeur suffisante pour creuser ensuite les chambres. Les plans sont toujours très divers. Un des plus complexes comporte une antichambre carrée donnant sur une grande salle souterraine, de forme ovale. Sur cette salle, s'ouvrent six ouvertures (sept en comptant celle de l'entrée) qui donnent sur de petites salles funéraires. On retrouvera même harmonie architecturale trois millénaires plus tard dans les déambulatoires à chapelles rayonnantes qui vont jusqu'à grouper sept chapelles, dans les grandes cathédrales !

Sur les plateaux calcaires champenois, dans les vallées de la Marne et du Petit Morin, comme à Courjeonnet, comme à Villevenard, la technique est la même. Un escalier de descente de 4 à 5 mètres permet d'atteindre une antigrotte de 1,50 mètre de haut.

Tholos enfouies sous le tumulus de Barnenez (France).

Un de ces hypogées s'orne de deux pilastres et d'un linteau, à l'entrée de la chambre, réservés dans la craie.

À Coizard, sur la paroi gauche de l'antichambre, une schématisation féminine est sculptée dans la craie : la double arcade des sourcils avec l'avancée du nez forment le visage... ; un collier avec une grosse perle centrale (de l'ambre ?) au-dessus des seins. Cette schématisation évoque nombre de statues-menhirs et de stèles. Une hache, paraissant emmanchée dans un bois de cerf coudé, de type fin néolithique, est sculptée dans un autre hypogée donnant un jalon chronologique précieux.

À Palmela, au nord de Setubal, au Portugal, les hypogées sont creusés dans le flanc de la vallée et la partie supérieure, formant oculus, affleure la surface du plateau. Une grande dalle de calcaire l'obturait. C'est là un hypogée à double entrée comme certains

hypogées étrusques de Cerveteri. Dans la grotte des Fées, en Provence, le couloir creusé en trapèze, sous une énorme strate de calcaire en place qui sert de couverture naturelle. À Alapraia II, encore au Portugal, le couloir creusé devait être rehaussé de murs en petit appareil. Quant à Antequerra III, le couloir est entièrement construit. Toutes ces transitions témoignent de l'habileté des architectes, capables de s'adapter heureusement à toutes les topographies de terrains. Leurs astuces techniques sont habiles et nombreuses. Ainsi, dans les hypogées construits de Los Millares, les architectes ne disposaient que de petites pierres et de grandes dalles de schiste. Ils ont utilisé ces dalles verticalement, pour maintenir la base des murs.

Pour les portes séparatives des longues galeries, ils ont encore utilisé de grandes dalles, avec une perforation circulaire de 60 à

80 centimètres de diamètre. S'ils ne disposaient pas d'une dalle assez grande, deux petites, jointives avec demi-perforation dans chacune en tenaient lieu. Telles sont les fameuses dalles-hublots, permettant le passage de l'homme, des défunts et des âmes. On les trouve dans les longues allées couvertes d'Ile-de-France à Conflans-Sainte-Honorine comme dans les temples maltais, à Hagar Quin, avec une extrême précision de taille.

Cairns et tumulus recouvrant les sépultures mégalithiques les plus diverses, dolmens et galeries, groupe de tholos comme à Barnenez, à Bougon en Vendée, à Fontenay-le-Marmion dans le Calvados, créent des collines artificielles et obturent les salles funéraires, comme si elles étaient creusées dans les montagnes où étaient de vraies grottes. Le tumulus Saint-Michel, avec plus de 10 mètres de haut, le tumulus de Tumiac sont déjà de petites pyramides ! Les tumulus de Barnenez, de New Grange ou de Gavr'inis avec des structures internes appareillées pour maintenir pierres et terre, des stèles aux centaines de gravures schématiques à spirales comme New Grange, sont de grands complexes architecturaux.

Les IVe, IIIe et IIe millénaires en Occident voient se constituer une grande architecture, grande non seulement par la massivité et le mégalithisme de ses productions, mais grande par ses techniques, nouvelles et audacieuses.

6. L'universelle argile : vases et statuettes

Certains archéologues diviseraient volontiers nos civilisations en deux vastes familles, celle d'avant la céramique, celle d'après, étant presque entendu qu'avant, c'était la barbarie. Sur le plan économique, la connaissance de la céramique se révèle de médiocre importance. Que le récipient nouveau de terre cuite puisse mieux conserver graines et liquides, faciliter troc et échanges commerciaux, l'importance de l'invention n'est pas comparable à celle de la domestication du monde animal, exprimée par ces premiers animaux entravés des gravures ou peintures rupestres, ni à celle plus obscure et plus heureusement révolutionnaire qui consista à placer un grain en terre et attendre avec sagesse six mois pour en récolter les épis.

L'homme n'a pas attendu le premier pot pour savoir chauffer l'eau ou le lait et faire ses premières soupes. Par contre, pour l'histoire de l'art, l'invention de la céramique jouera un rôle important. Elle marque la suppression ou tout au moins le recul décisif

Statuette féminine en argile de la culture Jōmon (Japon).

de la plupart des supports périssables d'art. La céramique est un matériau banal, qui se prête à supporter les décors les plus variés de technique ou d'inspiration, un matériau enfin qui peut subsister, se conserver, surtout dans les nouvelles économies sédentaires. Pour l'archéologue (mais là n'était pas la finalité de l'invention !), si les vases se brisent quotidiennement dans la vie courante, les tessons se conservent à peu près éternellement et se prêtent admirablement à des études raffinées.

Il ne peut être question ici de les suivre, nous nous contenterons simplement de marquer l'importance du nouveau support artistique. Depuis l'abandon du support rupestre, prédilection des populations chasseresses du magdalénien, des bergers montagnards, des paysans en transhumance, des chasseurs attardés utilisent la céramique, premier support d'art, vraiment et profondément nouveau ! Avec elle, se développe un « néo-art » qui rapidement, connaît une expansion universelle, qui devient aussi un nouveau moyen de communication, une déconcertante facilité pour l'échange de thèmes décoratifs, de motifs symboliques, pour échanger en quelque sorte une écriture pétrographique.

Même au néolithique final, le paysan, l'artisan n'aiment pas changer ou même modifier ses outils quotidiens. Ils changeront volontiers de matériau mais garderont les formes ancestrales. La femme du paysan, de l'artisan, potière par excellence – on retrouve souvent ses doigts fins imprimés sur la panse des vases ou fortement marqués sur les bourrelets d'argile qui ceinturent les pots –, variera et les formes et les décors. Elle façonnera ses vases comme les façonnait sa mère, elle les décorera dans le respect de la tradition. Mais dans la tribu, dans le village, des femmes nouvelles, par mariage, par achat, par rapt, apporteront avec elles des formes et des décors nouveaux. Il en résultera un brassage général.

Un autre fait montre encore l'importance du support nouveau

Statuette de bélier en argile, provenant de Silésie (Allemagne, Musée de Breslavie).

1 

1. Vases en argile de la culture de Roessen à décor imprimé (Stuttgart, Württembergisches Landesmuseum, Allemagne).

2 

2. Vase en argile à décor géométrique, provenant de Skarpsalling (Copenhague, Nationalmuseet, Danemark).

3 

3. Vase en argile de la culture de Cortaillod (Suisse, Genève, Musée d'Art et d'Histoire).

qu'est la céramique. Les premières écritures utiliseront comme « feuillets-supports » des tablettes ou des cylindres d'argile.

Il peut être intéressant pour un historien d'art de connaître le berceau, ou les berceaux de cette technique. Le problème est difficile car la technique de fabrication est quand même banale. À Dolní Věstonice, vers 28 000 avant notre ère un four voûté contenait des figurines animales et humaines d'argile mélangée à des cendres et parfaitement cuites !

Récipient en argile en forme de canard, à décor géométrique peint, provenant de Kouklia (Leyde, Rijksmuseum van Oudhehen).

Traditionnellement, le Proche-Orient aurait vu se développer la céramique vers les VIIe et VIe millénaires. On propose les dates de 6700 à Ghar I Nar en Afghanistan, de 6300 avant notre ère pour Gouran, de 6200-6100 pour Jarmo, de 6000 pour Byblos, de 5700 en Egée. Mais ces toutes récentes années, les datations par le C 14 se sont multipliées, bouleversant bien des données sur le berceau de la poterie et sur le rôle initiatique du « croissant fertile ». La céramique thessalienne de Néa Nicomédia est datée de 6100. Dans une île, qui est quand même un « isolat », la Corse, la poterie apparaît en 5650 à Curacchiaghiu, en 5750 à Basi. Dans le Hoggar, le monde tassilien et ses dépendances, les derniers chasseurs et les premiers pasteurs-paysans connaissent la poterie depuis aussi longtemps : 6700 et 6100 pour Amekni au Hoggar, 6122 à Fozzigiaren dans l'Acacus, 6115 dans la grotte de Gabrong au Sahara oriental, 5230 dans la grotte Delebo, dans l'Ennedi... Ces chiffres sont suffisamment nombreux et en étroite correspondance pour ne pas leur apporter crédit. Par contre, une région traditionnelle de haute céramique, la vallée du Nil connaît des dates nettement plus tardives : 4400 et 4300 pour le Fayoum, 4400 pour Merimde Beni Salam !

En Sibérie orientale, le site de Goreljles, la « Forêt brûlée », sur la rivière Blanche, à 160 kilomètres à l'ouest d'Irkoutsk, dans une stratigraphie de 3 mètres d'épaisseur, connaît dans son niveau inférieur une céramique décorée d'impressions de corde sur la pâte encore fraîche, avec une date de 6494 avant notre ère. Une dizaine de sites analogues sont détectés dans la même région. Dans l'extrême Est, dans les îles nippones, des céramiques à impressions sont datées de 7491 à Kijima et de 6443 à Natsuhima. Actuellement, ces données chronologiques seraient dépassées par le site de Kasumigaura Bay, au nord, daté de 10 050 avant notre

Vases à décor géométrique peint et gravé de la culture de Ban Chieng (Thaïlande).

ère par le C 14. Une douzaine de sites analogues seraient connus. L'ensemble appartiendrait à la civilisation Jōmon (signifiant « céramique à impressions de corde »).

Sous réserve, possible et souhaitable, de nouvelles datations, quelque part dans le monde, les îles Extrême-Orientales nipponnes offriraient les plus anciennes céramiques. Lors d'une réunion scientifique à Irkoutsk, fin 1974, mes collègues soviétiques et moi-même furent d'accord pour penser qu'un berceau insulaire, et qui plus est dans des îles montagneuses profondément compartimentées, semblait assez peu probable. Et de diriger nos regards vers les masses continentales voisines, la Corée, où des liaisons terrestres purent exister au-delà de – 10 000, et surtout vers la Chine, le bassin du Houang Ho. En cette hypothèse, la céramique devrait logiquement apparaître vers des millénaires plus anciens que les datations japonaises, vers XIe ou XIIe millénaires ou davantage. Un récent voyage en Chine, en mai 1982, me permit de relever dans les collections du musée de Shanghai des sites possédant des céramiques datées de 6500, 6725 jusqu'à 8000 avant notre ère. Mais n'oublions pas que d'immenses territoires sont encore à prospecter... des territoires aussi immenses que l'Europe !

Quant au continent américain, il est encore Nouveau Monde. La nécropole de Paracas, au Pérou, offre des documents textiles datés de quatre millénaires avec datation au C 14 alors que la céramique n'apparaîtrait que plus tard, vers – 1200 avant notre ère. Dans la région de Valdivia, en Équateur, se trouveraient présentement les plus anciennes poteries américaines. Certains considéreraient volontiers Valdivia « comme le centre originel de la céramique en Amérique ». Estreda, Evans et Meggers pensent que cette céramique aurait été introduite par des piroguiers transpacifiques, originaires du Japon, détournés par les vents et les courants qui convergent vers la côte équatorienne. Cette « tête de pont » de la poterie en Amérique daterait de 3000 ou 2500 avant notre ère. Evidemment, le parallèle de tessons nippons et de tessons de Valdivia que propose Meggers semble démonstratif à première vue. Ce sont des céramiques à impressions, sur pâte fraîche, des décors géométriques, des carrés emboîtés, des marlis de plats avec des chevrons, des cordons, des bandes alternées lisses et quadrillées... mais ces thèmes abstraits sont connus depuis 15 à 20 millénaires et répandus universellement, traduits sur cuir ou sur écorce, sur os ou sur ivoire, avant de bénéficier du nouveau support céramique. Les techniques sont très simples et peuvent provenir de multiples foyers génétiques, avec des chronologies très diverses. Aussi la question d'un berceau céramique reste-t-elle posée.

1

2

1. « Vase-binocle » en argile, de la civilisation de Cucuteni (Roumanie, Bucarest, Musée d'Histoire).

2. Vases dits de *Bandkeramik* ou rubané, à décor gravé (Allemagne, Stuttgart, Württembergisches Landesmuseum).

Une masse d'argile que les doigts modèlent en boule, celle-ci creusée et étirée sur les bords, et un vase se forme, copiant éventuellement une outre de cuir ou un récipient de bois. Au Fayoum, en Egypte, les premières céramiques sont globulaires, avec un décor fait de petites incisions en ligne, compartimentant irrégulièrement le vase. C'est la fidèle copie d'une outre de peau, faite de plusieurs morceaux de cuir cousus. Non seulement le potier copie la forme, mais copie les coutures avec ses impressions de petits points sur argile. Nouvel exemple de substitution de matériau, mais aussi nouvel exemple d'une copie servile, analogue à celle des creuseurs d'hypogées conservant les entrées trapézoïdales !

L'utilisation d'un galet, plus ou moins sphérique pour l'enfoncer dans la masse d'argile et aider au modelage final, est technique également œcuménique. Les Dogons des falaises de Bandiagara l'utilisent encore communément. La technique du colombin, qui procède par assemblage d'éléments, est connue au Tuc-d'Audoubert pour les bisons d'argile !

La production des figurines, animalières ou anthropomorphes, en étirant, en roulant et en pinçant aux bons endroits des morceaux d'argile, est une technique simple, également universelle. Elle fut certainement utilisée en Ukraine (les sculpteurs paléolithiques obtenaient les mêmes figures en travaillant l'ivoire, vers 20 000 ou 15 000 avant notre ère). Mais, non cuites, ces figures ne pouvaient subsister jusqu'à nous. Dolní Věstonice est une expérience de cuisson de l'argile sans lendemain !

Le vase est souvent statuette anthropomorphe, comme le merveilleux exemple de Vadastra en Roumanie, celui de Vidra, au musée de Bucarest. Les bras de la femme forment aussi les anses du grand vase. Le vase peut être également statuette animalière comme ce récipient à vin de Ningyang (Chantoog, Chine), la tête dressée de l'animal formant goulot ; comme ce vase du Ier millénaire de Gilan au Proche-Orient, en forme de bœuf à bosse et dont le mufle allongé en gouttière était d'une utilisation commode pour un enfant ou un malade ! Ou ce vase en forme de canard de Kouklia (Palepaphos), le bec servant de goulot, surchargé de décors bruns sur fond clair, triangles quadrillés, losanges, éléments géométriques d'un abstrait pur sur une figure naturaliste.

Classer les multiples formes de vases, selon la chronologie et les civilisations dépasserait notre cadre. Nous nous contenterons de voir les formes essentielles, selon des critères généraux esthétiques. Nous pouvons, au sein de centaines de milliers de documents, envisager les formes nues, sans le moindre décor dont la beauté intrinsèque est dans la forme pure ; puis les vases à décor,

décor imprimé, décor en relief, parfois excisé ; et l'immense famille prestigieuse et multicolore des céramiques peintes. Certains thèmes, déjà utilisés sur os, au paléolithique, ou gravés sur rochers par les pasteurs et paysans, trouveront ou retrouveront une audience internationale.

Les premières céramiques, en Egypte par exemple, offrent des formes simples, coupes et bols à fond sphérique, au col largement ouvert. Les surfaces lissées à la main ou à la spatule, soigneusement polies avec une couverte ferrugineuse rouge-pourpre accusent l'élégance et la pureté des formes. Au hasard des civilisations et des chronologies, les cols vont se fermer ou s'allonger, les panses s'affiner ou se galber, les pieds se former. Des formes aberrantes se créent, comme les vases à ouverture carrée, d'autres, comme le caliciforme (ou campaniforme), révèlent une rare souplesse. Les moyens de préhension, mamelons à l'origine, deviennent des anses d'une variété infinie. Des formes s'accolent, comme les étranges vases-binocles de la civilisation de Cucuteni.

Sur la pâte fraîche encore, avant la cuisson, s'imprime aisément tout ce qui peut être plus dur : l'ongle et le doigt, la spatule d'os ou la tige d'un végétal, la tranche d'une coquille, le roulement sur une vannerie ou le ceinturage par une corde. La Méditerranée diffusera la céramique à impressions cardiales, réalisées par un petit coquillage banal, le *Cardium edule*. Sur l'immense Danube, dominent des décors ordonnés en bandes, à éléments rectilignes, ou en souples rubans (céramique rubanée). Dents de loup et triangles, damiers de la céramique de Chassey, souvent incrustés d'argile blanche, offrent déjà le violent contraste de deux couleurs. Le relief prendra la forme de bourrelets appliqués sur les panses, souvent décorés d'impressions digitales, de pastillages autorisant toutes les audaces, comme certains vases globulaires du Wessex.

Dès le VIe millénaire au moins, apparaît la céramique peinte avec pour couleurs fondamentales les couleurs de la préhistoire : des beiges clairs et rosés, des ocre et des pourpres, des noirs aussi, orchestrant des milliers de thèmes.

7. Les artisans-artistes

À la veille de l'apparition des écritures, nombreuses sont les œuvres artisanales qui peuvent figurer parmi les œuvres d'art. Toutes les activités, bien conduites, sont susceptibles d'engendrer des œuvres d'art. Les artisans de la Pierre démontrent partout leur

2

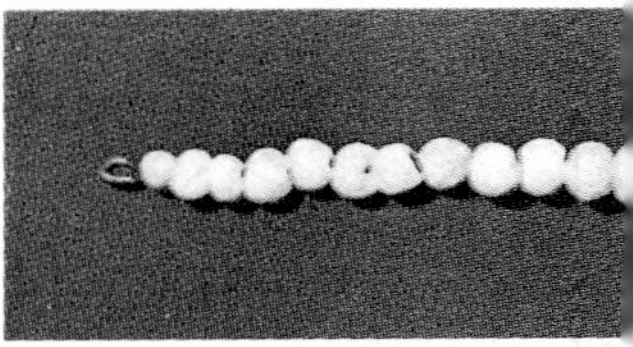

1

1. Couteau égyptien en silex, à manche d'ivoire, décoré en relief de scènes de chasse et de guerre, provenant du Gébel-el-Arak (Paris, Louvre).

2. Collier de coquillages (Saint-Germain-en-Laye, Musée des Antiquités Nationales).

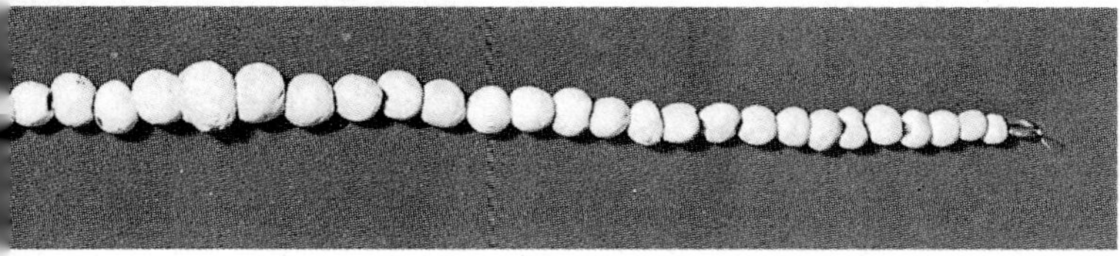

dextérité et l'outil banal devenu œuvre d'art est volontiers qualifié de « votif », de « religieux » ou de « cérémoniel ». Les grandes lames-poignards du Grand Pressigny en Indre-et-Loire sont suffisamment prisées à la fin du IIIe millénaire pour être l'objet d'échanges dans l'Europe occidentale. Les poignards scandinaves résolvent une difficulté architecturale décisive : le passage de la section de carré arrondi du manche au plan ovale aplati de la lame.

La plus belle réussite technique de taille est sans doute une grande pointe foliacée découverte dans la *kourgane* de Dolinkan, au nord de la Crimée. Inédite, son inventeur a bien voulu m'en laisser prendre les caractéristiques, si tant est que des dimensions peuvent donner idée de l'élégance de la forme et de la beauté physique de la taille. Cette pointe mesure 320 millimètres de long pour une épaisseur variant de 5,6 à 7 millimètres !

Les grands « couteaux » du monde saharien, identiques de technique à ceux du prédynastique égyptien retrouvent la taille « en pelure » des lointains Solutréens. Ces silex taillés ne seront pas jugés indignes de porter manche d'ivoire, comme le couteau du Gebel El-Arak, avec scènes de chasse et de guerre, ou de le voir enrobé d'une double feuille d'or, comme celui du Gebel Tarif, avec deux serpents affrontés et enlacés sur une face, une scène de chasse sur l'autre, traités au repoussé.

D'autres matériaux, comme l'obsidienne, également objet de trafic, donneront leurs chefs-d'œuvre techniques, lances, couteaux, poignards. À l'obsidienne noire, commune, des artisans des hauts plateaux mexicains préféreront l'obsidienne rouge, à la fois rare et sanglante. Des animaux seront taillés en obsidienne, avec les « vides » nécessaires entre les pattes. Ce prodige de taille se retrouve aussi bien dans le monde sibérien que dans le monde précolombien du Nord !

Les roches « dures », ophite, jadéite, chloromélanite, néphrite, susceptibles d'un poli magnifique, seront œuvrées en perles, pendeloques, en hache-pendentif, en hache « mégalithique » ! Le dolmen du Mané-Er-Hroek possédait la plus belle connue : une hache en jadéite, carénée sur ces faces, longue de 465 millimètres.

Elle reposait sur un anneau-disque de 185 millimètres. Parfaitement circulaire, en une magnifique néphrite blanche du Baïkal, un grand anneau de Sumilika, site d'éperon de l'Angara, mesure 130 millimètres de diamètre, pour une largeur de 15. Daté de la fin du IIe millénaire, cet anneau montre une parfaite utilisation du compas ! Les haches-marteaux, les bipennes, les naviformes, réalisés parfois en roche peu résistante sont plus de beaux objets que des outils fonctionnels. À se demander s'il n'en est pas de même pour des pointes de flèche, en silex, en quartz, en obsidienne dont la variété de forme et la précision de taille dépassent l'utilisation pratique.

Les objets de parure, connus déjà dans les civilisations chasseresses, utilisent les matériaux les plus divers. La craie en Champagne, les coquilles d'œufs d'autruche dans le Maghreb, les coquilles de cardium dans le midi de la France, la callaïs dans la péninsule Ibérique, l'ambre en Europe septentrionale ont fourni matière à des millions de perles de collier que l'on trouve surtout dans les sépultures mégalithiques, de grand et petit appareil, ou dans les hypogées. Chaque région possède son matériau, mais le troc ou le commerce les distribuent de par le monde. On trouve des perles en coquilles d'œufs d'autruche en Espagne, qui a ignoré l'autruche, des perles d'ambre en Aveyron, des perles de callaïs dans les sépultures monumentales armoricaines, comme le tumulus Saint-Michel ou le Mané-Er-Hroek. En Ecosse, on utilise plus modestement un matériau local, le jais.

Une perle originale est constituée par un prisme en os triangulaire, avec une perforation coudée réunissant deux faces convergentes. C'est la perle (le bouton, dit-on parfois) « à perforation en V ». Cette perforation se trouve sur des centaines de documents de la grotte ariégeoise d'Usson, sans que l'on puisse assurer d'être sur le lieu d'invention.

Le bouton à perforation en V possède une valeur chronologique intéressante, seconde moitié du IIIe millénaire, dans toute l'Europe occidentale. En Espagne, des prismes d'os, allongés, portent cette perforation à chaque extrémité et permettent d'imaginer des colliers et des pectoraux complexes où ces prismes jouent le rôle d'écarteur. Ce type de perforation a des applications monumentales. Elle se retrouve en grand format, pour y passer un câble et non plus une fine cordelette de collier, sur les piédroits des entrées des temples maltais, Hagar Quin, Tarxien, Mnajdra... Sans doute pour la fermeture de vantaux de portes disparues. (Observation pour « éclairer » le problème de mono- ou polygenèse, j'ai retrouvé ces mêmes perforations « en V » sur les piédroits du temple

Statuette du « Penseur », provenant de la nécropole de Cernavoda (Roumanie) ; terre cuite, haut. 11,5 cm (Bucarest, Musée National des Antiquités).

1
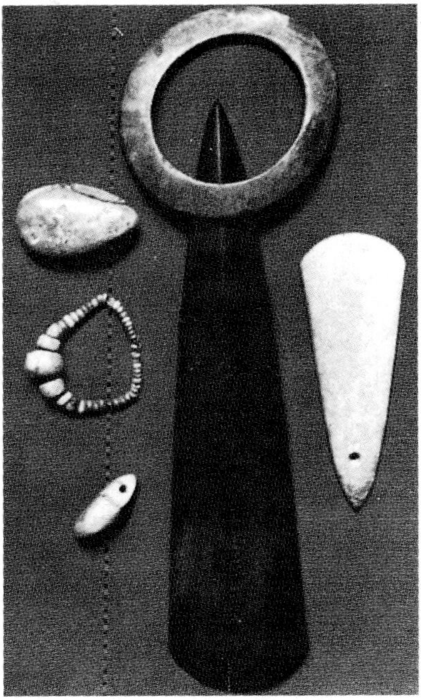

2
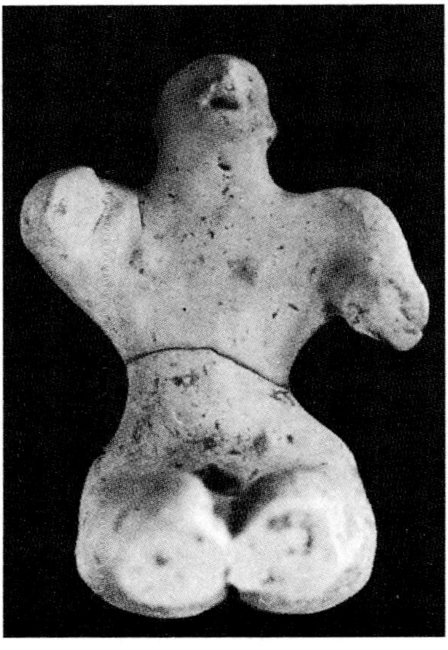

1. Hache en jadéite, bracelet et collier, provenant du dolmen du Mané-Er-Hroek (France, Vannes, Société Polymathique du Morbihan).

2. Statuette en argile dite l'« hermaphrodite » de Bucovine (Roumanie, Suceava, Musée d'Histoire).

interne du Jaguar, dans la grande pyramide du Castillo, à Chichén Itzá au Yucatán ! Datation des environs du xe siècle avant le présent. Également, je les observe sur des constructions du site inca de Machu Picchu, dans les Andes : sur la porte du bâtiment baptisé la « prison », sur les piédroits de la porte monumentale de la cité. Avec les anneaux disques, nombreux sont les bracelets, découpés dans des plaques de schiste, taillés puis polis. Les ateliers sont jonchés de débris de fabrication, montrant les difficultés d'obtention de la belle pièce, témoins d'un lent travail artisanal qui aboutit, parfois, à un bracelet parfait de forme et de finition. La tradition de ce beau travail se retrouve de nos jours. Après avoir traversé un de ces ateliers, sur le plateau du Tassili, entre Séfar et Jabbaren, où l'on exploitait des schistes rouges, j'ai retrouvé des bracelets identiques à la saignée du coude de chameliers Targui. Certains de ces bracelets modernes étaient encore exécutés à l'antique (d'autres aussi, au burin d'acier et finition à la lime !). Il serait trop aisé de multiplier et les matériaux, et les petits objets qui aboutissent à des formes mineures, certes, mais émouvantes, de l'art des pasteurs et paysans. C'est encore dans le modelage des statuettes que nous trouverons les formes artisanales les plus variées. Beaucoup restent naturalistes, héritières directes des statuettes des chasseurs, et possèdent semblable valeur symbolique, des représentations plantureuses féminines, souvent même des représentations toute maternelles. Les figurines masculines sont exceptionnelles : sur 340 statuettes connues à Tripoljé en Ukraine, 3 seulement sont masculines !

En octobre 1976, j'ai pu admirer dans les collections du musée de Suceava, au nord de la Roumanie, la découverte récente de V. Paraschiva, l'« Hermaphrodite de Bucovine », statuette hybride, peut-être unique. Exceptionnelles, des statuettes abandonnent leur position droite statique pour des poses communes et vivantes, comme le « Penseur » d'Hamangia (ive millénaire), assis sur son petit tabouret, la tête dans ses mains. Dans la même nécropole de la Cernavodă, cohabitent des statuettes schématiques, aux formes simplifiées, souvent très pures. Ce type schématique connaît une très vaste répartition dans l'Europe orientale et méditerranéenne. En partie autochtone, en partie influencé par le Proche-Orient et le monde grec... En Sardaigne, s'associent également des statuettes naturalistes, sculptées dans le basalte, comme à Macomer (Nuoro), d'origine locale et des statuettes de marbre, de type cycladique comme celles de l'hypogée de Porto Ferro (Alghero). Dans le monde précolombien, les mêmes techniques de terre cuite livrent des œuvres originales, parfois des statuettes pathologiques, des monstres à deux têtes, des équilibristes, des athlètes, comme de nombreuses figurines de Tlatilco. Témoignages de vie quotidienne, des groupes de terre cuite illustrent des scènes de labour (sur une plaque de terre cuite, provenant de Vounous, dans l'île de Chypre), offrent des modèles réduits de temples (temple zapotèque de Monte Albán II), de maisons (habitation de l'époque Kofun, de Saitobaru au Japon, cabane rectangulaire forestière de Strelice, en Moravie, du début du IIIe millénaire) ou enfin d'urnes funéraires en forme de cabane (cabanes des monts Albains, vers les Xe et IXe siècles avant notre ère, tombe VIII de la villa Cavalletti).

Urnes funéraires étrusques en terre cuite (Florence, Soprintendenza archeologica).

Statuette féminine, provenant de la nécropole de Cernavoda (Roumanie) ; terre cuite, haut. 11,4 cm (Bucarest, Musée National des Antiquités).

Avant que l'histoire se transcrive, non plus par des documents matériels où l'art a si grande place, mais par l'écriture, les artisans de la préhistoire découvriront un nouveau matériau. Une « pierre » étrange qu'ils traiteront comme leurs roches dures traditionnelles ou leurs roches à graver, par patient martelage, au lourd percuteur de quartz. Ils transformeront ce matériau en minces plaquettes, comme leurs schistes, en longues lames minces comme l'écorce

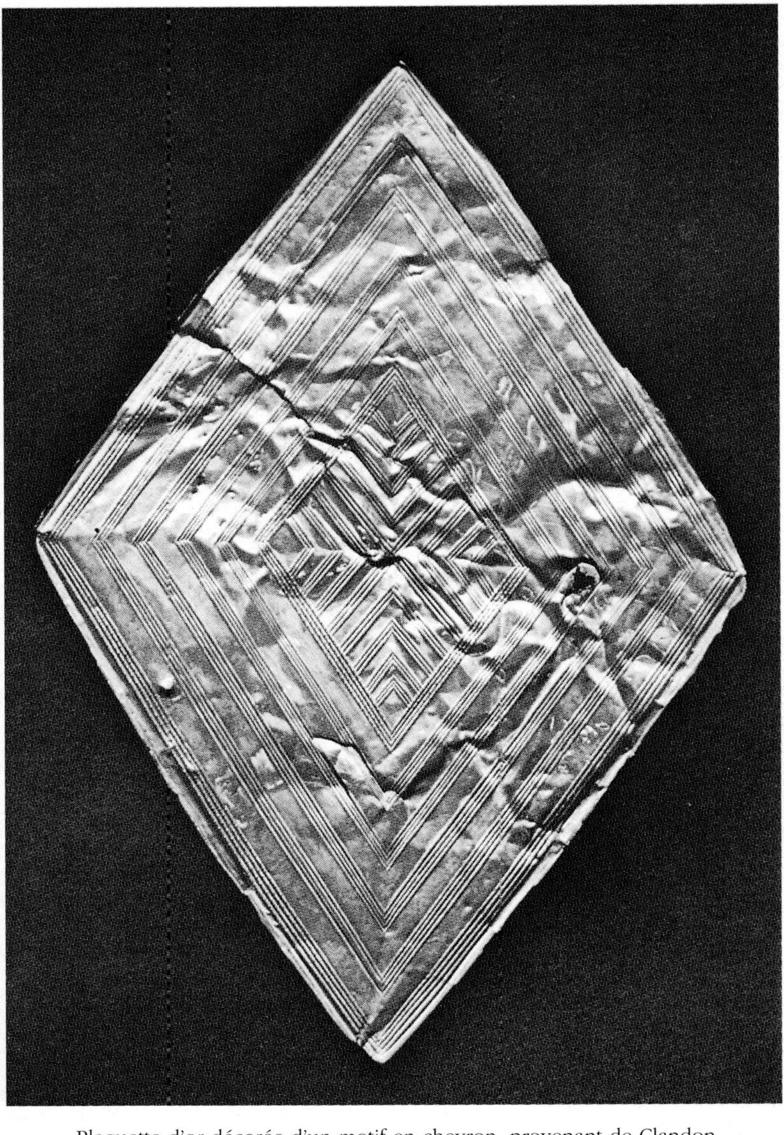

Plaquette d'or décorée d'un motif en chevron, provenant de Clandon (Angleterre, Dorchester, The Dorset County Museum).

1

2

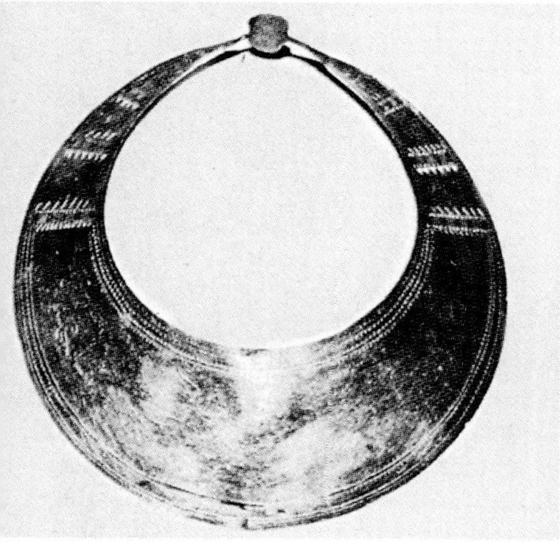

1. Gobelet à anse, provenant de Fritzdorf (Allemagne); or, haut. 12,1 cm (Bonn, Rheinisches Landesmuseum).

2. Lunule d'or à décor géométrique, provenant de Ross (Irlande, Dublin, National Museum of Ireland).

de bouleau, mais ces plaquettes, ces lames, amincies, acquièrent une étonnant souplesse. Plus il est martelé, plus le matériau se ploie et se plie, comme l'écorce, mais il est inaltérable. Il possède la merveilleuse couleur de ce soleil que les gravures rupestres représentent volontiers. Autant que ses qualités nouvelles et précieuses, la couleur fait rechercher ce matériau nouveau : l'*or*.

Dans le dolmen de Kerlagat, quatre lames découpées en dent de loup, un vieux motif décoratif de la préhistoire, portent une

Char du soleil avec cheval, monté sur roues; bronze avec feuilles d'or appliqué sur une face du disque; longueur totale 57 cm (Danemark, Copenhague, Nationalmuseet).

minuscule perforation à chaque extrémité. De minces fils d'or peuvent les réunir toutes quatre pour donner, peut-être, le premier diadème d'or!

Natif en Armorique, dans les Cévennes, l'or sera travaillé en Occident dès les IVe et IIIe millénaires. Au cours du XIXe siècle, les dolmens du Morbihan livrèrent nombre de colliers, de brassards, de bracelets d'or, qui accréditèrent les légendes de trésors dans les monuments mégalithiques. Bien peu nous sont parvenus ! Mais, au IIe millénaire, la technique du martelage des feuilles d'or, la décoration «au repoussé» devaient donner des chefs-d'œuvre d'orfèvrerie.

La plaquette d'or aux motifs de chevrons emboîtés du tumulus de Clandon (Dorset) au musée de Dorchester, le gobelet d'or battu de Fritzdorf au musée de Bonn, les centaines de lunules d'or et le collier-gorgerette de Gleninsheen (comté de Clare) du musée de Dublin, l'inoubliable chariot d'or de la tourbière de Trundholm

(île de Seeland) du musée de Copenhague peuvent marquer la fin de la préhistoire vraie, ou mieux de la protohistoire... Pour cette grande période intermédiaire, à la chronologie changeante, l'écriture des peuples voisins vient apporter, indirectement, les premières lueurs.

La marche à l'animal des grands chasseurs, la marche vers la Terre-Mère, la marche au Soleil ! ces grandes étapes humaines et artistiques viennent culminer devant cet attelage de bronze, au cheval schématique, traînant ce char à deux roues supportant le disque vertical de bronze aux deux faces recouvertes d'une feuille d'or. Des cercles concentriques ornés de spirales ont imprimé leur décor à la mince feuille d'or, éclatante.

Les artisans qui gravèrent le cygne solaire de l'Onega, la stèle du Rocher des Doms en Avignon, les rochers du Bego ou du Camonica préparaient, confusément, sans doute, mais directement, ce char du Soleil de Trundholm !

8. Réflexions... en guise de conclusion

L'art préhistorique ne peut nous offrir de conclusions définitives. Il est un merveilleux commencement, mais ne finit pas. Il se perpétue encore. Le monde entier passe par les mêmes étapes artistiques, comme il passe par les mêmes étapes techniques, économiques et sociales. Seulement, il les connaît plus ou moins tôt. Il s'y attarde plus ou moins longtemps.

Après des centaines de millénaires d'un artisanat supérieur, anonyme et universel, l'Occident crée, à partir des grottes ou des grandes étendues chasseresses, un art naturaliste animalier avec ses écoles et ses maîtres. Le premier aussi, il l'abandonnera. Cet art n'en continuera pas moins son existence et son rôle métaphysique vers des régions de plus en plus éloignées du berceau originel, de plus en plus tardivement, pour atteindre et bientôt mourir aux franges de l'actuel.

Depuis le grand virage du xe millénaire, l'essor démographique, les concentrations humaines (relatives), la vie pastorale encore accrochée à l'animal, la prise de possession de la terre par un monde paysan plus sensible à la pluie ou au soleil, ont achevé de laïciser l'art naturaliste occidental. Il s'est trouvé lentement mais inexorablement dépouillé de sa spiritualité profonde, détruisant ses écoles. Libéré des grottes, cet art sombre dans l'anecdote. Au cours de cette grave crise morale, l'artisanat supérieur prend le relais, ou mieux reprend sa place privilégiée des lointains et obscurs millénaires. Il est semble-t-il la ressource suprême et la suprême pensée de l'art qui veut obstinément survivre. N'est-il pas à l'origine, depuis les sphéroïdes d'Oldoway ? Même l'anecdote, vivante et dynamique, passe... On grave des schémas qui évoluent vers le symbole et, désormais, tout artisan, tout berger devient capable de graver un « cornu » face au mont Bego, même une rouelle solaire !

Les foules nouvelles, car les hommes sont plus nombreux, plus sociaux, plus encadrés, moins dépendants de l'économie quotidienne, sont capables d'ériger les premiers mégalithes sous les ordres d'un chef de travaux, de créer une architecture « brute ». Mais le chef de travaux devient architecte, organisateur et penseur, plus ou moins politique et religieux tout à la fois, capable de créer l'architecture des temples funéraires de Stonehenge, de Gavr'inis, de New Grange. Fait étrange, se marque encore une suprématie occidentale !

Mais, à l'ombre protectrice des grands mégalithes, assurance pour son avenir, l'artisan continue de besogner et saura toujours, pour son plaisir propre, se dépasser et, parfois, devenir artiste lui aussi. Il saura passer du cygne de l'Onega au char de Trundholm. Créateur de formes, car la forme répond à des besoins de travail, il sait s'adapter à toute matière nouvelle, lorsque celle-ci change au fur et à mesure des épuisements et des substitutions. Il sait que la forme initiale et fonctionnelle demeure. Mais, dans cette longue et difficile évolution, dans ces dualismes entre naturalisme et abstraction, entre créations exceptionnelles et actions tenaces et obscures de l'artisan, le mystère perdure.

Ces créations exceptionnelles, ces actions artisanales n'ont-elles qu'un berceau, qu'une aire de départ ou ne sont-elles diffusées de par le monde qu'en vertu de quelque force innée et mystérieuse de l'homme qui lui fait créer des berceaux multiples, au fur et à mesure de ses besoins, de son niveau culturel, pour répondre à une inspiration, profonde et générale ?

Pourtant, ces efforts sont singulièrement convergents, profondément similaires, si ce n'est identiques ! Cet élan vital de l'humanité peut-il, seul, justifier cette identité des travaux et des œuvres humains ? Monogenèse ou polygenèse, le problème posé par l'espèce se pose également pour les œuvres. Rien n'est simple. Pourtant, les créations géniales d'une imagination originale restent l'apanage indiscutable de quelques rares êtres exceptionnels, isolés ou chefs-créateurs d'écoles. Le maître des Têtes rondes est déjà Jérôme Bosch et Picasso tout à la fois. L'architecte de New Grange en 2500 est aussi l'architecte de Ramsès II, creusant Abou Simbel en 1280 !

Quelles sont les parts respectives de l'action exceptionnelle des génies et de l'action lente et tenace du monde artisanal ? Ce sont peut-être deux facettes différentes du même problème : une monogenèse de l'artiste, une polygenèse de l'artisan, à moins qu'au fil des millénaires se noue la grande solidarité, que les osmoses jouent pour offrir par moments aux hommes l'éclat du génie et la ténacité de l'artisan, ce qui est le propre des grandes périodes d'art.

N'est-ce point cela que nous avons tenté de brosser, pour quelque deux millions d'années ?

Bibliographie

Les références bibliographiques sont pratiquement exhaustives. N'ont pu y figurer toutefois des articles ou notes de très minime importance, généralement inférieurs à 3 ou 5 pages. Certains articles, secondaires, provenant de volumes de mélanges, d'hommages, de recueils jubilaires n'ont pas été retenus, leur libellé se refusant à des abréviations compréhensibles, alourdissant exagérément le volume de cette bibliographie.

Par contre, s'y ajoutent quelques œuvres parues ces toutes dernières années, depuis trois ou quatre ans, si elles apportent des précisions ou des références nouvelles.

Nous n'avons pas cru devoir retenir des ouvrages antérieurs à 1930, soit de plus de soixante ans, lorsque les faits qu'ils relatent ont été repris, approfondis ou consolidés.

Restent en dehors de cette bibliographie, mais s'intégrant intimement dans le texte, les nombreuses observations concrètes de l'auteur, réalisées au cours de ses multiples voyages et expéditions scientifiques : Europe, Asie jusqu'au Baïkal, Afrique, Amériques...

I. Lointaines origines de l'art préhistorique

Ce premier chapitre, abordant des vues profondément originales, comporte une bibliographie très étendue et très disséminée. On trouvera l'ébauche de ces problèmes dans :

L.-R. NOUGIER, *L'Art préhistorique*, Paris, 1966 ; id. chap. premier de l'*Histoire universelle des explorations*, Paris, 1955, pp. 21-110 ; id. *Histoire générale du travail*, Paris, 1959, pp. 9-48 ; id. *Histoire mondiale de la femme*, Paris, 1965, pp. 19-59. René HUYGHE, *Sens et Destin de l'Art*, Paris, 1967.

Pour l'artisanat supérieur : P.-M. DUVAL, *Les Celtes*, Paris, 1977. Pour une vue d'ensemble chronologique et culturelle :

L.-R. NOUGIER, *L'Aventure humaine de la préhistoire*, Paris, 1974.

Les raisons de l'art préhistorique sont évoquées dans de nombreux ouvrages.

G.-H. LUQUET, *L'Art et la Religion des hommes fossiles*, Paris, 1926 ; id. *Les Origines de l'art figuré*, IPEK, Berlin, New York, 1926, pp. 3-28 ; H. KÜHN, *Die Deutung der Kunst der Eiszeit*, IPEK, Berlin, New York, 1970-1973, pp. 143-154 ; A. LEROI-GOURHAN, *Les Religions de la préhistoire*, Paris, 1964 ; L.-R. NOUGIER, *Les Religions du monde : La Préhistoire*, Paris, 1963 ; id. *L'Importance du choix dans l'explication religieuse de l'art quaternaire*, Valcamonica Symposium 72, Capo di Ponte, 1975, pp. 57-64 ; id. *Le « Grand Être » de Rouffignac et la signification de l'art quaternaire*, Revue Faculté des Lettres de Lisbonne, Lisbonne, 1967, pp. 201-219 ; id. *Nouvelles Approches de l'art préhistorique animalier*, Santander Simposium, Santander, 1972, pp. 263-278 ; C. ROY, *Arts premiers*, Paris, 1965 ; L.-R. NOUGIER, *Art et Magie*, in Annales Faculté des Lettres de Toulouse, 1963, pp. 224-239 ; A. LAMING-EMPERAIRE, *Signification de l'art rupestre paléolithique*, Paris, 1962 ; S. GIEDION, *La Naissance de l'art*, Bruxelles, 1965.

La dernière décennie a vu fleurir d'importants ouvrages reprenant la synthèse de l'origine et de la signification de l'art préhistorique.

H. Delporte amorce ce renouveau dans *L'Image de la femme dans l'art préhistorique*, Picard, Paris, 1979. Piero Leonardi, *Sacralita Arte e Grafia paleolitiche. Splendori e Problemi*, Museo Civico di Storia naturale di Trieste (Manfrini ed.) reprend le problème dans toute son ampleur avec d'abondantes et judicieuses citations. Gerhard Bosinski, *Homo sapiens*, Errance, Paris, 1979, fait la part belle à l'Europe centrale et orientale en omettant pour l'Occident Font-de-Gaume, Rouffignac et Niaux. Altamira n'a droit qu'à une seule mention de cinq lignes pour la vingtaine de bisons de son plafond. Pour Louis-René Nougier, *L'Essor de la communication*, Lieu Commun, Paris, 1980, l'art est « moyen de communication », dès les plus anciennes graphies abstraites, suivies par les graphies « naturalistes », beaucoup plus tardives. André Leroi-Gourhan, *L'Art pariétal. Langage de la préhistoire*, Grenoble, 1992, est un recueil d'anciens textes du savant disparu en 1986, présenté par Marc Groenen. Cette introduction permet cependant de rendre un hommage mérité à l'effort de synthèse de Max Raphaël montrant, dès 1945, « une cohérence dans le dispositif pariétal » (cf. Max Raphaël, *L'Art pariétal paléolithique*, paru en français en 1986). Henri Delporte, *L'Image des animaux dans l'art préhistorique*, Picard, Paris, 1990 : synthèse remarquable dont l'ultime chapitre « Structuration et motivation de l'art animalier » qu'il divise heureusement en une phase originelle, « pré-structurelle », et une phase « structurelle », développée ces dernières années, suscite de fructueuses méditations. Louis-René Nougier, *Les Grottes préhistoriques ornées de France, d'Espagne et d'Italie*, Balland, Paris, 1990, avec une introduction substantielle sur la civilisation magdalénienne « actuelle », des éléments succincts et récents de « paléo-toponymie » et, *in fine*, des éléments précieux de biographies des inventeurs. Peter Ucko, *Débuts illusoires dans l'étude de la tradition artistique*, Préhistoire ariégeoise, 1987, pp. 15-81. Réflexions critiques personnelles, à méditer. Henri Delporte, *L'Objet d'art préhistorique*, éd. de la Réunion des Musées nationaux, Paris, 1981. Iconographie remarquable et somptueuse. *L'Art des cavernes. Atlas des grottes ornées paléolithiques françaises*, Ministère de la Culture, Imprimerie nationale, Paris, 1984. Important travail collectif rassemblant tous les sites, au nombre de 13 087 auteurs différents pour cette « somme » indispensable. Les petites cavités sont favorisées, par rapport aux très grands sanctuaires, donc l'ouvrage ne peut dispenser de la consultation des monographies fondamentales sur les Combarelles, Font-de-Gaume, Lascaux, Rouffignac, les cavernes du Volp... Il constitue un instrument de travail à placer à côté des *Quatre Cents Siècles* de l'abbé Breuil. Jean-Pierre Duhard, *Reflets dans l'art des sociétés magdaléniennes*, Préhistoire ariégeoise, 1991, pp. 161-197. J. K. Koslowski, *L'Art de la Préhistoire en Europe orientale*, C.N.R.S., Éditions 1992.

II. L'art périgordien

Ouvrages de synthèse

L'ouvrage fondamental, valable pour les chap. suivants de l'art animalier de l'Europe occidentale reste toujours H. BREUIL, *Quatre Cents siècles d'art pariétal*, Montignac, 1952. Il sera complété par les découvertes nouvelles :

L.-R. NOUGIER et R. ROBERT, *Rouffignac*, Paris, 1957 ; id. *Rouffignac, I. Galerie Henri Breuil et Grand Plafond*, Firenze, 1959. M.-J. GRAINDOR et Y. MARTIN, *L'Art préhistorique de Gouy*, Paris, 1972. L.-R. NOUGIER et C. BARRIÈRE, *La Grotte ornée des Fieux*, Travaux I.A.P. Toulouse, 1965, pp. 115-134. M. BERENGUER, *La Cueva « Tito Bustillo »*, Gijon s.d. ; id. *Las Pinturas prehistóricas de la cueva « Tito Bustillo », « Ribadesela »*, Oviedo, 1971. F. JORDA CERDA, M. MALLO et M. PÉREZ, *Les Grottes du Pozo del Ramu et de la Lloseta et les représentations rupestres paléolithiques*, Bull. S.P.A., 1970, pp. 95-140.

L'excellent ouvrage de Breuil n'envisage que l'art pariétal. Pour une vue d'ensemble, art pariétal et art mobilier, on consultera le volume fondamental de P. GRAZIOSI, *L'Arte dell'Antica Eta della Pietra*, Firenze, 1956.

Une remarquable iconographie, tant d'art pariétal que mobilier, due à J. VERTUT, se consultera dans le gros volume d'A. LEROI-GOURHAN, *Préhistoire de l'art occidental*, Paris, 1965. Les tentatives explicatives de l'auteur, en grande partie abandonnées, souvent critiquées, exigent une mise au point :

L.-R NOUGIER et C. BARRIÈRE, *L'Art préhistorique occidental et ses problèmes (Réflexions à propos d'un ouvrage récent)*, Travaux I.A.P. Toulouse, 1967, pp. 151-171.

Un relevé exhaustif récent se trouve in F. NABER, D.-J. BÉRENGER et C. FLOSSBACH, *L'Art pariétal paléolithique en Europe romane*, Bonner hefte zur Vorgeschichte, n°s 14, 15 et 16, Bonn, 1976. Il est complété par le n° 17, D.-J. BÉRENGER, *Addenda : Les Églises, Roucadour, La Baume Pasqualine et Rimouren, Bidon, etc.*, Bonn, 1977, pp. 1-22. La très complète bibliographie de cette série de volumes permettra d'alléger la présente bibliographie. C. ZERVOS, *L'Art de l'époque du renne en France* ; substantielle préface de l'abbé H. BREUIL « Formation de la science préhistorique », Paris, 1959 ; S. REINACH, nettement dépassé, mais utile parfois : *Répertoire de l'art quaternaire*, Paris, 1913 ; H.-G. BANDI et J. MARINGER, *L'Art préhistorique*, Paris, 1955. M. CHOLLOT, *La Collection Ed. Piette*, Paris, 1964.

On consultera avec profit les synthèses suivantes, de format plus modeste :

H. KÜHN, *Die Felsbilder Europas*, Stuttgart, 1962 ; id., *Alsteinzeit und Mittelsteinzeit*, Cologne, 1962. R.-J. MOULIN, *Sources de la peinture,*

Lausanne, 1965 ; T.G.E. Powell, *L'Art préhistorique*, Paris, 1967, Londres, 1966 ; P.-J. Ucko et A. Rosenfeld, *L'Art préhistorique*, Paris, 1966 ; L.-R. Nougier, *L'Art préhistorique*, Paris, 1966. *Chefs-d'œuvre de l'art paléolithique*, Exposition du Musée des Antiquités Nationales 1969, Paris, 1969. D. Vialou, *Guide des grottes ornées paléolithiques ouvertes au public*, Paris, 1976.

Des ouvrages généraux d'archéologie préhistorique contiennent parfois des chapitres intéressants consacrés à l'art préhistorique, tant pariétal que mobilier :

S. Piggott et div. *Aux portes de l'Histoire ; Les premiers âges de l'Humanité*, Paris, 1962 ; S.-J. de Laet, *La Préhistoire de l'Europe*, Bruxelles, 1967 ; Dr J. Jelinek, *Encyclopédie illustrée de l'homme préhistorique*, Prague, 1973 et Paris, 1975 ; G. Clark, *Les Chasseurs de l'Âge de la Pierre*, Londres, 1966, Bruxelles, 1967. L.-R. Nougier, *L'Archéologie préhistorique*, in *L'Archéologie*, Paris, 1969.

Monographies générales

Nous ne citerons que les monographies fondamentales d'art pariétal, ainsi que les travaux nouveaux renouvelant la question.

Alcade del Rio, Breuil et Lorenzo Sierra, *Les Cavernes de la région cantabrique*, Monaco, 1912. D. Peyrony, *Le Gisement préhistorique de l'abri Cellier au Ruth, commune de Tursac*, Gallia, tome IV, 1946, pp. 294-301. L. Capitan et D. Peyrony, *Les Origines de l'art à l'aurignacien moyen*, Revue Anthropologique, Paris, pp. 92-111. D. Peyrony, *La Ferrassie*, Préhistoire tome 3, Paris, 1934. C. Barrière, *L'Art pariétal de la grotte de Gargas*, Mémoires I.A.P. Toulouse, tome III ; deux volumes, Oxford, 1976. E. Cartailhac et H. Breuil, *La Caverne d'Altamira à Santillane, près Santander*, Monaco, 1906. A. Lemozi, *La grotte-temple du Pech-Merle de Cabrerets*, Paris, 1929. L. Capitan, H. Breuil, D. Peyrony et P. Bourrinet, *La Grotte de la Mairie, à Teyjat*, Revue École d'Anthropologie, Paris, 1909, pp. 153-173. C. Barrière, *Les Gravures de la grotte de la Mairie, à Teyjat*, Travaux I.A.P. Toulouse, 1972, pp. 1-12 ; F. Daleau, *La Grotte de Pair-non-Pair*, A.F.A.S. Montauban, 1902, pp. 786-789. L.-R. Nougier, *Art préhistorique et topographie*, Préhistoire ariégeoise, 1975, pp. 115-117. L. Capitan, H. Breuil et U. Ampoulange, *Une nouvelle grotte paléolithique à parois gravées, la grotte de la Grèze*, Revue École d'Anthropologie, Paris, 1904, pp. 487-494. H. Breuil, H. Obermaier et H. Alcade del Rio, *La Pasiega à Puente Viesgo*, Monaco, 1913. J. Gaussen, *La Grotte ornée du Gabillou*, Bordeaux, 1964. J. Gonzales Echegaray, *Les Œuvres d'art de « Las Chimeneas »*, Préhistoire ariégeoise, 1953, pp. 75-77. Id. *Cueva de Las Chimeneas*, Madrid, 1963. J. Carvallo, *Caverne de Las Monedas au Monte Castillo (Puente Viesgo)*, Préhistoire ariégeoise, 1953, pp. 69-74. D. Peyrony, *Les Gisements préhistoriques de Bourdeilles*, Archives I.P.H., Paris, 1932. G. Lalanne et J. Bouyssonie, *Le Gisement paléolithique de Laussel*, L'Anthropologie, Paris, 1950. Arlette LEROI-GOURHAN et J. ALLAIN, *Lascaux inconnu*, CNRS, Paris, 1979. L.-R. NOUGIER, *La Genèse de la « grecque » à Mézin (Ukraine)*, Préhistoire ariégeoise, 1972, pp. 83-101. J.-G. SOVKOPLIAS, *Mezinskaja Stojanka*, Kiev, 1965. C. BARRIÈRE, *Les Gravures en tracé digital de la grotte de Gargas*, Préhistoire ariégeoise, 1973, pp. 79-102. C. RIVENQ, *La Scène de chasse de Ganties-Montespan*, Toulouse, 1976. C. BARRIÈRE, *La Grotte des Combarelles. Relevés de la paroi de droite*, Travaux I.A.P., Toulouse, 1981, relevés exhaustifs, compléments de « Breuil ». Robert BÉGOUËN, François BRIOIS, Jean CLOTTES, et Christian SERVELLE, *Art mobilier sur support lithique du Tuc d'Audoubert à Montesquieu-Avantès*, Préhistoire ariégeoise, 1982, pp. 15-60. Claude BARRIÈRE, *L'Art pariétal de Rouffignac*, Paris, 1982 (éd. Picard). Monographie attendue et exhaustive, précédée d'une importante préface de l'inventeur, L.-R. NOUGIER, où il définit la « triade éleusinienne » et le rôle du « Grand Être » de l'étage inférieur de la caverne. M.-D. LABAILS, *Les Représentations de cervidés dans l'art pariétal paléolithique*, Travaux I.A.P., Toulouse, 1982, pp. 111-146. Y. MANESSIER, *Les Galets ornés du paléolithique français*, Travaux I.A.P. Toulouse, 1982, pp. 147-166. M. CARAYON, *Les Équidés de l'art pariétal paléolithique du nord de l'Espagne*, Travaux I.A.P., Toulouse, 1982, pp. 1-58. C. BARRIÈRE, *Les Gravures pariétales de la grotte des Combarelles, paroi gauche*, Toulouse, 1983, pp. 36-68. H. LESPINASSE, *L'Iconographie chasseresse au paléolithique supérieur*, Travaux I.A.P., Toulouse, 1983, pp. 123-180. Y. MANESSIER, *Les Galets ornés du paléolithique supérieur espagnol et italien*, Travaux I.A.P., Toulouse, 1983, pp. 181-192. L.-R. NOUGIER, *Artisans et artistes. Abstraction et naturalisme dans le grand atelier magdalénien terminal d'Alliat (Ariège). Hommage à Jacques Millotte*, Annales littéraires de l'Université de Besançon, Paris, 1984, pp. 233-240. Claude COURAUD, *L'Art azilien*, Paris, 1985 (Éd. du C.N.R.S.). Synthèse des galets décorés. Mais l'azilien se borne-t-il à cette seule manifestation ? C. BARRIÈRE, *La Grotte des Combarelles I. Les gravures de la galerie profonde*, Travaux I.A.P., Toulouse, 1984, pp. 3-74, 1985. Cet article achève l'étude exhaustive de l'ensemble des Combarelles, et complète heureusement la monographie de Breuil, datée de 1910, imprimée à Monaco. M. ABADIE et M. GALOFRE, *Le Bison dans l'art pariétal préhistorique de France*, Travaux I.A.P., Toulouse, 1985, pp. 7-43. E. CAPDEVILLE, *Aperçus sur le problème des signes tectiformes dans l'art pariétal supérieur d'Europe*, Travaux I.A.P., Toulouse, 1985, pp. 59-106. Les vrais tectiformes sont concentrés dans 4 cavités : Font-de-Gaume, Bernifal, Combarelles I et Rouffignac. Ils marqueraient une « véritable école d'art périgourdine magdalénienne ». Bruce BEASLEY, *Les Bisons d'argile du Tuc d'Audoubert*, Préhistoire ariégeoise, 1986, pp. 23-30. Claude MEYLAN, *Leroi-Gourhan au bestiaire de la préhistoire*, Préhistoire ariégeoise, 1986, pp. 31-62. D. VIALOU, *L'Art des grottes en Ariège magdalénienne*, Paris, éd. du C.N.R.S., 1986.

Pascale Père, *Les Contours découpés dans l'art mobilier du paléolithique supérieur de France*, Travaux I.A.P., Toulouse, 1988, pp. 155-206 (essentiellement du magdalénien moyen, et dans les Pyrénées). *La sculpture rupestre en France*, Actes du colloque de Brantôme (1988), Société Historique et Archéologique du Périgord. De cet intéressant volume on retiendra les contributions de Brigitte et Gilles Delluc, *La sculpture rupestre avant Lascaux* ; d'Alain Roussot, *La sculpture rupestre magdalénienne en Aquitaine* ; de Jean-Marc Bouvier, *Les sculptures magdaléniennes de la « Chaire à Calvin » (Mouthiers, Charentes), Lectures complémentaires* ; de Jean-Pierre Duhard, *Les Figurations féminines sculptées de l'art rupestre paléolithique en France* ; de Jean Abelanet, *Aperçus sur l'art rupestre et les figurations religieuses des civilisations néolithiques de l'Europe occidentale*, pp. 115-125 ; de Serge Avrilleau, *La Sculpture dans les souterrains aménagés et dans les sites troglodytiques* (les hypogées de la Marne). *L'Art préhistorique en Poitou.* (Année de l'Archéologie, 1989-1990), Musée de Lussac-les-Châteaux. F. Rouzaud, A. Bisio, J. Lautier et M. Soulier, *Grotte de la Magdeleine-des-Albis, à Penne (Tarn)*, Préhistoire ariégeoise, 1989, pp. 21-70. Romain Robert et Henri Delporte, *L'Art magdalénien de la grotte de La Vache*, Les dossiers d'Archéologie, n° 141, sept.-oct. 1989, pp. 15-16. Claude Barrière, *L'Art pariétal du Ker de Massat*, Mémoires n° 5 de l'I.A.P. de Toulouse, 1990. Jean Clottes et Robert Simonnet, *Retour au réseau Clastres (Niaux, Ariège)*, Préhistoire ariégeoise, 1990, pp. 51-139.

III. L'épanouissement magdalénien

1 : La peinture 2 : La sculpture 3. Les grands classiques

De nombreuses références des chapitres I et II sont valables pour ces parties.

L.-R. Nougier, *L'Économie préhistorique*, Paris, 1977 ; S. de Saint-Mathurin et D. Garrod, *La Frise sculptée de l'abri du Rocaux Sorciers à Angles-sur-l'Anglin*, L'Anthropologie, 1951, pp. 413-414 ; id. *Les Sculptures d'Angles-sur-l'Anglin*, Congrès préhistorique de France, Paris, 1952, pp. 85-90. L. Capitan,H. Breuil et D. Peyrony, *La Caverne de Font-de-Gaume aux Eyzies*, Monaco, 1910. C. Barrière, *Une scène anthropomorphique à Font-de-Gaume*, Préhistoire ariégeoise, 1969, pp. 39-53. L. Capitan, H. Breuil et D. Peyrony, *Les Combarelles aux Eyzies*, Monaco, 1924. D. Peyrony, *Gravures pariétales de la galerie de droite de la grotte des Combarelles*, Soc. Préh. française, 1937, pp. 736-739. Un relevé exhaustif de l'art pariétal des Combarelles est en cours d'élaboration, par le Pr Cl. Barrière. H. Bégouën et H. Breuil, *Les Cavernes du Volp, Trois Frères, Tuc d'Audoubert*, Paris, 1958 . H. Bégouën, *Les Statues d'argile de la caverne du Tuc d'Audoubert*,

L'Anthropologie, 1912, pp. 657-663. M. BERENGUER, *La Cueva « Tito Bustillo »*, Tesoros de Asturias, Gijon, 1972. L.-R. NOUGIER, *À propos de Tito Bustillo*, Préhistoire ariégeoise, 1970, p. 170. H. BREUIL et R. JEANNEL, *La Grotte ornée du Portel, à Loubens*, l'Anthropologie, 1955, pp. 184-204. L.-R. NOUGIER, *La Grotte du Portel*, Congrès préhist. France, 1955, pp. 69-80. J. VÉZIAN, *Les Utilisations de contours de la roche dans la grotte du Portel*, Préhistoire ariégeoise, 1956, pp. 79-87. A. BELTRAN, R. ROBERT et J. VÉZIAN, *La Cueva de la Portel*, Zaragoza, 1966. E. CARTAILHAC et H. BREUIL, *Les Peintures et Gravures murales des cavernes pyrénéennes, II. Marsoulas*, L'Anthropologie, 1905, pp. 431-444. A. PLÉNIER, *L'Art de la grotte de Marsoulas*, Mémoires I.A.P. de Toulouse, s.d. ; id. *L'Art de la grotte de Marsoulas*, Préhistoire ariégeoise, 1971, pp. 83-91. H. BREUIL et G. VIDAL, *Les Fresques de la galerie Vidal à la caverne de Bédeilhac*, Préhistoire ariégeoise, 1949, pp. 10-16. R. GAILLI, R. ROBERT, A. BELTRAN et L.-R. NOUGIER, *Nouvelles Découvertes d'art pariétal magdalénien dans la grotte de Bédeilhac : « le Diverticule aux Bisons »*, Préhistoire ariégeoise, 1966, pp. 19-26. R. GAILLI, L.-R. NOUGIER et R. ROBERT, *Compléments iconographiques de la grotte de Bédeilhac*, Préhistoire ariégeoise, 1967, pp. 19-32. A. BELTRAN, R. ROBERT et R. GAILLI, *La Cueva de Bédeilhac*, Zaragoza, 1967 ; L.-R. NOUGIER, *L'Art magdalénien en Europe centrale*, Préhistoire ariégeoise, 1979, pp. 47-50 ; K. VALOCH, *Œuvres d'art et objets en os du magdalénien de Moravie (Tchécoslovaquie)*, id., 1970, pp. 79-93 ; M. BERENGUER, *El Arte parietal prehistórico de la cueva de Llonin*, Oviedo, 1979.

4 : Rouffignac 5 : Altamira, Tito Bustillo

Ces développements fondamentaux et originaux ont donné antérieurement matière à une importante bibliographie, au cours de ce volume. On ne citera que les documents essentiels, riches eux-mêmes de références auxquelles le lecteur pourra utilement se reporter.

H. BREUIL, *La Caverne ornée de Rouffignac, découverte par le Pr L.-R. Nougier et R. Robert*, Mémoires Académie, 1958, tiré à part 21 p. L.-R. NOUGIER, *L'Importance du choix dans l'explication religieuse de l'art quaternaire*, Valcamonica Symposium 72, Capo di Ponte, 1972, pp. 57-64 ; id., *Nouvelles Approches de l'art préhistorique animalier*, Santander Simposium, Santander, 1972, pp. 263-278 ; id., *L'Art pariétal naturaliste d'Occident. Nouvelles Approches de ses problèmes*, Kleemann-Festschrift, Bonn, 1972, pp. 99-118. (Cet article recense une dizaine de mémoires de Maîtrise, soutenus devant la Faculté des Lettres de Toulouse, sous la direction du Pr L.-R. Nougier, encore inédits. Ces mémoires représentent quelque 4 000 pages dactylographiées.)

On consultera avec grand intérêt le volume du Symposium de Santander, consacré à l'art rupestre, Santander-Madrid 1972, et le volume non moins remarquable du Valcamonica Symposium consacré aux Religions de la préhistoire, Capo di Ponte, 1972, tous deux riches de nombreuses communications et d'une écrasante bibliographie.

Parmi les compléments récents :
L.-R. NOUGIER, *Réflexions... sur la grande biche du plafond d'Altamira*, Caesaraugusta, Zaragoza, 1979, pp. 73-79 ; id. *Le Printemps de la descendance : les 150 mammouths de Rouffignac*, Périgord Magazine, n° 154, Limoges, 1978, pp. 40-44. Les rapports entre l'art pariétal et l'art mobilier sont résumés dans L.-R. NOUGIER, *Rapports stylistiques entre art mobilier et art pariétal franco-cantabrique*, 1984, Besançon, Annales de la Faculté.

6 : Le grand atelier d'Alliat

La documentation relative au grand atelier magdalénien d'Alliat se trouve dans de nombreuses publications de « Préhistoire ariégeoise », depuis 1951. L.-R. NOUGIER et R. ROBERT, *Les Galets gravés du magdalénien pyrénéen terminal de La Vache*, Préhistoire ariégeoise, 1971, pp. 11-75 ; id., *La Frise des Lions, gravure sur os de la grotte de La Vache et les grands félins dans l'art franco-hispanique*, id., 1965, pp. 18-84 ; id., *Le « Lissoir aux saïgas » de la grotte de La Vache et l'antilope saïga dans l'art franco-cantabrique*, id., 1958, pp. 13-28. H. BREUIL, L.-R. NOUGIER et R. ROBERT, *Le « Lissoir aux ours » de la grotte de La Vache à Alliat et l'ours dans l'art franco-cantabrique occidental*, id., 1956, pp. 15-78. L.-R. NOUGIER et R. ROBERT : *Un « foyer tribal » du magdalénien pyrénéen*, La Nature, Paris, 1956, pp. 190-194 ; id., *Bouquetins affrontés dans l'art magdalénien de la grotte de La Vache à Alliat*, Miscelanea Al Abate Henri Breuil, Barcelona, 1965, pp. 197-203 ; id., *Les Félins dans l'art quaternaire*, Sautuola II, Santander, 1976-1977, pp. 107-109 ; id., *De l'accouplement dans l'art préhistorique*, Préhistoire ariégeoise, 1974, pp. 15-64 ; id., *Présentation de deux « bâtons perforés » de la grotte de La Vache*, 1975, id., pp. 71-76 ; id., *Contribution à l'étude de la frise dans l'art mobilier du magdalénien terminal*, 1976, id., pp. 31-46 ; id., *« Sceptre » du magdalénien final pyrénéen*, 1976, id., pp. 55-62 ; id., *Pendeloques du magdalénien final pyrénéen*, 1978, id., pp. 67-76 ; id., *Frise-perspective de bouquetins stylisés de la grotte de La Vache*, 1979, id., pp. 27-32. E. CARALP, L.-R. NOUGIER et R. ROBERT, *Le Thème du « Mammifère aux poissons » dans l'art magdalénien*, 1973, id., pp. 11-24. L.-R. NOUGIER, *Une grotte type des Pyrénées : la grotte de La Vache, à Alliat*, Information d'histoire de l'art, Paris, 1968, pp. 199-207. G. BOSINSKI, *Le Site magdalénien de Gönnersdorf*, Préhistoire ariégeoise, 1973, pp. 25-48.

Les problèmes de répartition spatiale des documents, au sein des sites archéologiques seront éclairés par B. SCHMIDER, *L'Industrie lithique de la grotte de La Vache, commune d'Alliat*, Préhistoire ariégeoise, 1978, pp. 13-56 et par G. Bosinski et divers, Geowissenschaftliche Untersuchungen in Gönnersdorf, Wiesbaden, 1978.

7 : Niaux et son influence

E. Cartailhac et H. Breuil, *Une deuxième campagne aux cavernes ornées de Niaux et de Gargas*, C.-R. Académie des I. et B.L., Paris, 1907, pp. 217-227 ; id., *Les Peintures et Gravures murales des cavernes pyrénéennes, Niaux*, L'Anthropologie, 1908, pp. 15-45. H. Breuil, *Les Peintures et Gravures pariétales de la caverne de Niaux*, Préhistoire ariégeoise, 1950, pp. 9-34 ; id., *La Caverne de Niaux, compléments inédits sur sa décoration*, Préhistoire ariégeoise, 1952, pp. 11-36. G. Malvesin-Fabre, L.-R. Nougier et R. Robert, *Bisons à cupules des grottes pyrénéennes, modelés et gravés sur argile*, Congrès des Soc. sav., Toulouse, 1953. R. Gailli, L.-R. Nougier et R. Robert, *L'Art de la caverne de Niaux, compléments*, Préhistoire ariégeoise, 1969, pp. 11-37. L.-R. Nougier et R. Robert, *Niaux*, Toulouse, 1954. G. Aynie-Clastres, *Nouvelles Découvertes dans la caverne de Niaux, le réseau René Clastres*, Préhistoire ariégeoise, 1970, pp. 141-144. E. Caralp, L.-R. Nougier et R. Robert, *L'Intérêt archéologique du nouveau réseau René Clastres dans la caverne de Niaux*, Préhistoire ariégeoise, 1970, pp. 145-168. H. Breuil, H. Obermaïer, et W. Verner, *La Pileta*, Monaco, 1915. M. et L. Dams, *Iconographie complémentaire de la caverne de La Pileta et considérations sur la Cueva de Las Vacas et le réseau de Las Granjas*, Préhistoire ariégeoise, 1977, pp. 67-82. L. Dams, *La Pileta*, préface L.-R. Nougier, Graz, 1978. Michel Sueres, *Les Mains de Gargas, approche expérimentale et statistique du problème des mutilations*, Travaux I.A.P., Toulouse, 1991, pp. 9-200.

Jean Combier, *L'Art des hommes de Cro-Magnon, dans la région rhodanienne*, Les Dossiers d'Archéologie, n° 161, juin 1991, pp. 12-25. Cro-Magnon n'aurait pénétré qu'une fois dans la grotte de la « Tête du Lion » à Bidon (Ardèche). Les charbons furent datés 21 650 avant le présent (œuvres de type « solutréen »). René Bernex, *Le Passé recomposé (la grotte des calanques de Cassis), Le Spectacle du Monde*, décembre 1991, pp. 96-99.

J. Clottes, A. Beltran, J. Courtin, H. Cosquer, *La Grotte Cosquer.* (Cap Morgiou), Marseille, 1992, tome 89 du Bull. de la Société préhistorique française. L'étude, prudente, se révèle favorable à l'authenticité. Elle comporte in fine 22 références.

Le cinquantenaire de la découverte de Lascaux amène « Les Dossiers d'Archéologie » à lui consacrer un numéro spécial (septembre 1990) Dijon 1990. Des nombreux auteurs ayant collaboré à ce numéro, on retiendra essentiellement les contributions d'Arlette Leroi-Gourhan, « Les artistes de Lascaux » ; de Michel Lorblanchet, « Lascaux et l'art magdalénien », où il constate « que les conceptions linéaristes de l'évolution de l'art quaternaire (d'André Leroi-Gourhan) sont mises en doute » ; l'article de Jacques BRUNET, Paul VIDAL et Jean VOUVE sur « La conservation de Lascaux » ne dispense pas de consulter le précieux opuscule de Max SARRADET, *Lascaux en Périgord. Travaux de conservation*, Pierre Fanlac, Périgueux, s.d. Curieusement, sa qualité de premier conservateur des monuments d'Aquitaine, pour avoir le premier déclenché l'alarme, est oubliée... In fine, Bibliographie d'une cinquantaine de numéros.

Le tome CXVII-Année 1990 de la Société historique et archéologique du Périgord constitue « le livre du Jubilé de Lascaux. 1940-1990 ». Également, ouvrage collectif (15 auteurs), *Anecdotes sur la découverte de la grotte.*

IV. les derniers chasseurs

Après la période charnière de – 10 000, valable pour l'ensemble du globe, période qui marque la fin du « grand art animalier naturaliste », notre documentation offre des caractères originaux nouveaux :

– Rareté des grandes synthèses, limitées volontiers à l'Europe, plus rares encore pour l'ensemble du Vieux Continent, d'une part ;

– Masse considérable d'ouvrages régionaux ou locaux spécialisés, innombrables articles de revues, d'autre part.

Parmi les synthèses d'art européen, nous citerons ou rappellerons : H.-G. BANDI et J. MARINGER, *L'Art préhistorique (les cavernes, le Levant espagnol, les régions arctiques)*, Bâle et Paris, 1952 ; H. KÜHN, *Die Felsbilder Europas*, Stuttgart, 1952 ; H.-G. BANDI, H. BREUIL, L. BERGER-KIRCHNER, H. LHOTE, E. HOLM et A. LOMMEL, *L'Âge de pierre, quarante millénaires d'art pariétal*, Paris, 1960 ; W. TORBRÜGGE, *L'Europe préhistorique*, Lausanne, 1970 ; H. MÜLLER-KARPE, *L'Art de l'Europe préhistorique*, Paris, 1973 (édition originale en langue allemande, *Das Vorgeschichtliche Europa*, Baden-Baden, 1968).

Pourvus de riches bibliographies, ces ouvrages nous dispenseront de redites, nous nous contenterons d'évoquer des références complémentaires récentes. Pour une vue générale archéologique, voir J.-G. ROZCY, *Les Derniers chasseurs*, Reims, 1978. Pour une mise en place sommaire, mais d'échelle mondiale, sur une chronologie totale, rappelons : L.-R. NOUGIER, *L'Aventure humaine de la préhistoire*, 2e édition, Paris, 1978.

1 : L'école méditerranéenne

Son originalité et les premières études sont dues au Pr P. Graziosi, de Florence : P. GRAZIOSI, *L'Arte della' Antica Età della Pietra*, Florence, 1956 ; id., *L'Arte preistorica in Italia*, Florence, 1973. On complétera par L. DAMS, *La Pileta*, Graz, 1978 ; par P. GRAZIOSI, *La Grotte de Porto Badisco*, Florence, 1980 ; S. GIMENEZ REYNA, *La Cueva de Nerja*, Malaga, 1964 ; P. GRAZIOSI, *Levanzo, Pitture e Graffiti*, Florence, 1962.

2 : L'école du Levant espagnol

Une vue générale de la préhistoire espagnole, in *Historia de España*, de Ramon MENENDEZ PIDAL, tome I, divers auteurs, Madrid, 1947. Pour le présent chapitre, on trouvera l'essentiel de la documentation rassemblée in L. DAMS, *L'Art rupestre préhistorique du Levant espagnol*, doctorat d'État, Toulouse, 1980 (encore inédit). Avant cette publication attendue, citons M. ALMAGRO, *La Cueva del Niño y la cueva de la Griega*, Trabajos de Preh. Madrid, 1971, pp. 9-52 ; id., *Cuatro Nuevos Abrigos rupestres en Albarracin*, Teruel 51, 1974, pp. 5-33 ; M. ALMAGRO GORBEA, *C 14 : cincuenta nuevas fechas para la prehistoria y arqueología peninsular*, Trabajos de preh. Madrid, 1974, pp. 279-280 ; A. ALONSO et R. VINAS, *Los Abrigos con pinturas rupestres de Nerpio, Albaceta*, Información Arqueológica, Barcelone, 1977, pp. 195-206 ; J. APARICIO, *Pinturas rupestres esquemáticas, en los alrededores de Santo Espiritú y la cronología del arte rupestre*, in Saguntum 12, Valencia, 1976, pp. 31-67 ; J. BARANDIARAN, *El Abrigo de Eudoviges, Miscel. Pr A. Beltran*, Zaragoza, 1975, pp. 29-47 ; parmi la très importante série des monographies archéologiques, systématiquement consacrées à l'art du Levant, signalons la plus récente : A. BELTRAN, *Los Abrigos pintados de Cañaica del Calar y de la fuente del Sabuco en El Sabinar (Murcia)*, Monogr. Archeol. n° 9, Zaragoza, 1972 ; M.-A. GARCIA GUINEA et J.-A. SAN MIGUEL, *Los Abrigos levantinos con pinturas de Nerpio*, Sautuola XIV, Santander 1975, pp. 75-80 ; J.-M. GOMEZ TABANERA, *Révision de l'art pariétal de la grotte de la Loja, Asturies*, Préhistoire ariégeoise, 1977, pp. 101-102.

3 : Les gravures du grand art naturaliste africain
4 : Les Têtes rondes du Tassili

Outre les grandes synthèses précédemment citées, R. VAUFREY, *L'Art rupestre nord-africain*, Archives I.P.H., n° 20, Paris, 1939 ; P. GRAZIOSI, *L'Arte rupestre della Libia*, Naples, 1942 ; J. TSCHUDI, *Pitture rupestri del Tassili degli Azger*, Florence, 1960 ; F. MORI, *Tadrart Acacus*, Turin, 1965 ; H. LHOTE, *À la découverte des fresques du Tassili*, Paris, 1958 ; id., *Vers d'autres Tassilis*, Paris, 1976 ; P. BECK et P. HUARD, Tibesti, *Carrefour de la préhistoire saharienne*, Paris, 1969 ; pour les problèmes chronologiques, G. CAMPS, *Amekni, Néolithique ancien du Hoggar*, Paris, 1969 ; H.-J. HUGOT, *Le Sahara avant le désert*, Toulouse, 1974 ; P. HUARD et J. LECLANT, *Problèmes archéologiques entre le Nil et le Sahara*, Études scientifiques, Paris, 1972, pp. 3-93 (avec riche bibliographie). F. DE CHASSELOUP-LAUBAT, *Art rupestre au Hoggar, (Haut Mertoutek)*, Paris, 1968 ; Colette ROUBET, Henri-Jean HUGOT, Georges SOUVILLE, *Préhistoire africaine. Mélanges offerts au doyen Lionel Balout*, Paris, 1981, éd. A.D.P.F. (articles d'art rupestre, pp. 145-188 de P. Graziosi, A. Beltran, M. Milburn, R. Jousseaume, R. Vinas-Vallverdu et E. Ripoll Perello). A. MUZZOLINI, *Les Datations du néolithique saharien et les problèmes du C 14*, Travaux I.A.P. Toulouse, 1981, pp. 169-193. A. MUZZOLINI, *Les « Martiens » dans les peintures des Têtes rondes du Tassili*, Travaux I.A.P. Toulouse, 1982. A. TURCAT, *Sur l'origine des chars rupestres sahariens*, Travaux I.A.P. Toulouse, 1984, pp. 105-166. Axel et Anne-Michel ALBADA, *Les Gravures rupestres néolithiques du Sahara central*, Archéologia n° 275, Janvier, 1992. Jean VERCOUTTER, *L'Égypte et la vallée du Nil. Tome I ; Des origines à la fin de l'Ancien Empire. 12 000 - 6 200 av. J.-C.*, Paris, 1992, P.U.F. Une idée directrice, rare chez un historien : « Les tailleurs de silex du paléolithique final sont les ancêtres directs des bâtisseurs des grandes pyramides et des incomparables sculpteurs de l'Ancien Empire. » D.-W. PHILLIPSON, *The Later Prehistory of Eastern and Southern Africa*, Londres, 1977. P. WINNICOMBE, *People of the Eland*, Pietermaritzburg, 1976.

5 : L'art de l'Arctique

On trouvera un résumé accessible de la question in L.-R. NOUGIER, *L'Art de l'Arctique et de l'Eurasie*, Travaux I.A.P. Toulouse, vol. XIV, 1973, pp. 381-408 avec une bibliographie. Cf. id., *Nouveaux sites de gravures en U.R.S.S.*, id., vol. XII, 1971, pp. 377-381.

6 : Les décors abstraits

Le problème de l'abstraction dans l'art a été posé depuis une vingtaine d'années. Cf. A. LEROI-GOURHAN, *La Fonction des grands signes dans l'art pariétal paléolithique*, Bull. Soc. préhist. franç., Tome LV, 1958, pp. 307-321 et 348-398 ; id., *Les Signes pariétaux du paléolithique supérieur franco-cantabrique*, Symposium d'art rupestre, Barcelone, 1968. Pour le domaine pyrénéen, cf. L.-R. NOUGIER et R. ROBERT, *Galets gravés du magdalénien final des Pyrénées*, Préhistoire ariégeoise, 1971, pp. 11-75 ; id., *Les Décors abstraits dans l'art magdalénien terminal de la grotte de La Vache, à Alliat*, Estudios dedicados al Pr Pericot, Barcelone, 1973, pp. 147-170. L.-R. NOUGIER, *L'Évolution esthétique de l'art mobilier du magdalénien final des Pyrénées (Essai d'une évolution graphique)*, Travaux I.A.P. Toulouse, Tome XV, 1973. Un excellent mémoire de Maîtrise sur la question des signes abstraits a été soutenu à la Fac. des Lettres de Toulouse, sous la direction du Pr L.-R. Nougier. Il doit donner lieu à une thèse d'État : M. POBEDA, *Les Figurations abstraites dans l'art pariétal au paléolithique occidental franco-ibérique*, mémoire de Maîtrise inédit, juin 1975. M. POBEDA, *Les Ponctuations dans l'art pariétal paléolithique*, Travaux I.A.P. Toulouse, 1976, pp. 165-186. C. BARRIÈRE, *Deux Œuvres d'art sauveterriennes à Rouffignac*, Travaux I.A.P. Toulouse, 1962, pp. 17-20. Jean ABELANET, *Signes sans paroles. Cent siècles d'art rupestre en Europe occidentale*, Hachette, Paris, 1986. (Importante bibliographie de 284 n^{os}, malgré des lacunes...). Philippe HAMEAU, *Les Peintures postglaciaires en Provence. Première synthèse après les travaux de l'abbé A. Glory de 1948*, éd. de la Maison des Sciences de l'Homme, Paris, 1992.

V. Pasteurs et paysans
VI. Bâtisseurs et artisans

Archéologiquement et chronologiquement, ces deux parties englobent le néolithique et l'âge du Bronze, avec d'ailleurs des sens variables, selon les régions. L'étendue spatiale que nous envisageons pour le présent volume vient compliquer encore le problème bibliographique. Enfin, les exigences propres à une Histoire de l'art ne sont pas toujours compatibles avec les travaux purement archéologiques.

Une esquisse d'ensemble pourra être demandée à A. VARAGNAC et divers, *L'Homme avant l'écriture*, Paris, 1959 ; M. ALMAGRO BASCH, Tome I : Prehistoria in *Manual de Historia universal*, Madrid, 1958 ; plus limité, l'ouvrage H. KÜHN, *Wenn Steine reden*, Wiesbaden, 1966 ; les problèmes d'art sont privilégiés dans H. KÜHN, *Vorgeschichte der Menschheit*, volume 2 : Neusteinzeit, Cologne, 1963 (l'ensemble du monde est abordé) ; id., *Erwachen und Aufstieg der Menschheit*, Francfort-sur-le-Main et Hambourg, 1966. Selon des cadres géographiques plus limités, on consultera avec grand profit, W. TORBRÜGGE, *L'Europe préhistorique*, Lausanne, 1970 ; H. MÜLLER-KARPE, *L'Art de l'Europe préhistorique*, Paris, 1973 (ouvrage fondamental, pour une bonne vision de nos problèmes). Enfin, réservé au monde méditerranéen, G. LILLIU, H. SCHUBART, préface de J. THIMME, *Civilisations anciennes du Bassin Méditerranéen*, Paris, 1970. Quelques publications, non exhaustives, seront consultées avec profit ; selon les différentes parties de ces derniers chapitres.

Chapitre V. *1 : Le Bego et l'ouest de l'Europe*

J. ABELANET, *Les Gravures schématiques linéaires des Pyrénées orientales*, Travaux I.A.P. Toulouse, 1961, pp. 5-16. L.-R. NOUGIER, *Unité de l'art schématique*, Travaux Institut Alpes-Maritimes, Nice, 1960 ; id., *Archéologie préhistorique du mont Bego*, Travaux I.A.P. Toulouse, 1961, pp. 133-149. J. ABELANET, *Persistance d'un art schématique dans les Pyrénées orientales*, Travaux I.A.P. Toulouse, 1962, pp. 5-15. R. GUIRAUD, *Le Peuplement préhistorique du bassin de l'Orb*, Travaux I.A.P. Toulouse, 1963 ; id., *Corpus des gravures d'Olargues*, id., 1965, pp. 41-64. S. PONS et R. GROSSO, *Les Gravures rupestres des Alpes cottiennes*, id., pp. 147-162. R. GROSSO, *L'Art schématique sur la bordure méditerranéenne du Massif central*, id., pp. 181-192. L.-R. NOUGIER,

Gravures rupestres de la région d'Aubenas, id., pp. 193-204. R. GROSSO, *Un aspect du culte solaire dans l'art schématique nord-méditerranéen, l'association des signes soléiformes et des signes anthropomorphes*, id., 1966, pp. 104-135. M.-C. GARCIA MARTINEZ, *Arte rupestre en Campo Lameiro, Pontevedra.* Pontevedra, 1973. Emilia MASSON, « Vallée des Merveilles, un berceau de la pensée religieuse européenne », *Les Dossiers de l'archéologie*, n° 181 H, mai 1993.

Chapitre V. *2 : Le Camonica et l'est de l'Europe*

E. ANATI, *La Grande Roche de Naquane*, Archives I.P.H., Paris, 1960. E. SUSS, *Le Incisioni rupestri della Valcamonica*, Milan, 1958. D. PACE, *Petroglifi di Grosio*, Milan, 1972. F. ROITER, C. ROY et E. ANATI, *Naquane*, Lausanne, 1966. E. ANATI, *Capo di Ponte, centro dell'arte rupestre camuna*, Capo di Ponte, 1962. L.-R. NOUGIER, *Les « Ballerines » de Magoura*, Préhistoire ariégeoise, 1977, pp. 123-132.

Chapitre V. *3 : Les dernières traditions de l'Arctique*

Toutes les grandes monographies du Pr A. Okladnikov sont à citer, monographies relatives aux rives de l'Angara, au bassin de l'Ienissei, aux rives de la Lena, Leningrad, 1972 (résumé en anglais, pp. 102-104) ; rives de la rivière Tom, entre Kemerovo et Tomsk, Moscou (résumé en anglais, pp. 250-252) ; on trouvera un important compte rendu du volume de A.-P. OKLADNIKOV, *Les Pétroglyphes de l'Angara*, Moscou, 1966, in R. GAILLI, L.-R. NOUGIER et R. ROBERT, *Peintures et Gravures de l'âge du Bronze de la rivière Angara, (U.R.S.S.)*, Préhistoire ariégeoise, 1967, pp. 85-112. M. ARTAMONOV, *The Dawn of Art*, Leningrad, 1974 ; L.-R. NOUGIER, *Notes de préhistoire sibérienne*, Travaux I.A.P. Toulouse, 1975, pp. 113-156 ; M. KSICA, Catalogue de l'exposition *Des dessins du mammouth à l'écriture, dans l'art rupestre en Union soviétique*, Brno, 1974 (synthèse suggestive de gros intérêt). W. RAUDONIKAS, *Les Gravures rupestres des bords du lac Onega et de la mer Blanche*, Leningrad s.d. H. ARBMAN, *Forntiden*, Stockholm, 1948. C.-A. MOBERG, *Kiviks graven*, Lund, 1963. F. GUDNITZ, *Bronce Alderens monumental Kunst*, Copenhague, 1962 (vue d'ensemble). A. HAGEN, *Studier i Vestnorsk Bergkunst*, Bergen-Oslo, 1969. K. HELSKOG, *Les Gravures rupestres à Hjemmeluft/Jiebmaluokta*, Alta, 1986.

Chapitre V. *4 : Peintures et gravures des pasteurs et paysans en Eurafrique*

Europe

H. BREUIL, *Les Peintures schématiques de la péninsule Ibérique*, 4 volumes, Lagny, 1965 ; cf. pour partie, les références bibliographiques de III, 3, notamment H. LHOTE. P. BECK et P. HUARD ; P. HUARD et LECLANT. H. BREUIL et M. BURKITT, *Rock Paintings of Southern Anda-*

lusia, Oxford, 1929. M. Almagro Basch, *Las Pinturas rupestres levantinas*, Madrid, 1954 ; id., *El Covacho con pinturas rupestres de Cogul*, Lerida, 1952. E. Ripoll, *Los Abrigos pintados de los Alredores de Santolea (Teruel)*, Barcelone, 1961 ; id., *Pinturas rupestres de la Gasulla (Castellon de la Plana)*, Barcelone, 1963. A. Beltran, *Peintures rupestres du Levant, de El Abrigo de los Recolectores dans le ravin « El Mortero »*, Préhistoire ariégeoise, 1961-1962. M.-A. Garcia, *Le Nouveau et important foyer de peintures levantines à Nerpio, (Albacete)*, id., 1963. A. Beltran, *Nouveautés dans la peinture rupestre du Levant espagnol : El Raco de Gasparo et El Raco Molero (Ares de Maestre)*, id., pp. 117-127. R. Vinas et A. Alonso, *L'Abri de « Los Toros », Las Bojadillas, à Nerpio (Albacete)*, id., 1978, pp. 95-114. L. et M. Dams, *L'Abri de los Ciervos (Benalup de Sidonia-Casas Viejas, Cadiz)*, id., 1979, pp. 73-89. Hors d'Europe, cf. W.-A. Fairservis Jr, *The Roots of Ancien India*, Londres, 1971.

Afrique

J. Malhomme, *Corpus des gravures rupestres du Grand Atlas*, Service Antiquités du Maroc, I et II, 1959. On consultera utilement nombre de références du Chapitre 14.*4*, notamment H. Lhote, P. Beck et P. Huard, P. Huard et Leclant... J.-R. Dos Santos Jr et C.-M.-N. Ervedosa, *As Pinturas rupestres do Caninguiri*, Luanda, 1971.

Chapitre V. *5 : Phases artistiques*

Afrique Australe

On se reportera au magnifique travail de P. Vinnicombe (Pietermaritzburg, 1976). *People of Eland* s'étend sur les phases naturalistes anciennes mais déborde sur les phases récentes, domestiques et historiques (sur 3 606 animaux analysés, 848, soit 23 %, sont domestiqués). W.-W. Batiss, *The Artists Rocks*, Pretoria, 1948. H. Breuil, *Les Roches peintes d'Afrique australe*, Paris, 1954. E. Holm, *Südafricas Urkunst*, Pretoria, 1957. A.-R. Willcox, *Rock Painting of the Drakensberg*, Londres, 1956. R. Vinas Vallverdu, E. Sarria Boscovich et J. Estevez Escalera, *Nouvelles Peintures du massif de l'Erongo (Namibie, ex S.O.A.) Drotskie Rock, Anibib I*, Préhistoire ariégeoise, 1979, pp. 91-113.

Australie

A. et K. Lommel, *Die Kunst des fünften Erdteils*, Munich, 1959. Michel Lorblanchet, *Quelques considérations sur l'art rupestre australien et paléolithique*, Congrès international des Sciences préhistoriques et protohistoriques, Nice, 1976, pp. 152-177, Colloque XXII. Thor Heyerdahl, *L'Art de l'île de Pâques*, Les Éditions du Pacifique, 1975 (bibliographie de 164 n^{os}).

Asie

Henri Lavachery, « Singularités de l'île de Pâques », Mélanges Pittard, pp. 199-206, Brive, 1957 (intéressant pour les rochers d'Orongo, pétroglyphes de l'Homme-Oiseau [tangata-manu]. Alfred Metraux, *L'Ile de Pâques*, Paris, 1941. Walter A. Faiservis Jr, *The Roots of Ancien India*, Londres, 1971, Allen and Unwin, L.T.D. Ed. Namto Egami, *The Beginnings of Japanese Art*, 1973, Weatherhill : Heibonsha, Tokyo. Huguette Rousset, *Arts de la Corée*, Office du Livre, Fribourg, 1977 ; Emmanuel Anati, *L'Art rupestre. Negev et Sinaï*, Paris, 1979, L'Équerre Éd. (remarquable et complète bibliographie). F.-A. Barnes and M. Pendleton, *Prehistoric Indians*, Wasatch Publishers, Inc. 1979. F.-A. Barnes, *Prehistoric Rock Art*, Wasatch Publishers, Inc. 1982. David Grant Noble, *Ancient Ruins of the Southwest*, Northland Press, Flagstaff, 1981. Chen Zhao-Fu, *Découvertes de l'art préhistorique en Chine*, préface de Emmanuel Anati, Albin Michel, Paris, 1988 (remarquable synthèse, avec apports originaux essentiels). X..., *Découvertes archéologiques en Chine nouvelle*, s.d., imprimé en République populaire de Chine, Encart en français ; Arlette Leroi-Gourhan, *Les Premiers Potiers de l'archipel nippon*, in Science et Vie, n° 178, 1992, pp. 108-113.

Amériques

E. Hameleton, *La Pintura rupestre de Baja California*, Mexico, 1979. J. Schobinger, *Prehistorica de Suramerica*, Barcelone, 1969. A.-R. Gonzales et J.-A. Perez, *Primeras Culturas Argentinas*, Buenos Aires, 1971. J.-A. Perez, *Arte rupestre de Cerro Colorado*, Buenos Aires, s.d. C. Ott, *Pre-Historia da Bahia*, Salvador-Bahia, 1958. F.-A. Barnes et M. Pendleton, *Prehistoric Indians. Their Cultures, ruins, artifacts and rock arts*, 1979, Wasatch Publishers. F.-A. Barnes, *Prehistoric Rock Art*, 1982, Wasatch Publishers (volume indispensable pour toute prospection élémentaire, comporte une bibliographie de 95 n^{os}). David Grant Noble, *Ancient Ruins of the Southwest*, 1988, Northland Press-Flagstaff, Arizona.

Bibliographie propre au site de San Agustín (Colombie)

Henri Lehmann, *Les Civilisations précolombiennes*, P.U.F., Paris, 1953. Raoul d'Harcourt, *Amérique précolombienne*, in Histoire de l'Art, I Le monde non chrétien, pp. 1637-1739, Gallimard, Paris, 1961. Luis Duque Gomez, *San Agustín* ; Reseña Arqueológica, Instituto colombiano de Antropología, Bogota, 1963. S. Monzon, Catalogue de *L'Art colombien à travers les siècles*, Petit Palais, novembre 1975-février 1976, Les Presses artistiques, Paris, 1975. François Hebert-Stevens, *L'Art ancien de l'Amérique du Sud*, Arthaud, Paris, 1972. Pablo Gamboa Hinestrosa, *San Agustín. Colombia Arte y Cultura*, Bogota, 1979. Divers, *Historia del Arte Colombiano*, Salvat Editores Colombiana, Bogota, 1977 ; Gerardo Reichel-Dolmatoff, *Contribu-*

ción al conocimiento de la estratigrafía cerámica de San Agustín, Colombia, Banco Popular, Bogota, 1975. Jose Antonio DEL BUSTO D., Perú preincaico, Liberia studium, Lima, 1978. J.-C. SPAHNI, *L'Équateur au milieu du monde*, Paris, 1972. Jacques SOUSTELLE, *Les Olmèques*, Arthaud, Paris, 1979. Julio Cesar CUBILLOS, *Arqueología de San Agustín ; Alto de los Idolos*, Fundación de Investigaciones Arqueológicas Nacionales, Banco de la Républica, Bogota, 1979. Gustavo ZALAMEA, *Guide de San Agustín et Tierradentro*, Bogota, 1980 ; Cecilia de HERNANDEZ, *Zona Arqueológica de San Agustín*, Universidad de los Andes, Bogota, 1980. Louis-René NOUGIER, *San Agustín et L'« ombilic » des Andes*, Préhistoire ariégeoise, Tome XXXV, 1980, pp. 153-156. Louis-René NOUGIER, *Les Mayas, les Aztèques et les Incas*, « La vie privée des Hommes », Hachette, Paris, mars 1981. L. DUQUE GOMEZ, *San Agustín*, Vilo, Paris, 1982.

Chapitre V. *6 : Les dernières grottes, au temps du symbolisme des pasteurs et paysans*

D'une abondante documentation, nous avons retenu quatre grottes caractéristiques, déjà répertoriées pour des phases artistiques plus anciennes. Rappelons La Pileta, Levanzo et Porto Badisco.

L. DAMS, *La Pileta*, Graz, 1978. P. GRAZIOSI, *Levanzo*, Florence, 1962 ; id., *Le Pitture di Porto Badisco*, IXe réunion de l'Institut italien de Préhistoire, 1972, pp. 17-26. Fr. de LANFRANCHI et M.-C. WEIS, *La Civilisation des Corses*, Ajaccio, 1973. L.-R. NOUGIER, *Les « Ballerines » de Magoura (Vidin, Bulgarie)*, Préhistoire ariégeoise, 1977, pp. 123-131. X, Kamyana Mogyla, Kiev, 1967.

Chapitre VI. *1 : Les bâtisseurs de grand appareil*

Aux volumes de synthèse cités, on ajoutera les références plus précises et plus récentes :

P.-R. GIOT, J. L'HELGOUACH et J.-L. MONNIER, *Préhistoire de la Bretagne*, Rennes, 1979. P.-R. GIOT, J. BRIARD et L. PAPE, *Protohistoire de la Bretagne*, Rennes, 1979. P. HARBISON, *The Archaeology of Ireland*, Londres, 1976. Cl. O'KELLY, *Newgrange*, Wexford, 1976. J. et C. HAWKES, *Prehistoric Britain*, Harmondsworth (Middlesex), 1952. G. DANIEL, *The Megalith Builders of Western Europe*, id., 1963. R.-J.-C. ATKINSON, *Stonehenge and Avebury*, Exeter, 1974. J. DYER, *Southern England : an Archaeological Guide*, Londres, 1973. P. GELLING et H.-L. DAVIDSON, *The Chariot of the Sun*, Londres, 1969. D.-H. TRUMP, *Malta : an archaeological Guide*, Londres, 1972. B. LE CALLOCH, *Les Temples mégalithiques de Malte*, Paris, 1974.

Chapitre VI. *2 : Les bâtisseurs de petit appareil*

Les références précédentes sont souvent utiles.

G. LILLIU, *La Civiltà dei Sardi, dal neolitico all' età dei Nuraghi*,

Turin, 1967. Fr. Henry, *L'Art irlandais*, La Pierre Qui Vire, 1963. X, *Arquitectura megalítica y ciclopea Catalano-Balear*, Barcelone, 1965. J. Mascao Pasarius, *Prehistoria de las Baleares*, Palma de Mallorca, 1968 ; id., *Las Taulas*, Mahon, 1968. B. Le Calloch, *Les Talayots de l'île de Minorque*, Paris, 1971.

Chapitre VI. *3 : Les érigeurs de mégalithes*

Cf. Références précédentes.

Chapitre VI. *4 : Statues-menhirs, stèles et statues mégalithiques*

Cf. Références précédentes et J. Briard, *L'Âge du Bronze, en Europe barbare*, Toulouse, 1976 ; J. Arnal, *Les Statues-Menhirs, hommes et dieux*, Toulouse, 1976 ; M.-P. Delmas, *Les Statues-Menhirs de type aveyronnais*, Travaux I.A.P. Toulouse, 1982, pp. 91-110 ; Colin Renfrew, *Les Origines de l'Europe*, Flammarion, Paris, 1983 (critique pertinente des thèses diffusionnistes de l'école de Gordon Childe, bibliographie de 196 n^os^).

Chapitre VI. *5 : Les hypogées*

Id. et L.-R. Nougier, *Les Hypogées de Méditerranée occidentale*, Travaux I.A.P. Toulouse, 1962, pp. 91-105.

Chapitre VI. *7 : L'universelle argile : vases et statuettes*

Les produits d'art, vases et statuettes d'argile exigeraient une bibliographie considérable. Pour les lecteurs que ces documents intéresseraient particulièrement, on peut suggérer trois sources de renseignements :

1 - Les monographies consacrées en particulier à certains ateliers de vases ou de statuettes ;

2 - Les ouvrages d'intérêt plus large, faisant souvent une large place à la production d'argile ;

3 - Les catalogues des musées archéologiques qui conservent beaucoup de ces publications. Nous nous contenterons de donner quelques exemples succincts :

1 - T. Passek, *La Céramique tripolienne*, Kiev, 1935 ; id., *La Civilisation de Tripolié*, id., 1949. D. Berciu, *Cultura Hamangia*, Bucarest, 1966 ; N. Zaharia, M. Petrescu-Dimbovita et Em. Zaharia, *Asezari din Moldova*, Bucarest, 1970. Petre I. Roman, *Cultura Cotofeni*, Bucarest, 1976. N. Vlassa, *Neoliticul Transilvaniei*, Cluj-Napoca, 1976. S. Marinescu-Bilcu, *Cultura pre-Cucuteni pe Territorul României*, Bucarest, 1974. W. Buttler, *Der Donauländische und der westische kulturkreis der jüngeren Steinzeit. Handbuch der Urgeschichte Deutschland*, Berlin, 1938. P. Vouga, *Le Néolithique lacustre ancien*, Travaux Faculté des Lettres, Neuchâtel, 1934. V. von Gonzenbach, *Die Cortail-*

lodkultur in der Schweiz, Bâle, 1949. A. Del Castillo, *La Cultura del vaso campaniforme*, s.d. J.F.S. Stone, *Wessex before the Celts*, Londres, 1958 ; J. Filip, *Pravêkê československo*, Prague, 1948.

2 - V. Dumitrescu, *Arta Preistorică în România*, Bucarest, 1974. J. Harvey Gaul, *The Neolithic period in Bulgaria*, Cambridge (Massachussetts), 1948. X, *Découvertes archéologiques en Chine nouvelle*, Pékin, 1972. A. Raduntscheva, *Die Prähistorische Kunst in Bulgarien, Fünftes bis zweites Jahrausend v.u. Z.*, Sofia, s.d. W. Watson, *L'Art de la Chine ancienne*, Paris, 1979. P.-C. Swan, *Japon, de l'époque Jômon à l'époque de Tokugawa*, Paris, 1967. N. Egami, *The Beginnings of Japanese Art*, New York, 1973. T. Mikami, *The Art of Japanese Ceramics*, New York, 1972.

3 - Nombre de catalogues de musées présentent une excellente iconographique de vases ou de statuettes. Voici quelques exemples, essentiellement d'Europe centrale et orientale : B. Nikolov, *Musée archéologique de Vratza*, Sofia, s.d. X, *Die Geschichte der Vôlker Ungarns Bis Ende des 9. Jahrhunderts*, Budapest, 1963. M. Pichler, *Aus der Urgeschichtlichen Kunst in der Slowakei*, Bratislava, 1966. F. Georgescu, *Guide « Musée d'Histoire de la République socialiste de Roumanie »*, Bucarest, 1974. B. Nikolov, *Gradechnitza*, Sofia, 1974 ; id., *Zaminetz*, Sofia, 1975. K. Grebe et G. Witkowski, *Schützt die Bodenaltertümer*, Potsdam, 1973. D. Kaufmann, *Wegweiser durch die Schausammlung*, (Landesmuseum für Vorgeschichte Halle), Berlin, 1971 ; F. Hampl, *Das Museum für Urgeschichte des Landes Niederösterreich... in Asparn an der Zaya*, Vienne, 1970. W. Coblenz, *Kunst und Kunstgewerbe aus der Ur-und Frühgeschichte Sachsens*, Berlin, 1975. H. Behrens, *Jungsteinzeitfunde aus dem Mitteldeutschen Raum*, Halle, 1965. P. Friis et S. Thomsen, *Ting, på vendsyssels Historiske Museum i Hjørring*, Vendsyssels Museum, 1964. T. Ramskou, *Prehistoric Denmark*, Copenhague, 1970.

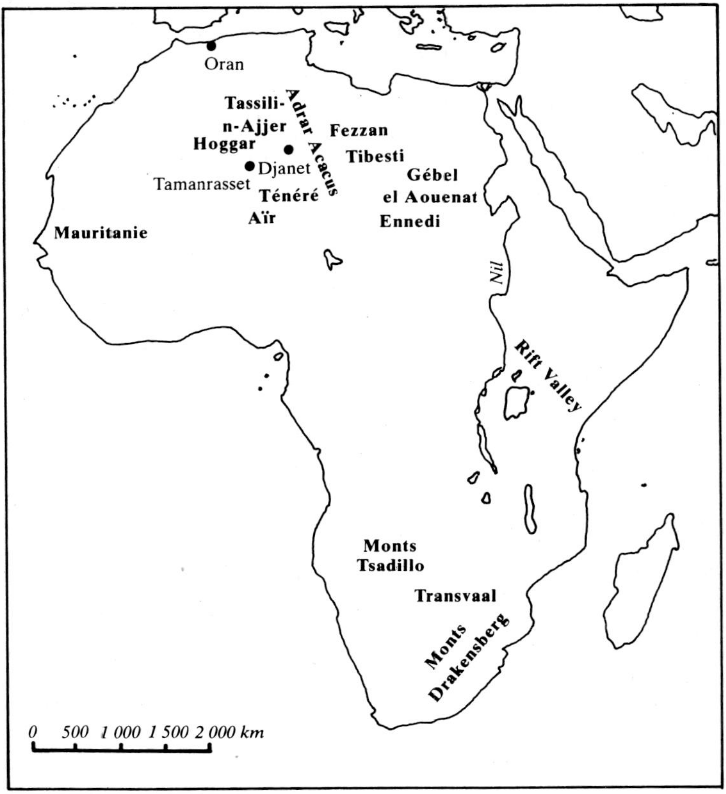

Répartition des principaux sites d'art rupestre africain

Région de l'Acacus : Adrar Acacus, Fozzigiaren
Région de Djanet ; Terrarat, Tamrit, Timenzouzine
Région d'Oran : Bou Alam
Région du Tassili : Aouanrhet, Jabbaren, Nenzouzin, Séfar, Ti-n-Téfériest, Tissoukai-n-Afella, ouadi Djérat
Région du Tibesti : Gonoa

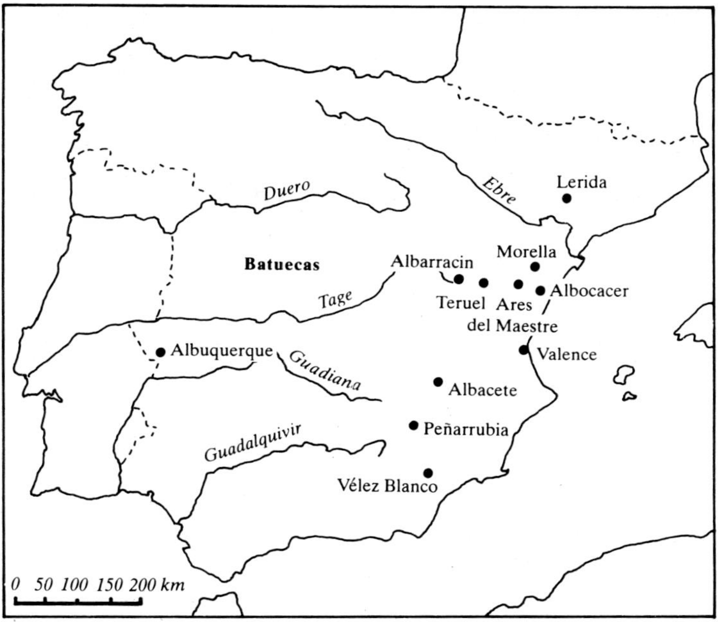

Répartition des principaux sites d'art rupestre du Levant espagnol

Région d'Albacete : abri d'Alpera
Région d'Albarracin : grotte de Doña Clotilde
Région d'Albuquerque : abri de Roca de San Blas
Région de Lerida : abri de Cogul
Région de Teruel : abris d'Agua Amarga, de Calapata, de Cueva del Garroso, de Cueva Remigia, d'El Mortero, de la Gasulla, de Mas d'en Josep

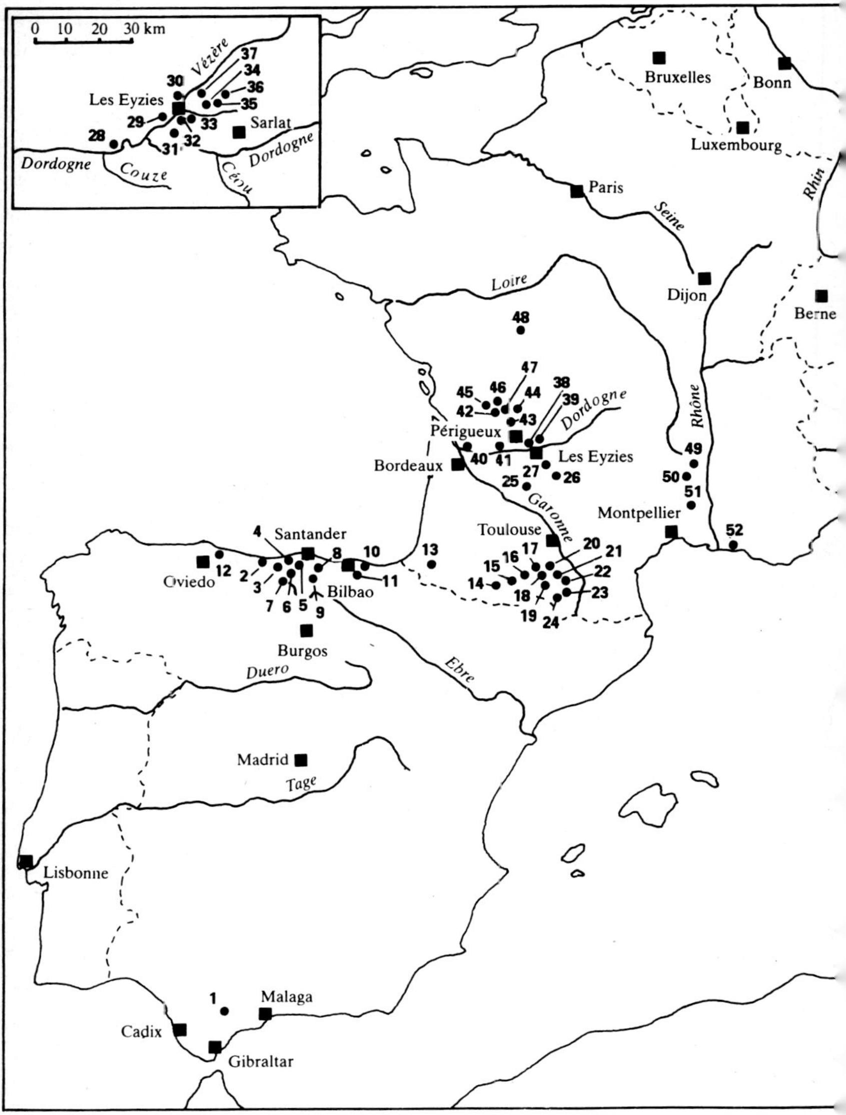
0 10 20 30 km
Vézère
Les Eyzies
Sarlat
Dordogne
Couze
Céou
Dordogne
Bruxelles
Bonn
Luxembourg
Paris
Seine
Rhin
Dijon
Berne
Loire
Périgueux
Dordogne
Bordeaux
Les Eyzies
Rhône
Garonne
Toulouse
Montpellier
Santander
Oviedo
Bilbao
Burgos
Duero
Ebre
Madrid
Tage
Lisbonne
Malaga
Cadix
Gibraltar

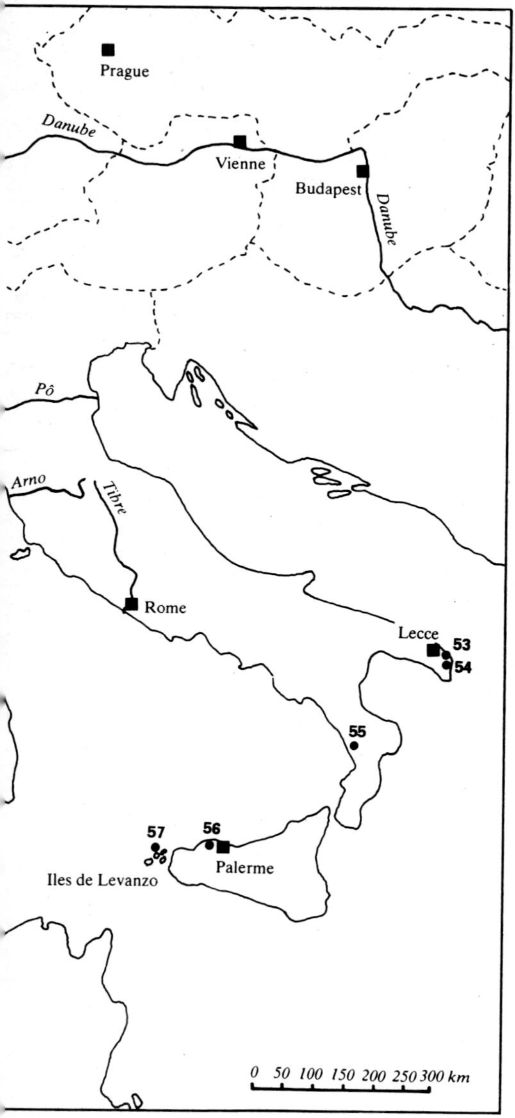

Répartition des principales grottes préhistoriques

1. La Pileta
2. Pindal
3. La Clotilde de Santa Isabel
4. Altamira
5. El Pendo
6. Monte Castillo : La Pasiega, El Castillo, Las Chimeneas, Las Monedas.
7. Hornos de la Peña
8. Covalanas
9. La Haza
10. Santimamiñe
11. Ekaïne
12. Tito Bustillo
13. Isturitz
14. Labastide
15. Gargas
16. Montespan
17. Marsoulas
18. Le Tuc-d'Audoubert
19. Les Trois-Frères
20. Le Mas-d'Azil
21. Le Portel
22. Bédeilhac
23. Niaux
24. Alliat
25. La Madeleine
26. Pech-Merle
27. Cougnac
28. Lalinde
29. La Ferrassie
30. Laugerie-Basse, Laugerie-Haute
31. La Mouthe
32. Font-de-Gaume
33. Les Combarelles
34. La Grèze
35. Cap-Blanc
36. Laussel
37. Abri Castanet
38. Rouffignac
39. Lascaux
40. Pair-non-Pair
41. Le Gabillou
42. Abri du Placard
43. Le Fourneau du Diable
44. La Mairie à Teyjat
45. La Chaire-à-Calvin
46. Le Roc-de-Sers
47. Bourdeilles
48. Angles-sur-Anglin
49. Ebbou
50. La Colombière
51. La Baume-Latrone
52. Cosquer
53. Cosma
54. Romanelli
55. Riparo del Romito
56. Monte Pellegrino (Addaura Niscemi)
57. Levanzo

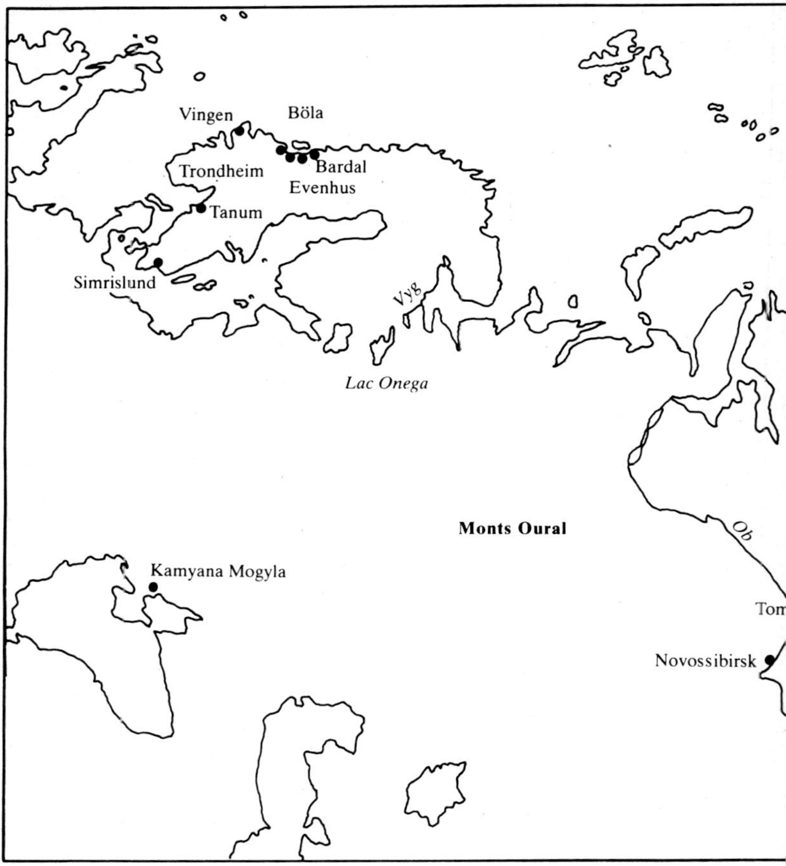

Répartition des principaux sites d'art rupestre arctique

Région des Monts Oural : Choulgan Tache
Région de Tanum : Aspeberget
Vallée de la Lena : Ciskino

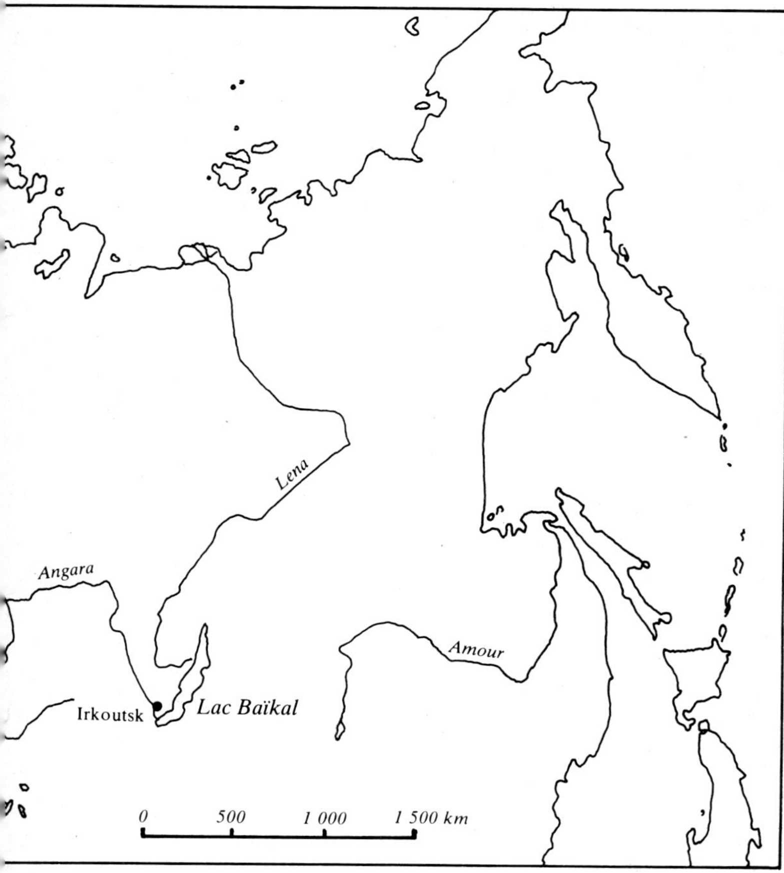
Lena
Angara
Amour
Irkoutsk
Lac Baïkal
0
500
1 000
1 500 km

Éléments chronologiques

2 000 000 avant notre ère (environ)

La datation de l'ère géologique du quaternaire et de sa première période, le pléistocène, est controversée. On peut toutefois affirmer que, dans sa phase initiale, le pléistocène inférieur appartient aux ères glaciaires de Günz et de Mindel et à leur période interglaciaire froide :

– apparition et développement de la première race des hominidés (Australopithèque, *Homo habilis*) ;

– premiers sphéroïdes et choppers de pierre (Oldoway en Tanzanie).

650 000

Débuts du paléolithique inférieur :

– civilisation abbevillienne, caractérisée par une production d'outils de pierre à partir de galets ou de blocs (bifaces ou « amandes »).

500 000

Pléistocène moyen, comprenant la période interglaciaire Mindel-Riss et la glaciation de Riss :

– vestiges de l'*Homo erectus* ; vestiges de l'Homme de Pékin ;

– début de l'utilisation du feu ;

– civilisation acheuléenne (de Saint-Acheul aux environs d'Amiens), caractérisée par le progrès dans la fabrication d'outils lithiques, la perfection de formes aplaties et régulières.

170 000

Début du paléolithique moyen, correspondant à la phase interglaciaire Riss-Würm et au début de la glaciation de Würm :

– expansion de la race de Neandertal ;

– civilisation levalloisienne (de Levallois-Perret, près de Paris) et moustérienne (du Moustier, en Dordogne), caractérisées par le travail des pointes et des grattoirs à partir d'éclats de silex.

40 000

Début du paléolithique supérieur, correspondant au pléistocène supérieur, qui comprend les différentes phases de la glaciation de Würm ainsi que sa phase terminale :

– apparition de l'*Homo sapiens*, dit « Homme de Cro-Magnon » ;

– c'est probablement à partir de cette période que des groupes de chasseurs et de collecteurs venant d'Asie ont peuplé l'Amérique septentrionale en traversant le détroit de Béring, avançant progressivement vers l'Amérique centrale et l'Amérique du Sud.

30 000

Début de la civilisation aurignacienne (de la grotte d'Aurignac, en Haute-Garonne), outillage différencié de lames de silex et outillage osseux :

– les grottes offrent désormais des supports pérennes aux premiers tracés digités, aux mains négatives rouges ou noires.

25 000

Début de la civilisation périgordienne, qui durera jusqu'aux environs de 14 000, avec des recoupements chronologiques nombreux avec la civilisation aurignacienne (et souvent définie comme la civilisation aurignaco-périgordienne) :

– premières manifestations d'un art naturaliste et animalier caractérisé par la « perspective tordue ».

18 000

Débuts de la civilisation solutréenne (de Solutré, en Bourgogne), caractérisée par les pointes de silex en feuille de laurier et par d'autres fabrications lithiques de formes toujours plus soignées et régulières :

– art abstrait de l'Ukraine : bracelets de Mézin ;

– « révolution » apportée par l'aiguille d'os à chas. Elle conserve la même forme aujourd'hui.

14 000

Apogée de l'art avec la grotte de Lascaux :

– expansion de l'école magdalénienne (de La Madeleine, en Dordogne).

12 000 - 10 000

Épancuissement de l'art plastique et de la sculpture magdaléniens : Angles-sur-Anglin, Cap-Blanc, La Chaire-à-Calvin, Le Tuc d'Audoubert, Montespan ;

– grandes grottes ornées : Les Combarelles, Font-de-Gaume, Rouffignac, Altamira, Tito Bustillo ;

– apogée de l'école magdalénienne avec la grotte de Niaux ;

– art mobilier magdalénien de la grotte de La Vache, à Alliat (Ariège).

10 000

Fin de la période géologique du pléistocène correspondant au paléolithique et début de l'holocène, la plus récente période du quaternaire :

– début du mésolithique et de l'épipaléolithique avec le développement de l'outillage microlithique à armature ;

– civilisation azilienne (du Mas-d'Azil, en Ariège), caractérisée par des harpons plats de corne et d'os.

10 000 - 8 000

Premières manifestations artistiques autour de la Méditerranée : grottes de Romanelli, de Levanzo, de Romito, de La Pileta.

9 000

Début de la civilisation néolithique au Proche-Orient : naissance de la première ville (Jéricho) :

– premières manifestations de l'art du Levant espagnol ;

– épanouissement de l'art rupestre d'Afrique australe qui conservera un caractère homogène jusqu'aux environs de 1 200 de notre ère.

8 000 - 7 000

Premières manifestations artistiques dans la région arctique où les gravures rupestres se répandront jusqu'à la fin des années 1000.

7 000

Début de l'âge du Cuivre en Anatolie.

6 000

Débuts du néolithique en Europe :

– apparition du travail de la céramique ;

– construction des premiers monuments mégalithiques ;

– épanouissement en Afrique septentrionale de l'art rupestre pastoral ; représentations des « Têtes rondes » ;

– en Anatolie, épanouissement de Çatal Hüyuk.

5 000

L'art du Levant espagnol évolue vers une schématisation progressive des formes qui se retrouvent par ailleurs dans l'art néolithique.

4 000

Début de l'âge du Bronze au Proche-Orient :

– gravures rupestres du Val Camonica.

4 000 - 3 000

Construction d'Antequerra I, en Andalousie.

3 000

En Europe, débuts du travail martelé du cuivre.

2 500

Construction de la galerie orientée couverte de New Grange, en Irlande, plus d'un millénaire avant Abu Simbel.

2 500 - 2 000

Gravures rupestres du mont Bego.
Construction du monument mégalithique de Stonehenge.

1 800

Début de l'âge du Bronze en Occident.

1 400

Début de l'âge du Fer en Anatolie.

1 200 - 1 000

Le travail du fer se répand en Europe occidentale et en Italie.

Glossaire

Abbevillien. Gisement éponyme de la « Porte du Bois » à Abbeville. L'outil principal est le « biface » (jadis appelé « coup de poing »), outil universel taillé à gros éclats à l'aide d'un percuteur de pierre.

Acheuléen. De Saint-Acheul, un faubourg d'Amiens. Le biface, dégrossi au percuteur de pierre (voir **abbevillien**), est « fini » au percuteur de bois ou d'os pour donner une amande aux formes équilibrées, parfois en forme de « goutte d'eau », première « œuvre d'art » des artisans supérieurs. Datation : environ 500 000 avant notre ère.

Alcélaphe *(Alcelaphus boselaphus)*. Couramment désigné sous le terme de bubale : antilope de grande taille, au corps élancé, essentiellement africaine. Profil caractéristique avec un garrot plus élevé que la croupe. Un des thèmes les plus fréquents de l'art rupestre d'Afrique australe.

Ambre. Résine fossile provenant d'un conifère. Répandue sur les plages de la Baltique.

Aniconique. Sans la moindre valeur figurative.

Armature. Pièce de bois ou d'os, portant des rainures dans lesquelles sont insérés des microlithes. Les premières armatures sont d'époque magdalénienne.

Aurignacien. Une des premières industries du paléolithique supérieur, dit volontiers « Âge du Renne », caractérisée par des lames, des grattoirs (sur bout de lame), de nombreux burins très divers.

Aurochs. Bœuf primitif *(Bos primigenius)*, animal énorme, atteignant deux mètres au garrot, portant une majestueuse paire de cornes. La race s'en est éteinte au XVIIe siècle.

Bassina. Construction funéraire réalisée en petits blocs de pierre disposés en anneaux concentriques. Ces sépultures, essentiellement réparties dans le nord du continent africain, durent parfois jusqu'à l'apparition de l'islam.

Bâton à fouir. Bâton brut, parfois appointé, utilisé généralement par la femme, pour fouiller la terre, déterrer racines ou tubercules, ou pour planter.

Bee-hives hut. Terme anglais (littéralement : « cabane en nid d'abeille ») désignant un type de construction en pierres sèches, de plan généralement circulaire.

Bige. Véhicule très léger à deux roues.

Bison. – Le bison d'Amérique *(Bison bison)*, « buffalo » en américain, est un magnifique animal pesant 1 500 kg et mesurant 1,80 mètre au garrot. Son avant-train, largement enveloppé, est dominé par une énorme bosse recouverte d'une épaisse crinière. Les cornes, assez petites, s'écartent largement d'un front bombé.
– Le bison d'Europe *(Bison bonasus)*, thème de prédilection des chasseurs de l'Âge du Renne. Tête plus petite, cornes plus déliées, bosse moins haute, il est plus fin que son frère d'Amérique. Il existait encore dans les forêts hercyniennes au temps de César. Un des rares troupeaux de bisons subsistait en Pologne dans la forêt de Bialowieja. Les deux dernières guerres mondiales leur furent fatales. On cherche actuellement à réimplanter l'espèce en Europe en utilisant le bison d'Amérique.

Borie. Construction en pierres sèches, généralement de plan circulaire, voûtée en encorbellement, répandue dans les pays calcaires de l'Europe méridionale (Périgord, Languedoc, Luberon), utilisée jusqu'à nos jours comme cabane de bergers.

Bouche d'ombre. Expression empruntée au langage poétique de Victor Hugo, désignant, dans les cavités des grottes et cavernes, une ouverture naturelle donnant accès aux parties plus profondes, vers le monde mystérieux des puissances chthoniennes.

Broch. Terme écossais désignant de grandes tours de pierres sèches de forme tronconique, refuge et poste de guet pour les bergers de l'Âge du Bronze. Les Pictes s'y installèrent pour résister à l'invasion romaine.

Bubale. Bœuf antique *(Homoioceras antiquus)*, grand bovidé répandu largement en Afrique. Thème fréquent de l'art naturaliste africain ; il a complètement disparu.

Buffle. Très proche du bœuf, il s'en distingue par l'absence de fanon, la concavité du front, les cornes arrondies à leur extrémité dirigées vers l'extérieur avant de se recourber et converger par leurs pointes.

Cairn. Terme d'origine gaélique désignant un entassement de pierres sèches ayant normalement une affectation de monument funéraire. De véritables murs à parement les consolident ou marquent leurs accroissements successifs.

Callaïs. Roche verte translucide dont la détermination minéralogique est variable.

Capitelle. Type de cabane en pierres sèches, à plan généralement circulaire, répandu dans le monde méditerranéen et utilisé dans les temps préhistoriques comme abri par les premiers pasteurs. La couverture est réalisée par des éléments se surmontant, assise par assise, pour constituer une voûte.

Carbone 14. Technique de datation mise au point vers 1945, notamment par les travaux du docteur W.F. Libby de Chicago. Toute matière vivante contient du carbone, et en acquiert tant qu'elle est vivante. Elle contient également un élément radioactif voisin, le carbone 14 (C14), qui diminue lentement (chaque période de 5 730 ans, il perd la moitié de sa radioactivité) et disparaît. Le dosage du carbone 14 devient de plus en plus précis, exigeant de moins en moins de matières. Les premières datations faites par ce procédé nécessitaient 200 grammes de matière environ ; aujourd'hui ces mêmes datations peuvent être réalisées avec une quantité infime, inférieure au gramme.

Cardium *(Cardium edule)*. Bivalve répandu dans l'Atlantique et dans la Manche, plus connu sous le nom de coque.

Chevron. Motif décoratif en forme d'arête de poisson.

Chopper. Terme anglais désignant un outil primitif obtenu par quelques enlèvements sur la face d'un galet. Lorsque le tranchant est obtenu par des enlèvements d'éclats sur les deux faces, l'outil est appelé « chopping tool ».

Chthonien. Qui appartient au monde des divinités souterraines et infernales, des profondeurs de la terre.

Coefficient de valeur. Évaluation en pourcentage de la valeur esthétique d'une représentation rupestre, d'un objet ou d'une œuvre mobilière.

Colombin. Rouleau d'argile molle, façonné à la main. Collés, empilés, ajustés, les colombins permettent de fabriquer des récipients sans l'aide du tour.

Cro. Toponyme pré-indoeuropéen (ou paléotoponyme) daté des environs de 15 000, désignant une grotte, une caverne ou toute cavité rocheuse.

Cromlech. Terme d'origine celtique désignant un monument mégalithique préhistorique constitué d'un cercle de pierres dressées dans le sol.

Cupule. Petite cavité rocheuse en forme de coupelle, d'origine naturelle ou artificielle.

Dent de loup. Motif décoratif consistant en une suite d'éléments en forme de triangles très allongés.

Diaclase. Fissure naturelle verticale ou oblique, plus ou moins large, dans une paroi rocheuse (souvent calcaire), s'élargissant en raison de la circulation de l'eau chargée de gaz carbonique.

Dolmen. Terme d'origine bretonne désignant un monument mégalithique préhistorique constitué de deux monolithes verticaux qui en soutiennent un troisième posé dessus et faisant office de dalle de couverture.

Drakar. Terme d'origine suédoise (exactement « drago ») désignant les navires des Vikkings, caractérisés par des figures de proue en forme de monstres.

Dromos. Terme grec désignant un couloir d'accès à une sépulture en hypogée ou en tholos.

Élan ***(Alces alces).*** Très grand cervidé aux bois largement étalés en éventail depuis leur base. Sa hauteur au garrot atteint 2,10 mètres ; son poids peut atteindre 700 kg ou plus.
Disparu de nos régions aux siècles historiques, on le trouve encore actuellement en Sibérie et au Canada, où on lui donne le nom d'orignal.

Éland. Antilope vivant encore en Afrique australe et orientale ; elle peut peser 1 000 kg.

Épipaléolithique. Industrie de tradition paléolithique se plaçant chronologiquement après la fin de l'Âge du Renne.

Érigeur. Dérivé du verbe ériger : celui qui creuse une fosse pour y faire basculer, planter et caler un menhir dressé vers le ciel.

Fruit. Terme d'architecture désignant l'inclinaison d'un montant dolménique (piédroit) vers le centre de la construction. Grâce à cette technique, la construction peut utiliser des dalles de couverture (linteau) plus courtes que la largeur du monument au sol.

Garriotte. Terme utilisé dans le Lot pour désigner des constructions de pierres sèches à plan circulaire ayant des caractéristiques analogues à celles des capitelles.

Haouanet. Hypogées creusés, répandus en Tunisie, s'ouvrant perpendiculairement sur une paroi rocheuse.

Kourgane (ou Kurgan). Tertres funéraires des steppes d'Ukraine ou d'Asie centrale, de chronologie récente (jusqu'à la période des Scythes).

Levalloisien. Industrie caractérisée par une habile technique de taille, une préparation du nucléus pour obtenir industriellement pointes et larges éclats.

Linteau. Élément horizontal d'une construction, d'une ouverture, supportant les charges des parties supérieures.

Magdalénien. Nom d'une prestigieuse civilisation qui connut son plus grand rayonnement aux environs de 10 000 avant notre ère, ainsi dénommée d'après le surplomb de La Madeleine, sur la rive droite de la Vézère, en amont des Eyzies.
La richesse, l'abondance et la variété d'un outillage lithique où dominent lames et lamelles, burins les plus divers, outillage osseux (pointes et harpons), permirent des classifications caractéristiques et hiérarchisées.
L'époque magdalénienne est par excellence l'Âge du Renne.

Megaceros. Puissant cervidé disparu au début de l'Âge du Renne. Ses bois très développés sont aussi longs que son corps. Il est représenté dans l'art pariétal (grotte des Cabrerets).

Mésolithique. Transition technologique entre le paléolithique et le néolithique au cours de laquelle le microlithisme se développe.

Mortaise. Entaille de forme variée (circulaire ou rectangulaire), creusée dans la roche (ou le bois). Des « coins » humidifiés y sont introduits et, en se dilatant, provoquent l'éclatement.

Moustérien. Industrie à éclats caractérisée par la pointe et le racloir, instruments parfaits pour travailler les peaux, dont le site éponyme (Le Moustier) comprend deux abris dominant la Vézère, en amont des Eyzies.

Navetta. Construction funéraire de pierres sèches rectangulaires en forme de coque de navire renversée. Ces tombes sont nombreuses à Minorque.

Neandertal. Découvert en 1857, l'homme de Neandertal (considéré déjà comme un *Sapiens* moderne) est l'homme du moustérien, contemporain de l'ours des cavernes (entre 80 000 et 40 000 avant notre ère).

Néolithique. Période nouvelle de la pierre caractérisée notamment par le début de la civilisation agraire.

Nuraghe. Hautes tours côniques de pierres sèches. Plusieurs tours accolées donnent l'impression d'un véritable château fort. Nombreuses en Sardaigne, elles sont caractéristiques de la civilisation des bergers de l'Âge du Bronze.

Ovibos ***(Ovibos moschatus)***. Bœuf musqué : occupe une place intermédiaire entre les bovins et les ovins. Gros bélier à longue laine pendante, ses cornes ressemblent à celles du buffle. Répandu dans l'extrême nord, de l'Amérique à la Sibérie, il atteint 1,40 mètre au garrot et pèse de 250 à 400 kg. Pour lutter contre les tempêtes de neige, les ovibos se regroupent en troupeaux serrés.

Paléolithique. Période ancienne de la pierre caractérisée par des outils de taille relativement grande.

Percuteur. Quand il est en pierre, ce peut être un bloc de silex utilisé comme marteau. Il acquiert, au fur et à mesure de son utilisation, une forme sphérique. Il peut être en bois ou en os (voir à **Solutréen**).

Périgordien. Ce terme, créé à partir du nom d'une région (le Périgord), et non d'un site éponyme, désigne l'époque des industries à lames, au bord abattu par de fines retouches.
Les industries plus anciennes portent plus précisément le nom de castelperronien, les plus récentes celui de gravettien (vers 22 000 avant notre ère).

Perspective tordue. Technique de représentation picturale fréquente, surtout pour les figures animales, dans laquelle le corps est représenté de profil alors que la tête ou les cornes sont représentées de face.

Pictographique. Système de communication dans lequel les concepts sont représentés par des scènes figurées.

Piédroit. Support vertical d'un trilithe, d'une ouverture, d'une baie.

Pochoir. Technique picturale qui consiste à rapporter sur une surface le contour d'un objet de façon à en reproduire l'empreinte.

Pointillé baveux. Expression imaginée par H. Breuil pour caractériser, dans l'art pariétal des grottes, une ligne obtenue par une succession de petits points colorés très rapprochés les uns des autres.

Racloir. Outil le plus répandu de la préhistoire ; c'est, par excellence, l'outil propre à travailler le bois, l'os ou les peaux.
On peut obtenir un racloir au tranchant curviligne en enlevant, du long côté, de petits éclats à l'aide d'un percuteur.

Soie. Pointe de métal qui entre dans la poignée ou le manche pour en assurer la solidité.

Solutréen. Très belle industrie de silex se situant entre le périgordien et le magdalénien, dont le nom vient du site du « Crot du Charnier », au pied d'un puissant éperon jurassique (la roche de Solutré) ; elle est caractérisée par des pointes foliacées, des pointes à cran, dont les retouches ont été faites par pression ou au percuteur doux (bois ou os). Les pointes solutréennes, d'une finesse extrême, sont de véritables objets d'art.
Les Solutréens ont inventé l'aiguille d'os, esquille appointée, polie, perforée à une extrémité pour former le chas. Cette invention apporte la véritable *révolution culinaire* du bouilli (en permettant de coudre des outres de peau dans lesquelles on plonge des pierres brûlantes pour chauffer l'eau), et la *révolution vestimentaire* du cousu. Jamais aussi petit objet, aussi pérenne (l'aiguille moderne est l'exacte réplique de l'aiguille préhistorique), n'a autant modifié notre civilisation.

Sphéroïde. Outil sphérique, de la taille d'une orange, obtenu par martellement répété au percuteur ; accompagne souvent le chopper.

Talayot. Construction mégalithique des îles Baléares, de plan divers, circulaire le plus souvent. Les plus gros blocs sont utilisés pour la base, les plus petits pour les assises supérieures.

Tenon. Protubérance de forme variée, réservée dans une dalle pour permettre de ceinturer le bloc (bardage) afin de faciliter son déplacement. Une fois le mouvement achevé, ces tenons sont abattus et rasés. Parfois ils ont une fonction de consolidation en s'emboîtant dans des mortaises.

Tracés digités. Tracés linéaires ou curvilignes produits sur une surface friable ou argileuse en exerçant une pression des doigts de la main.

Tribulum. Lourde planche rectangulaire portant, solidement enfoncés, des éclats de silex en rangées parallèles. Traîné généralement par des bœufs, le tribulum est utilisé pour dépiquer le blé sur les aires de battage.

Vase binocle. Vase composé de deux vases identiques reliés par un pédoncule céramique.

Index des noms de lieux

Les numéros de pages suivis d'un astérisque renvoient aux illustrations.

Index des noms de personnes

Crédits photographiques

Arborio Mella, Federico (Milan), 17 (2).
Australian Information Service (Rome), 371.
Bord, Janet & Colin (Montgomery), 402, 411, 425, 427, 430.
Caisse Nationale des Monuments Historiques et des Sites, Service Photographique (Paris), 405 (1), 423.
Centro Camuno di Studi Preistorici (Capo di Ponte), 341, 343.
Clottes, Jean, 224.
Colchester and Essex Museum, The (Colchester), 16 (1).
Dixon, C.M. (Douvres), 416.
Dorset County Museum (Dorchester), 484.
Éditons d'Art Lucien Mazenod - Jean Vertut (Paris), 88, 89.
Fiore (Turin), 266.
Fotocielo (Rome), 415.
Gabinetto Fotografico Nazionale (Rome), 20.
Gamma, 135, 137, 139, 141, 143.
Giraudon (Paris), 21 (1 et 2), 102, 319, 476, 477.
Graziosi, Paolo (Florence), 245, 248, 249, 271, 272, 393, 394, 395, 397, 399.
Hell, Helmut (Reutlingen), 473.
Invernizzi, Luca (Bangkok), 471.
Lambert, Ken, 405 (2), 419.
Landesbildstelle Württemberg (Stuttgart), 469 (1).
Lauros-Giraudon (Paris), 17 (1), 36/37, 27 (2), 39 (4), 159, 208/209, 356, 432, 433, 480 (2), 483.
Lehmann, Henri, 437, 438.
Mas (Barcelone), 261, 418, 421, 422.
Mason, T.H. (Dublin), 408.
Moravské Museum (Brno), 103.
Mori, F. (Rome), 281.
Museo Civico (La Spezia), 434 (1 et 2).
Musée d'Aquitaine (Bordeaux), 66, 106-107.
Musée d'Art et d'Histoire (Genève), 469 (3).
Musée de l'Homme (Paris), 43.
Musée de l'Homme, Pierre Colombel (Paris), 386-387.
Musée National de Préhistoire (Les Eyzies), 31.
Musée d'Histoire (Bucarest), 473 (1).
Musée National des Antiquités (Bucarest), 479.
Musée sud-africain (Le Cap), 286, 287, 371.
Museum of the American Indian (New York), 388, 389.
National Cultural History and Open-air Musem (Pretoria), 273 (1 et 2), 275 (1 et 2).
Nationalmuseet (Copenhague), 469 (2), 487.
National Museum (La Vallette), 409.
National Museum of Ireland (Dublin), 485 (2).
Novosti (Rome), 104.
Picot (Bourg-en-Bresse), 61.
Plassard, Jean, 187.
Rampazzi, Giustino, (Turin), 468.
Rapho - Jean-Dominique Lajoux (Paris), 277.
Rijksmuseum von Oudheden (Leyde), 470.
Schafgans (Bonn), 485 (1).
S.E.F. (Turin), 417, 435.
Service de la Documentation Photographique de la Réunion des Musées Nationaux (Paris), 27, 33, 108, 207 (1, 4, 5), 210/211, 213, 317.
Société Polymathique du Morbihan (Vannes), 480 (1).
Soprintendenza alle Antichità (Florence), 482 (1 et 2).
Soprintendenza speciale al Museo Preistorico ed Etnografico (Rome), 99.
Titus (Turin), 38 (1), 39 (3 et 5).
Türck, Sven, 429.
Unrath (Tübingen), 105.
Windels, Fernand, 119.
Zhao-Fu : « Découverte de l'art préhistorique en Chine », Editoriale.
Jacca Book, Milan, D.R., 311, 312, 313, 315.

Les autres photographies nous ont été fournies par Louis-René et Colette Nougier.

Achevé d'imprimer
Collection 02 / N° Édition 01
Dépôt légal 7450 - 11/1993
ISBN 2-253-06541-2
Imprimé en Italie par G. Canale & C. S.p.A. - Borgaro T.se - Torino
Photocomposition : COMPOFAC - PARIS
Photogramme : LA COMPOGRAVURE - PARIS

31/3051/5